埋葬技法からみた古代死生観

― 6～8世紀の相模・南武蔵地域を中心として ―

柏木 善治 著

雄山閣

はじめに

　これまで、古墳と横穴墓は同時代の墓制でありながら、それぞれの異なった観点や方法により研究が進み、情報や報告などを精査する照合確認は、なかなか行われてこなかったのが実情である。そこには、横穴墓は古墳とは相違するという通底した理解があり、埋葬にかかる古墳や横穴墓が持つ機能については、別個の研究対象とされてきた。また、副葬品においては共通するものが多いが、その検討時は両者の相違にはふれず、器物としてみることに比重が置かれてきた。このような研究の細分化から事象の整理は進展したが、今一度同時代の墓制という広い観点から見直す必要がある。一つには、人骨の出土状況から埋葬の様態を整理することが有益な方法として挙げられる。

　本書で主に取り上げる相模・南武蔵地域には、次のような特徴がある。人骨が豊富に検出され、そのなかには改葬の事例も多く、埋葬パターンが抽出しやすい。さらに墓前域から出土する遺物から、追葬や儀礼の様子が掴みやすい。また、横穴墓が密集する地域であり、主要な古墳と横穴墓が群在している。墓前域石積の事例や、装飾大刀が比較的多く出土していることから、対比分析が行いやすく、共通事項の抽出と階層性への言及が可能である。玄室内の線刻画も多く、全国で最も複雑な意匠が描かれている。単純な情景描写に留まらない描画には、精神的特性までを分析できる可能性がある。

　このような人骨の埋葬痕跡、墓前域の様相や、副葬される威信財と玄室に描かれる線刻画などを組み合わせることで、埋葬の実際の動向や精神的特性まで窺えるという有効性がある。そのほかにも、横穴墓の無袖玄室（撥形）が初期から採用されており、羨道が無い玄室の機能と、埋葬空間の活用方法についても言及できる。

　関東地方南部の横穴墓には、相模地域で複数の形態が同時期に使用され、南武蔵地域では切石による胴張りの横穴式石室の影響を受けるものがあり、上総や安房地域では局所的に客体的な構造の横穴墓群が築造されるといった特徴がある。また、丹沢南麓から多摩地域にかかる横穴墓の特徴として、墓前域石積が挙げられる。これは、羨門の周囲に主に河原石を用いて石積を施工したものであるが、正面観のみを比較すれば、古墳と同じような視覚的効果を生み出す。そのことからは、喪葬儀礼の執行にかかるステージとしての墓前域という性格が見出せる。初現期の横穴墓には施工されず、儀礼を見せるという必然性により新たに行われた現象として理解でき、この変化は、古墳と見紛う視覚的効果を必要とした社会的背景によるものとみなされる。これまで、玄室や羨道と墓前域などの構造は地域ごとに変化し、玄室形態などは、旧来、土工事の簡略化から前壁や袖が省略されたというような解釈もなされてきた。しかし人骨の出土状況などを勘案すると、埋葬における利便性や必然性から玄室の形態が選択されたことも窺える。

　埋葬された人骨は、骨化したままの状態で発見されることもあるが、玄室内の何処にあり、どのような配置であるかなど、人骨が持つ情報は埋葬行為を検証する第一級の資料といえる。しか

はじめに

しこれまでは、骨が寄せられていれば片付けであるというような、安易な評価も一部ではみられ、情報が十分に活かされてこなかった。人骨は伸展位で埋葬されるもののほか、積み上げられるように纏め置かれるものもある。このような現象は改葬と理解されるが、その事実の提示と分類をすることで、埋葬にかかる行動がみえてくる。さらに、墓前域や墳丘上で行われる土器破砕や、玄室内で行われたであろう灯火行為などについても重層的にみていくと、埋葬行為のほか、喪葬儀礼に関する行動までもが窺える。

装飾古墳研究において、線刻画については色彩的な情報が欠如するなど、主たるテーマにされることが少なかった。しかし、そこに描かれる画は種類が豊富で、多様な組み合わせがある。一見判読困難な描画も、現世としての空間、現世と冥界を区切るかのゲート、到着する舟などから、一連の物語が見出せる。線刻画の一部を黄泉国への道程を表現したものとみれば、往時の死生にかかる観念を探求することが可能である。

自戒の念も込めて『記紀』の記述に容易な解答を求めず、引用しながらも傾倒しないように留意した。古墳と横穴墓の共通性、埋葬にかかる行動、死生に関する観念などから、仏教的死生観との比較もふまえて、古墳時代後・終末期の死生観についてみていきたい。

埋葬技法からみた古代死生観―6〜8世紀の相模・南武蔵地域を中心として―
目　次

はじめに ……………………………………………………………………………………………… 1

第Ⅰ章　研究史
　　(1) 第1期 ……………………………………………………………………………………… 8
　　(2) 第2期 ……………………………………………………………………………………… 9
　　(3) 第3期 ……………………………………………………………………………………… 14
　　(4) 第4期 ……………………………………………………………………………………… 18

第Ⅱ章　後・終末期の墓制

第1節　古墳の諸相 …………………………………………………………………………… 24
1. 相模・南武蔵地域の首長墓と古墳群 ………………………………………………… 24
　　(1) 相模・南武蔵地域の古墳 ……………………………………………………………… 25
　　(2) 三ノ宮地域の古墳 ……………………………………………………………………… 28
　　(3) 三ノ宮古墳群の政治性 ………………………………………………………………… 32
　　(4) 古墳にみる埋葬方法 …………………………………………………………………… 35
　　(5) 小　結 …………………………………………………………………………………… 38
2. 相模・南武蔵地域の前方後円墳終焉後 ……………………………………………… 40
　　(1) 相模・南武蔵地域の趨勢と上円下方墳 ……………………………………………… 40
　　(2) 八角墳と墳丘内列石 …………………………………………………………………… 42
　　(3) 小石室と石組施設 ……………………………………………………………………… 44
　　(4) 小　結 …………………………………………………………………………………… 48

第2節　横穴墓の諸相 ………………………………………………………………………… 49
1. 相模・南武蔵地域の横穴墓の様相 …………………………………………………… 49
　　(1) 横穴墓の形態と名称 …………………………………………………………………… 52
　　(2) 横穴墓の形態変化 ……………………………………………………………………… 54
　　(3) 横穴墓の地域的特徴と相互の様相 …………………………………………………… 56
　　(4) 玄室規模の状況 ………………………………………………………………………… 59
　　(5) 小　結 …………………………………………………………………………………… 61
2. 撥形横穴墓の構造的理解 ……………………………………………………………… 61
　　(1) 古相の遺物を出土する撥形横穴墓 …………………………………………………… 62
　　(2) 湘南東部地域と周辺の玄室構造 ……………………………………………………… 63
　　(3) 撥形という形態の必然性 ……………………………………………………………… 64
　　(4) 撥形横穴墓の他地域への展開 ………………………………………………………… 66
　　(5) 小　結 …………………………………………………………………………………… 68

第3節　横穴墓の階層性 ……………………………………………………… 69

1．相模・南武蔵地域の有力横穴墓 …………………………………… 69
(1) 相模・南武蔵地域で出土する装飾大刀 ……………………… 70
(2) 装飾大刀の偏在性 …………………………………………… 75
(3) 装飾大刀を副葬する社会背景 ………………………………… 80
(4) 小　結 ………………………………………………………… 82

2．首長墓としての横穴墓 ……………………………………………… 83
(1) 関東地方南部の有力横穴墓 …………………………………… 83
(2) 首長級威信財の副葬 …………………………………………… 86
(3) 関東地方南部の古墳群と東アジア情勢 ……………………… 90
(4) 小　結 ………………………………………………………… 94

第Ⅲ章　後・終末期の喪葬観念

第1節　埋葬位置とその様相 ……………………………………………… 97

1．相模・南武蔵地域の埋葬技法 ……………………………………… 97
(1) 埋葬技法 ……………………………………………………… 97
(2) 埋葬の類型 …………………………………………………… 99
(3) 地域の様相 …………………………………………………… 103
(4) 改葬の背景 …………………………………………………… 112
(5) 関東地方南部の状況 ………………………………………… 114
(6) 小　結 ………………………………………………………… 117

2．横穴墓にみる各地の埋葬事例 ……………………………………… 118
(1) 九州地方北部 ………………………………………………… 118
(2) 山陰地方 ……………………………………………………… 122
(3) 北陸地方・関西地方 ………………………………………… 125
(4) 東海地方 ……………………………………………………… 128
(5) 東北地方南部 ………………………………………………… 131
(6) 小　結 ………………………………………………………… 132

第2節　線刻画からみた死生観 …………………………………………… 135
(1) 装飾と線刻画の種類 ………………………………………… 135
(2) 描画の類型と特徴 …………………………………………… 145
(3) 線刻画の意義 ………………………………………………… 154
(4) 小　結 ………………………………………………………… 156

第3節　土器儀礼と墓前域 ……………………………………………… 157
1. 土器にみる儀礼 ……………………………………………………… 157
(1) 土器の組成と段階 ……………………………………………… 159
(2) 破砕土器の様相 ………………………………………………… 163
(3) 灯火行為 ………………………………………………………… 165
(4) 土器使用儀礼の変化 …………………………………………… 167
(5) 小　結 …………………………………………………………… 170
2. 墓前域石積 …………………………………………………………… 170
(1) 墓前域の共有 …………………………………………………… 171
(2) 石積の立地と類型 ……………………………………………… 175
(3) 石積施工の特徴 ………………………………………………… 177
(4) 小　結 …………………………………………………………… 180

第4節　文字資料からみた死生観 ……………………………………… 181
(1) 中国正史の記事 ………………………………………………… 181
(2) 日本の歴史書及び六国史の記載 ……………………………… 182
(3) 仏教説話にみる記事 …………………………………………… 188

第Ⅳ章　まとめ
1. 喪葬の事象 …………………………………………………………… 196
(1) 埋　葬 …………………………………………………………… 196
(2) 線刻画 …………………………………………………………… 196
(3) 土器儀礼と墓前域石積 ………………………………………… 197
(4) 画　期 …………………………………………………………… 198
2. 死生観の概念 ………………………………………………………… 200
(1) 死生観の諸段階 ………………………………………………… 200
(2) 改葬と魂 ………………………………………………………… 202
3. 埋葬と死生観 ………………………………………………………… 204

註 ……………………………………………………………………………… 207
引用・参考文献 ……………………………………………………………… 216
あとがき ……………………………………………………………………… 251

付表1　各地域における横穴墓の人骨出土状態 ………………………… 254
付表2　神奈川県における横穴墓の人骨出土状態（詳細）……………… 268

第Ⅰ章

研 究 史

第Ⅰ章　研究史

　ここでは、次章にて主に取り上げる改葬や人骨配置、被葬者像、喪葬儀礼、霊魂観について、研究の端緒から現代の情勢まで、年代により大きく4期に分けてみていく。

　第1期は、改葬行為の報告と近現代まで継続した習俗である洗骨との関係が推察された1950年以前。第2期は、群集墳研究が活況を呈し、造営主体や被葬者像が言及され、喪葬儀礼については文献に記載される解釈が調査事例にあてはめられた1950年～1980年頃。第3期は、調査事例の蓄積から見えてきた多数埋葬等、玄室内に納められた被葬者を主眼として築造背景を探るという方法がとられ、さらに新しい手法として歯間計測等、被葬者を主たる研究対象とする1980年頃～2000年頃。第4期はこのような研究の蓄積からみた、霊魂観という観念領域の具体像に迫る見解が導き出された2000年頃～現在とする。

　各期について、本論に関係する部分について詳述する。また、横穴墓も多く扱うため、構造や編年という横穴墓研究そのものについてもふれていく。

(1) 第1期

　明治・大正期には、近代的な考古学による研究が始まった。本論に関係するところでは、改葬痕跡の報告がされ、横穴墓に関しては、その定義や群としての位置づけなどが示された。事実の提示がなされた段階といえ、被葬者像や喪葬儀礼などの冒頭でふれた要素は、改葬以外抽出できない。

① 改葬による埋葬

　改めて葬るという行為の痕跡が報告され、南西諸島の洗骨習俗（伊波1927）などとの関連が言及されている。

　喜田貞吉氏は「木棺を納れ難き式の石棺には、其の白骨を安置したるにあらざりしか」として、改葬の実施をみている（喜田1914a）。また、石棺の小さいものは、洗骨によるものではないかとも述べられる（喜田1917）。この喜田氏の見解に合わせるよう、浅田芳朗氏も「小さな石棺」に注目している（浅田1934a）。改葬は石棺の規模などから可能性として提示されるのみで、洗骨等の民俗事例などを参考に、希少な例として注目され始めた。

② 横穴墓研究の状況

　横穴墓の研究は、まだ横穴が墓として定着していなかった明治期中頃より、100年以上の経緯が確認できる。横穴墓の調査は明治期より始まり、考古学的考察が穴居論争を軸にしだいになされていった。大正期は年代論や源流論が八木奘三郎氏（八木1916）や小松真一氏（小松1922）によって唱えられ、横穴墓研究の展開において、広く東アジア的立場の中で考える論者が増えていった。

　昭和初期頃までは横穴墓の定義が発表されるが、それは形態をもとにしていたものの、変遷や編年までは行われなかった。調査報告も遺物の豊富な横穴墓に対してのみされ、調査の大規模化に伴い、群としての把握や地域における様相の追究と共に、各地で形態による分類が行われ始めた。関東地方南部では、三木文大氏が千葉県押日横穴墓群を群として把握し、群中の個別形態を

様式により細分した。そのうえで背景の文化相の関係を追究する方向性を示し、棺台をもとに各横穴墓の構造変遷を推定している（三木1936）。

(2) 第2期

　群集墳の造営主体や被葬者像では、抽象的な表現から具体的な被葬者像の抽出がなされるように変化した。文献資料との対比では、考古資料と『記紀』などの記載との結びつけがされ、具体的に儀礼をイメージするような試みがみられる。喪葬儀礼や埋葬については、改葬の状況がより鮮明に語られ、骨化後の遺骸の扱いにまで言及したものがみられだす。また、儀礼にかかる土器の使用から、食別れというような具体性を持った試論も出されるようになる。他界観や殯の様相では、民俗学が先行して他界観に言及するが、殯の解釈には考古学者も参入し、多彩な見解が示された時期といえる。

① 造営主体と被葬者像

　群集墳の造営主体や被葬者像について、近藤義郎氏は横穴墓を高塚群集墳と同質的内容であると想定し、家父長家族を群集墳の造営主体とする（近藤1952）。また、水野正好氏は造営主体の性格を、後の郷戸・房戸といった内容を含む家族とした（水野1962）。木下忠・山村宏両氏は、後の房戸となる家父長的な小家族を含めて理解すべきとした（木下・山村1962）。これらは基本的に一世代一墳という、3～4基前後からなる単位群が存在したと評価した点で一致する。

　阿部黎子氏は、相模地域の横穴墓を対象に文献資料を用い、被葬者はいわゆる庶民ではあり得ず、限られた数世帯の人々であることと、郡司・里長などの在地豪族や、その他朝廷によって東国に移入された氏集団とした（阿部1966）。これまでは家父長家族というような具体性に乏しいものであったが、阿部氏の研究ではより明確な被葬者像を捉えている。

　被葬者間の関係については、斉藤優氏が福井県龍ヶ岡古墳の調査から、同一石棺内に合葬された被葬者の頭位方向に着目し、並置を生前夫婦関係にあったもの、対置をそれ以外の近親者として推測した（斉藤1960）。佐田茂氏は、追葬される人々と家父長の続縁には「家父長の直系家族、郷戸内で戸主と関係が深い人々」の二つがあるとする。家族墓的性格を決定するのが幼児の埋葬と考え、横穴式石室導入以前の複数埋葬の初現期では、専ら成人骨を主体とする九州地方の実情から、幼児を含まない埋葬単位は家族関係とみるよりも、もう一つ大きな単位を考える方が妥当とした（佐田1970）。この考えに付加して、水野正好・佐田茂両氏は、造営対象を後の郷戸となるような有力な世帯共同体とみている（水野・佐田1972）。

　田嶋明人氏は、石川県法皇山横穴墓群の分析から、数基の単位群中に、後に主体的な位置を占める中核横穴墓と、従属的な位置を占める傍系横穴墓があるとする。被葬者家族内に占める立場の差異を内包した、異なる性格の横穴墓が存在し、これまで主体的に論じられた、一世代一墳的な築造という理解に対して否定的に論じた（田嶋1971）。関川尚功氏は、横穴式石室内における家形石棺の追葬から、「地域にもよるであろうが家形石棺の被葬者は単なる家族の構成員として扱うことはできず、家父長クラス以上の人物とみるのが適当」と位置づけ、典型として河内地域

の山畑25号墳第4次埋葬の凝灰岩製組合式石棺の存在を例示する。群集墳中の横穴式石室墳が家父長の一世代一墳的なあり方から、一家族一墳的という考えに変化してきた流れを重視し、「追葬として石室内に葬られるのは単に家族の構成員ばかりではなく次代の家父長そのものも含まれる可能性がある」とした（関川1978）。そのほか、群集墳論を精力的に高めた広瀬和雄氏の分析からは、「三～五体くらいが一基の古墳に埋葬される被葬者の平均的数値」と数量による具体像が示された（広瀬1978）。

横穴墓群中の主体的な中核横穴墓とその傍系横穴墓という理解は、支群を検討する上で重要な視点と言える。また一家族一墳的とは、次世代の長をも埋葬したという方法であるが、墳墓築造契機をどこに求めるかなどの疑問もある。これには、人骨の埋葬状態や科学的な分析結果をみることで解決の糸口が見出せる。また、広瀬氏の言う平均的な被葬者数は、調査例の増えた現在も各地の古墳をみれば妥当な数字といえる。散見される玄室内多数埋葬例を検討する上でも、被葬者数を示す上での指標とできる。

② **文献史料との対比**

この時期は、『日本書紀』などの記述を考古資料に関連させて理解していくという主張がされる。白石太一郎氏は、「コトドワタシ」の神話と横穴式石室の関連を考察した。横穴式石室の閉塞施設や土器類の出土位置などを類型化し、石室をめぐる複雑な儀礼を整理し、「コトドワタシ」は横穴式石室の閉塞儀礼が反映されたもので、死霊を石室内に封じ込める儀礼として理解する（白石1975）。

石棺を密閉し石室を閉じるという厳重な閉塞は、被葬者の地位や地域が限定される。『日本書紀』の「コトドワタシ」が儀礼を示すものとしても、横穴式石室という共通した施設にて、各地で多様な埋葬様式があり、どの地域の記載であるのかも含め、より広域的に埋葬の実態を解明する必要がある。このことは、全国各地の埋葬事例を検討することで追究したい。また関連して、遺骸の最終地が「あの世」であったのかという検証も必要である。

小林行雄氏は、横穴式石室内出土土器から『古事記』の神話にみられる「黄泉戸喫」との関連を指摘している。石室内で実際に火が用いられた事例があることや、土製支脚といった火処に関連する遺物が出土することから、石室内の遺物に「黄泉戸喫」が表現されていると考えた。「黄泉戸喫」によって死者は「黄泉国」の住人となり、現世には戻れない存在となる。石室にある土器がその行為を示すのであれば、「黄泉国」という死者の世界が現世とは別に存在するという概念も、この頃すでに存在したのではないかとした（小林1976a）。

考古学的な検証から、「黄泉国」という概念まで言及されたことは評価され、この後の研究の端緒となった。本論にて『日本霊異記』にみる仏教的死生観への過渡段階を検討することで、『記紀』にみる観念がより具体性を持つとみなされる。小松和彦氏は、視点のとり方により他界が異なった空間的広がりを示すとし、観念の世界においてのみ存在するものと、地上に実際に存在する空間として表象されるものと二つに大別して考えている（小松1992）。考古学的な検討をする上では、このような観念領域と空間領域という二つの視点を用いることも必要であり、墓前域などでの喪

葬儀礼の検討を通じて解明の端緒としたい。

③ 喪葬儀礼と埋葬の様相

　埋葬が行われる玄室の解釈に言及したものとして次のようなものがある。小林行雄氏は、古墳時代後期に至り朝鮮半島から新たに夫婦合葬が導入され、それまでの古墳時代前期から中期の古墳は同族墓であるとした（小林 1959）

　都出比呂志氏は、横穴式石室における片付け実施の時期を「木棺中の遺骸が骨化したのち」と限定し、横穴式石室そのものを遺体骨化の場とみなし、石室から納骨堂への転化という方向性で理解した（都出 1970）。

　骨化後の遺骸の扱いにまで言及したものはこれまでなく、横穴式石室を骨化するための空間として理解したことは、研究の転機として評価される。時を経た結果としての骨化というイメージから脱却し、意図された骨化という認識の端緒である。ただし、人骨の出土事例をみる限りは、連結靱帯が残っている状態で移動されたという同定結果もある。片付けに改葬という視点も付加して骨の移動を考え、各地の埋葬事例を検討する必要がある。

　森浩一氏は窯槨を主体施設とした火葬古墳として、大阪府和泉市聖神社2号墳を挙げ、大阪府陶器千塚21号墳と同様に、槨内の遺体は副葬品ごと焼残されていた事例とする。いずれも出土須恵器から6世紀後半代とし、火葬墳の年代観から大和と和泉周辺地域における仏教の受容差、仏教公伝と異なる私伝による仏教の存在を指摘する（森1959a）。

　このようないわゆる「カマド塚」に関連して、水野正好氏は滋賀県小御門古墳群Ⅱ-2号墳を挙げ、埋葬施設の火化は茶毘・集骨・埋納という手順を踏まず、仏教による火葬とは異なるとの見解を示した。古墳時代の火葬は仏教とは別系統とされ、横穴式木芯粘土室は横穴式木室とは構造上の差異がなく、被葬者の火化を目的とする埋葬施設であり、未焼のものは何らかの事情によるとした（水野1976）。

　改葬や人骨配置にも、わずかながら研究の視点が向けられることとなる。斎藤忠氏は伊豆地域の大師山横穴墓群1号墓では、切妻式の蓋を持つ石棺が中央に据えられ、床面の一隅に縦40cm、横50cm、深さ40cmに割られた楕円形の窪みをみて、火葬骨を納めたものか、再葬による遺骨を納めたものかのいずれかとした（斎藤1976）。そのほか九州地方では、佐田茂氏により出土人骨からみた後半期古墳の被葬者が著され（佐田1972）、楠元哲夫氏による「改葬のこと」（楠本1982）、高木正文氏による「古墳時代の再葬」（高木1982）などがあり、改葬についても遺構の状態などをふまえて考えられるようになった。

　改葬の痕跡が推測されて以来、近年までには火葬や小児のための埋葬施設などと多彩な想像がされたが、埋葬後の二次的な移動の痕跡も各地で発見され始めた。それに対して火葬は、限られた地域で痕跡が窺える。伊豆地域の大師山や大北横穴墓群を含めた北江間横穴墓群で、退化した家形石棺から石櫃までの変遷がある。ここで改めてこの地域の事例研究をすることにより古墳時代後期からの伝統性の上に、新しい墓制として取り入れられた火葬墓の様相を知ることができる。

　喪葬儀礼にかかる土器の使用について亀田博氏は、棺内への埋納という行為から読み解く。死

後の世界観と「黄泉戸喫」の物語が、別火による死者の饗膳を意味するばかりではなく、「黄泉国」の火による飲食を意味するとして、棺内に土器を入れる行為の中には「黄泉国」が強くイメージされたとみなす。棺側に土器が並べられた理由を、民俗例の「枕飲」の風習に求め、石室・墓坑内の棺のそばに土器があるのは、呪術的意味を持った殯の場での食膳がもはや意味を持たなくなり、死穢ただよう食膳を石室・墓坑の中に持ち込んだ結果とする。また、大甕を破損させることを呪術的な事象と捉え、大甕の中に坏を詰め込んだような実例からは、饗膳儀礼において大甕と坏は死霊を呪縛し、食別れともいうべき儀礼が行われた痕跡とみる（亀田1977）。

　土器の出土例に止まらず、破砕という行動を見出したことが評価され、この後の儀礼に関係する研究に影響を与えている。土器の様子から儀礼関係者の行動をみることは、儀礼の実際を知るにあたり必須で、玄室内と墓前域など場面ごとの事例抽出が必要である。玄室内で使用される土器や墓前域で使用される土器など、用途や出土場所は時期により推移する。さらに横穴墓では墓前域石積の施工による視覚的効果の演出など、儀礼執行を土器からの視点のみならず、もの・場所・被葬者など、総合的に検討することが必要である。

　そのほかミニチュア炊飯具形土器を副葬する横穴式石室について、水野氏は平面形が正方形に近く、特徴的なドーム形天井であること、地域的に偏在することから、各地に配された漢人系の氏族の習俗ではないかとした。また、竈という器物の副葬は、横穴式石室を「家」にみたて、死者の世界が存在するという外来の思想の表れとする（水野1970a）。

　小林行雄氏は、ミニチュア炊飯具形土器は副葬用の明器であることが意識され、「黄泉戸喫」の伝承を行為によって演出するためではなく、器物によって暗示するに留めたとする。日本列島において明器を副葬する風習は基本的にはなく、ミニチュア製品の副葬自体が外来的な要素を持つことは以前より意識されてきた。目的は多様としながらも、石室に土器を大量に副葬する行為の起源を朝鮮半島南部地域に求めている（小林1976a）。

　また、移動式竈を用いる炊飯や調理は、特別な儀礼に伴うものであるとした稲田孝司氏は、これが首長権継承儀礼において用いられた可能性を指摘した。非日常的な調理に使用される道具と考え、具体的には即位儀礼に用いられるもの、あるいは冥界の食事を調理するものと捉えた。ミニチュアかまどの副葬もそれを反映するものとみた（稲田1978）。

　これらを掘り下げて実証した研究として、河村好光氏による成果がある。能美市和田山23号墳の周溝部から出土した、有蓋高坏などの須恵器を形態・調整技法・法量・焼成・胎土などからA～Fの6類に大別しその出土状態を検討し、類ごとに纏められて配置されていたことを指摘した。各類は別個の政治勢力によってそれぞれ区分された状態で調達され、葬送の執行者に贈与されたとの結論を示した（河村1983）。このように、土器類の出土位置などにみる儀礼との関わりについても多数論じられた。

④ 他界観念と殯

　民俗学の分野でも研究が進んだ時期といえ、一例を挙げると次のようなものがある。谷川健一氏は「神社の境内に古墳の存する例を見聞することが多い。死穢を忌む神社と古墳との間になに

がしかの関連があるとすれば、古代において祭場と葬所とは一致していたのではないか」と考えた（谷川1976）。柳田国男氏は山宮祭りの行事そのものに則して、それが葬所での祖先祭とみられることを立証しようと「山宮考」を著した。祭りの後に神人共食として直会が行われるという常識に反して、この山宮祭では「食別れとも見るべき別途の饗膳」が祭りに先立って執り行われることを葬儀の際の行事とする。また、谷川氏はこれをふまえて、古代人の神観念にも言及している（谷川1983a）。祭場と葬所の一体的解釈は、古墳や横穴墓における墓前域が関係するとみられ、食別れとする饗膳についても玄室や墓前域から出土する土器の様相と関連する。このような考古学的事象と比較検討することにより、具体性を備えた見解を導くことができる。

上田正昭氏は「葬送儀礼と他界観念」を著し、葬送儀礼における古代日本人の死の思想について言及する（上田1976）。大場磐雄氏は考古学上からみた、上代人の他界観念についてふれ（大場1977）、大林太良氏は葬制の起源として、文献から見た葬制について言及する（大林1977）。国分直一氏は葬制の沿革として、葬法と思想をめぐる事例を東アジア的視点から民俗と宗教にふれている（国分1981）。土井卓治氏は霊魂の諸相を著し（土井1983a）、田中久夫氏は他界感について言及する（田中1983）。

殯についてもこの時期多くの見解が出されており、ここで代表的なものを参照する。折口信夫氏は「死者の魂を呼び戻すための招魂儀礼」（折口1976）とみる。五来重氏は「死者霊の浮遊を抑えて鎮魂するための予防的措置」（五来1983）とし、いずれも死者の遺体（または擬屍体）から魂が遊離することが前提とされている。

久保哲三氏は、死者反生の儀礼、首長権の継承、死霊鎮魂の儀礼とする（久保1967）。西郷信綱氏は、「殯には魂呼ばいの要素があると共に、首長の死の場合には相続の問題が決められる時期」とし、殯という第二次葬を予想させる儀礼が必ずしも骨の収拾を第一義の目的にしていないとする（西郷1967）。和田萃氏は殯の期間が長期にわたるものは、政情の問題が絡んだことも視野に入れ、天皇の後継者を決定するための期間という評価をした（和田1969）。山折哲雄氏は「殯儀礼は死の確認を通して死者霊のその後の運命に関与しようとする行為」で、遺体を脱する遊離魂が即時的に問題とされ、後に残された遺骨は問題ではなかったとする（山折1990）。

魂と遺骸を別の扱いとする考えは、儀礼上の行為としては成立する可能性がある。ただし、玄室に埋葬された骨をみる限りでは、粗雑に扱われたような状況はなく、古墳や横穴墓では魂と共に遺骸も大事にされていたことが窺える。さらに、人骨の出土状況などにみえる現象を検討することで、魂と骸および納められた玄室との関係を読み取ることができる。その関係性からは、殯が実行された必然性もみえてくるものとみなされる。

⑤ 横穴墓研究の状況

南関東地方での横穴墓の研究は、構造による編年研究が主に行われた。埼玉県比企地方の柏崎古墳群の調査では、胴張横穴式石室と共通する横穴墓の玄室形態が多く、その形態に準拠して変遷が把握できるとした（金井塚1980）。神奈川県では横穴墓の密集度が他所に比して高い地域であることがわかり、赤星直忠氏により1950・60年代と先駆的な研究がされ、『穴の考古学』に集

第Ⅰ章　研究史

約される（赤星1970a）。横浜市市ヶ尾横穴墓群の調査では、初めて外部施設である墓前域の存在を確認したほか、群内での単位群の抽出など、横穴墓構造の変遷が追究された（和島1961）。楊谷寺谷戸横穴墓群の調査では、切妻造家形の横穴墓から次第に構造が退化し方形平面でアーチ形天井を持つものから、玄室と羨道の境がなくなる撥形へ変遷することが示された（赤星1964）。赤星氏は、発生に関しては家の内部構造を墳墓窟に再現したとしている（赤星1950）。この見解は以後における横穴墓変遷論の基本となったが、前提が観念的であり、出土遺物との対応が十分にされなかった。

赤星氏の編年案に対しては、氏家和典氏や杉山博久氏が反論している。氏家氏は、神奈川の周辺都県において6世紀中葉から後半の遺物が多数出土しており、横穴墓の初現年代を6世紀代に求めても、他県の横穴墓と年代的矛盾は生じないとする。杉山氏は、赤星編年で8世紀代に比定される横穴墓より、鬼高式土器などの年代が遡及する土器が検出され、天井プランと副葬品の間に年代的矛盾が生じていることを指摘した（武蔵大学人類・考古学研究会1980）。

地域ごとに形態の変遷を理解すべく研究は隆盛を極めたが、全国を視野に入れた研究として、池上悟氏により地域的特色やその対比などの地域間の検討が『横穴墓』として著された（池上1980）。

(3) 第3期

玄室内に納められた被葬者を主眼として築造背景を探るという方法がとられ、さらに新しい手法として歯間計測等が活用され始めた。まさに、被葬者を主たる研究対象とした時期であり、人骨の状況と民俗学にみる現象を摺り合わせ、考古学的解釈を加えるものもみられだす。

また、改葬は普遍的な存在であることが論じられ、親族構造に新しい解釈が加えられる。墓前儀礼と副葬品では、考古学にみた遺構としての殯痕跡も追究され、墓前儀礼の変質が言及される。用具としての土器のほか、それを使用した空間についても層位的な視点を入れて、検討されるようになった。

① 被葬者と埋葬

森岡秀人氏は、片付けとはいわばヨセバカを造ることであり、民俗学的には「骨寄せされながら祖霊の仲間に加わっていく」現象に連なる行為とみる。片付けは造営家族系譜の世代交替を契機とし、新世代の石室再利用と旧世代近親者の祖先墓合葬という背景の二面性から実修された、埋葬儀礼・絶縁儀礼の一つとし、本来的な同穴重葬を企図した複葬的処置と理解する。そして、畿内の初期横穴式石室は、成人一体の埋葬からなる単葬墓を出発点としており、合葬や追葬の計画性は九州に比べ希薄とみた。たとえ複数埋葬があっても、水野正好氏（1970b）の説くように「主従的、異縁的関係があり、家族墓的性格とは区別を要する」ものが多い。追葬そのものにも築造権以上の制限が加えられたとみなされ、それを横穴式石室の超世代経営の傍証とする。群集墳消長の型については、築造契機の多い一墳一世代埋葬の型は構成基数を拡大させ、一墳超世代埋葬の型は造墓契機が少なくなり、群の形成速度が緩慢になるとした（森岡1983）。

これは人骨の片付けから群形成の背景まで探った体系的な研究として評価される。横穴式石室の超世代経営という考えは、同様に集群する横穴墓にもあてはまる。

　近野正幸氏は多数埋葬について、同一墳丘内への追葬行為による合葬ばかりに起因するものではなく、改葬に伴う合葬の結果としての可能性をみる。大藪古墳は、一つの古墳内にて埋葬・片付け行為が累積された複数世代埋葬を完結させたもので、花岡山5号墳の最終埋葬段階は、一つの古墳内で埋葬・片付け行為が完結されず、他の古墳から移して埋葬したとみる。背景として十分な埋葬スペースが確保できず、再利用をも含んだ形で墓室造営が規制されたとし、終末期に規模の大きい墓室への埋葬が制限された結果、新規に造墓活動ができなかったとする（近野1996a）。

　玄室間の人骨の移動は、横穴墓における人骨の移動を検討した結果とも合致することから、古墳と横穴墓は同じ理念で埋葬が行われていたともみなされる。

　河上邦彦氏は終末期における改葬墓の普遍性を指摘し、この葬法は施政者から採用され始めるという歴史的意義について言及する。石光山22号墳の例を挙げ、墳丘の一部を削りながら構築された、箱式石棺被葬者の再埋葬の痕跡を好例とし、7世紀前半から中頃にかかる時期の改葬を指摘する。改葬を、厚葬から薄葬へ推移する社会における、土葬から火葬への過渡的現象として捉えている（河上1988）。

　この考えは造墓集団の社会的地位などに規制される。横穴墓の改葬例をみる限り、改葬行為全般が過渡的現象とは言えない。ここで被葬者階層による差違などを比較することで、改葬実施の一様ではないあり方を提示できる可能性がある。

　池田次郎氏は、法貴B一号墳および堀切六号横穴の事例を基に、改葬人骨と近畿におけるその類例について挙げている（池田1994）。梶ヶ山真里氏は武相地域の横穴墓出土人骨を取り上げて、埋葬を6類型に分け、改葬に伴うそれぞれの段階を理解する。一世代一横穴墓の単位群を否定し、改葬による埋葬が行われたと推定する（梶ヶ山1989）。

　土肥直美氏は、人骨の歯冠計測値を用い、統計的に類似度を求める方法を使用して、集団墓内での血縁関係の有無を推定した（土肥ほか1986）。さらに、九州地方を中心に、古墳出土人骨を分析したものに田中良之氏の研究がある（田中1995）。個々の古墳の分析結果から、どのような人達を家族から選んで埋葬したかというルールが求められ、古墳時代の間で3段階の変化が示される。

　基本モデルⅠは、弥生時代終末～5世紀代という古墳時代前半期が該当する。同世代構成を基本とし、選択性は兄弟原理で、二世代構成となることもあるが、父子のみでなく母子もみられ、父系・母系が混合する双系的社会がイメージされる。基本モデルⅡは、5世紀後半に現れ、二世代構成を基本とする。男性家長を第1世代とし、次代の家長にならなかった子供たちを第2世代とする。配偶者を含まず血縁者のみで構成されており、血統主義的とされる。基本モデルⅢは、6世紀前半～中葉以降に出現する構成とされ、同じく二世代構成を基本とする。西日本から岐阜県まで分析例があり、第1世代に男性家長と家長の妻が埋葬されるという（田中1995）。

　モデルの理念としては完成されているが、本論で主に扱う終末期には該当させることが難しい。ただ、相模地域での改葬の初現的事例をみると、棺座上の男性改葬骨の複数人の並置と棺座下の

女性改葬骨の埋葬があり、家長と家長の妻の埋葬にかかる順列においては該当する可能性もある。横穴墓に埋葬された人骨の状態をパターン化することで、より具体的な終末期の様相を導き出すことができる。

このような歯冠計測値を用いた血縁関係の検討に関しては、方法論による批判もある。西本豊弘氏らは、計測値の上で類似する他人がいることを指摘し、血縁関係者とは安易にいえないとする（西本・松村1996）。また、関口裕子氏は歯冠計測値による血縁関係の判定について限界があることを指摘し、基本モデルとされたⅡとⅢは、証明ができていないという。さらに、基本モデルⅢに関しては、文献において夫婦合葬がそれほど多くないとして否定する（関口2004）。

清家章氏は、吉備における同棺複数埋葬とその親族関係として、同じ棺に埋葬される被葬者同士がキョウダイを基本とする親族関係であることを示し、田中氏の見解を支持する（清家2001a）。また、1990年代半ば以降、歯冠計測値を用いた分析手法により、父系的モデルを前提としてきた古墳時代親族構造の理解は、大きな見直しを迫られているとして、埋葬原理について考える。古墳時代後期の古人骨資料を取り上げ、歯冠計測の分析から同一墳丘に埋葬される被葬者間の関係を考察し、弥生時代終末〜古墳時代を通じて近畿地方の非首長層では、キョウダイを基軸とした埋葬原理が主流とみる。夫婦を中心とした埋葬原理は大王一族や渡来系氏族など、系統的・階層的に限定された集団に認められることを指摘する（清家2002a）。

非首長層という階層性を考慮した埋葬原理の提示は、当時の社会性を反映している可能性が高い。群集する古墳と横穴墓について比較対比することで、より深く同一階層について言及することが可能となる。

小高幸男氏は千葉県市宿横穴墓群の調査成果により、4基の横穴墓における人骨の出土状況や同定にかかる情報から、埋葬の組み合わせ、親族構成、改葬の導入などを検討している。遺骸の骨化期間は半年〜1年と分析し、埋葬間隔の復元も試みられる。田中氏（1995）の研究結果を引用しながら対比し、市宿横穴墓群では、妻やキョウダイの子供等の傍系親族まで埋葬されたとし、西日本に比して埋葬の規制が緩やかであったとする（小高1997）。市宿横穴墓群では、1基あたりの平均埋葬人数が18体以上で、終末期を中心とした、埋葬人数の多さという現象解明の参考となる。

② 墓前儀礼と副葬品

古墳とその周辺施設については、泉森晈氏により古墳の墓域と喪屋遺構について言及される（泉森1983）。穂積裕昌氏は、いわゆる導水施設の性格について殯所としての可能性を提起する。導水施設と囲形埴輪の性格を喪葬との関連で検討し、前者を殯所とみて、その背景や変遷を論じる（穂積2004）。深澤敦仁氏は、5世紀末〜6世紀前葉の喪屋とおぼしき竪穴を紹介し、その可能性を検討している（深澤2007）。

大竹憲治氏は、東北地方南部の墓前祭祀例を集成した。墓前域から須恵器甕と共に装飾品や馬具が出土した中田横穴墓や沼の沢3号墳を例として、それらを「コトドワタシ」儀礼に関連づけて評価する（大竹1988）。鈴木敏弘氏は、7世紀末〜8世紀初頭に横穴墓の墓前域に、長頸壺や平

瓶の蓋形土器などを置くことを受けて、大化改新以後の中央政権の公民化政策浸透による「薄葬令」などの埋葬への規制が加えられた可能性を推定する（鈴木 1995）。加部二生氏は横穴式石室の前庭の起源と系譜についてふれ、朝鮮半島のうち特に高句麗との共通性を一考する（加部 1999）。渡邊邦雄氏は「横穴式石室前庭部における祭祀施設」を著し、墓前域に石列などを持つ横穴式石室を集成し、墓前祭祀の変質過程を追った（渡邊 2001b）。

　土器の出土に限らず、それが使用された空間について論じられるようになり、横穴式石室とそこで行われる儀礼の一体的な解釈がされてきた。従来からの文献資料との対比という視点のほか、政策から儀礼を検討するというような視点は、新しい方向性として評価される。

　儀礼に使用されたとみられる土器について、河上邦彦氏が広陵町牧野古墳の調査例を挙げる。一見型式差がある須恵器の一群でも、それは時期差ではなく同時期内のバラエティーである可能性を含むことを問題にした。主として高坏について、その形態やヘラ記号の検討から、これらを同一時期と捉え「おそらく埋葬時期に集めたもの」と推定し、入手から副葬までの期間が比較的短かったことを述べた（河上 1988）。使用までの期間については、中村浩氏も言及する。茨木市海北塚古墳出土須恵器を整理し、その坏蓋などに「カーボンの銀色」が付着していることに注目した。このことから須恵器が他の場所を経由せずに生産地から直接もたらされ、それはカーボンが消えないという限定された期間とした。これらの須恵器は当該古墳への副葬用に製作され、持ち込まれたものと評価した（中村 1993）。また山田邦和氏は、地方豪族の管掌下に須恵器生産者がおかれている場合があることや、直接的な生産者ではない仲介者が使用者との間に介在して、流通段階で一定の役割を担っている場合があることを指摘した（山田 1998）。

　儀礼使用の土器における型式矛盾に関する解消などは、喪葬儀礼の回数を推定する上でも参考となる。また儀礼使用専用もしくは副葬用として製作されたという具体的な考えは興味深く、流通仲介者の存在など、出土遺物における研究は広がりをみせている。そこで、広域で使用されるフラスコ形長頸瓶などを活用した儀礼のあり方と変化を検討し、段階を設定することで、各地で共通した儀礼を抽出できる可能性がある。

　そのほかの遺物では、今尾文昭氏が埋葬施設の棺内から出土する大刀の配列について、藤ノ木古墳と同年代の古墳および、朝鮮半島の百済・新羅について比較検討し、日本列島と加耶地域の古墳における共通性をみる（今尾 1989）。また、木村幾多郎氏により古墳出土の動物遺存体が纏められ、食物供献について言及される（木村 1990）。別の視点からは、吉水眞彦氏により古墳時代後期における鉄釘使用の木棺が取り上げられ、滋賀県大津市周辺における鉄釘木棺の使用と渡来系氏族の関係を導き出し、水野正好氏により先鞭がつけられた渡来系氏族と埋葬方法の相関関係に新たな一面を加えた（吉水 2001）。

　総論的なものでは、辰巳和弘氏により『「黄泉の国」の考古学』が著され、『日本書紀』にみる「黄泉国」像と、考古学的成果の融合が図られる（辰巳 1996）。土生田純之氏は、列島に死生観の大変革が起こったのは 5 世紀後半～6 世紀前半とし、それは明確な死者の国すなわち「黄泉国」を墳墓の内部主体の中に認めるというもので、直接的な契機は横穴式石室にあるとする（土生田 1998）。

第Ⅰ章　研究史

③ 横穴墓研究の状況

　関東地方南部での横穴墓の研究は、大規模な発掘調査から地域内での群としての把握が進み、形態変遷や個別地域での特徴の提示などが行われた。南武蔵地域の鶴見川及び多摩川下流域においては、出土土器による形態変遷が示されている（田村ほか1986）。しかしこの段階でも、有袖から無袖へ玄室形態が変遷するという赤星氏の見解は踏襲された。

　上田薫氏は、高棺座を湘南地域の終末期横穴墓の特徴として挙げ、刳抜から縁無しの有段へと変化していくことを示した（上田1989）。明石新氏は、平塚市根坂間横穴墓群B支群の調査を契機に、市内にある横穴墓を第一～四までの段階に出土土器を用いて細分し、6世紀後葉から7世紀後葉までの編年を示した（明石1990）。また田村氏は、旧鎌倉郡の横穴墓について集成し、一部遺物の再資料化をするなどし、郡内での特徴を提示した（田村2002a）。

　東京都赤羽台遺跡の横穴墓調査では、改葬された人骨が良好な遺存状態で発見され、改葬の具体例が広く知られることとなった（鈴木ほか1989）。

　坂詰秀一氏は「墓前域」という用語について、羨門前方の平坦部分を神奈川県市ヵ尾横穴墓群の調査以来「前庭部」として呼称されてきたことに対し、須恵器窯跡の焚口外側部分における名称との混乱を避ける意味から、墓の前方区域の略称として提唱した（坂詰1978）。この見解をもとに近野正幸氏は、横穴墓に限らず古墳においても十分に通用するとしてこれを追認した。横穴墓には長大な墓前域を有する事例も認められ、丘陵端を切りぬいて墓室への通路をつくったものという観点に立つ限りは、それを「墓道」として呼称し、墓前儀礼などが執行される羨門前方の平坦な区域のみを墓前域として呼称すべきとする（近野1996b）。

　神奈川県では1995年から9年間にわたり、横穴墓の体系的な研究が行われた（古墳時代研究プロジェクトチーム1995～2003）。各地ではシンポジウムが多く行われ、1991年には関東地方全域について、1997年には橘考古学会により千葉県が、2000年には東海地方を対象として、それぞれ地域総括がなされている。また、池上悟氏により『日本の横穴墓』が発表され、各地の様相のほか、墳丘を持つ横穴墓や人骨の埋葬に関する地域ごとの提示なども果たされた（池上2000）。

(4) 第4期

　霊魂観という観念領域の具体像に迫る見解が導き出されたのが、2000年頃～現在である。棺の特徴や装飾古墳などから、死生観にかかる研究が示されている。被葬者と霊魂観では、主に前方後円墳における儀礼復元、さらには大和政権による政治システムが検討され、その背景としてカミとなった被葬者により共同体の守護が図られる、というような思想が示された。埋葬と死生観は、据え付ける及び持ちはこぶという棺に関わる理解がされ、閉塞からみた畿内を中心とした遺骸の封じ込めというような概念も示された。また、横穴式石室そのものが他界とされ、日常世界のなかの非日常世界というような、観念領域の研究が進んだ。装飾古墳と喪葬観念では、装飾の一部は辟邪に基づき、遺骸から霊魂へと対象が変更され、霊肉分離観念に基づく他界観の成立が前方後円墳祭祀を変貌させたことなどが見出されている。

① 被葬者と霊魂観

　まず、霊魂観をみていく以前に、前方後円墳の機能として首長霊継承儀礼が考えられたことにふれておく。寺沢薫氏は、遺体安置後の埋葬施設で執り行われた秘儀＝首長霊継承儀礼の原像を弥生終末段階の有力墳墓に求め、それを引き継いだ纒向型前方後円墳に前方後円墳祭祀の本質をみた。墓坑内に用意された儀礼空間、その空間を遮断する結界としての建物、儀礼に使用された各種呪器の破砕行為などが秘儀を執行したことを示すとし、その形骸化は早くも定型化前方後円墳の段階に進行したと指摘する。文献研究者らの首長霊継承儀礼説批判に対しては、後代の儀礼を根拠にしたものとして斥け、考古学による実証的な儀礼復元と王権論の可能性を主張する（寺沢2002）。

　これについて大久保徹也氏は、前方後円墳祭祀の根幹は遺骸に対する特殊な関連性の構築とその固定化であるとし、一過性である霊威継承という行為はないとする。祭祀の継続性がないことからは、交信可能な霊の生成も想定できず、遺骸が持つ影響力の効果的発動を期待し、前方後円墳祭祀は執行各単位の自立性を主張する装置であったとみなす。都出比呂志氏による、一元的身分表示説（都出1991）にも批判的見解である（大久保2002）。

　広瀬和雄氏は、初期前方後円墳の諸要素を検討し、前方後円墳は「亡き首長がカミになって共同体を守護する場」であったとみる（広瀬2002）。また、広瀬氏は『前方後円墳国家』のなかで、大和政権を中心とした「もの・ひと・情報の再分配システム」が完成し、前代からの墳墓祭祀が統合された結果、前方後円墳祭祀が創出されたとした（広瀬2003b）。3世紀中頃に成立し、少しずつ変化しながらも続いていた前方後円墳祭祀は、カミとして再生させた亡き首長に、共同体再生産を祈念させるために創出されたものだったとみる。

　被葬者がカミであるという理解から、遺された共同体を護るという思想があったともみられ、喪葬儀礼が行われた背景を探る上で参考となる。このカミという理解を受けて、首長以外の階層において被葬者の扱われかたを検討することで、前期以来の死生観が古墳時代を通じて、差違あるものであったのか比較できる。

　穂積裕昌氏は古墳被葬者とカミについて、古墳と祭祀遺跡出土の石製模造品には差違はなく、被葬者とカミとは共通的な意識が持たれていたことを指摘した（穂積2008）。初期前方後円墳の頃から、カミとなって共同体を守護する場という理解が叶えば、古墳時代後期まで継続する前方後円墳祭祀に、それは影響力ある伝統として培われたとみなされる。

② 埋葬と死生観

　和田晴吾氏は据え付ける棺と持ちはこぶ棺という概念を論述し、棺からみた埋葬を取り巻く往事の死生観について言及している（和田1995）。長持形石棺や舟形石棺のような石棺は、邪悪なものから遺体を護る不朽不変の棺として作り出された可能性が高いという。また、和田氏によると近畿地方では、横穴式石室という空間の中においても、死者は石棺や、釘で封じられた木棺に納められて厳重に密閉されることから、前期・中期における遺骸の扱いと本質的な変化がないことを指摘する。さらに、横穴式石室の閉塞は、礫と土で石室入口を封鎖するもので、神話にみら

れる大石を用いるものでないことも併せて、「黄泉国」神話の舞台を近畿地方の横穴式石室にみることは難しいとする。一方、九州地方に分布する横穴式石室においては、そのような遺骸を封じ込める意志が希薄であり、閉塞を用いることから、「黄泉国」の舞台としてはむしろ適切ではないかとした（和田2003）。

このように畿内を一地方として捉えることから、他地域との比較が叶い、「黄泉国」神話の舞台は九州地方がより適切とみている。開かれた棺による死生観と同じ観念を持つ地域や墓制を検討していくことで、より具体的な観念が抽出できるとみなされる。

広瀬和雄氏は「竪穴石槨や粘土槨といった前期古墳の埋葬施設は、木棺に納められた遺骸を密閉・保護・辟邪するものであった。亡き首長の遺骸に邪悪なもの、魑魅魍魎が依りつかないようにと鏡や石製品などで辟邪し、それを聖なる存在に留めておく、いわば遺骸主義とでも呼ぶべき観念装置であった」とし、前期から中期にかけて遺骸主義の観念はしばらく強化され続けるとした（広瀬2003b）。また広瀬氏は、「海上とか山上といった誰にとっても共通した他界は、人々の間には未だ育まれてはいなかった」とする。横穴式石室や横穴墓そのものが他界と観念され、他界は誰もが見られる日常世界のなかの非日常世界であり、往還可能な空間として日常世界と繋がり、属人的な他界と呼べる日常生活の場から離れた不可視の領域に、死後の世界が定められたのではなかったとみる。「墳丘は生きている誰にとっても視認できたから、他界そのものはビジュアルな場でありつづけた。異次元空間としての他界観は、古墳時代にはついぞ醸成されなかった。それは、仏教的他界観の成立と普及を待たねばならなかったのである」とした（広瀬2006）。

横穴式石室に他界をみる観念は、氏の言うように横穴墓でも同様であると評価される。ビジュアルな場という必然性に、墓前域を関連して検討することで、横穴墓における儀礼の実体が解明できる。

岩松保氏は「黄泉国への通路」で、横穴墓と横穴式石室が主に土砂で閉塞され、追葬等による開口は、最小限の通路を確保して行われる。この方法は、汎列島的な現象と指摘する（岩松2005）。また、黄泉国への儀礼として、骨を動かす行為である改葬についても取り挙げている（岩松2006a）。改葬については、神奈川県における事例を中心に、人骨配置や、小石室と横穴墓玄室内に存在する石組み施設との関連性などについて、改葬の出現と、地域的傾向、古墳と横穴墓にみる共通性などが言及される（柏木2009）。横穴墓と古墳の共通性については、羨門部の石積や（大西2004a）、玄室構造や副葬品などからも論じられている（松崎2006b）。

人骨配置以外の視点として、科学的分析手法の発達により埋葬人骨からDNAを取り出すという方法も近年行われ、さらに高い確率で遺伝性を知る可能性が出てきている。これについては、松崎元樹氏により横穴墓埋葬論の課題として日野市神明上遺跡の調査成果が取り上げられた（松崎2009）。

③ 装飾古墳と喪葬観念

喪葬観念を推し量る上で装飾古墳は有益な資料を提供するが、森貞治郎氏により玄室内の線刻画が検討され、「白山画風線刻壁画人物像にみる六朝分化類型」が著された（森1993）。こけし形

人物像など、描画ごとに類型を提示する。2002年には、埋蔵文化財研究集会で「装飾古墳の展開」が開催され、全国の装飾古墳を集成するなかで、関東地方南部についても資料化された（柏木・植山2002）。それを受けて柏木は、相模・南武蔵地域の線刻画をベースに各描画を分類し、描画の集合体についても大きく二分して理解を図った。また、各地の線刻画の特徴を瞥見し、同時多発的に存在する状況を確認した（柏木2003）。

高木恭二氏は、石棺を含めた埋葬施設に施される装飾の変遷過程についてふれている。後期前半の装飾古墳における画題を辟邪思想に基づくものとし、刳抜式石棺に施される方形区画文様は、短甲の地板文様が写されたものと解釈し、武具及び武器、鏡などが伝統的に用いられるとした。また、船などの器物や、蟾蜍などの大陸的画題の採用によって、装飾文様に変化が生じる後期中葉を大きな画期とした（高木2002）。

広瀬和雄氏は筑後川及び菊池川流域の装飾古墳について分類し、6世紀初め頃まで辟邪文様の施文範囲は、遺骸を入れた家形石棺や石障や石屋形だけに限られ、6世紀前半頃になると玄室壁面ほぼ全体に文様が描かれ出すとした。絵画や文様の装飾で辟邪すべき対象が遺骸だけであった段階から、それも含めたもっと広い空間に拡大されたとみなす。辟邪されるべき対象は遺骸しかなく、辟邪空間の拡大は既往の〈死〉観念が変化したことに基因するとし、動かない遺骸だけではない死の観念、より広い空間を辟邪しなければならない死の観念が生成し、動かない遺骸から石室内を浮遊する霊魂へと辟邪の対象が変更されたとみなし、これをもって〈霊肉分離の観念〉が成立したと説く。また、社会的使命が遺骸に付与されていたときは属人性が剥奪されていたが、新しく霊魂観が浸透していくことで属人性が前面に押し出されたとみる。そして、霊肉分離の観念に基づく他界観の成立が重要なのは、伝統的な前方後円墳祭祀を変貌させたことにあるとした。前方後円墳の持っていた共同性を徐々に喪失させ、それにより前方後円墳祭祀を形骸化させ、生き続けると観念された亡き首長の役割も徐々に空洞化していくとみた（広瀬2009）。

辟邪空間の拡大は、横穴墓にみる終末期の様相にも踏襲される。前方後円墳祭祀で培われた亡き首長による共同体守護の観念は、形を変えて地域に浸透し、群集墳などでは儀礼に活用された可能性もある。被葬者の扱いがいかなるものであったのか、埋葬された人骨を含めて検討することで、遺骸と属人性の関係、それにかかる他界観成立の背景がより鮮明になるとみなされる。

④ 横穴墓研究の状況

横穴墓の形態や構造などについては、東日本全体での横穴墓の様相が総括された（東北・関東前方後円墳研究会2010）。また、これまで日本独自の墓制とみなされていた横穴墓も、海外の事例が知られることとなった。百済第二の都とされる公州の丹芝里遺跡において24基の横穴墓が確認され、九州地方および朝鮮半島における起源について問題視された。地表に入口があり、地下に玄室があるという形態は、九州地方北部での初現期の横穴墓と類似する（忠清文化財研究院2006）。丹芝里遺跡の横穴墓群は、九州地方の横穴墓を遡るものではないが、事例が増加すれば横穴墓の初現についてさらに検討を要する可能性がある。

*

このように、改葬や人骨配置、被葬者像、喪葬儀礼、霊魂観などについてみてきたが、古くから改葬は理解されていながら、人骨の遺存例の希少さなどから、体系立てた検討がなされなかった。しかし、遺存の良好な赤羽台横穴墓群の調査などから、徐々に全国的に玄室内の人骨が動かされていることが知られるようになり、新たな例をふまえて体系立てて検討する必要がある。

　また、土器をもって儀礼を説くあり方は、分析事例の多さからも、緻密な理論が語られてきたが、文献記述との融合のみに終始しないあり方が、調査事例の増加とその分析から増えつつある。しかし、土器から導かれる事象のみならず、墳墓としての構造や、その内部に納められる被葬者の人骨などを総合的に考察する必要もある。さらに近年になり、これまでは取り扱いが困難とされてきた観念領域への言及も漸くされており、今後は人骨配置や被葬者像、喪葬儀礼などにかかる諸事象を、往事の死生観を探究するために統合していく必要がある。

　このことをふまえ、相模・南武蔵地域を主たる地域として論を進めていく。古墳時代後・終末期におけるこの地域の特徴として挙げられる点には次の四つがある。第一、人骨が豊富に検出されデータに恵まれている。そのなかには改葬の事例も多く、埋葬パターンが抽出しやすい。第二、玄室には線刻画が多く、全国で最も複雑な意匠が描かれていて、単純な情景描写に留まらない線刻画は、精神的特性までを分析できる可能性がある。第三、横穴墓の特性とも繋がるが、墓前域から出土する土器などから追葬や儀礼の様子が掴みやすい。第四、主要な古墳と横穴墓が群在しており、墓前域石積の事例について対比分析が行いやすい。

　このような人骨の埋葬痕跡、玄室に描かれる線刻画や、使用される土器、墓前域の様相などを組み合わせることで、埋葬の実体やその行為の精神性まで窺えるという有効性がある。対象とする地域は、人骨の検出事例が多いことと、線刻画の図像が同じ傾向を示すこと、土器の様相や、古墳と横穴墓の分布状況が似ている箱根山以東から荒川流域までを主たる対象とする。また、横穴墓を多く取り扱うことからも、当該地域で横穴墓が存続する6世紀後半～8世紀初頭までという時期についてみていく。

　本書では、横穴墓における埋葬方法やその単位、線刻画の意図や地域の独自性、玄室や墓前域で用いられる土器の器種や構成、関連する墓前域の用いられ方とその変化などについて、古墳と対比しながら考古学的手法で分析し、古墳時代後・終末期の喪葬観念についての基礎的考察を行いたい。

第Ⅱ章

後・終末期の墓制

本章では、埋葬を主眼とする検討の中で、古墳や横穴墓には埋葬以外にどのような機能が付加されていたのか、また、古墳及び横穴墓を活用した社会背景はどのようなものであったのかなどについて考えていきたい。

まず、古墳時代終末期という時期区分について整理しておく。一つは7世紀中葉以後、主に7世紀後半から8世紀初頭に位置づけ、奈良県明日香村高松塚古墳やマルコ山古墳を典型とする横口式石槨（石棺式石室）を終末期古墳とみなすものである（網干1981）。

いま一つは、7世紀初頭の前方後円墳の終焉に画期を求め、それ以降を終末期と理解する立場である。ここには政治的表示性という機能が付加された前方後円墳に主眼が置かれ、時代相の変化を反映する一大事象として評価できる。

本論では、前方後円墳体制の終焉する7世紀初頭以後を終末期とし、それ以前の6世紀代を後期として取り扱う。

また、より広い被葬者階層の事例を求めるため、関東地方南部のうち相模・南武蔵地域を中心として、古墳及び横穴墓のそれぞれの違いや墳墓の使用されたあり方などをみていく。地域での古墳の位置づけや、首長とそれ以外での墳墓との関わり方、横穴墓の構造的な理解や階層性などについて言及し、背景にある社会動態を整理することから、墳墓と埋葬の有機的な関連性を考える。

第1節　古墳の諸相

1. 相模・南武蔵地域の首長墓と古墳群

相模・南武蔵地域は近代以降、都市化の波に押されて消滅した古墳が多い。それには全掘されて消滅した、横浜市の軽井沢古墳などが一例として挙げられる。また、戦中戦後の農地拡大などの開拓から、破壊されてしまった古墳も多いであろう。これらは寒川町の宮山中里遺跡の前方後円墳（1号墳）のように発掘調査による周溝の検出などから、歳月をまたいで改めて我々の前に姿を現すものもある。

相模地域は神奈川県の県央・県西部が該当し、川崎・横浜市域と東京都を合わせた地域を南武蔵とする。従って神奈川県は、律令期の地域区分としては二国にまたがることとなる。相模地域には御浦・鎌倉、高座・愛甲・大住・余綾・足上・足下郡があり、南武蔵地域には多摩・荏原・豊島・橘樹・都筑・久良郡がある[註1]。

律令期の地域分けを古墳時代に援用することには多くの問題を含むが、先学の研究では『倭名類聚抄』などの文献による「郡」の記述と地形や字名を加味した「郷」の検討までされている。『倭名類聚抄』は10世紀前半の書であり、上に9世紀代の事象を反映するとみなされる。古墳時代後・終末期にかかる歴史観の検討では、纏まりとして映し出される現象が、河川流域以上の繋がりを示す場合もあるため、そのような時は部分的に該当させて論を進めたい[註2]。

第1節 古墳の諸相

(1) 相模・南武蔵地域の古墳

　この地は、古墳時代中期に前方後円墳が巨大化することはなく、前期末以降をもって前方後円墳は一度築造されなくなる。前期後半には墳丘長100m規模の前方後円墳も小地域ごとに散見されるが、中期に至ると盟主たる古墳を含む墓域は立地を違えて小規模となり、墳形は方墳の後、円墳が築造される。その後、後期に至り改めて前方後円墳が造られる。ただ、この期には小規模な前方後円墳があるのみで、同時期に造られる円墳よりも小さい規模が存在する（第Ⅱ-1・2図）。

　前方後円墳と円墳及び横穴墓からなる古墳群の一例を挙げると、秦野市二子塚古墳と広畑古墳群がある（小出・久保1974）。二子塚古墳は墳長46mの前方後円墳で、現在のところ、後期のこの地域では最大規模である。古墳が所在する薬師原台地上には、後期群集墳となる広畑古墳群がおよそ東西1kmの範囲で展開しており、河岸段丘の一段下段には、下大槻欠上遺跡で調査された円墳[註3]なども存在する。いずれも円墳で、直径は20mに満たない。また、段丘斜面には岩井

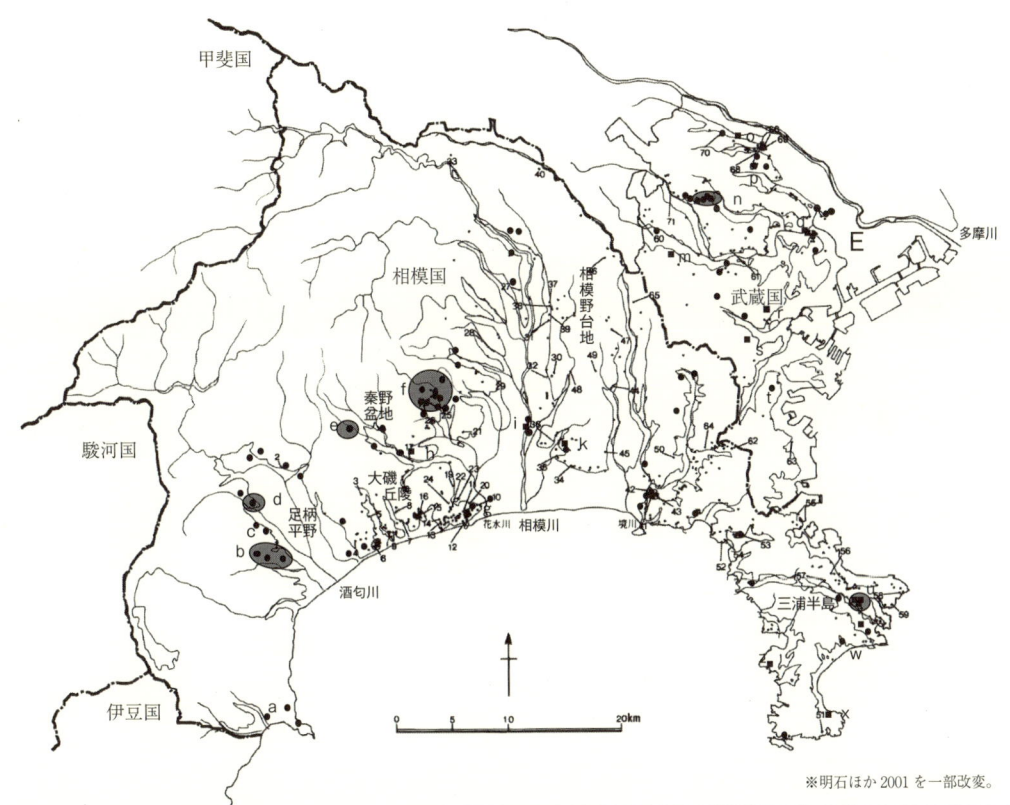

※明石ほか2001を一部改変。

| a.八雲里古墳　b.久野諏訪の原古墳群　c.黄金塚古墳　d.塚田古墳群　e.桜土手古墳群　f.三ノ宮古墳群　g.釜口古墳　h.二子塚古墳(秦野：薬師原古墳群)　i.宮山中里遺跡　k.十二天古墳群　m.三保杉沢古墳　n.赤田古墳群　o.二子塚古墳（川崎)　p.馬絹古墳　q.駒岡堂の前・瓢箪山　r.軽井沢古墳　s.瀬戸ヶ谷古墳　t.室の木古墳　u.大塚古墳群　v.蓼原古墳群　w.かろうと山古墳　x.雨崎古墳群　z.長井経塚古墳 |
| 2.唐沢横穴墓群　7.諏訪脇横穴墓群　13.愛宕山下横穴墓群　17.岩井戸横穴墓群　21.城山横穴墓群　22.万田八重窪横穴墓群　23.万田熊之台横穴墓群　25.三ノ宮・下尾崎横穴墓群　26.三ノ宮・上栗原横穴墓群　31.上今泉横穴墓群　46.浅間神社西側横穴墓群　54.新宿横穴墓群　56.高山横穴墓群　59.鳥ヶ崎横穴墓群　60.熊ヶ谷横穴墓群　66.久地西前田横穴墓群　71.早野横穴墓群 |

第Ⅱ-1図　三ノ宮古墳群位置図（明石2001を一部改変）

第Ⅱ章 後・終末期の墓制

戸横穴墓群なども築かれる（秦野市 2001）。

　そのほか、前方後円墳と円墳からなるものに、多摩川台古墳群がある。多摩川下流域左岸に位置し、大きくは 50 基以上からなる荏原台古墳群の一支群と捉えられる。墳長 39 m の前方後円墳と、直径約 15～20 m の円墳 6 基がある。前方後円墳は 6 世紀後半の築造とされ、2 号墳が前方部に改変されている。

　このような、前方後円墳・円墳・横穴墓という複数種類の墳墓が近在するあり方を頂点として、前方後円墳・円墳からなる群、円墳のみの群、横穴墓のみの群と多様なあり方がみられる。このうち、前方後円墳から横穴墓までを内包する群は少なく、数的な観点からは、地域内で主導的な役割を担っていた集団の墓域であることも窺える。そのような視点から、前方後円墳・円墳・横穴墓という複数種類の墓制が近在するものを中核的古墳群と位置づけたい。

　相模地域の前方後円墳について例示する。まず、平塚市上吉沢市場地区遺跡群 B 地区市場古墳であるが、大磯丘陵のやや奥まった箇所に築かれ、横穴式石室の残骸とおぼしき石列と共に、前方後円形に囲繞する小規模な溝が調査されている（高杉ほか 2000）。

　相模川左岸自然堤防上の寒川町宮山中里遺跡では、前方後円墳と円墳からなる古墳群が、相模川に沿って南北 1km 以上にわたり発見されている。前方後円墳は墳長 30 m で、周溝内からは須恵器短頸壺のほか、土師器坏、須恵器装飾器台（破片）などが出土している。装飾器台は断片的な出土ながら、相模地域では唯一の出土列である（渡辺ほか 2004）。主体部は不明瞭だが、石材の出土がないなど、竪穴系の埋葬施設とみなされる。相模地域では 6 世紀前半の横穴式石室の出現以降も竪穴系の埋葬施設が多数築かれ、宮山中里遺跡のような例は横穴式石室を採用しないグループの系譜として理解できる。

　三浦半島では、平作川流域の横須賀市大塚古墳群で前方後円墳が継続的に複数築造され、近年調査された同市大津古墳群のなかにも前方後円墳がある。また、横須賀市蓼原古墳を皮切りに、同市経塚古墳や、詳細不明ながら三浦市雨崎古墳群などでも前方後円墳の存在が推測されている（稲村 2004）。

　相模地域の領域については、様々な見解が示されるところではあるが、河川流域を一つの纏まりと見れば、酒匂川流域という足柄平野を中心とした地域が一つの領域として理解でき、そこでは明確な古墳群の推移が把握できる。

　参考までに「師長」とされる領域が足柄平野を中心とした地域とみて、金目川流域までを含めた場合は、二子塚古墳（薬師原古墳群）が主要な古墳として挙げられる。隣接地域に含まれる三ノ宮古墳群とは近い距離であるが、相対する首長としての位置づけができる。いずれの領域も大首長が古墳を築造する地域以外にも、数基からなる古墳群が点在する。金目川流域では、薬師原古墳群（大上 1994）のように古墳と横穴墓が一定地域内に混在するという状況もみてとれるが、西の足柄平野を中心とした地域は、古墳群と横穴墓群が立地を異にしている。

　足柄平野北部には、足柄峠越えのルートを意識できる基点に、南足柄市塚田 2 号墳が存在し、南方には黄金塚古墳がある。黄金塚古墳は鉄地金貼による単龍環頭、塚田 2 号墳で金銀装大刀の

単鳳環頭が出土し、両者は6世紀中葉～後半という時期が該当する。また、足柄平野の南部には小田原市久野諏訪の原古墳群が久野丘陵上に展開し、群内及び周囲には、総世寺裏古墳や久野2号墳、天神山1号墳などの装飾大刀が副葬された古墳が存在する。総世寺裏古墳からは、鉄製で端部が波状の形状となる鞘尻を備える装飾大刀、久野2号墳からは象嵌及び金銅装の大刀などが出土している[註4]。これらは、6世紀後半～7世紀中葉にかかる時期とみなされ、足柄平野北部よりも新しい様相を呈するものが多い。

　平野の東側となる大磯丘陵の西斜面及び、平野の北側奥には横穴墓が造られる。北側奥の松田町唐沢・河南沢横穴墓群では装飾大刀が出土しており、環頭大刀が副葬された平野北部の黄金塚古墳や塚田2号墳などの次段階となる優品と理解でき、古墳の優品出土という継続性をふまえながらも、古墳から横穴墓へ、優品を出土する墳墓が変化していく様相も併せて確認されている。

　主要墓域が限られた地域内で推移していく三ノ宮古墳群などの場合と、流域内で主要墓域が時期ごとに立地を違えていくという酒匂川流域となる足柄平野の状況など、後期古墳の立地や分布を考えた時には様々なパターンがある。三ノ宮古墳群のようなあり方は、いわば、地域内で核となる古墳群である。広い地域にわたり、主導的な役割を担ったとみられる首長の古墳を中心に群が形成され、前方後円墳がその核となる。足柄平野の状況はその周囲で、中心となる時期を少しずつ違えながら古墳群が存在し、主として円墳による群が形成されるというもので、横穴墓のみからなる群もこちらに該当する。

　相模地域では際立った存在といえる前方後円墳であるが、築造はいずれも6世紀後半～7世紀初頭で、この時期の古墳のみを抽出すると、意外と数量は多いことがわかる（第Ⅱ-2図）。一部ではその前方後円墳を嚆矢として、継続して築造される円墳が数量的に圧倒するという古墳群へと展開していく。

　多くの古墳群で前方後円墳は単発の築造で終わるが、築造開始が早かった三浦半島などの一部地域では、およそ7世紀に入る頃まで前方後円墳による群が形成される。ただ、この二相とも7世紀に入ってからは一律に築造されなくなる。

　前方後円墳が後期に再度小規模ながら広域に展開した要因として、地域での内在的な理由を求めることは難しい。地域に展開する古墳群は群内で前方後円墳築造の継続性がほとんどみられず、たとえ同じ前方後円墳でも、埋葬施設は横穴系や竪穴系というように、小地域ごとに異なっている。また一代限りの築造で終わってしまうあり方が多いことや、それまで古墳が造られなかった場所に、新たに築造されるという様相もある。人口増や可耕地の拡大、手工業生産の発展などの状況も、現在の資料からはみられず、経済活動に裏打ちされた現象とも評価できない。このことからは、地域発議で主導的に前方後円墳を築造したということが考えにくい。

　古墳群の構成として、前方後円墳と円墳及び横穴墓によるもの、円墳のみ、横穴墓のみという群形成の違いには、6世紀後半における前方後円墳を頂点とする政治体制が表出されており、埋葬施設に関しては、小地域ごとに様相を違えていたことを確認しておく。

第Ⅱ章　後・終末期の墓制

(2) 三ノ宮地域の古墳

　ここで一つの事例として相模の三ノ宮地域を取り上げる（第Ⅱ-3図）。神奈川県伊勢原市の三ノ宮は古墳が集中する地域として知られ、登尾山古墳や埒免古墳などでは出土遺物に銅鋺や金銅装馬具、装飾付大刀を持つなど、副葬品等の優越性などから相武国造の奥津城とも理解されてきた。

　この三ノ宮の地は、明治期から発掘調査事例が知られるいわば先駆的な地でありながらも、古墳の内容については、その一部が断片的に知られるのみであった。これまで地域に展開する古墳・横穴墓の総体としての検討はなされておらず、群としての位置づけや、古墳の個別的な検討もまだ十分とは言えるものではない。三ノ宮古墳群という名称は、慣例的に一部で用いられてきたが、改めて近年になり古墳群の意義や位置づけが示されている（西川2007）。

　三ノ宮地域の古墳は、延喜式内社である三ノ宮比々多神社の周辺を中心として、大山南麓に展開しながら集中域を形成する。それは鈴川～善波川に挟まれる範囲として捉えられ、中央には栗原川が貫流する。隣接地域をみると、南西には金目川流域の二子塚古墳や、それを取り巻く広畑古墳群などがある。北東には、渋田川流域の円墳で装飾大刀を出土している伊勢原市日向・渋田古墳や、(現)玉川流域の北高森古墳群などがそれぞれ個別に纏まりを持つが、地形的隔絶性から三ノ宮の集中域とは一線を画すといえる。

　三ノ宮比々多神社を中心とした古墳集中域は、石野瑛氏の研究成果が、1995（平成7）年に改めて立花実氏により提示され、当時の集計では70基以上を数えている。戦後の農地拡大の際、多くの古墳が破壊されたという伝承もあるが、石室の基底部分が残存している可能性も指摘されている。実際、三ノ宮・上原田遺跡では、2009（平成21）年に墳丘が削平された横穴式石室の発掘調査が行われた。

　三ノ宮地域では、古墳に混在して横穴墓群も複数認められている。三ノ宮・下尾崎遺跡、三ノ宮・上栗原遺跡の横穴墓群には、馬具や金銅装大刀が副葬され、相模地域をみても優れた製品を複数所有する横穴墓といえる。

　このような三ノ宮比々多神社を中心とした部分を、古墳群の領域として捉え、古墳の纏まりとなる2.5km四方を三ノ宮古墳群という範囲としたい。西川氏は三ノ宮古墳群について「前方後円墳を採用しない」「副葬品は豊富であり、ヤマト政権との密接な関係は保持している」「前方後円墳が「乱立」する関東地方の社会構造とは、異なったシステムが機能していた」などと指摘している。ただし、近年の低地遺跡における調査の増加などから、相模地域内で前方後円墳の調査例は増加しており、少し様相を考え直す必要性がある。

　三ノ宮古墳群のなかで、現在までに群として報告されたものには、御領原古墳群・尾根山古墳群があるが、今回は三ノ宮古墳群を構成する「支群」として表記する。三ノ宮古墳群中の横穴墓には、墓前域石積のものが複数存在するが、これは丹沢南麓から多摩地域にかけての特徴として捉えられる。そのほか、小石室が群集する様相が挙げられる[注5]。

① 古　墳

　三ノ宮・下谷戸遺跡H7号墳は三ノ宮3号墳に近在し、東名高速道路拡幅時に調査された。石

第1節 古墳の諸相

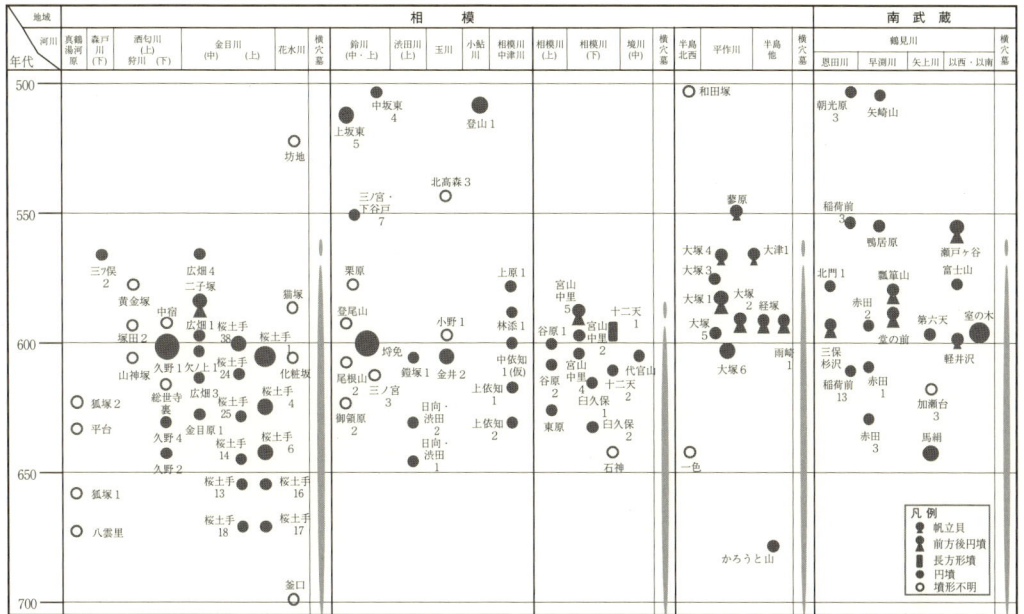

第Ⅱ-2図 相模・南武蔵の後期主要古墳・横穴墓編年表（柏木2005を一部改訂）

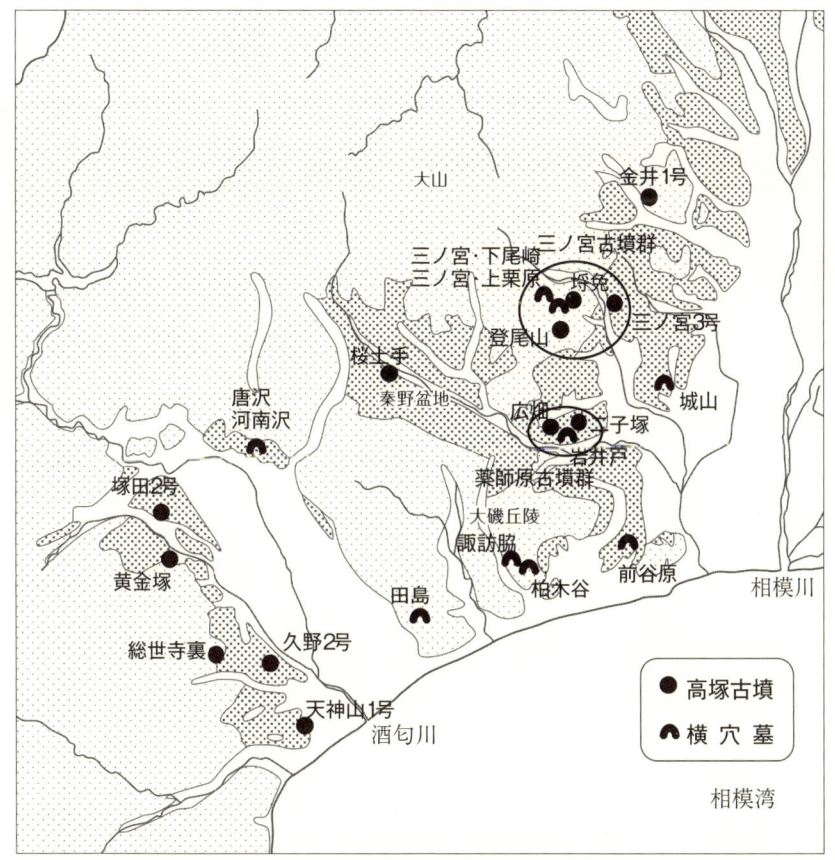

第Ⅱ-3図 相模西部の古墳及び横穴墓分布図

第Ⅱ章　後・終末期の墓制

　室内から出土した𤭯が陶邑MT15型式（以下陶邑は省略する）と報告され、相模地域の初現的な横穴式石室として理解される。石室は幅狭な無袖式で全長5.2m（玄室長4.3m）、幅1m強、奥壁は石室幅を占める一段の石が遺存する（第Ⅱ-4図）。

　出土遺物は土師器坏、須恵器𤭯、甕、鉄鏃、鹿角装刀子、勾玉、管玉、丸玉、小玉があり、玄室内での遺物は、人骨・副葬品共に上下2層に分かれて分布する。また、周溝内の土坑では馬の埋葬も行われ、頭蓋を北に向け左側を下にして横臥した状態で発見されている[註6]。発掘調査では7基の古墳が調査されたが、群中の三ノ宮3号墳を除いては3基の古墳で石室の存在が確認もしくは推定されている。

　埒免古墳は、1968（昭和43）年の学校建設工事中に古墳・石室が破壊されて遺物が出土した、直径40mの円墳で、相模地域でこの時期最大級の円墳とみなされている。横穴式石室は大振りな自然石（一部加工）を用いた左片袖式で、玄室長4.75m、奥壁幅2m、高さ最大で2.2m、羨道は長さ4.5m以上、幅0.9mである。奥壁は石室幅を占める二段の大振りな石が用いられるが、下段のものが最も大きく、最上部には小礫が充填されている。狭小な無袖の横穴式石室が多い相模地域においては、構造や規模の上からも特別な存在として評価される（第Ⅱ-5図）。銀装円頭大刀（圭頭の可能性もあり）や馬具が出土し、巨石を使用することなどから6世紀末という時期があてられる。

　登尾山古墳は、小字御所が谷と宮の脇にまたがる尾根上に所在し、1960（昭和35）年3月農道工事中に石室が発見された。横穴式石室は自然石積の両袖式である。玄室の奥幅1.6m、前幅1.5m、長さは2.8mで、奥壁で側壁と同サイズの石材を使用した四段の石積が確認された。羨道は直線的に延び、長さ3.2m、幅0.8m、墓前域は長さ4.5m程度で、境にはわずかな段差が形成されて、入口に向けて一段下がり徐々に幅を広げる（第Ⅱ-6図）。出土遺物は銅鋺、馬具のほか、金銅装圭頭

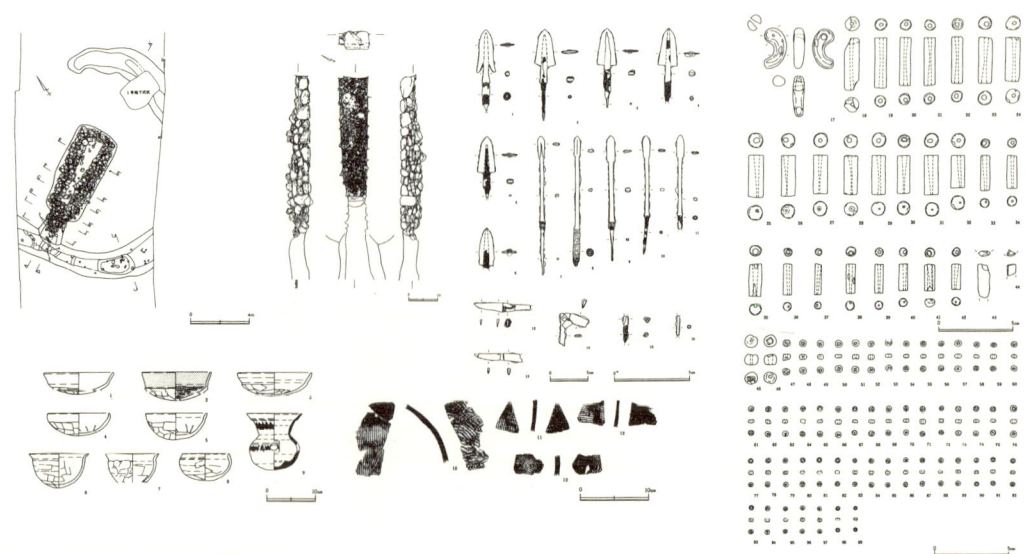

第Ⅱ-4図　三ノ宮古墳群の古墳・横穴墓（三ノ宮・下谷戸遺跡H7号墳）

第1節 古墳の諸相

大刀などが石室内から出土し、表面採集ながら家形と見られる埴輪片も知られる。遺物の内容からは時間幅があることが窺えるが、築造はおよそ6世紀後半であろう。墳形は円墳とされている。
　登尾山古墳の現況地形を2010年に踏査したところ、前面に広がる平野側（南側）に少しながら平坦面が存在していた。大山南麓の丘陵脊梁部に築造されているが、石室付近は墳丘としての高まりがわずかながらみられ、横穴式石室の玄門からしばらく南へ下ると、少しく平坦な面が存在する。その平坦面は、墳丘部分を囲繞するようであり、円墳ではない墳丘形状の可能性も指摘できる。登尾山古墳は眺望豊かな地に築かれ、南側下方に広がる平野部からの眺めが良好である。

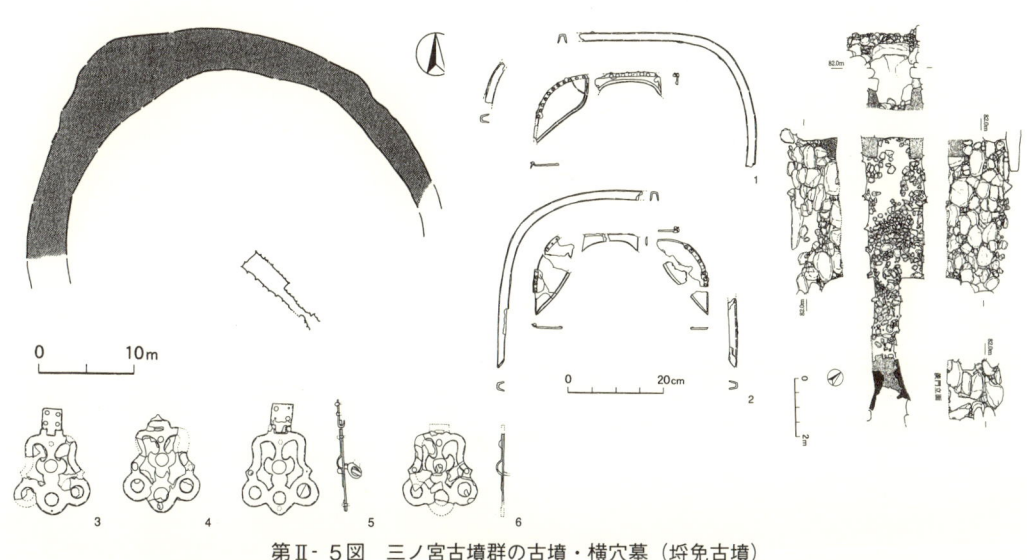

第Ⅱ-5図　三ノ宮古墳群の古墳・横穴墓（埒免古墳）

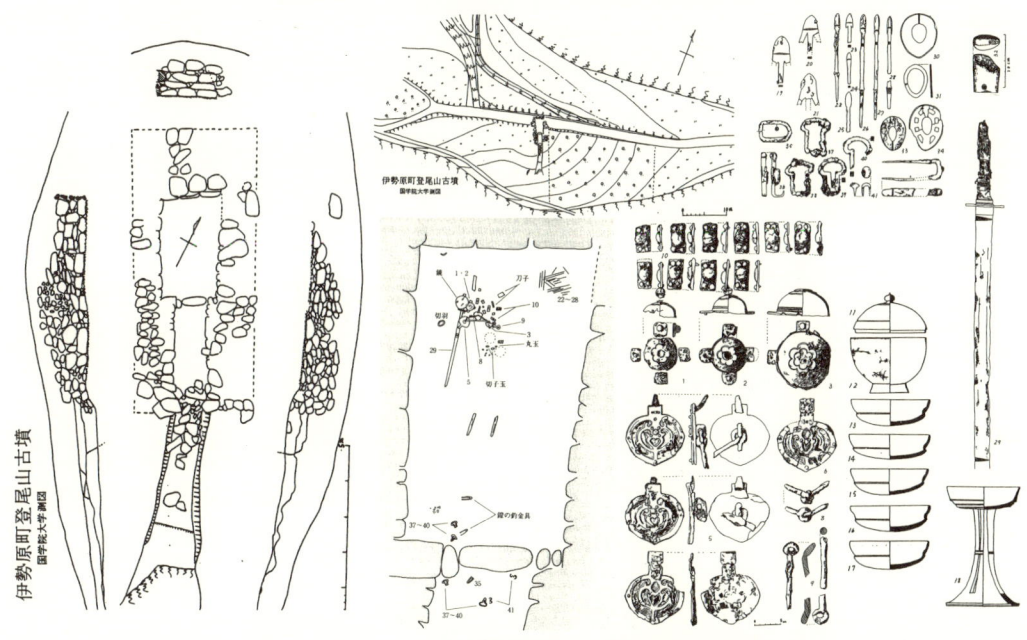

第Ⅱ-6図　三ノ宮古墳群の古墳・横穴墓（登尾山古墳）

31

これは平地からの視点をも意識した、見せる古墳としての立地といえる。

② 横穴墓

栗原川流域に横穴墓の多くが所在し、尾根筋には古墳が、崖面には横穴墓が築造されている。三ノ宮・下尾崎遺跡の横穴墓群は、南に延びる丘陵西斜面に位置し、崖面に上下3段程度築造される。下段北寄りと中央、上段北寄りで比較的遺存が良好で、小単位の支群を形成する。三ノ宮・上栗原遺跡の横穴墓群も崖面に3段の築造がみられ、中央の一群とその両側に展開する小支群を形成する。そのなかの上栗原4・5号墓では墓前域を共有し、羨門には石積がされる（第Ⅱ-7・8図）。

下尾崎4・5号墓で平瓶（7世紀前半）が、下尾崎19号墓で土師器坏（7世紀後半）や刀子があり、下栗原6号墓では長頸瓶（7世紀後半）、下尾崎23号墓では甕（7世紀後半～末）が、下尾崎1号墓では八窓鐔や全国的にも類例の少ない輪鐙（7世紀中葉以降）、上栗原5号墓では壺鐙（7世紀後半）が出土している。これら横穴墓は、家形やドーム形は存在しないが、墓前域の石積が多く、玄室には敷石が多用される。また、墓前域の長大なものが散見され、奥壁に平行した低位な棺座を具えるものが主体となる。

三ノ宮古墳群は6世紀前半以降、横穴式石室を埋葬主体とする円墳が築造され、7世紀以降も続いて多数の古墳がある。群内には横穴墓も6世紀後半以降みられ、一部には墓前域に石積がされる。7世紀後半の横穴墓には古墳を凌駕するような副葬品が納められ、古墳と横穴墓の階層性にも変化がみられる。

(3) 三ノ宮古墳群の政治性

相模地域だけを検討する限りでは、群中で次世代に継続しないという前方後円墳の築造にかかる要因をみることができず、他方に目を広げる必要がある。後に細かくふれるが、この6世紀後半～7世紀初頭には、朝鮮半島を中心とした東アジア情勢の煽りを受けた倭国の様相が知られる。一つには『日本書紀』（坂本ほか校注1965・1967）に国造・伴造などの軍から数万の兵士が動員され、筑紫に駐留したという記載もみられ、それに起因する兵士や物資の流通網が併行して整備されていったというような歴史的な背景がある。このような状況にみた、外在的ともいえる要因を以下に検討していきたい。

前方後円墳は往時の社会情勢を如実に示す墳墓という理解ができるが、西嶋定生氏によれば、前方後円墳という特殊な墳墓形式が墳形を変えることなく地方に波及するという現象は、地方豪族と大和朝廷との政治的関係を媒介とした身分的表現であるとされている（西嶋1961）。これによれば、古墳文化の地方への波及は、大和朝廷を中心として、各地の大豪族が一つの国家へと編成されていく過程とみることができる。

相模地域では、6世紀後半から複数の前方後円墳が再度築造されるが、いずれも小規模であることはこれまで述べた。埋葬施設である横穴式石室は、その出現が地域における喪葬の変化の画期とみることができるが、嚆矢となるのは三ノ宮・下谷戸遺跡H7号墳である。無袖の狭長な玄室平面形で、羨門部にはやや小振りな自然石による閉塞がされる。この6世紀前半における横穴

第1節 古墳の諸相

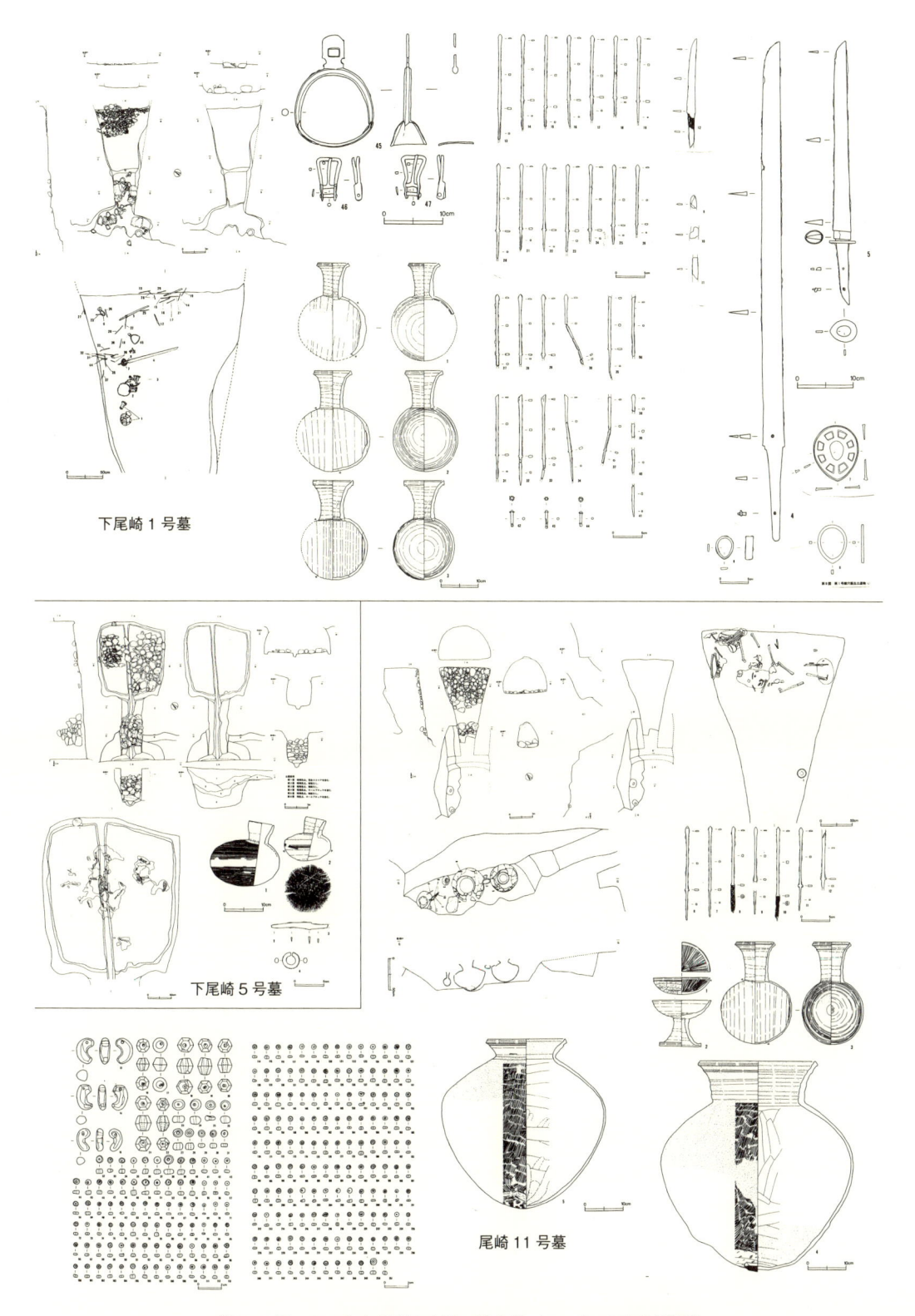

第Ⅱ-7図 三ノ宮古墳群の古墳・横穴墓（三ノ宮・下尾崎遺跡）

第Ⅱ章 後・終末期の墓制

下尾崎19号墓

下尾崎23号墓

上下尾崎26号墓

上栗原1号墓

上栗原5号墓

上栗原12号墓

第Ⅱ-8図 三ノ宮古墳群の古墳・横穴墓（三ノ宮・下尾崎遺跡／三ノ宮・上栗原遺跡）

式石室導入段階では、円墳による群形成が読み取れる。

　相模川中流域西岸から金目川流域付近は、前方後円墳の築造が横穴式石室導入以後の事象として捉えられるが、三浦半島では石室ではない竪穴系の埋葬施設の段階で前方後円墳は築造され始め、およそ6世紀後半段階に横穴式石室が採用される。南武蔵地域のうち横浜市域では、横穴式石室の導入が前方後円墳からであり、小地域ごとに様相が異なる。

　この横穴式石室の採用は、地域における竪穴系から横穴系へという大きな埋葬観念の変化として捉えられる。しかし、埋葬施設は築造後には墳丘内に隠されてしまうため、古墳に求められた表示機能は、やはり墳形であるといえる。

　前方後円墳の築造を大和政権による地方運営の表象と評価すれば、前方後円墳が築造されている間は、中央と地方における緊密さの強いことが窺える。墳形が次段階で円墳へと変容することは、関係が一時的に薄れたとも捉えられ、この現象は、地域と時期により関係の内容が異なる[註7]。

　広瀬和雄氏は中小首長層、もしくはその一族の有力者などが前方後円墳国家に参画し、地方統治のための職務を担当していた＜原初的な官僚層＞として、稲荷山古墳（丈刀人）・江田船山古墳（典曹人）などにみられるような職掌が、上番していた地方首長に充当されていたとする（広瀬2003b）。また、地域でのあり方は、上位・中位・下位の三つの首長層を示し、下位は、農耕共同体の首長、律令制下の1～2郷程度の範囲が首長の領域[註8]とする。

　この考えに立てば、下位の小首長までが前方後円墳を築造でき、一世代に一基の前方後円墳を築造したという事実に繋がる。一つには原初的な官僚層という地方人材の登用を行うことにより、地方整備を行うべき連携と体力が地方にも備わった結果といえよう。

　地方の盟主は前方後円墳体制に依拠していたため、地域主導で墳形を選ばず、視覚的な優位性という仕組みを具えた前方後円という墳形を重視してこれを採用した。他律的支配の結果といえ、地域首長の恣意的な判断は墳形表示という指向性に左右されたことも考えられる。しかし、墳丘の内となる埋葬施設は、地域の伝統を重視し、その地で造られていたものが採用されている。そこにこそ、内なる地域主観の表示という現象が見えてくる。

　地方を主眼に見れば、この時期の前方後円墳は規模・構造・遺物などから、盟主墳と呼べるものもあるが、すべてがそうとはならない。小規模で副葬品などもほとんど出土しない、前方後円墳といういわば墳形の優位性のみが見受けられるものもある。これは地方の盟主が独自の裁量で墳形を選択したとは考えづらく、前方後円という墳形に優位性があるならば、被葬者と中央との結びつきによるという見解もたつ。いわば表象の機能である。

　前方後円墳が終焉することと併せて、装飾大刀の副葬例が増加する。装飾大刀が示す序列は、表象の変化を現していることも示唆される。古墳と横穴墓の共通性と階層性と共に埋葬を取り巻く観念も、これに合わせるように変化し始める。

(4) 古墳にみる埋葬方法

　このような背景のなか、古墳では具体的にどのような埋葬が行われていたのか。前述のとおり

第Ⅱ章　後・終末期の墓制

　広瀬和雄氏による群集墳の分析によると、横穴系内部主体を有する一基の古墳（一石室内）に埋葬された被葬者の平均的数値はおよそ3～5体とされる（広瀬1978）。関東地方南部の石室で埋葬の実態が判明している例を参照しても、その埋葬人数は通有な数値として捉えられる。

　たとえば、相模地域の総世寺裏古墳の棺体配置を検討した近野正幸氏によると、無袖式横穴式石室ながら下部棺床で3棺、上部棺床で2棺の埋葬を想定している（近野1998・2006）。総世寺裏古墳は円墳と推定され、無袖式自然石積横穴式石室の玄室規模は、長さ6.0m、幅1.3mである。無袖式は幅が狭いため、奥壁から順次縦列状態で埋葬されたとみられる。また、同じく無袖式横穴式石室の久野2号墳では4棺、久野4号墳では3棺(3人以上)、久野森下古墳でも3棺(3人以上)、天神山1号墳では5棺の数値が挙げられる。

　南武蔵地域の第六天古墳は、直径19mの円墳で、切石による胴張を呈する両袖式切石積横穴式石室で、石室全長は7.9m、玄室規模は長さ3.5m、最大幅2.4mである。石室内には組合式石棺があり、その中には11体という非常に多い埋葬がされている。棺内の人骨は頭蓋骨がすべて前頭骨を下に向けるという俯臥の状態とされ、10体が南向き、1体が北向きとなり、全員が壮年を中心とした世代の男性という。

　これら相模・南武蔵地域の事例は、6世紀末～7世紀前半に限られるが、無袖式横穴式石室ながら複数人の埋葬が想定される相模地域と、組合式石棺内に夥しい数の人骨が確認される南武蔵地域の事例を挙げることができる。この例は、いずれも小規模な円墳であり、周囲に展開する古墳の様相を勘案すると、小地域における盟主の埋葬痕跡といえる。

　それでは、首長層はどのような状況であろうか。近在で、首長層及びそれ以下の階層の埋葬にかかる記録が多い古墳群としては、千葉県富津市の内裏塚古墳群がある。この古墳群の周囲も含めて例示して比較し、併せて埋葬頭位や羨道に行われた埋葬についてもふれていく。

　内裏塚古墳群の例からは、かなりの数の被葬者がいたことが知られる。小沢洋氏の集成によると次のような数が挙げられる（小沢2008）。内裏塚古墳群の新割古墳で20体以上、蕨塚古墳で12体以上、西谷古墳で13体以上、丸塚古墳で約10体、西原古墳で8体、古山古墳で8体以上、姫塚古墳で5体、三条塚古墳で3体などとされる[註9]。

　新割古墳は全長39mの帆立貝形墳で、無袖式自然石積横穴式石室、玄室規模は長さ12.5m、幅1.8mである。

　蕨塚古墳は墳長48mの前方後円墳で右片袖式自然石積横穴式石室、石室全長は11.5m、玄室規模は長さ7.5m、幅1.7mである。玄室に8体、羨道に4体が埋葬される。玄室中央部には3体以上、玄室手前側では5体の人骨が頭位を入口側に向けて検出される。また、羨道でも4体が頭位を入口側に向けて並べられていたという。

　西谷古墳は直径29mの円墳で、無袖式自然石積横穴式石室、石室全長7.3m、玄室規模は長さ2.0m、幅1.4mである。奥側1/3程度の床面に立石による屍床仕切りがある。奥側に4個の頭蓋骨、その周縁に幾重にも重なって四肢骨があるとされ、この様相は改葬と理解できる。手前側には頭蓋骨9個があり、仕切り石から1m程度の範囲に人骨が集中する。

丸塚古墳は直径30mの円墳で、無袖式自然石積横穴式石室、玄室規模は長さ11.0m、幅1.6mである。石室玄門側に組合式石棺が納められる。

　西原古墳は墳長63mの前方後円墳で無袖式自然石積横穴式石室、石室全長12.5m、玄室規模は長さ10.5m、幅1.8mである。奥壁から頭蓋骨を入口側へ向けて側壁際に縦一列に並べられ、副葬品の多くは人骨の反対側から偏って出土する。最奥部の人骨付近には直刀と鉄鏃がある。

　古山古墳は直径29mの円墳で、無袖式自然石積横穴式石室、石室全長12.7m、玄室規模は長さ12.0m、幅1.5mである。奥壁側石棺内に朱を塗った人骨が2体、石棺西側に避けられた1体、中央部石棺内・外にそれぞれ1体、石棺東側の1体、石棺南側に避けられた1体、入口寄りに1体あり、頭位が判明しているものは入口側を向いていたとされる。

　姫塚古墳は墳長約70mの前方後円墳で、片袖式自然石積横穴式石室、石室全長4.5m、幅2.0mである。石室奥側に2体、手前側に3体の人骨が頭位を北側に向けて埋葬される。

　三条塚古墳は墳長122mの前方後円墳で、無袖式とみられる自然石積横穴式石室、全長8.5m以下、幅1.5m以下である。残存部前端から3体分の人骨（成人男性1・小児1・幼児1）が検出され、その付近から鏡や馬具、武器、装身具、須恵器が出土したとされる。

　八丁塚古墳は直径24mの円墳で、両袖式自然石積横穴式石室で、床面には切石も使用される。石室全長は10.2m、玄室規模は長さ8.4m、幅1.7mである。後室に改葬状態とみられる1体と、前室壁沿いに2ヶ所の人骨の纏まりがあり、つごう3体以上が確認されている。

　下谷古墳は直径20mの円墳で、L字型自然石積横穴式石室、玄室規模は長さ2.8m、幅1.0mである。玄室から3体以上の人骨片が確認されている。

　向原古墳は直径24mの円墳で、L字型自然石積横穴式石室、床面には切石も使用される。石室全長は7.1m、玄室規模は長さ約2.0m、幅0.7mである。玄室（屈曲部）の3体が入口側に頭位を向けて並列して置かれ、羨道には11体分の人骨が折り重なるように埋葬されている。

　そのほか、富津市上北原古墳はL字型石室で、玄室から2体以上、羨道奥側から2体以上、羨道手前側から1体以上が検出され、遺存良好な人骨はいずれも頭位を入口側に向けて検出される。君津市妃塚古墳はL字型石室で、11体の人骨が検出されたが、条件良く確認できたのは、玄室から5体（男1・女3・子供1）、副室から2体（男2）、羨道から2体（男2）がある。君津市権現塚古墳はL字型石室で、玄室から2体分の頭蓋骨、羨道から7〜8体分が出土している。群集墳である成田市長田古墳群1号墳でも石棺内から頭蓋骨換算で7体以上の埋葬が知られる。木更津市金鈴塚古墳で人歯の様相から4〜5体ほど、香取市（旧小見川町）城山古墳群1号墳では、石室内3ヶ所から耳環が出土したとされる。

　内裏塚古墳群では、蕨塚古墳がTK209〜TK217型式、西原古墳がTK43〜TK209型式、三条塚古墳がTK209型式とされ（田中2010）、金鈴塚古墳がTK43〜TK209型式、城山1号墳がTK43〜TK209型式であり、この時期は前方後円墳を採用する首長墓でも石室内の多数埋葬[註10]が行われていることがわかる。また、首長層と共に群形成をする中小古墳でも同じような埋葬が行われていた。

　ここで、注目すべきことが二点ある。一つは人骨頭位の方向、いま一つは羨道への埋葬である。

人骨頭位の方向が判明しているのは蕨塚古墳、西原古墳、古山古墳、向原古墳、上北原古墳で、玄門側に頭位を向けた伸展葬である。このことは、後にふれる横穴墓の埋葬方法と類似する。関東地方南部に横穴墓が導入された、6世紀後半における相模湾及び東京湾西岸の状況と同様である。羨道への埋葬は、蕨塚古墳、向原古墳、上北原古墳、妃塚古墳、権現塚古墳などがあり、後三者はL字型石室という共通性を持つ。このようなL字型石室は、6世紀後半以降の所産とみなされる。

　多数埋葬は近野正幸氏により、同一墳丘内への追葬行為による合葬ばかりには起因せず、改葬に伴う合葬の結果という可能性が指摘されている（近野1996aなど）。さらに、内裏塚古墳群の様相をみれば、石室床面に順次平置きしていく方法と、それらが室内の床面を占めると、片付け及び羨道へ埋葬するという方法が採られている。

　追葬行為による合葬は、第六天古墳をみれば、11人全員が壮年を中心とした世代の男性とされ、一時に埋葬したとは考えづらい。同じ地域にある川崎市久地西前田2号墓でも、奥壁並行で設けられた木棺内に、夥しい数の人骨が発見されていることからは、死にあたり、順次上乗せするように棺内に納めたとみなされる。

　西谷古墳の4個の頭蓋骨、その周縁に幾重にも重なって四肢骨があるとされる状況は改葬の結果といえよう。また、八丁塚古墳でも後室で改葬が行われている。第Ⅲ章第1節でふれるが、横穴墓でも改葬例が多い。実際に遺骸が置かれた付帯施設の形態や副葬品のあり方などをみていくと、6世紀後半は古墳と横穴墓で相違点が多いものの、7世紀代には古墳と横穴墓で共通する事象が増加することになる。

　多数埋葬には、追葬行為による合葬と改葬に伴う合葬があるとみられ、この二つの方法には、古墳と横穴墓では差異がなかったことが窺える。

(5) 小　結

　相模地域の古墳群を分析し、三ノ宮古墳群を地域政治の執行及び推進に深く関与していたグループの墳墓であると考え、登尾山古墳が円墳以外の墳形である可能性を指摘した。

　三ノ宮古墳群は6世紀前半から、横穴式石室を主体部とする古墳と横穴墓で群が形成される。このような古墳群を「中核的古墳群」とした（第Ⅱ-9図）。

　類似する古墳群として、秦野市の薬師原古墳群がある。薬師原古墳群中の二子塚古墳は台地東端に位置し、平野部からの眺望も良好な場所に築かれる。立地上、このように前期と同じような場所に築造される後期の主要墳墓も多く、「見せる墳墓」とでもいうような視覚的効果の必然性が備わっていたとみなされる。

　また、中核的古墳群を取り巻く古墳群として足柄平野の例を検討し、優品を副葬する古墳の状況から、平野西辺の丘陵地で、主要な古墳群の築造が北部から南部へと推移していく様相をみた。

　埋葬施設について三ノ宮古墳群をみると、首長墓には両袖式及び片袖式横穴式石室が、それ以外では無袖式横穴式石室が採用される。古墳への横穴式石室の採用は、首長以外の古墳から開始されるが、そこでは、幅狭のために奥壁から順次縦列状態で埋葬されたことが推察されている。また、

第1節　古墳の諸相

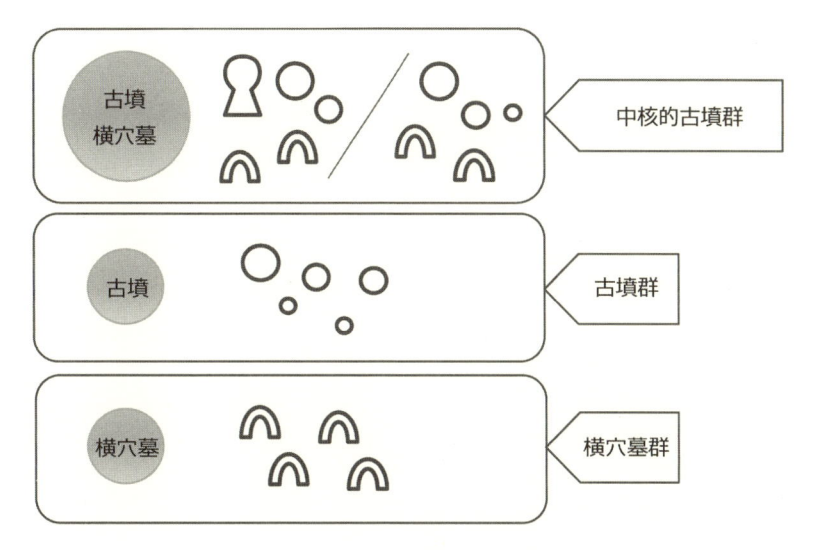

第Ⅱ-9図　古墳群形成の類型

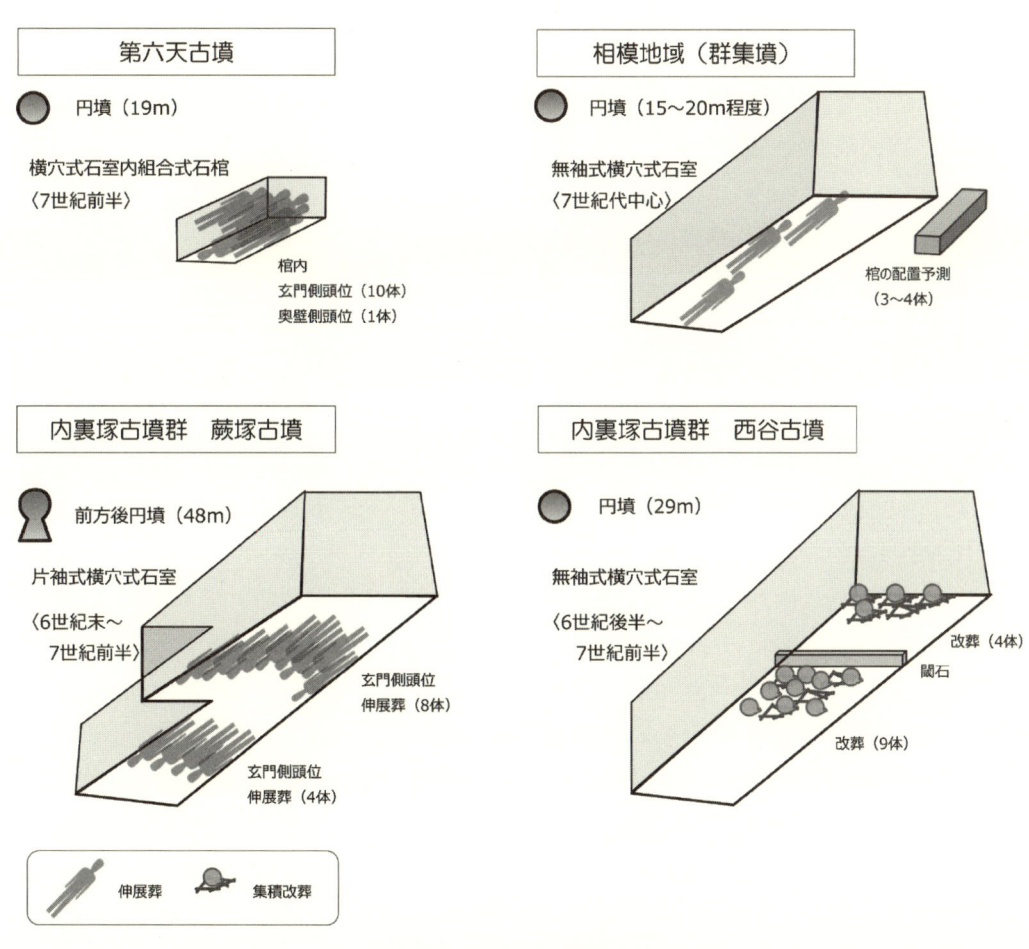

第Ⅱ-10図　古墳の埋葬方法

39

川崎市第六天古墳では、横穴式石室内の組合式石棺で玄門側頭位10体、奥壁側頭位1体という、つごう11体の多数埋葬例がある。首長墓の例としては内裏塚古墳群をみたが、蕨塚古墳など入口側に頭位を向ける伸展葬であった。また、群内の西谷古墳は改葬による埋葬がされる（第Ⅱ-10図）。

後にふれるが、横穴墓の初現期には、有袖式玄室の玄門側頭位による伸展葬が通有で、展開期には早くも集積改葬などがみられ始める。6世紀末～7世紀前半を中心としては、玄門側頭位による伸展葬での埋葬や改葬は、首長墓とそれ以外の古墳でも行われていた。首長とそれ以外の被葬者においても、共通の埋葬理念を持っていたとみなされる。

2. 相模・南武蔵地域の前方後円墳終焉後

相模・南武蔵地域における後・終末期の古墳は、前方後円墳・前方後方墳・円墳・方墳・長方形墳・八角墳・上円下方墳などがあり、それらのほかにも明確な墳丘を構築しない小石室などが、古墳群の合間、もしくは独自に群集して存在する。上円下方墳や八角墳は、その形状の特異性と併せて数量的にも希少な存在である。また、古墳の完成後は墳丘内に埋め込まれてしまう、石垣状の施設である墳丘内列石という特徴的なものも存在する。ここでは上円下方墳と八角墳などの、いわゆる「特別な墳丘形態」と、墳丘内列石に的を絞って検討を加える。

(1) 相模・南武蔵地域の趨勢と上円下方墳

相模地域の古墳時代後期には、次の三つの特徴がある。まず第一点は、6世紀中葉において前方後円墳が改めて築造され、横穴式石室の採用が始まる。第二点は6世紀後半～7世紀初頭において、前方後円墳の築造が終焉し、横穴式石室が普遍化し、横穴墓が採用される。また、副葬品のなかに占める装飾付大刀の割合が増加し、前方後円墳に代わって首長墓には大型円墳が採用される。第三点は7世紀中葉～後半で、沿岸部においていわゆる山寄せ式の古墳がみられ、それ以降古墳の築造は終焉する。

『日本書紀』天武4（675）年の条に「相模国」が初見となる。三浦半島にはかろうと山古墳が、大磯丘陵に釜口古墳がそれぞれ最後の首長墓として築造され、後者は酒匂川流域と相模川流域をそれぞれ統括するかのように存在する。

終末期古墳の築造は後期とは場所を違え、一部はその立地が沿岸部に認められるようになる。7世紀中葉以降となるかろうと山古墳では、いわゆる古墳時代的な副葬品を持つのに対して、釜口古墳では銅匙という仏教的色彩の濃い遺物の出土が知られる。いずれも立地からは初期寺院や官衙などとの直接的な関連性は窺えないが、律令期へと変化していく過程に関して、遺物から見える事象として理解しておく。

南武蔵地域でも、相模地域と同様に後期古墳とは立地を違えて終末期古墳が築造される。首長墓系譜として特別な存在といえるのが上円下方墳であり、現在の府中市や三鷹市で築造されている。

上円下方墳は、現在7基の存在が知られ、調査されたものは東京都府中市熊野神社古墳と東京都三鷹市国立天文台構内古墳、静岡県沼津市清水柳北1号墳、京都府・奈良県境の石のカラト古

墳、福島県白河市野地久保古墳の5基である。未調査で現況地形などから推定されるものは、埼玉県熊谷市広瀬古墳群の宮塚古墳、埼玉県川越市南大塚古墳群の山王塚古墳などがある。

また近年、奈良県橿原市新沢千塚古墳群第17号墳について、3次元航空レーダー計測による墳丘の立体地形図が示された。それによると、長方形墳に円墳を偏った位置に積み重ねた、特殊な上円下方墳ともみられる。新沢千塚17号墳の見解はここでは材料不足から避けるが、不分明なものを含めても武蔵国に4基が存在しているという事実がある。年代は、熊野神社古墳が7世紀中頃、国立天文台構内古墳が7世紀中頃〜後半、石のカラト古墳が7世紀第4四半期（8世紀初頭説もあり）、清水柳北1号墳が8世紀第1四半期である。調査されていない2基については、共に7世紀代の範疇で収まるものと考えられている。

清水柳北1号墳は、周溝内縁から下方部の裾までに平場が存在し、その平場が下方部1段目との理解も可能である。下方部の立ち上がり角度は、石のカラト古墳で緩傾斜、清水柳北1号墳で急角度となり、上円下方墳という同じ墳丘でありながらも、相似形とはならない。後者では、周溝から破砕しての状態ながら石櫃が出土している。

熊野神社古墳は3段築成（下方部2段・上円部1段）で、下方部1段目一辺32m、2段目23m、上円部直径16m高さ約6mである。主体部は横穴式石室（切石積・複室・胴張り）で、墓前域は自然石積で「ハ」の字に開く。南武蔵地域の切石積横穴式石室は、いわゆる首長墓として捉えられる古墳で多い。熊野神社古墳は、高倉古墳群と下谷保古墳に挟まれた地域で、いわば古墳空白地に突如として出現した印象を受ける。7世紀前半代の古墳は地形を生かして築造される例が多いが、地形の平坦化を行った後、版築により構築するという手の込んだ所作が窺える。

国立天文台構内古墳は武蔵野台地上に所在し、野川北岸沿いとなる国分寺崖線には出山横穴墓群などが築造されている。2007年の調査により上円下方墳であることが判明し、円墳の周囲に方形の溝が廻る構造が判明している。この構造を受けて、池上悟氏により「方基円墳」という名称も提示された（池上2008）。

規模は一辺28m程度の下方部に、直径18m、高さ2.2mの上円部がのる。古墳の北側及び東西には最大幅7.5m、深さ1.8mの周溝があり、葺石は墳丘の一部で確認されている。横穴式石室は3室構造で、全長6.9m、奥室は胴張りを呈し、墓前域は自然石積で「ハ」の字に開く。墓前域は開放されていたとみられ、床面上からは7世紀第3四半期の須恵器坏なども出土し、儀礼空間として機能していたことが窺える。熊野神社古墳や八王子市北大谷古墳と類似する石室構造を呈し、共に首長墓として理解されている。

確認されている上円下方墳は、類例が少ないながら東国に偏りを持つ。時期的な側面では武蔵地域で確認されている一群が、いずれも畿内の石のカラト古墳に先行する。墳形の段数は3段及び2段築成と一律ではないが、熊野神社古墳の3段築成という伝統が、若干の形を変え、国立天文台構内古墳や清水柳北1号墳に受け継がれたともみなされる。

上円下方墳の埋葬施設は地域ごとに相違する。墳丘形態としての整合性を持つ反面、在地で主に築造されていた埋葬施設が採用されたようである。関東地方の終末期古墳は、切石積の横穴

式石室の築造が一つの画期とされ、玄室入口に柱状の石を立てた玄門の設置（玄門立柱）や、約半数ながら石室入口前に台形状に開く墓前域が設置されることなどが特徴として挙げられている（松本1981）。

　上円下方墳という墳形は、「天円地方」に基づく思想として採用されたことが推測され、築造の背景にはこのような思想を具備していた知識人の存在が窺える。また、熊野神社古墳から出土した鞘尻金具に施された象嵌は七曜文で、富本銭に採用された意匠と同じである。これは、羨道の土層堆積状況から、追葬時の副葬品であるとみられている。

　それら思想の背景には、群馬県高崎市綿貫観音山古墳の水瓶などにみられるように、大陸や朝鮮半島からの東国へのダイレクトな文化導入が基礎となっていたとみなされる[註11]。関東地方以北もしくは以西の文化伝播経路の推察は今後の課題であるが、山道の存在を指摘しておきたい（黒坂2003）。古くは古墳時代前半期における埴輪や、出土例が少ない鋸、後半期の蕨手刀の副葬状況などをみると、海道経路のほか、山道沿いもしくはその派生道に偏在する傾向がある。東方を基軸とした多岐にわたる事象の推移からは、歴史を支える東国の先見性とその後の汎用性が見えてくる。

(2) 八角墳と墳丘内列石

　八角墳は現在14基ほど確認されている。被葬者が皇族関係に推定されるものを中心として、その分布は畿内に集中する傾向があるが、東国でも山梨県・群馬県・東京都にみられ、西国では広島県や鳥取県で確認されている。すなわち、関東地方から山陽・山陰地方に分布し、埋葬施設は各地の終末期古墳で普遍的なものが採用されている。また、関東地方の八角墳は上円下方墳と同様に、畿内地域に先行して築造されている可能性が示唆される。形態は、八角部が段築成されるものもあり、方形段についても同様で、細部においての統一性は認められない。

　関東甲信地域での八角墳は、山梨県経塚古墳、群馬県神保一本杉古墳、群馬県三津屋古墳、群馬県伊勢塚古墳、東京都稲荷塚古墳、埼玉県籠原裏1・2・10号墳、茨城県吉田古墳がある。八角墳は関東地方の経塚古墳と稲荷塚古墳が古く、経塚古墳は山梨県笛吹市（旧一宮町）、稲荷塚古墳（和田古墳群内）は東京都多摩市と、いずれも現在の甲州街道の起点と終点付近というような位置関係にある。交通路が意識されていたとの見方もできよう。

　小川裕見子氏の桑原西古墳群の土器を用いた分析によると、次のような編年観と八角墳のあり方が示されている（小川2009a）。八角墳は群集墳内において優位にありながら、他とは異なる性質を持つ被葬者のために営まれたとし、築造時期は、7世紀第1四半期〜第3四半期までとする。また、天智天皇陵古墳築造による完成形としての正八角形の影響をみて、地方では、稲荷塚古墳・経塚古墳・梶山古墳のように不整形である影響を受けていない一群と、影響を受けていわば模倣したという、三津屋古墳や武井廃寺塔心礎とに分けられると指摘する[註12]。

　類似するような墳丘形状として六角墳がある。現在3基程度が知られるが、茨城県の真崎1号墳は遺存状況が良好で、24m規模の墳丘で一辺が約15m、高さは西側で5.8mと腰高である。また千葉県の海保大塚古墳は、近世の改変も考慮しなければならないが、かなり大規模な六角墳

である。墳丘は六段の段築成で、周溝とみられる空間の外縁には同じく六角形を成す外堤も一部遺存している。そのほかは兵庫県で知られるが、墳裾が六角形とならず、視認面のみにそれが意識されて、前面に方形土壇があるなど、スマートな形状を呈するものがない。埋葬施設は横穴式石室で、7世紀前半に比定されるものも存在する。これら六角墳の分布は八角墳の周縁に位置するように点在する。

さて、6世紀中頃から7世紀中頃にかけては、百済などの朝鮮半島諸国から、倭（日本）へ一部招来されて渡来する知識人の記事が多い[註13]。経塚古墳や稲荷塚古墳を結ぶ山道、三津屋古墳からみた信州地方との主要経路というように、立地からは交通の要衝をおさえた被葬者像がみえてくる。八角墳築造の背景としては、渡来系知識人の存在と交通網整備があったようにも思われる。

そのほか、八角墳である経塚古墳は墳丘内列石を具えている。これは、墳丘内列石による古墳が関東地方西縁を中心とした地域に多く分布していることとも関係する。

相模地域を例にみると、その分布は極端に偏っている。秦野市桜土手古墳群や平沢鈴張遺跡1号墳などが知られるのみで、いずれも秦野盆地内である。秦野盆地の遺跡分布をみた大上周三氏は、「盆地外の古墳は古墳時代前期から営まれるが、盆地内の古墳には中期に遡るものがない。古墳時代後期には、有力首長の主導性と朝鮮半島からの新しい農業技術の導入によって、農業には不適であったと思われる秦野盆地が開発され、そこへの人口流入が行われた。盆地地域への入植は、在地首長自らが移り住むというものではなく、一般成員が移住の主体であった。秦野盆地への入植・開拓は、伝統的な基盤を持たない新興的な勢力によって行われた」とされ、桜土手古墳群はその有力な成員層の奥津城であろうという（大上1994）。このように、相模地域内で偏在する墳丘内列石をみると、盆地移住と開発という側面がみえてくる。

近野正幸氏は、桜土手古墳群にみるような墓前域及び墳丘側面に石積を有する古墳は甲斐地域や上毛地域に多いとするが、それらの横穴式石室は墳丘中央付近に奥壁があり、自然石（河原石）積で、開口部に段を造作する無袖式の段構造をなすことから、愛鷹山南麓地域との共通性も指摘する。このことから二つの集団により古墳群の形成が開始されたと考え、盆地内の開発及び経営において主導的な役割を果たした集団の奥津城と評価している。

また、関根孝夫氏は桜土手古墳群の墳丘内列石を、A〜D類に分けている（関根2001）。A類は、裾部に石垣状に数段の石を積む列石で、上位に数mのフラットな面を構築する。二段目の墳丘は葺石を持ち、墳丘内部には石垣状の構築物があり、1・7号墳などの群中最大規模の古墳が該当する。B類は、A類と同様に墳裾部に列石を具え、その上位に平坦面を構築する。二段目は葺石を持つ墳丘となり、墳丘内部には石垣状の構築物はなく、9・18号墳（13・14号墳もB類の可能性）が該当する。C類は墳丘裾部に列石を数段積み、その上位にはそのまま低い墳丘を構築するものの平坦面はなく、葺石があり6・10号墳などが該当する。D類は列石を欠き、周溝内側からそのまま葺石を持った墳丘面となるもので、3・4・12・24・25・34・38・40号墳が該当する。関根氏は、尾崎喜左雄氏のいう「終末期になって新たな意義を持って附け基壇が出現し、被葬者の尊厳化を意味する」という見解に立つが、群馬県の古墳では横穴式石室の構築が基壇上か地上

であり、桜土手古墳群はすべて半地下式として細部の相違をみている。しかし桜土手1号墳をみると、墳丘内列石の外側は地山が削り取られ、改めて盛り土をもって段を構築しており、まさに附け基壇的な様相である。このことからは、両者の間での共通性もみえてくる。

　先学の研究からは墳丘内列石に関する築造背景は、開拓という名の下に移住した、もしくはさせられた集団とも評価できる。開拓の礎となる勢力から援助を受けて、ベース地から新開地の開発を手掛けたことも窺える。その地は、一つには秦野盆地であり、いま一つには北毛地域であろう。墳丘内列石を具えるという共通性を持ちながらも、遺骸を埋葬する空間は伝統的に採用された主体部が使用されている。桜土手古墳群にみる横穴式石室は無袖式であり、駿河や伊豆地域に分布する石室に類似する。そこで築造された古墳は、いわば埋めごろしとなる墳丘内列石を内包し、技術面でも在地で通常築造されるものとは異なり、より強固な墳丘構造であるといえる。

　関東甲信地域について墳丘内列石の古墳を例示すると、次のようなものが挙げられる[註14]。神奈川県秦野市桜土手1・7号墳（円墳：7世紀前半）、埼玉県秩父市原谷古墳群4号墳（円墳：7世紀後半～8世紀初頭）、群馬県高崎市剣崎長瀞西遺跡（円墳・方墳：後期）、群馬県野木町御門1号墳（7世紀後半）、群馬県昭和村鍛屋地2号墳（円墳：7世紀初頭）、群馬県富岡市田條しの塚古墳（円墳：後期）、群馬県富岡市富岡5号墳（二段築成円墳：6世紀後半）、山梨県東八代郡一宮町経塚古墳（八角形墳：7世紀前半）、長野市松代町大室古墳群北谷支群425号墳（円墳：後期）、長野市若穂町長原古墳群12号墳（円墳：後期）などがある。

　6世紀末～7世紀初頭という時期は、桜土手古墳群の所在する秦野盆地をみても、それまでは開発が困難であった盆地に居住域や墓域が拡大している。相模では秦野盆地に、武蔵では秩父地方に、上毛野では北毛地域にというように、それまで積極的に活用がされなかった、もしくは自然災害などからの避難により開拓が迫られた場所を中心として、これら築造技術の共通性がみられる。

（3）小石室と石組施設

　相模地域では、後期からの伝統的な古墳群である谷原古墳群や桜土手古墳群、三ノ宮・下谷戸遺跡などで小石室が存在する。通有の古墳と共に群内に構築され、石室のように石が組まれて、礫床を伴う小石室と、壁石は積み上げられず方形に配される石組施設とに分けられる。後者の床は礫床と地山によるものの二種がある（第Ⅱ-11図）。

　規模は、三ノ宮・下谷戸1号石室（小石室）が最も大きく、長さ1.74m、幅0.6m、深さ0.43mである。最小は、同7号石室（石組施設）で、長さ40cm、幅15cm、深さ8cmである。終末期古墳の横穴式石室には、長さ2m程度もみられるが、これら古墳群に接して構築されるものは、墳丘を伴わず墓前域がない。使用に際しては、そのサイズから竪穴としての機能が考えられ、蓋は石で天井が架構されるもの、板など有機質の想定がされるものと分かれる。桜土手18号墳小石室では、礫床が2面構築されており追葬が推定されている。

　古墳群内で石室規模が小規模なものへと変化していく例としては、南武蔵地域の北門古墳群が挙げられる。古墳はいずれも円墳で、1・2・5号墳で泥岩による切石の横穴式石室が造られてい

る（第Ⅱ-12図）。1号墳は埴輪を豊富に具え、6世紀末とみなされる。各墳の横穴式石室は1号墳が無袖式で、玄室長4.2m・奥壁幅1.2m、5号墳は若干の胴張りを呈す複室構造とみられ、玄室長3.3m（奥室長2m）・奥壁幅1m、2号墳が無袖式で玄室長1.8m、奥壁幅0.65mとなる。2・5号墳とも出土遺物が知られないため、時期等を見ていくことには限界があるが、1→5→2号墳という築造順であることが窺える。これは埋葬施設の小規模化という現象が一つの古墳群の中で判明した事例として、小石室の出現をみる上で興味深い。2号墳はいわゆる小石室と呼ぶべき大きさであり、埋葬施設としてみる限りでは、伊勢原市の三ノ宮・下谷戸遺跡や、海老名市の河原口坊中遺跡などで出土事例が増加しているものと同様ながら、墳丘及び周溝を具えるという点で、群集する小石室とは異なる。相模地域でのこれまでの検出事例をみていくと、高塚の古墳群内に散在するものと、小石室のみで群集するものとの二種に大別できる。ここに挙げた北門古墳群はその二種とは異なり、6世紀末以降、時期を追って継続的に築造される古墳群内で、小石室が採用された事例として理解される。

　横穴墓の玄室内にも石組施設がある。川崎市久地西前田2次2号墓では、玄室内の棺座前面に方形の石組施設が存在し、土壌分析からは人骨の埋葬が想定されている。これは古墳群内における小石室および石組施設が、横穴墓玄室内で構築されたものとみなされ、古墳と横穴墓にみる共通した現象として捉えられる。また、三ノ宮・下尾崎5号墓は、玄室左半部に礫敷きによる棺座が構築されるが、その右半部は礫の配置が方形状を呈し、内部には礫が敷かれている。久地西前田と同様の石組施設とみなされる（第Ⅱ-13図）。

　副葬品として桜土手13号墳小石室からガラス小玉が、18号墳小石室からは刀子が出土してい

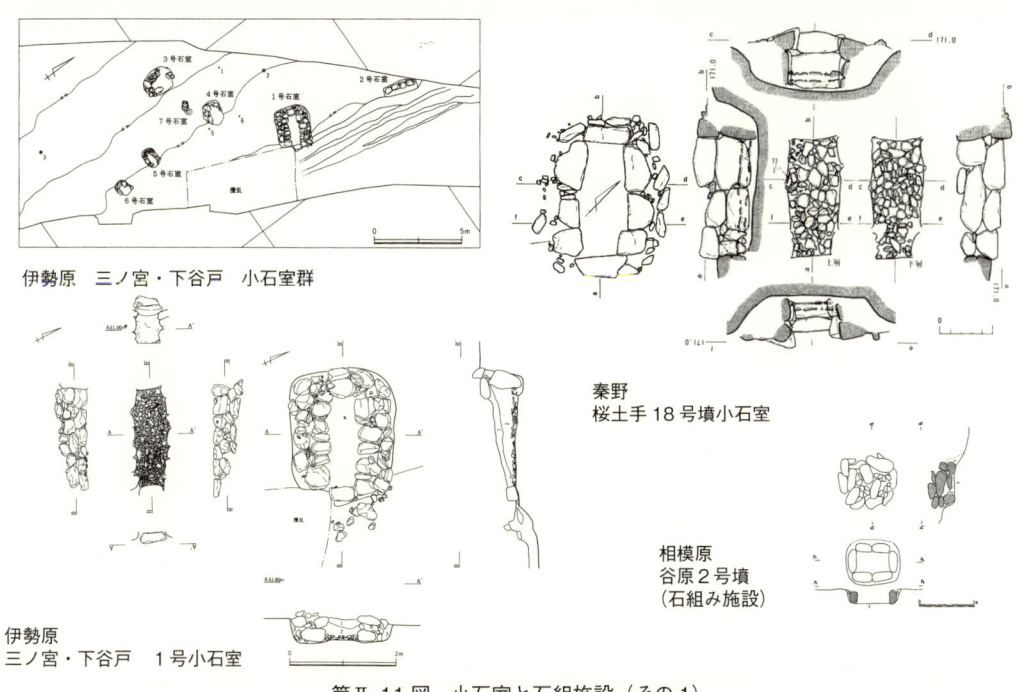

伊勢原　三ノ宮・下谷戸　小石室群

秦野
桜土手18号墳小石室

伊勢原
三ノ宮・下谷戸　1号小石室

相模原
谷原2号墳
（石組み施設）

第Ⅱ-11図　小石室と石組施設（その1）

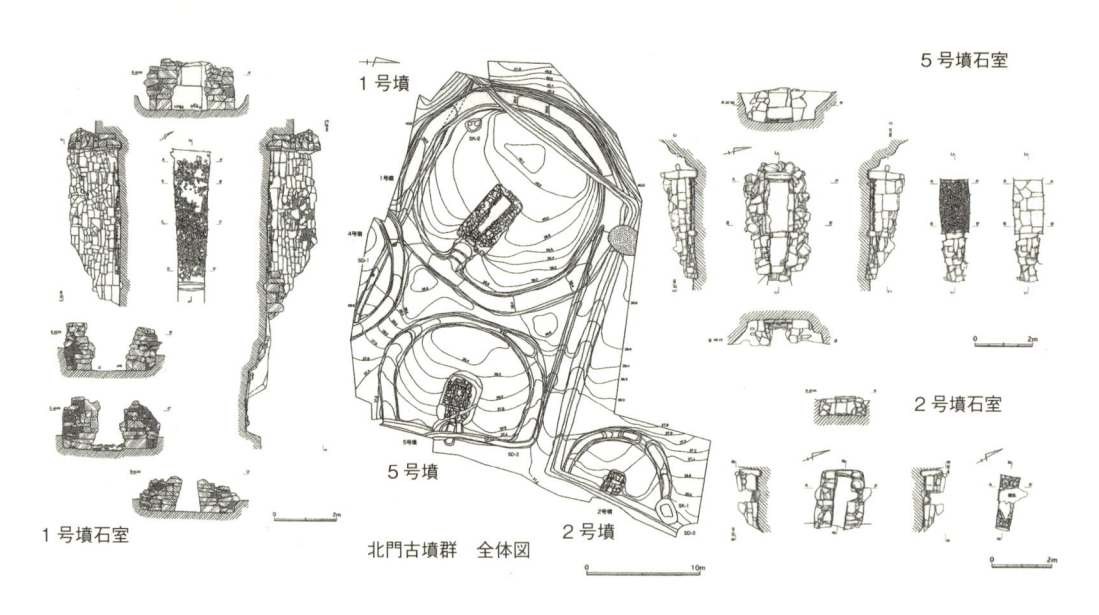

第Ⅱ章　後・終末期の墓制

第Ⅱ-12図　横浜市北門古墳群

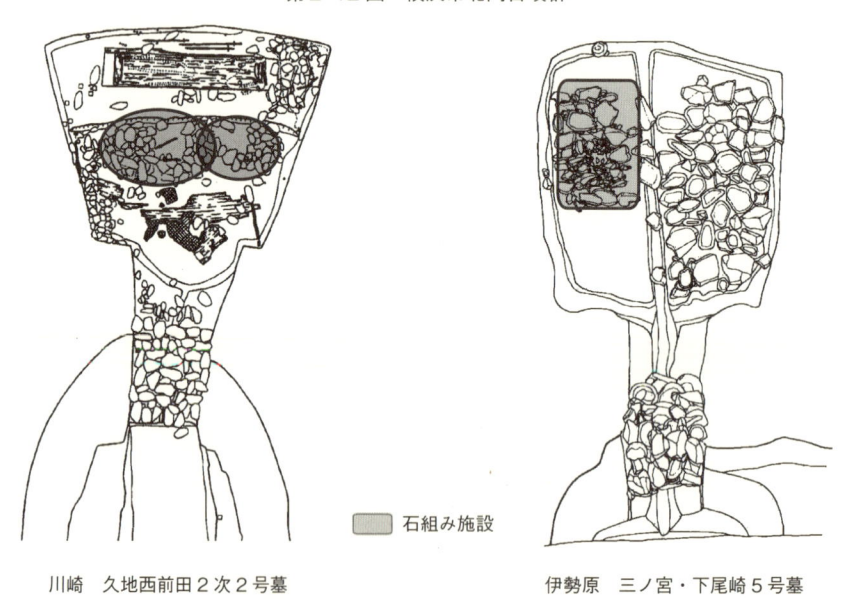

第Ⅱ-13図　小石室と石組施設（その2）

る。久地西前田2次2号墓では小刀・刀子、三ノ宮・下尾崎5号墓では刀子・耳環が出土し、後者と三ノ宮・下谷戸1号石室からは人歯や骨が検出される。副葬品から見た場合でも、その内容は古墳と同様で、歯や骨の様態からは、火葬ではないことが窺える。

　いずれも古墳時代終末期を中心とした時期の範疇で収まるものであり、これら横穴墓と古墳群の小石室・石組施設は（第1表）、改葬もしくは火葬、小児用埋葬施設などと推測されてき

第1節　古墳の諸相

第1表　小石室・石組施設一覧表

高塚墳

地域	遺跡名	名称	長さ	幅	深さ	検出場所	出土遺物	備考
A	秦野 桜土手古墳群	6号墳小石室	1.30	0.70	0.30	6号墳東側6m	なし	石は積まれず複数の石で構築、内部にも比較的大きな石が配される、天井は不明、床は地山
		10号墳小石室	1.28	0.40	0.40	10号墳西側3m	なし	石室状、礫床、天井石の痕跡なし、報文は木製の板で蓋と想定
		10号墳（火葬墓）	約0.75	約0.75	?	周溝の南側	なし	2～3段に積まれた石組み、報文は中世火葬墓と想定
		11号墳第1小石室	1.25	0.80	0.30	周溝の東側1.7m	なし	石室状、礫床、天井石の痕跡なし
		11号墳第2小石室	1.00	0.30	0.30	周溝の東側2.4m	なし	石は積まれず9石で構築、南側のみ高さ合わせか2石が積まれる、天井石はないとされるが、石室内に30cm大の石が1点埋没、床は礫床
		13号墳小石室	1.20	0.40	0.35	13号墳北北西4.5m	ガラス小玉（30点）	石室状、礫床、天井不明
		14号墳小石室	1.00	0.40	0.40	周溝の西側(外)	なし	石室状、礫床、天井石の痕跡なし
		18号墳小石室	1.07	0.51	0.90～1.00	周溝の北側(外)	刀子（1点）	石室状、礫床(2面)、報文は木質の蓋をロームで被覆と想定
		40号墳小石室	1.10	0.45	0.90	40号墳の西側	なし	石室状、礫床、天井石の痕跡なし、半壊
B	伊勢原 三ノ宮・下谷戸遺跡	1号(小)石室	1.74	0.6	0.43	単独墳が集まり、一定の墓域を形成	人歯(5点壮年前半)	石室状、礫床、奥壁側で天井石1石検出 石室周辺で7世紀第2四半期の土師器坏出土
		2号(小)石室	(1.50)	(1.00)	(0.15)		棒状鉄製品	石室状、礫床、天井石の痕跡なし、半壊
		3号(小)石室	(0.70)	(0.46)	(0.70)			石室状、礫床、天井石の痕跡なし、半壊、盗掘坑あり
		4号(小)石室	(1.10)	0.27	0.40		なし	石室状、礫床、天井石の痕跡なし、半壊
		5号(小)石室	(0.81)	0.19	0.28			石室状、礫床、天井石の痕跡なし、半壊
		6号(小)石室	(0.34)	0.26	0.20			石室状、礫床、天井石の痕跡なし、半壊
		7号(小)石室	0.40	0.15	0.08		なし	6個の礫による長方形の囲いと見られるが、1石欠如25～40cmの礫4点で蓋をするように据え置かれる
C	相模原 谷原古墳群	2号墳石組み施設	1.07	0.96	0.25	2号墳墳裾?	なし	6個の礫による長方形の囲い、床は地山天井は40～50cmの礫が蓋をするように積み上げられる
	海老名 河原口坊中遺跡	2007年7月現地見学会 複数基存在。石室状。						

横穴墓

地域	遺跡名	名称	長さ	幅	深さ	検出場所	出土遺物	備考
B	伊勢原 三ノ宮・下尾崎遺跡	5号墓（石組み施設）	0.80?	0.40?	?	玄室内左半	刀子(1点) 耳環(1点) 人骨	石積の有無は不明、礫床、天井不明、石組み内部の礫は壁積み上げ崩落か? 横穴墓は7世紀第1四半期、出土平瓶は7世紀後半～末
E	川崎高津区 久地西前田横穴墓群	2次2号墓第2主体部（石組み施設）	0.40	0.40	?	玄室内棺座前面	小刀(1点) 刀子(1点)	棺座前に並列(左側)、礫を1～2段めぐらせたもの、床は地山、天井石の痕跡なし 横穴墓は6世紀第3四半期、長脚2段透高坏(TK43)
		2次2号墓第3主体部（石組み施設）	0.45	0.20	?	玄室内棺座前面	なし	棺座前に並列(右側)、礫を1～2段めぐらせたもの、床は地山、天井石の痕跡なし 横穴墓は6世紀第3四半期、長脚2段透高坏(TK43)

＊単位はm。

た[註15]。しかし、先述の副葬品は一次葬から二次葬へ移行する際に、再び添えられたものとみなされ、7世紀中葉〜後半との見解が妥当であろう。三ノ宮・下谷戸1号石室の規模や、人歯や骨が焼けていないという状況から、相模地域における小石室及び石組施設は、改葬という所作の埋葬スペースとみなしたい。

　古墳群中に造られる小石室と、横穴墓の玄室内にある礫を配した石組施設は、改葬に供する埋葬用の施設として、同義的なものと理解した。これは、古墳・横穴墓という二種の墓制に対して、埋葬における一つの共通事象として評価できる。

(4) 小　結

　相模・南武蔵地域の墓制は、前方後円墳終焉以降には円墳が主体であるが、7世紀初頭以降、「特別な墳丘形態」として上円下方墳である天文台構内古墳や、八角墳の稲荷塚古墳が築造される。被葬者は地域を代表する首長とみなされ、埋葬施設は胴張り切石の横穴式石室という共通性があり、それら古墳の周囲には小規模な群集墳が存在する。

　7世紀前半を中心としては、墳丘内列石という共通性から、盆地の開発にかかる広域的な展開と共に、交通の結節点に八角墳が築造される様相をみた。前方後円墳終焉以降、この段階をふまえて、上円下方墳が築造される（第Ⅱ-14図）。

　上円下方墳は全国的にも希有な墳形であるが、墳形採用の要因の一つとして、多摩川上流域を中心とした首長層の台頭と共に、「見せる墳墓」という視覚的必然性の後期以降の継続性が窺える。熊野神社古墳は、首長系譜が追えないなかで、後の国府所在地に急遽出現した。府中崖線の上段面に築造され、墳丘の約6mという高さからは、やや離れて群集する高倉古墳群とは隔絶した規模を誇る。

　南武蔵地域の首長層が享受した、上円下方という墳丘の築造にかかる観念は、先進的な思想としていち早く地域で浸透し、墳形への具現化に成功したのであろう。いわゆる天円地方の思想は、カミとなった被葬者を邪から護る仕組みとして、前方後円墳でも採用されていたという伝統からみても、受容については違和感なく実行されたものとみなされる。

　上円下方墳を例にみれば、畿内地域の石のカラト古墳は、埋葬施設に横口式石槨が採用されており、上位階層の古墳と理解されている。埋葬施設は畿内地域独自の階層性が維持されるが、墳形に関しては被葬者が東国発現の文化を享受したものと捉えられる。前方後円墳以後の古墳は、埋葬施設に在地の階層性が重視され、墳形は当時の文化を加味して決定されたことが窺える。

　国立天文台構内古墳には、羨門手前の空間として墓前域が存在する。それは、自然石を積み上げた壁面に囲まれた空間として、開放されていたとみられる。ここからは須恵器坏などが床面上から出土しており、儀礼空間として機能していたことが窺える。首長墓以外の古墳でも墓前域は開放されていたことが窺え、関東地方の古墳や横穴墓は、墓前域を埋め戻していない。終末期の畿内主要古墳とは異なる景観であり、関東地方の後・終末期古墳は、墓前域で儀礼を執行する舞台装置であったとみなされる。

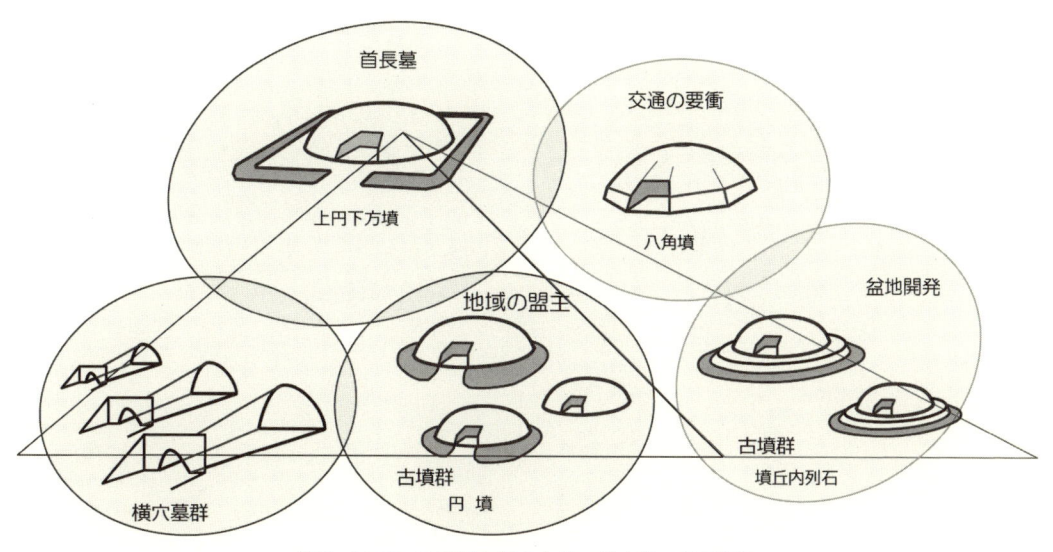

第Ⅱ-14図　7世紀中頃の古墳・横穴墓の階層構造

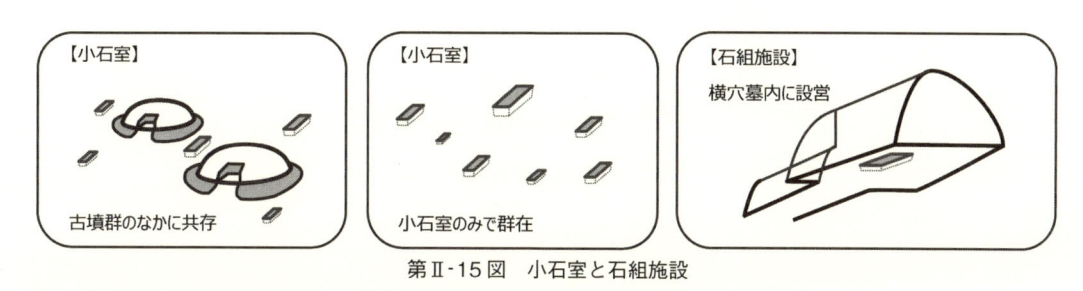

第Ⅱ-15図　小石室と石組施設

　小石室は、人歯の出土状況から改葬における埋葬用の施設とし、古墳群内のなかに共存するもの、小石室のみで群在するものがある。また、横穴墓内にある石組施設も同じような用いられ方であった（第Ⅱ-15図）。小石室や石組施設を使って行われた改葬は、古墳と横穴墓という二つの墓制にかかる埋葬の共通事象として捉えられる。

第2節　横穴墓の諸相

1. 相模・南武蔵地域の横穴墓の様相

　横穴墓の形態変化から想定される造営開始時期と停止時期については、過去に赤星氏の編年研究が示されているものの、そこでは出土土器などを合わせた理解はされなかった。いわば、横穴墓の築造に係る土工事の簡略化という視点で、前壁および袖の消失という解釈がされていたようである（赤星1970a）。それは玄室平面形でみれば、有袖の構造である方形や長方形から逆台形へと変化し、さらには側壁が入口まで直線となり前壁および袖の存在しない無袖の構造へと、順次

第Ⅱ章　後・終末期の墓制

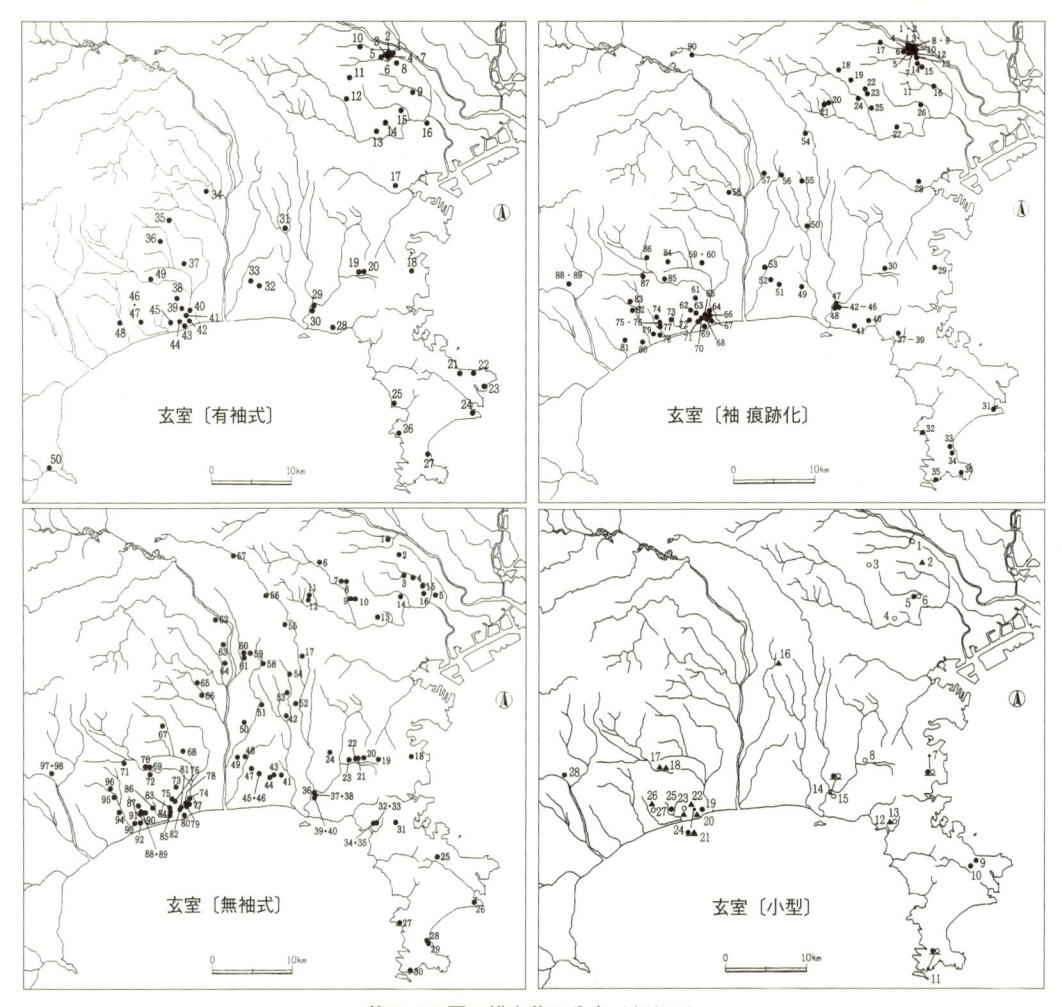

第Ⅱ-16図　横穴墓の分布（古墳PJ）

変化するというものである。
　その編年観に影響を受け、熊ヶ谷横穴墓群で無袖の構造は早い段階から存在していたとされていながらも（池上ほか1985）、以後の研究には等閑視されてきたきらいがある。相模地域でも湘南東部地域を中心に、出現期から無袖の構造が築造されていた状況が近年の資料から窺えるため、ここでは出土土器の年代観からみた形態変化の様相をみていく。
　相模地域における出現時期の地域的特徴とその分布などをみると、横穴墓の分布はおおよそ沿岸部から内陸部へと拡大しているようである（第Ⅱ-16図）。
　築造開始時期、造営停止時期及び使用停止時期について、出土土器によって確認できる資料には次のようなものがある。初現期となる陶邑MT85～TK43型式の時期は、横浜市戸塚区立野横穴墓群3号墓などで提瓶が出土している（第Ⅱ-17図）。また、最終段階としては、8世紀第2四半期以降となる相模型坏が鶴巻大椿遺跡H1号墓などでみられる。この時期までは、追葬等に関

第2節　横穴墓の諸相

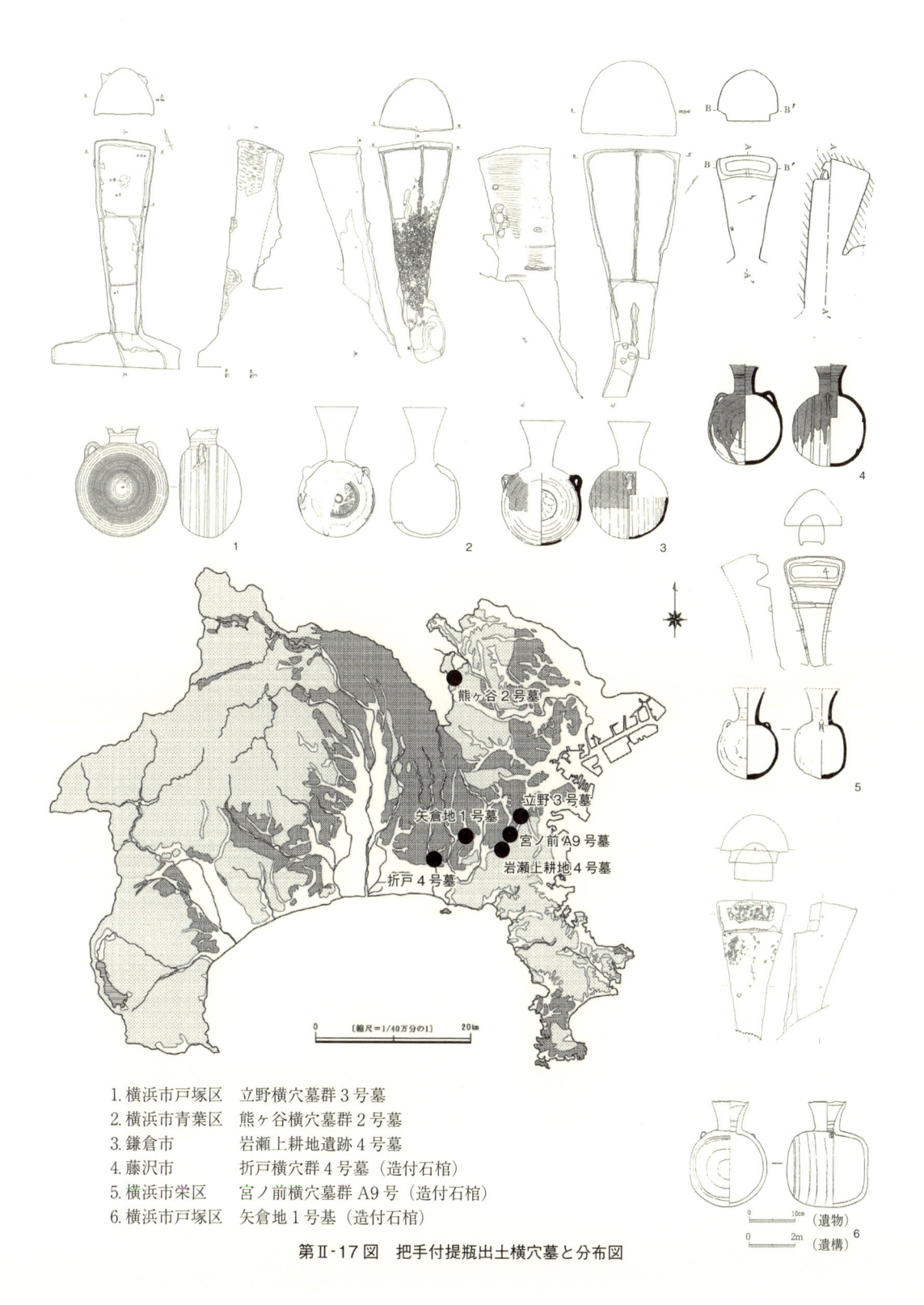

1. 横浜市戸塚区　　立野横穴墓群3号墓
2. 横浜市青葉区　　熊ヶ谷横穴墓群2号墓
3. 鎌倉市　　　　　岩瀬上耕地遺跡4号墓
4. 藤沢市　　　　　折戸横穴群4号墓（造付石棺）
5. 横浜市栄区　　　宮ノ前横穴墓群A9号（造付石棺）
6. 横浜市戸塚区　　矢倉地1号基（造付石棺）

第Ⅱ-17図　把手付提瓶出土横穴墓と分布図

51

第Ⅱ章　後・終末期の墓制

係する一連の儀礼が行われていたとみなされる。

　このような年代観のなかで、どのような形態変化を経ながら築造されていったのか。本地域での部位呼称等を整理しながら、形態の変化を中心に検討する。

(1)　横穴墓の形態と名称

　ここで地域ごとに部分名称などが異なる横穴墓について、当該地域での名称を整理しておきたい。横穴墓は、玄室・羨道・墓前域に分かれる。玄室は奥壁・側壁・前壁により構成され、埋葬にかかる付帯施設として造付石棺・組合式石棺・棺座（高棺座）・棺台のほか、奥壁に複室状に掘り込まれる棺室などがある。

　玄室の平面形状は、前壁を持つ有袖の構造（以下有袖式）が方形・長方形・台形であり、前壁の無い無袖の構造（以下無袖式）とに分かれる。羨道は長短さまざま存在するが、無袖式は羨道が存在せず、玄室と墓前域の境が玄門になる[註16]。玄室・羨道は天井があり、墓前域及び墓道には天井がない。

　閉塞は有袖式が羨門で、無袖式は玄門で行われる。墓前域は入口に面したいわば儀礼空間であるが、緩斜面に築造されたものは長大になり、墓道との区別がつかない。墓前域の儀礼に供された空間としての意義づけからは、通路としての墓道と区別する必要も生じるが、通常は境となる段差や屈折、積石などの指標がない。また、墓前域は相模地域西部を中心として、複数の横穴墓で共有するものもある。

　特徴的な個別呼称としては、家形、高棺座、小型横穴墓などがある。家形は壁面に柱や梁などが陽刻や陰刻で造作されるもので、家形石棺などの外見上からくる呼称とは異なり、内部空間に装飾的な視覚効果がある。高棺座は遺体を置く台として理解される棺座スペースが床面に比して著しく高く造り出されているもの、小型横穴墓は伸展葬がかろうじて行える長さ2m以下の規模を対象としている。

　横穴墓は、玄室の形状、主軸方向の断面形状、副軸方向の断面形状などを指標として分類できる[註17]。また、羨門や玄門が墓前域と同一レベルで築造される、または一段上がるもしくは一段下がるというような玄室や羨道と墓前域の関係も指標となる。

　これまでに、かながわ考古学財団古墳時代研究プロジェクトチーム（以下、古墳PJと略記）にて、県下の横穴墓にかかる形態分類が行われている。そこでは、平面形を4類に、立面形は縦断面が6類、横断面が4類、付帯施設が6類と分類される。これによりすべての形態に対して分類することが可能であり、詳細に類型化することができる。この研究は、1995年までに公表されていた実測図を元に分類されている。さらに出土した土器の年代観を反映させて、各分類形態における継続使用の様相が示されるが、詳細すぎるがゆえに類型を表示する記号が多く、大系を表現するには煩雑さを伴う。

　この作業には筆者も関わり、一連の成果として公開されたが（古墳PJ1995～2003）、その後の資料の蓄積を受け、体系的な分析が可能である平面形態を重視してここで見直しを行う。古墳

PJ の成果を援用するが、ここではいくつもの記号を羅列することをなるべく避け、主に玄室平面形を使用して簡潔に分類する。立面形は変遷を考える上で重要な指標となるが、形が判明しさらに土器が出土しているものは僅少である。

　有袖式の玄室は、前壁／羨道の区分が明確なものと、前壁／羨道の区分が不明確なものがある。この前者を A 類、後者を B 類とする。無袖式は C 類とするが、そのなかには前壁／羨道の区分を意識したもの（框石や石敷などで玄室との区画を指向するもの）と、前壁／羨道の区分を意識しないものがある（第Ⅱ-18 図）。

　有袖式は方形、逆台形が主軸長の長短で二種に分かれ、さらに円形もある。無袖式は、主軸長に比して奥壁幅の狭いものと広いものがある。広狭の区分については、初現期とみなされる立野 2 号墓の玄室規模にみる比率から、主軸長：奥壁幅が 3：1 を基準値とし、それ以上を広い、以下を狭いとしたい。

　これにより、平面形は方形、逆台形、無袖式（撥形）、小型と分け、円形は方形や逆台形からの変容形と捉えた。それぞれの平面形における側壁から玄門に延びる壁面の角度は、直角から広

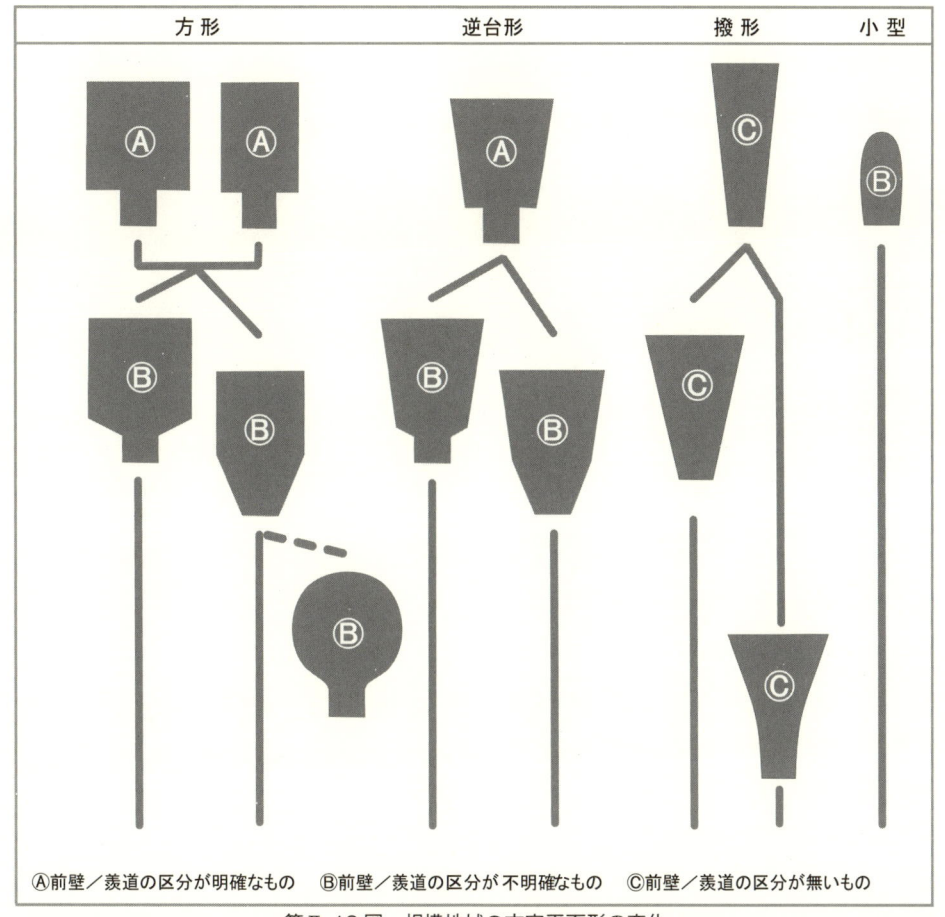

第Ⅱ-18 図　相模地域の玄室平面形の変化

第Ⅱ章　後・終末期の墓制

角となるものまであるが、古墳 PJ の110°という角度を一つの目安としたい。無袖式（撥形）のうち、前壁／羨道の区分を意識するものとしないものがあるが、主軸長に比して奥壁幅の狭いものと広いものがある。

　そのほか、それぞれの類で側壁が胴張状にふくらむものや、三味線の撥のように内彎するものなどバリエーションは多彩である。

(2) 横穴墓の形態変化

　横穴墓の築造開始から終焉まで、有袖式から無袖式への大きな変化の流れもみられるが、それと共に初現期から無袖式は存在する。これは、南武蔵地域における形態の検討で、有袖式と無袖式は系譜の違いとみなされており（池上・松崎1991）、相模地域でも同様の理解が可能である。関東地方南部という広い地域では、個々にみられる細かな形態差が掴みづらいため、地域を限定して、相模地域の編年についてみていく（第Ⅱ-19図）。

　本論では、初現期（導入期）6世紀中葉〜7世紀初頭、展開期7世紀前半〜中葉、盛行期7世紀中葉〜後半、終焉期7世紀末〜8世紀中葉と大きく4期に分けてみていく。その作業を経て、無袖式が湘南東部地域を中心として初現期から存在していること、小型横穴墓も同様であることなどを改めて強調したい。

① 初現期の横穴墓

　相模地域における初現期の形態は一律ではない。沿岸部に面した、大磯丘陵と湘南地域及び三浦半島に築造の先鞭がつけられ、その後、沿岸部での継続をみながら内陸部へと築造が拡大していく。

　有袖式の方形・逆台形と共に、無袖式および、小型横穴墓がこの段階から存在するように、多彩な玄室形態が初現期からみられるが、有袖式の方形を指向するものが数量的には多い。無袖式は、湘南東部地域に集中し、それは奥壁幅に比して主軸長が長くなる細身を呈した玄室形状である。立野横穴墓群2号墓を参考にすると、奥壁幅2.5m、主軸長7.5m、奥壁高さ1.85mである。奥壁幅と主軸長の対比は、1：3である。小型横穴墓も湘南東部地域を中心とした地域でみられる。たとえば鎌倉市岩瀬上耕地遺跡B7号墓は、奥壁幅0.95m、主軸長3.6m、最大高さ1.1mである。しかし、入口部分の閉塞礫が1.6mにわたり遺存していることから、主軸長上の床面長さは3.6mから1.6mを差し引き、2.0mになる。閉塞は初葬時には大振りな礫が積み上げられるが、追葬時からは礫と土砂と混合で行われる例が多い。

　この期の横穴墓から出土している土器は、MT85型式期〜TK209型式期にかかる提瓶や平瓶、長頸坩（鈴木2001）などがある。この時期は装飾大刀や馬具が多く副葬されるという特徴があるが、それらは長方形の玄室から出土することが多い。

② 展開期の横穴墓

　沿岸部は継続して横穴墓が造られ、丹沢山麓などの内陸部にも有袖式の横穴墓が造られるようになる。併せてこの時期に、袖（前壁）の形状が痕跡化していく横穴墓が増える。無袖式という系譜のほか、有袖式から変容して無袖式へと変化している過渡段階のものも存在し、玄室の形態

は一律とはいえず、多種多様な形態が存在する。

　また、この時期から玄室の大型化が一部で始まる。小規模なものから20㎡にも届くような大振りな玄室が築造され、玄室面積が多様化していく。丹沢山麓で初現期から継続する通有な2m程度の奥壁幅を持つものと、この期以降やや幅を減じて狭長な平面形となる横穴墓が併存する。それ以降は、無袖式が主体となり数量的にも増加する。併行してドーム形を呈する横穴墓は稀少となり、各地域を通じてもその傾向は変わらず、形態が無袖式を指向するという均一化がみられだす。また、小型横穴墓の存在も継続してみられ、規模は先にふれた岩瀬上耕地遺跡B7号墓と変わらない。

　この期の横穴墓から出土している土器は、TK209型式期～TK217型式期にかかる平瓶や横瓶、フラスコ形長頸瓶、坏などである。

③ 盛行期の横穴墓

　袖の痕跡化という経過期間をふまえ、無袖式が主体となる。初現期にみた玄室幅が狭い形状のものは、この段階には存在しないようである。系譜としては、初現期から無袖式であるものと、有袖式からの変容を重ねて袖が痕跡化したものという、両者が融合したとみなされる一群がある。平面形を見る限りでは、変容を重ねた結果としての無袖式と、初現期から存在した無袖式は、祖型がどちらであったのか判別がつかない。変容の過渡段階とみなされるものに、前壁や袖が痕跡化した一群と、側壁が若干の屈折だけになるものや、框石や石敷などで玄室との区画を指向するものなどが存在する。また、有袖式の横穴墓も継続して造られ、多彩な玄室形態が存在する状況はつづく。

　この時期も玄室面積が大きな横穴墓の築造は継続するが、新規に造られる横穴墓は、小型化の方向へと向かう。無袖式と併せて玄室中央部が膨らむという、胴張り石室の影響を受けたとみなされる形態も多く存在する。

　それと共に湘南地域を中心として高棺座が発達し、玄室床面から棺座面までの比高差が180㎝以上となるような例も存在する。たとえば鎌倉市寺分藤塚遺跡1号墓では、玄室床面から高棺座の縁まで2mの高さがある。

　この期の横穴墓から出土している土器は、TK217型式期を主体とし、平瓶やフラスコ形長頸瓶、長頸壺、短頸壺、甕、坏などがある。

④ 終焉期の横穴墓

　数的な減少をふまえながらも無袖式の優勢に変化はないが、新たに築造されるものは長軸2m程度のものが主流になる。無袖式は側壁が弓なりに内部へ反る形状や、逆に長方形状の玄室に痕跡としての短い羨道が付くというものが一般化していく。付帯施設としては四つの石を配して棺台としたものもあり、それら横穴墓からは釘が出土することも多い。

　この時期の最終末期には小型の一群が存在する。これらからは改葬骨が発見されることが多いが、墓前域を具えるものも存在し、儀礼空間という機能は継続している。このような小型横穴墓について、玄室形状及び機能の横口式石槨との類似性が、これまでにも指摘されてきた（池上

第Ⅱ章　後・終末期の墓制

1985)。小型化という規模の変化を評価すれば、単葬墓の可能性が高い。

　この期の横穴墓から出土している土器は、飛鳥Ⅳ～平城Ⅰ期にかかる長頸壺、甕、甑、高台付坏・蓋などがある。

　横穴墓の築造はこの時期をもって終了するが、相模型坏出現（8世紀第2四半期）以降も、継続して追葬等が行われていることが一部の横穴墓で確認されている。また、平安時代の土器を出土する横穴墓や、さらには中世のやぐらとして転用され、五輪塔が陽刻されるような横穴墓も存在する。

(3) 横穴墓の地域的特徴と相互の様相

　以上の検討に基づいて、横穴墓平面形の変遷を模式化したものが第Ⅱ-19図である。玄室と羨道の区分が明瞭な正方形や長方形、逆台形という形態から、袖が痕跡化して区分が不明確となる段階を経て、それら形態は小型化を指向しながら終焉期まで継続する。玄室と羨道の区分がない無袖式が初現期から存在して、時期を経過するにつれて数量が増加し、他の形態を圧倒する。小型横穴墓も玄室と羨道の区分が不明確なものとして初現期から存在し、終焉期には袖が痕跡化した一群へと収斂されていく。総体的にはこのような変化を遂げるが、細かな地域ごとにみるとそれぞれに特徴を具える横穴墓が存在する。

　三浦半島では墓前域は無いものとみられていたが、横須賀市高尾横穴墓群の調査などから存在が判明した。それ以外の地域でも、墓前域は初現期から存在し、終焉期の小型横穴墓にも敷設され、儀礼のための共通した空間が必要であったことがわかる。

　相模地域東部から南武蔵地域にかけては、家形構造が比較的多くみられる。荏子田横穴墓、坂本横穴墓、田戸台12・22・52号墓、白山神社裏横穴墓、岩殿寺横穴墓、南井戸窪横穴墓などでみられ、妻入り構造が比較的多い。

　鶴見川流域での導入段階は、有袖式の玄室平面形が採用されるが、やがて地域的な特徴ともなる複室構造が多くなる。棺室構造の横穴墓も出現し、横穴墓の終焉まで継続して築造される。この棺室構造の閉塞は、奥室と前室の境で板石等により行われることが多い。

　相模湾沿岸部～鶴見川流域にかけては造付石棺が存在し、諏訪脇西9号墓、清水北5号墓、岩井戸9号墓、万田八重窪33号墓、甘沼水道山7号墓、折戸3号墓、代官山4・5・18号墓、久地西前田3号墓などがある。これら石棺を具える横穴墓は、初現期の分布域と相関している。酒匂川流域、相模川左岸、多摩川右岸においても数量的には少ないながら造付石棺が存在し、沿岸部における繋がりが認められる。造付石棺は縁が有縁から平縁になるという省略化が進むが、併せて無袖式の玄室天井は高さを増し、開口部へと急角度で高さを減じるという形態になる。このような変化のもと、造付石棺の簡略化から高棺座への変化が生じる。

　湘南東部地域では高棺座が特徴的である。この高棺座を具える横穴墓は、千葉県の高壇式と並んで個別地域で発展した現象と捉えられる。高さにより入口から棺座上の遺体をみることはできず、墓前域との境に閉塞がされなかったことも想定できる。

　相模川右岸では終始高棺座が存在せず、低位な棺座が主体となるが、三浦半島では低位な棺座

第2節 横穴墓の諸相

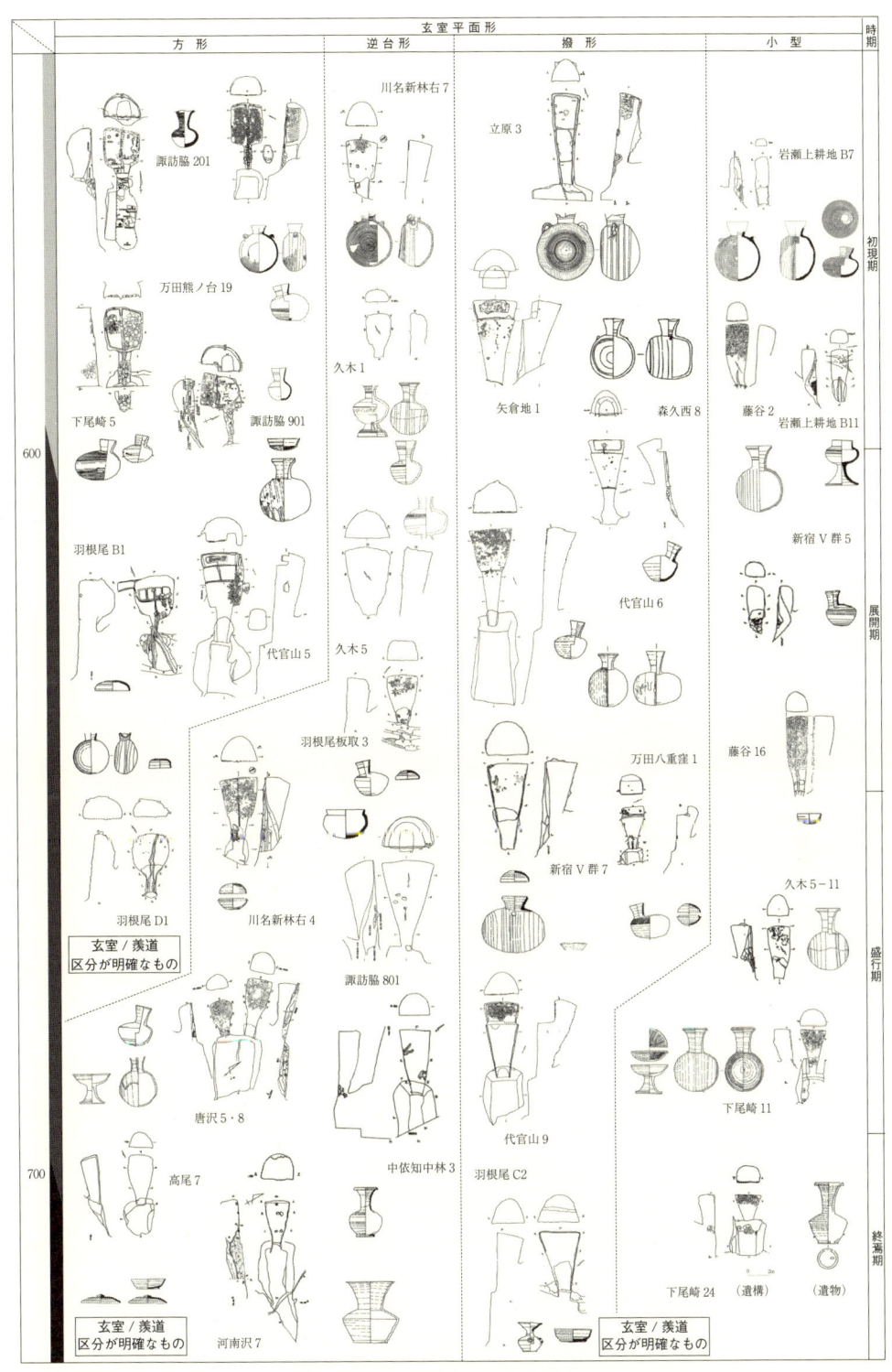

第Ⅱ-19図 相模地域の横穴墓編年表

第Ⅱ章　後・終末期の墓制

さえ無いものが多い。棺座は、数量において 10~20cm の高さが主体となる。玄室平面形を無袖式としたものの一部では、棺室構造が高位な棺座敷設の指標となり、70cm 以上の高さとなるものが多い（第Ⅱ-20図）。

　組合式石棺を具える横穴墓は、平瀬川隧道際4・7号墓・西横穴墓、浄元寺裏1号墓、下作延福ノ円横穴墓、久地西前田4号墓、北中尾3号墓などがあり、玄室平面形が方形や長楕円形を志向するものは主軸平行配置が多い。

　相模川中流域の様相をみると、方形状の玄室平面形で前壁を具える形態から、玄室中央での膨らみを持ちながら、無袖式へと変化していく様相が看取される。横穴式石室との形態的な類似性では、6世紀後半に導入される両袖式石室などと形態上の同一性が窺える。相模川流域における横穴墓は、三ノ宮地域を中心に展開する盟主墳の石室に、やや後出するものの平面形態が類似する。

　玄室床面に礫床を伴うものは、ローム層を基盤とする地域に多くみられ、終焉期を中心として、人頭大の石を玄室内に配する（棺台）事例も比較的多い。閉塞が石による地域も同様であり、その分布は礫の入手が容易な地域が中心となる。横穴墓内で見られる石組施設もこの地域で多く、小石室の分布とも広く重なり合う。

　玄室形態が類似する地域でも、山裾が緩やかに平地へ移行する相模川右岸などは、墓前域の長大なものが散見され、急峻な斜面の多い酒匂川流域の沿岸部（大磯丘陵）や三浦半島では墓前域の存在する例は少なく、墓前域の有無や長短に関しては地形的な制約がある。基盤層の堅固な酒匂川流域の沿岸部のうち、玄室平面形が無袖式となるものに限っては、平面規模に対する高さが低く構築される横穴墓が顕著である。

　地域間の関係と類似性について、酒匂川流域、相模川右岸、相模川左岸、三浦半島、多摩川右岸という五つの地域に大別してみると、隣接する地域では、相互に玄室の形態や墓前域のあり方が似たものとなる。たとえば相模地域西部である相模川右岸域と酒匂川左岸域が金目川流域を、三浦半島と相模川左岸は田越川流域を媒介とするように、個性を持ちながらも共存する傾向が窺

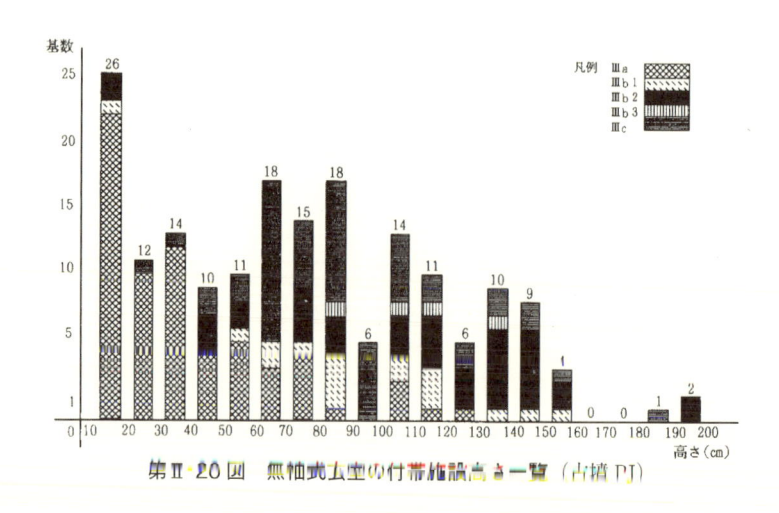

第Ⅱ-20図　無袖式玄室の付帯施設高さ一覧（古墳PJ）

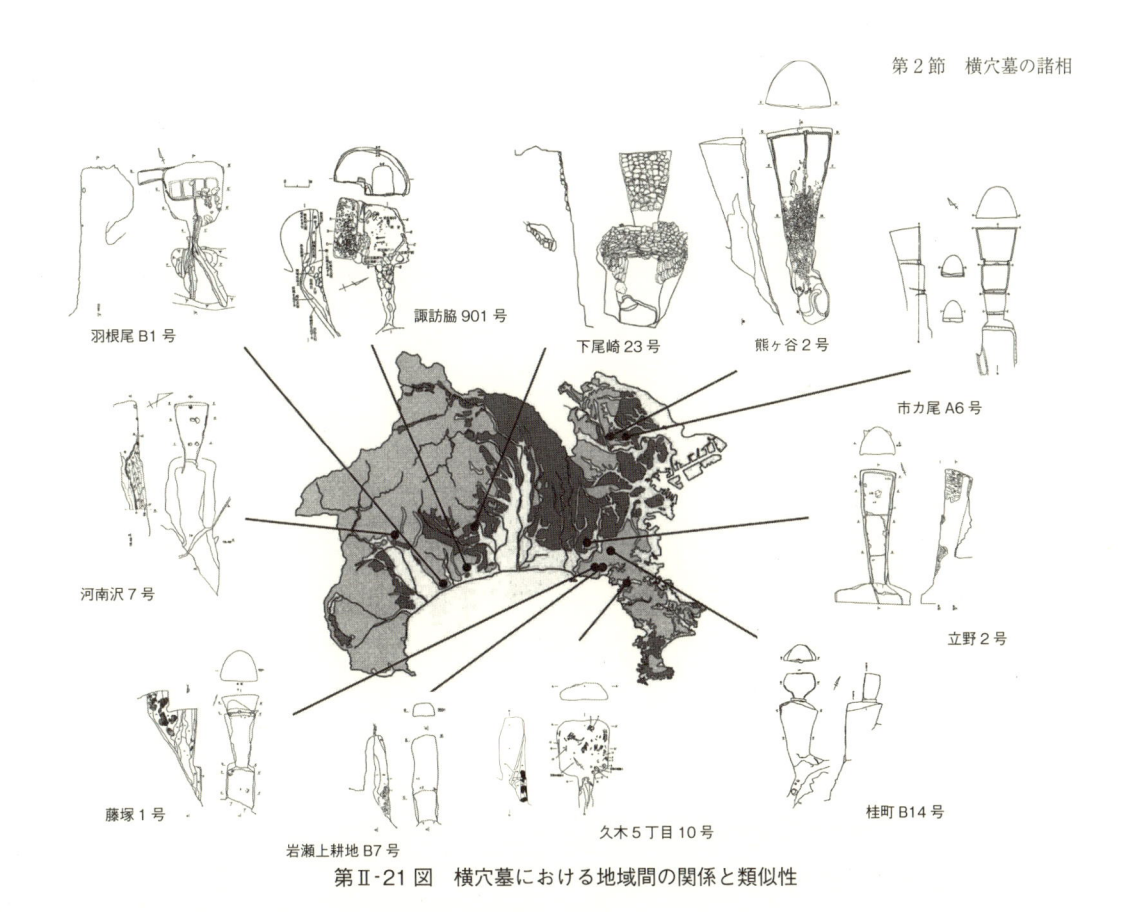

第Ⅱ-21図　横穴墓における地域間の関係と類似性

える（第Ⅱ-21図）。

　初現期は、玄室平面形などから、三浦半島と酒匂川流域の沿岸部（大磯丘陵）との関連性もみられるが、展開期以降、三浦半島では方形基調の玄室形態が造り続けられ、後にふれるように玄門側に頭位を向ける伸展葬が多用されるなど、喪葬儀礼などの伝統の継続性という独自の流れがある。相模地域においては三浦半島を除いて、初現期以降は無袖式の採用（埋葬頭位の変更）などを通じて、相互補完的な関係がみられる。また、南武蔵地域に属する多摩川右岸では、導入段階から相模地域とは様相を違え、玄室形態では横穴式石室との類似性が指摘されている（長谷川 2002）。

(4)　玄室規模の状況

　玄室規模は現状知られる最大級の横穴墓で 20 ㎡を越え、袖を有する玄室では、川崎市下作延日向1号墓が約 20.9 ㎡である。次いで逗子市山野根本田庄作氏裏山8号墓が 19 ㎡、同群9号墓が 18.3 ㎡、家形の三浦市白山神社横穴墓が 17.5 ㎡で、高さは最大級で 2.7～2.8ｍとなる。日向1号墓は主軸方向に長軸を持つ長方形の玄室だが、そのほかは逆台形で、側壁～袖への角度が広角となる形状で最大級の玄室が多い。

　無袖式では、初現期の立野3号墓が 14.25 ㎡、熊ヶ谷2号墓が 12.3 ㎡である。玄室規模が大きくなる7世紀中葉前後のものでは、海老名市上今泉3号墓が 22.3 ㎡、高さ約 2.6ｍなどがある。上今泉3号墓の例は、凝灰岩質の岩盤に比しては軟弱な、関東ローム層に掘りこまれる横穴墓で、

規模が掘削土壌に左右されていないという築造の様相がみてとれる。

　最小は、大磯町城山23号墓の0.6㎡、秦野市岩井戸28号の0.9㎡、欠の上6号墓の0.9㎡などとなる。高さは1m以下のものが多い。

　これまでに行った玄室面積の各形態の検討では（柏木：古墳PJ編2000）、長方形状及び方形状前壁痕跡化の玄室平面形で、それぞれ9.5㎡を最頻値とし、各形態とも時期を考慮しないで見れば、3.5㎡から7.5㎡程度で推移する状況がある。このような最頻値に比しては最大・最小ともに面積数値が隔絶しているため、平均的な様相とは乖離しているということが理解できる。いわば数量的に特別な存在である。玄室長さを単独でみた場合は、無袖式の上今泉3号墓の8.9mが最も長いものとなる。

　比較のため横穴式石室についてみると、初現期となる三ノ宮・下谷戸遺跡H7号墳の無袖式横穴式石室で3.5㎡、相模地域で最大級の厚木市金井2号墳で13㎡、三ノ宮古墳群の三ノ宮3号墳で9.5㎡となる。長さでは金井2号墳が10mとなるものの、これらの数値からは、玄室規模では横穴墓の方が卓越するという状況が窺える。

　無袖式の横穴式石室と横穴墓では、その使用方法による違いがある。相模地域で一般的にみられる無袖式の横穴式石室では、棺もしくは棺台を石室の主軸方向に沿って縦列して追葬したことが、小田原市久野古墳群中の総世寺裏古墳で出土した装身具などから想定されている（近野：古墳PJ編1998・99）。横穴式石室の調査からは、石棺などが採用されていない相模地域で、人骨が良好に遺存した例は少なく、骨の配置から埋葬配置の推定ができるものはほとんど皆無である。この埋葬方法は、奥壁幅でも2mに満たない無袖式の横穴式石室では、通有の手段であったといえよう。

　しかし、横穴墓では奥壁幅2mを超えるものが多く、奥壁際に主軸に直交して埋葬することが可能である。後の第Ⅲ章第1節で詳述するが、相模地域の沿岸部で初現期にみられた方形状の玄室は、主軸平行となる入口部に頭を向ける伸展葬である。それに比して、内陸部へと築造が拡大した段階以降に広く用いられた無袖式の玄室は、主軸直交となる奥壁に平行する伸展葬がされる。このような事象から、横穴墓の前壁を有する方形状のものから前壁のない無袖式への変化は、埋葬方法による使用方法の変化により、玄室の形態も規制されたとした（柏木2009）。また、併せて改葬の実施についても、古墳時代後期では6世紀後半から開始され、7世紀中葉〜後半に主体的に行われているという様相を人骨の配置状況から検討した。

　7世紀前半以降に玄室規模が一部で大きくなる現象は、玄室空間内での人の動作、いわば作業の必然性から生じた現象と考えられる。横穴墓は、玄室規模が大きくなっても外面上は違いがわからないため、規模が大きくなっても古墳のような視覚的効果を生み出すものではない。また、空間の拡大による副葬品等の増加などの事象が確認できないことから、機能的な側面からの理由づけが必要で、改葬作業という一面があったことも想定される。いっぽう、横穴墓において視覚的な差異を表現するための手段としては、墓前域に石積の施された横穴墓が挙げられる。これについては古墳と同様な儀礼を実施するという必然性から生じた現象とみなされる。

(5) 小　結

　初現期の玄室形態には有袖式・無袖式（撥形）があるが、複数の系統が微妙に形を変化させながら築造が繰り返されていくため、形態変遷が掴みづらい。横穴墓は、初現期の6世紀後半から築造が始まり、8世紀まで一部で継続的に使用されている。

　初現期の形態は一律ではない。南武蔵地域では鶴見川流域、相模地域では沿岸部に面した大磯丘陵と湘南地域及び三浦半島において築造が先行し、沿岸部での継続をみながら、内陸部へと拡大していく。方形・逆台形・無袖式（撥形）・小型横穴墓などと多彩な玄室形態が存在するが、導入形態として多いのは、有袖式で方形を指向するものである。追って築造される内陸部でも、導入の様相は似たものとなる。この時期は、装飾大刀や馬具が多く副葬されるという特徴があるが、それらの玄室平面形は主軸方向に長軸を持つ、長方形の構造が採用される場合が多い。

　展開期は、初現期から無袖式が築造されていなかった地域で、袖（前壁）が痕跡化するという横穴墓が増えていく。無袖式という系譜のほか、有袖式から変容して無袖式へと変化するという過渡段階のものも存在し、時期ごとの玄室形態は一律ではない。

　盛行期は無袖式が主体となる。初現から無袖式であるものと、有袖式から変容を重ねて袖が痕跡化したものという両者が融合していく。新規に築造される横穴墓は、総じて小型化の方向へと向かい、湘南地域を中心として高棺座が発達し、玄室床面から棺座面までの比高差が1.8m以上となるような例も存在する。また、南武蔵地域や相模地域東部では、棺室構造の横穴墓も出現し、横穴墓の終焉まで継続して築造される。

　玄室規模は、上今泉3号墓が22.3㎡であり、7世紀中葉前後に最大となる。同時期の横穴式石室は大きくても10㎡超であり、横穴墓の方がかなり大きい。玄室が広いということから、その空間内における作業の実施をみたが、その作業には改葬に伴う一面があったと想定した。

　終焉期も無袖式の優勢に変化はないが、新たに築造されるものは長軸2m程度のものが主流になる。併せて最終末期に関してはさらに小型の一群が存在し、小型化という規模の変化を評価すれば、単葬墓へと帰趨する。

　横穴墓の築造をみると、隣接する地域では相互に玄室や墓前域のあり方が似ている。湘南東部地域と三浦半島の間に位置する逗子市域や、相模川右岸域と酒匂川左岸域の間に位置する金目川流域などが、それぞれの地域の媒介として存在する。

2. 撥形横穴墓の構造的理解

　酒匂川流域から多摩川右岸までは550群3200基という横穴墓の存在が知られ、面積に比した分布密度では全国最多の存在とされる（上田ほか1991）。そのなかで、半数以上を占めるのが無袖式の撥形[註18]と呼称される横穴墓である。

　この撥形横穴墓は、先学の研究では前壁の存在する有袖式の横穴墓からの退化形態と理解されてきたが、出土遺物の様相などからは古墳時代後期のなかでも、比較的早い段階から築造されていることが、武蔵・熊ヶ谷横穴墓群の調査などから判明している。この相模・南武蔵地域では普

遍的な形態のいわゆる撥形横穴墓も、全国各地の様相をみていくと、限られた地域に築造されているという様相が窺える。

　この無袖という形態の選択はいかようにして生じたのか。全国的にも無袖となる形態が、早い段階から築造され始める相模・南武蔵地域の横穴墓の資料を用いて、編年的な整理を改めて行い、各地に所在する撥形横穴墓の導入及び展開について検討していく。

(1) 古相の遺物を出土する撥形横穴墓

　遺物の出土から横穴墓の築造年代を決定することは、追葬等の初期埋葬後にかかる土器の使用から困難な場合が多い。しかし、二宮町諏訪脇東部分201号墓のように、6世紀後半と7世紀後半の土器が出土するという事例を好例として、土器に時期差が存在する場合は、古相を呈する遺物を築造に近い時期として理解することができる。また、熊ヶ谷横穴墓群の調査例では、詳細な調査により、追葬の回数が土層堆積の状況から推察されているが、閉塞の状況を見ると、初期は大振りな石を積み上げ、追葬段階では、初期閉塞の下端はそのままとしていることがある。12号墓では初期閉塞時に意図的に置かれた土器がみられ、このような場合なども、初葬時の遺物として捉えることができる。

　横穴墓から出土する土器については、時期によって使用される器種が変化する。6世紀後半代は提瓶や把手付瓶が多用され、7世紀前半は平瓶と広口壺が、7世紀中葉以降甌と共にフラスコ形長頸瓶が使用される。ここで、撥形横穴墓のうち古相の遺物を出土したものを挙げると横浜市戸塚区立野横穴墓群3号墳、横浜市緑区熊ヶ谷横穴墓群2号墓、鎌倉市岩瀬上耕地遺跡4号墓、横浜市栄区宮ノ前横穴墓群A9号（造付石棺）、横浜市戸塚区矢倉地横穴墓群1号墓（造付石棺）、藤沢市折戸横穴墓群4号墓（造付石棺）という5例があり、須恵器は提瓶及び把手付瓶である（第Ⅱ-17図）。

　これらに続くものとしては、藤沢市代官山横穴墓群6号墓や茅ヶ崎市篠谷横穴墓群16号墓などが挙げられ、いずれも長方形状の幅の狭い玄室に、短い羨道が付される。このような形態のなかには、玄室と羨道の区分が不明瞭なものが多く、比較的幅狭な撥形とみなされるものもある。

　古相を呈する撥形のうち、遺存状態が良好な立野横穴墓群2号墓をみると、先にも挙げたとおり奥壁幅2.5m、主軸長7.5m、奥壁高さ1.85mであり、玄室面積は14.25㎡であった。奥壁幅と主軸長の対比は1：3である。熊ヶ谷横穴墓群2号墓では、奥壁幅3.0m、主軸長6.25m、奥壁高さ2.0mであり、玄室面積は12.3㎡である。この数値から見る限り、奥壁幅に比して玄室長が2～3倍の長さがあるという特徴である。

　初現期の横穴式石室はやはり幅が狭く、三ノ宮・下谷戸遺跡H7号墳の玄室は、奥壁幅1.05m、主軸長4.0mであり、玄室面積は3.5㎡であった。奥壁幅と主軸長の対比は1：4であり、とても狭長なものである。初現期の横穴墓とは、面積値において3～4倍の開きがあるが、奥壁幅に比して玄室長が長いという共通性がある。展開期以降の撥形横穴墓をみると、奥壁幅が2m前後のものでも長さは3m程度のものが多いため、奥壁幅と主軸長の対比は1：1.5になり、数

値の上からも異なる。

　また、初現期の撥形横穴墓をみたとき、付帯施設として造付石棺がみられる。遺物は提瓶が出土し、環状の把手を付すもので、6世紀後半という時期があてられる。この造付石棺の形状は、奥壁側にも石棺の側縁が削り残されるものであり、造付石棺から高棺座の変化を検討した上田氏の分類では「①段階」とされるものである（上田1989）。撥形の出現と合わせるように、造付石棺も先駆的な導入形態を構成する要素として存在する。造付石棺の精緻さと出土土器の様相からは、横穴墓の初現期に該当するもので、それらが存在する地域は湘南東部地域である。

　これら撥形と造付石棺を併せて先駆的に導入した、湘南東部地域におけるもう一つの特徴として高棺座が挙げられる。高棺座は、撥形の奥壁が棺室状に変容する過渡段階の施設とみなされ、実数高で70cm以上のものが該当し（柏木：古墳PJ編1998）、高さが180〜200cmになるものも存在する。これに反して周縁の丹沢南麓地域などでは、低位な棺座が主体という特徴がある。棺室は、長軸2m程度の玄室の盛行と並行するように、撥形の変容形として把握され、南武蔵地域から三浦半島にかかる東京湾岸を中心に展開する。

(2) 湘南東部地域と周辺の玄室構造

　湘南東部地域は、古墳が少なく横穴墓が多く存在する地域であり、初現期から終焉期まで長期間安定して築造されている。初現期には、無袖で幅狭な玄室である撥形が初現期から存在する（第Ⅱ-22図）。これら一群には、奥壁に並行して造付石棺を具えるものも含まれる。一方で、袖を有する横穴墓も多く、川名新林右西斜面2号墓などは主軸方向に長い長方形の玄室で、環頭大刀を出土している。TK209型式期には有袖式の玄室形態が多いが、それ以降漸次無袖式へと変化していく。

　もう一つの中心地と目される、鶴見川中流域をみていく。熊ヶ谷2号墓は付帯施設がなく、人骨は成人と小児が各1個体確認されているが、骨は小片の出土に過ぎず、骨体からの埋葬状況の把握はできない。しかし発掘調査では、5次にわたる追葬が土層堆積から推定されており、出土した把手付提瓶は追葬時の遺物として整理される。したがって、築造は提瓶の年代以前で、撥形の築造は群内でも初現的な時期と把握できる。南武蔵地域の鶴見川流域は、6世紀後半段階では有袖式の横穴墓、それ以降は複室構造の横穴墓が多数築造された地域であるが、熊ヶ谷横穴墓群では、調査された25基の横穴墓のうち袖を有する玄室は1基のみである。いわば、地域内に異

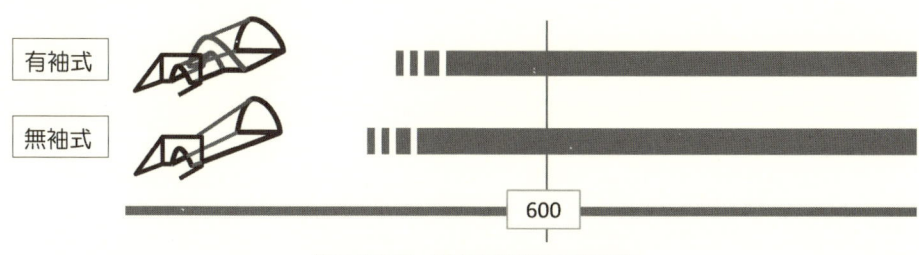

第Ⅱ-22図　湘南東部地域の横穴墓

第Ⅱ章　後・終末期の墓制

端的に存在する群ともいえる。
　熊ヶ谷横穴墓群の周辺（横浜市域北部）には、市ヶ尾横穴墓群、熊ヶ谷東横穴墓群、下根横穴墓群、東方横穴墓群、赤田横穴墓群などが知られる。これら横穴墓群には袖を有する横穴墓が多く存在する。群中で撥形を主体とするのは熊ヶ谷横穴墓群と熊ヶ谷東横穴墓群、下根横穴墓群であるが、熊ヶ谷横穴墓群以外はいずれも 7 世紀以降の群形成が考えられる。先にふれた、撥形の盛行へと派生する時期の横穴墓群として把握できる。そのことからは、熊ヶ谷横穴墓群の先行性が窺え、周囲では前壁を有する横穴墓が築造されるなかで、突如として撥形の横穴墓が築造されたこととなる。
　南武蔵地域では、TK209 型式期の前方後円墳から横穴式石室が導入され、その玄室形態は無袖式である。撥形横穴墓の出現には無袖式の石室導入が一つの契機になるとみなされるが、三保杉沢古墳の例では（青木ほか 1984）、石室は奥壁と玄門側で幅が均等なものとなり、同じ地域内でありながら熊ヶ谷 2 号墓の玄室形状とは似ていない。時期的にも、熊ヶ谷 2 号墓は TK43 型式期とみられ、現状ではこの地域に無袖式横穴式石室が導入される以前の築造であるため、首長墓が契機とはなっていない状況が確認される。

(3) 撥形という形態の必然性

　撥形横穴墓は玄室側壁がほぼ真直ぐに仕上げられるもので、いわゆる無袖式であるが、若干の側壁の屈曲や、玄室内では段差や框石の設置、側壁の肋骨状意匠の有無、天井における前壁の存在などから玄室と羨道が分けられるものもある。しかし、玄室を使用するにあたっての意識として、その境というものをどこまで厳密に区分していたかは定かではない。
　相模地域を中心としては、無袖式の横穴式石室が最も一般的な石室形態であるが、6 世紀後半〜末にかけて、片袖式及び両袖式の石室が首長墓を中心として築造されるようになる。それまで区分の無かった玄室空間に、羨道という概念が取り込まれたことは大きな変化といえよう。その石室における様相を受けて、横穴墓でも玄室と羨道を画するという意識が起こったものとみなされる。
　先に、小田原市の総世寺裏古墳の棺体配置に関する近野正幸氏の検討をみたが、それによると上下の各棺床で最大 3 棺という想定がされている（近野 1998）。玄室床面積から棺面積を勘案した数値であるが、玄室入口付近まで均等に棺が配置されていたものとみなされる。玄室の形態からも、入口から奥壁までの空間は一体として捉えられていたことが窺える。
　相模・南武蔵地域の古墳においては、人骨の出土が限られることから、無袖式という玄室形態を考えるにあたり、人骨の玄室の使用方法として、いわゆる畿内型石室を参考としたい（広瀬 1995b）。そのうち、3 期に編年される物集女車塚古墳などの段階から追葬時に羨道へも埋葬が行われるようになる。この段階で、羨道としての機能は当初の通路という意味を厳密には失ってしまったこととなる。羨門から奥壁までが埋葬スペースというような空間利用は、まさしく無袖式横穴式石室の玄室空間使用方法であり、玄室と羨道の機能面における統合という現象がみられる。
　この段階で、羨道の意義を踏襲し続けたものと、羨道までも埋葬空間としてしまったものと、畿内の首長層において喪葬観念が複数系統存在したことが窺える。無袖式横穴式石室の首長墓へ

の採用は、嵯峨野太秦古墳群中の天塚古墳後円部石室などが初現的な事例として挙げられる。この古墳はTK10型式期の70m級の前方後円墳で、後続する巨石墳である蛇塚古墳と共に、群中で主要な位置を占める古墳である。無袖式横穴式石室は嵯峨野地域では主流とならないが、この導入にあたっては、羨道といういわば通路に関して、喪葬の一系統的な観念から複数系統的な観念へという進展がなされた結果とも考えられる。しかし、もとより羨道という概念の無かった無袖式横穴式石室は、嵯峨野地域では連続性を保てず、無袖式の次段階に造られたと考えられている西側くびれ部の石室は、片袖式になっている。

　群集墳などにみられる横穴式石室の羨道については、森岡秀人氏により整理がされている（森岡1983）。それによると、羨道の閉塞は、羨門部・羨道前半へ限られていき、玄室と羨道両方の床面構造の平準化が図られるとされる。具体には、玄室と羨道の段差や羨道床面傾斜の緩和、玄門付近の梱石・框石の消失あるいは羨道部への移行、玄室敷石の羨道進出がなされる。時期的には6世紀後半に多次の追葬を背景に敷石面が羨道部を充足し、7世紀前半には追葬期に羨門付近まで敷石が施され、通路という空間感覚の喪失がみられる。最大の要因は追葬の発達であり、無袖化が単次葬のみを指向した結果ではないとしている。

　先にみた内裏塚古墳群では、羨道への埋葬が蕨塚古墳、向原古墳、上北原古墳、妃塚古墳、権現塚古墳などであった。後三者はL字型横穴式石室という共通性を持つ。6世紀後半以降の所産とされるL字型という特異な形状ではあるが、羨道機能が喪失していることが埋葬の痕跡から窺える。

　相模地域では、横穴式石室の受容がTK10型式期とみられ、当初から無袖式である。三ノ宮古墳群にて築造された小規模な円墳を嚆矢とし、次段階となる首長墓では有袖式の石室が構築される。有袖式の横穴式石室の導入は、地域内でその玄室形状に伝統性が無い場合など、畿内型横穴式石室の影響を受けていたことが窺える。しかし、登尾山古墳では奥壁が側壁と同規模の石材が使用されるが、埒免古墳では鏡石の使用が始まり、両者の築造は期間差があまりみられないことからも、その伝達のインパクトは回数が少なく短期的であったとみられる。また、登尾山古墳の築造はTK43型式期とみられ、畿内地域では羨道への埋葬がすでに始まっていたことも窺え、羨道の概念が正しく伝わっていない可能性もある。そうであれば、無袖式横穴式石室を築造していた相模地域には受け入れやすい状況だったともいえよう。

　丹沢南麓における横穴墓と横穴式石室の玄室形状をみると、横穴墓ではTK209型式期に有袖の玄室が構築されたとみられ、無袖式の玄室は一段階遅れて出現する。横穴式石室の導入が無袖式石室を嚆矢とするのは、玄室の前壁及び袖を必ずしも必要としなかったためといえる。また、無袖式の埋葬方法は主軸に平行して縦列状態で埋葬されたとみられ、この方法をみても厳密には玄室と羨道を区分する意識は窺えない。無袖式横穴式石室と撥形横穴墓は、埋葬するという意識においては同義的であったともみなされる。

　玄室と羨道が袖により区分されている横穴式石室で、土器を多量に内包する東海以西の出土状況をみると、玄室内玄門脇に多くの土器が置かれている。このスペースが必要とはならなかったために、無袖式という形状が選択されたともみなされる。関東地方南部では、実際に石室内から

第Ⅱ章 後・終末期の墓制

出土する土器は非常に少なく、土器を用いた埋葬行為のあり方に違いが認められる。

これらをふまえて時期ごとの変化を抽出すると、次のようなことがいえる。TK10～TK43 型式期には、畿内地域の物集女車塚古墳にみるように、築造後ある期間を経て羨道への埋葬が行われる。埋葬数増加という背景が想定されているが、古墳数の増加には直結せず、石室内での埋葬空間拡大という処置がとられる。

このような行為が行われるなかで、天塚古墳では首長墓への無袖式横穴式石室採用が確認される。この時期、相模地域を含めた関東地方にも、無袖式横穴式石室が受容される。相模地域の例を挙げれば、三ノ宮・下谷戸H7号墳があるが、形状はかなり狭長な横穴式石室である。横穴墓でも撥形が出現するが、玄室の形状は奥壁幅に比して長いという狭長なものが多い。

TK43～TK209 型式期には、関東地方南部では横穴墓が増加し、相模地域をみると横穴墓の築造が沿岸部から山麓部まで拡大していく。その時間経過と共に、撥形横穴墓で主軸直交埋葬の例が増加し、奥壁幅に比して玄室長は短いものが多くなる。

また、先に挙げた内裏塚古墳群では、L字形横穴式石室などで羨道への埋葬が確認されている。相模地域では無袖式横穴式石室が多く築造されるが、その形状は狭長なものが多く、縦列配置での埋葬がされていた。関東地方南部で、この時期に古墳数が急増する現象は、下位階層まで墳墓築造が行われたことによるとみなされる。

これら変化からは、次のような特徴が挙げられる。羨道への埋葬が畿内地域で行われ、通路としての機能が喪失する。それと同じような時期に、無袖式横穴式石室が一部の首長墓で導入される。相模地域で最初に受容された横穴式石室は、平面逆台形状で狭長であり、初現期の撥形横穴墓と類似する。この三つの現象が TK10～43 型式期におこる。この背景には被葬者数増加があるが、玄室内での埋葬空間の拡大ということで解消されたとみなされる。

その後、古墳や横穴墓の数が増加する。撥形横穴墓では、主に主軸直交の埋葬が行われ、横穴式石室では羨道への埋葬も継続される。この現象が TK43～TK209 型式期におこる。

このような経過からは、丹沢南麓での横穴墓の動向とは異なり、先んじて狭長な玄室の撥形横穴墓が築造されていた湘南東部地域などにおいては、相模地域で初期に受容された横穴式石室が、撥形横穴墓出現の契機になったとみられる。そこに到るまでには羨道への埋葬という空間理念の変化があるが、横穴式石室のすべてが羨道消失という構造の変化へは向かわず、無袖式横穴式石室は地域を限って盛行する。

撥形横穴墓も湘南東部地域を中心に出現するが、埋葬方法が狭長な玄室内での縦列配置から主軸直交へと変わるにつれ、それに合わせて独自に変容していく。出現に関しては、初期の無袖式横穴式石室の影響を受けたとみなされるが、その後は無袖式横穴式石室と撥形横穴墓は、それぞれ異なった変化をしていくとみられる。

(4) 撥形横穴墓の他地域への展開

撥形の出現と変容の形態については、次の二種類に分類できる。一つは、撥形が主体となる横

穴墓の群形成が地域的伝統もなく、突如として開始されるという「新進型」である。二つ目は、方形指向の玄室形態から逆台形、さらには撥形へと、玄室空間利用の観点から形態が変容し、群内で方形や逆台形、撥形などが輻輳したあり方を呈す「複合型」である。

　複合型は各地で見られ、横穴墓だけの変容ではなく、群集墳における横穴式石室からの模倣の可能性という、古墳も交えたいわゆる群集墳総体での変容もある[註19]。これらは時間の推移と共に撥形へと変容していくため、編年表を作成した場合は新しい段階に集中する玄室形態として把握される。

　このような変容により撥形を採用した地域としては、西日本では肥後南部や豊前、丹後、山城南部などの地域があり（大谷晃2001）、東日本では相模・南武蔵地域のほか、東遠江、上総、石背（含：会津）、石城などの地域がある[註20]。横穴墓は偏在しながらも九州から東北地方南部まで広く分布するが、築造のあり方としては、初現期から形状をそれほど変えずに終末まで至るような地域以外に、変容を重ねて終末に至るという地域もあり、展開の仕方は様々である。

　次に、新進型の横穴墓に属するものは関東地方以東で主に展開し、陸奥（伊具郡）地域の篠崎横穴墓群、石背（会津）地域の山崎横穴墓群・鬼渡横穴墓群、上総地域の西国吉横穴墓群などが挙げられる。

　ここで関東地方南部のあり方として、千葉県の西国吉横穴墓群についてみてみる。撥形の玄室形態には高棺座が付されるが、それは一段ではなく数段にわたり、7号墓などは奥壁平行で造付石棺状の棺状施設を具える。また、高棺座の段上には埋葬に関係する窪み状の掘り込みがある。6世紀末から築造が開始され、7世紀末までの造営が考えられ、7号墓はいわゆる高壇式の初現的な形態と捉えられている（西原2010a）。発掘調査は群全体に比して断片的で、横穴墓群の全体像解明までには至っていないが、有袖式の玄室形態が多い上総地域において、特異な存在として把握されている。

　この西国吉横穴墓群の玄室に類似する形態は、湘南東部地域に集中する高棺座の一群に求められる。この地は、先にもふれたとおり古相の提瓶を出土し、造付石棺を備える撥形横穴墓が初現的形態として把握される場所である。この地にみられる横穴墓は、棺座は平坦に仕上げられるものが主体であるが、西国吉横穴墓群と同様な埋葬にかかる掘り込みが、逗子市山野根谷奥1号墓などで認められる。山野根谷奥1号墓は高棺座ではないが、撥形の玄室平面に二段の棺座状施設がみられ、このような形態と高棺座という地域性の影響を受けながら、造り上げられた玄室との理解が可能である。

　新進型としてそれぞれの地域に導入される横穴墓については、このように要素を繋ぎ合わせると、各地に導入された撥形の特徴として捉えることができる。それは、有袖式の横穴墓が主体な地域に、群として撥形の横穴墓が突然築造される西国吉横穴墓群のようなあり方と、玄室内に敷石を敷く伝統がなかった地域に、撥形に類する横穴墓が突然築造される篠崎横穴墓群のようなあり方があり、そこからは出現時期が最も古いとみなされる相模・南武蔵地域との関係性の深さが窺える。

（5）小　結

　古墳および横穴墓の埋葬施設の構造を検討することにより、埋葬行為と埋葬空間の有機的な関連性を掴むことが可能である。相模・南武蔵地域に多い無袖式横穴式石室であるが、その導入はTK10型式期であった。その後のTK43〜TK209型式期に、両袖式もしくは片袖式の横穴式石室が一部の首長層で築造されるが、その築造は長くは続かない。

　無袖式という構造は、遺骸を収めるスペースに取り付く通路までが一連の構造であり、遺骸を収めるスペースだけあれば良いという意識が窺える。無袖式の玄室を築造した集団は、羨道という通路が必要なかった、もしくは羨道が通路であるという意識がなかったものとみなされる。この背景には、被葬者数増加による羨道への埋葬という行為があり、通路としての機能が喪失したことも遠因として挙げられよう。

　いわゆる撥形横穴墓は、相模・南武蔵地域における初現的な形態の一つであるが、他地域では有袖式から無袖式の撥形へ変化したとみなされている。相模・南武蔵地域においては、先学の研究にて、この変化を土木的視点からの築造簡略化として理解されてきたが、ここでは遺骸の主軸直交による並列配置という、機能的必然性から撥形が出現し、7世紀になって各地へ展開するとした。

　撥形横穴墓成立直前にみる埋葬の変化としては、TK10型式期の横穴式石室羨道への埋葬行為が挙げられる。通路として位置づけられていた羨道は、埋葬空間拡大に利用される。撥形は羨道の機能変化が影響した結果の形態とみなし、羨道機能の喪失から使用機能が優先され、撥形が成立したとした。

　また、各地において撥形のみで横穴墓群が形成されるものは、相模・南武蔵地域の影響を受けた中で成立したと捉えて新進型とした。また、様々な形態が混在する横穴墓群では、群内で有袖の形態から撥形へと変遷するなど、各地で使用するにあたって形態が変容したという複合型とし

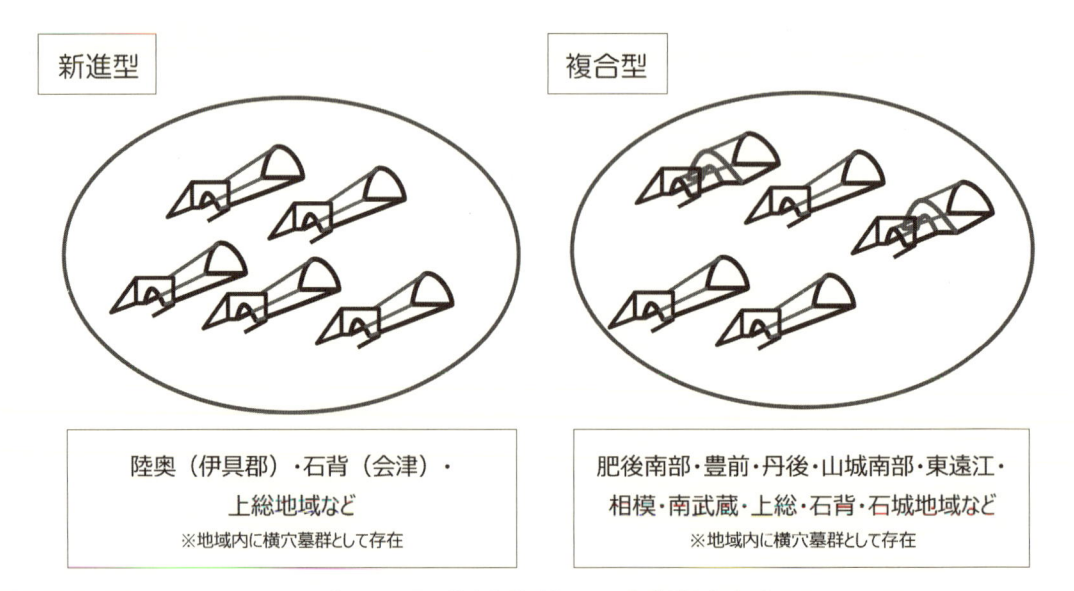

新進型	複合型
陸奥（伊具郡）・石背（会津）・上総地域など ※地域内に横穴墓群として存在	肥後南部・豊前・丹後・山城南部・東遠江・相模・南武蔵・上総・石背・石城地域など ※地域内に横穴墓群として存在

第Ⅱ-23図　横穴墓群形成にみる新進型と複合型

た（第Ⅱ-23図）。

　羨道への埋葬が始まることと合わせるように、古墳や横穴墓に埋葬される人数が増加する。この時期の背景として前方後円墳の築造数増加があるが、地域首長を代表として下位階層まで中央が掌握するという社会、地位や役割から階層ごとに墳墓や墳形が選択されて築造されるという構造、下位階層への墳墓構築の拡大という変化により、結果的に埋葬人数が増加したことが窺える。そして、埋葬の方法や遺骸の埋葬方向により玄室の形状が定められ、羨道に関しては、埋葬人数の増加と共に意義が喪失されたとみた。

第3節　横穴墓の階層性

1．相模・南武蔵地域の有力横穴墓

　横穴墓からは装飾大刀などの金銅製品も出土し、古墳と同じような副葬品がみられる。このような威信財を副葬する横穴墓は、どのような割合で存在していたのか、また形態の違う墳墓にみる副葬品の同一性という現象は、どのような背景のなかで起こったことなのかについてみていきたい。

　横穴墓築造数と人口に関する目安として参考までにみてみると、澤田吾一氏により当時の人口については次のような数が示されている。武蔵国・郷の平均人数は1100〜1200人、下総国・郷の平均人数は1200〜1300人とし、戸は50戸で郷をなし、それゆえ、戸の平均人数は25人前後となり、それが主戸・房戸で構成されたとする（澤田1927）。このような試算からは、人口に占める墳墓の割合を知ることができる。

　人口にかかる古墳時代の判定材料は無いため、戸籍・計帳で一定度わかっている奈良時代を参考にする。律令制下の相模国は8郡70郷である。1郷50戸で、一戸の構成員を20人前後とみなせば、奈良時代の相模国の人口は7万人前後になる。先行する6〜7世紀をその80％程度と推計すれば、56,000人程度となる。おなじく神奈川県全体では91郷で、奈良時代人口は91,000人、古墳時代は72,800人と試算する。

　横穴墓数は、神奈川県下で未発見分も考慮して3,500基とし、150年間で順次築造されたとする。150年間で一つの世代が25年間機能したとすると、6代にわたって造られたことになる。3,500基を6代で除すと、一つの世代あたりの築造数は583基となる。古墳時代の人口を72,800人とし、一戸構成員を20人とすると、3,640戸となる。3,640戸を一世代の築造数583基で除すと、6.2戸となる。6.2戸あたり1基の築造となり、戸ごとの築造とすれば、6.2戸（124人）のうちの一戸（20人）が横穴墓を築造したこととなる。1郷50戸として、6.2戸で除すと、1郷ではおよそ一世代に8基の横穴墓が築造されたという推計がなりたつ。

　このような推計が出せる横穴墓は誰でも築造できたものではなく、意外と限られた数であると

いえる。このことを念頭に装飾大刀を中心とした副葬についてみていきたい。

(1) 相模・南武蔵地域で出土する装飾大刀

　古墳・横穴墓出土の装飾大刀・小刀のうち、環頭・袋頭以外にもその痕跡がわかるものを集成した。相模・南武蔵地域（都筑・橘樹・久良群）では約90例あり、そのうち相模地域に70例ある[註21]。木質等もすべて遺存し、拵えの全容が判明している例は無いが、木質を除けばほぼ当初の形態が判明するという良好な資料も、一部では存在する（第Ⅱ-24図・第2表）。

　柄頭の形状は、環頭、頭椎（象嵌含む）、円頭（象嵌含む）、圭頭、方頭がある。大刀を構成する刀装具の出土も多く、鶏目、柄縁金具、切羽、鐔、鎺、鞘口金具、鐶付足金具、足金具、責金具、鞘尻金具などが挙げられる。これらが出土したのは、必ずしも古墳や横穴墓からだけではなく、竪穴住居等の遺構覆土や、遺跡内の包含層などもあるが、装飾大刀に関してはこれらも検討の対象とした[註22]。

　このうち相模地域では、装飾大刀が副葬される墳墓と刀身のみが発見される例がある。また、刀身に付着した木質の遺存からは鞘入り、布目の痕跡からは布巻き、痕跡無しからは剥き身なども判明する。地域区分に従った装飾大刀の出土比率は次の通りとなる（柏木2005）[註23]。後期のうち、古い段階では高塚墳からの出土が多く、6世紀末～7世紀初頭以降は横穴墓からの出土も多くなる。

　酒匂川左岸では、6世紀後半～7世紀後半まで24振（古墳13・横穴11）あり、相模川右岸は、6世紀後半～7世紀後半まで15振（古墳11・横穴3・不明1）、相模川左岸は、7世紀前半を中心に9振（古墳2・横穴6・包含層1）、三浦半島は、6世紀末～7世紀後半にまで12振（古墳1・横穴11）、多摩川右岸は、6世紀後半～7世紀後半まで20振（古墳5・横穴12・不明3）がある。

　柄頭を形態別に古代の郡域にあてはめてみると、環頭は足上・大住・高座郡、頭椎（切羽：大含む）は余綾・大住・愛甲・久良・橘樹郡、円頭は余綾・御浦・橘樹・都筑郡、圭頭は足下・余綾・大住・橘樹郡、方頭は、御浦・都筑郡で出土している。

　大刀の刀身は、大振りなものから華奢なものへと漸次変化していくが、最も盛行するのは、およそ600年を前後する時期で、象嵌などの細かい丁寧な細工もみられる（第2表）。酒匂川流域の久野諏訪の原2号墳では、20m規模の円墳ながら、石室内から複数本の装飾大刀が出土している。7世紀前半も半ばを過ぎると、袋頭の形状ごとに拵えの相違は認められなくなり、鞘飾りなどの装飾の単一化が進行する。古墳と横穴墓が混在して築造される地域では、盟主墳の優品採用から横穴墓の優品導入という流れも見える。

　いわゆる倭装大刀（楔状・鹿角装状）は、三ノ宮古墳群御領原支群で三輪玉の出土からその痕跡が窺えるが、木装という遺りづらい条件からか良好な出土例はない。環頭及び袋頭の判明している大刀は各地域で出土しているが、発見例がやや多い酒匂川流域（A）と多摩川右岸（E）を合わせると、装飾大刀のうち50%以上を占めることになる。

　副葬された大刀における木質の遺存は、鞘や柄、柄頭などで確認される[註24]。大刀の柄頭は、木芯の外装として金銅装等によるものと、木芯に鉄製の装飾が使用されるという大刀の存在も推

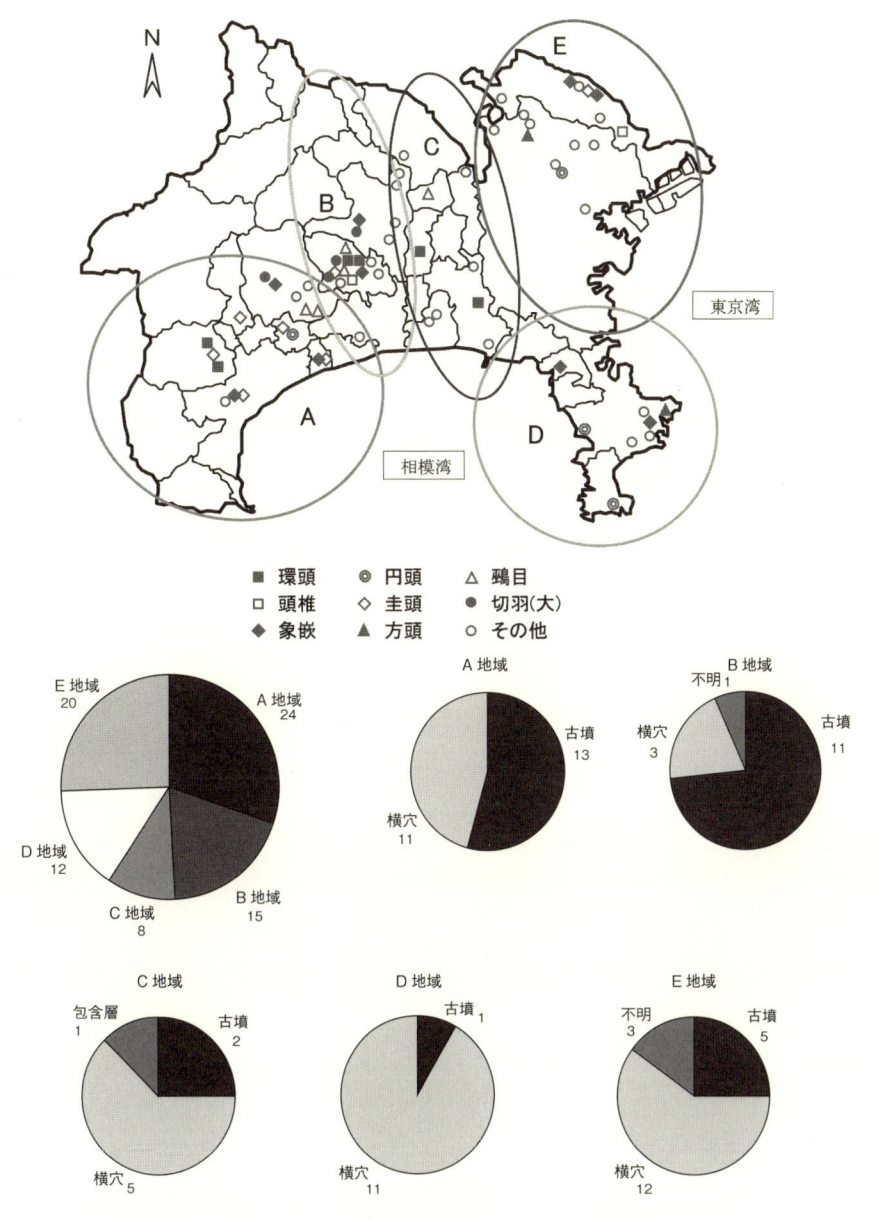

第Ⅱ-24図　装飾大刀の地域における出土状況

測される。前者は「木芯金銅装柄頭」、後者を「木芯鉄装柄頭」と呼ぶ。

　木芯金銅装柄頭は次の例がある。久野2号墳では、大刀の刀身が3本発見され、そのうちの1本は金銅装の圭頭大刀である。間際根横穴墓群出土の圭頭は（第Ⅱ-25図）[註25]神奈川県内でも数少ない優品で、木芯と金具の部分からなり木芯には5ヶ所、金具には4ヶ所の鋲（針）とその痕が確認されている。青銅地金に鍍金を施した外枠に銀製薄板を張り合わせて柄間とし、中央に懸通穴が穿たれている。外枠・柄間とも厚み0.6〜0.8mmほどの薄いものであり、外枠となる薄手の金銅板は、柄側で縁金具にて固定され、窓となる中央部は薄手の銀板が填め込まれるが、意匠等

第Ⅱ章 後・終末期の墓制

第2表 神奈川県内出土象嵌資料

No.	市町村	群名	号名	柄頭材質	柄頭文様	柄縁材質	柄縁文様	鐔窓数	鐔材質	鐔文様	鞘材質	鞘文様	鞘尻材質	鞘尻文様	他特徴
1	小田原	久野諏訪の原	2号墳					8	鉄	渦文 半円文					
2	二宮	諏訪脇	-										鉄	鱗状文	
3	秦野	桜土手	25号墳			鉄	半円文？	無	鉄	ハート形文	鉄	ハート形文 三重線 二重半円文			
4	伊勢原	三ノ宮字尾根山	-					8	鉄	(半)円文？					
5		日向・洗水	-					8	鉄	圏線 渦文	鉄	圏線 半円文			
6								無	鉄	ハート形文	鉄	渦(円？)文			
7	厚木	林添	1号墳					6	鉄	波状文 半円文					
8	厚木														
9	逗子	久木5丁目	10号墓					無	鉄	渦文					
10	三浦	江奈	2号墓	鉄	亀甲繋 旋文状	鉄	旋文状？	無	鉄	旋文状	鉄	旋文状 三重線			円頭
11	横須賀	吉井城山	?号墓					8	鉄	渦文					
12	横浜	市ヶ尾第二地区18街区	1号墓								鉄	半円状	鉄	ハート形文 二重円文	柄糸線巻痕跡のみ
13		鶴見区駒岡町岩瀬	-					8	鉄	円文？					柄樹皮巻き？
14		了源寺古墳？(加瀬台4号)	-	鉄？	亀甲繋？ 旋文状？										頭椎
15	川崎	久本A	3号墓								鉄	蕨手状 ハート形文	鉄	蕨手状 ハート形文	
16		久地西前田1次	5号墓			鉄	半円文？	無	鉄	二重半円文？	鉄	波状文 二重線			柄糸線巻痕跡のみ

＊象嵌16遺跡26例、柏木2004を一部改変。

の痕跡は見られない。

　外枠としての薄い金属板は、埋没環境によっては木芯と共に遺存不良となるため、銅製（金銅製）の縁金具のみが発見された場合は、木芯金銅装柄頭であった可能性も念頭におく必要がある。

　木芯鉄装柄頭の存在は、切羽（大）の出土例から推測される。切羽（大）は登尾山古墳、三ノ宮・下尾崎1号墓、桜土手11号墳、金井1号墳、間際根2号墓で出土している（第Ⅱ-26図）。切羽（大）とセット関係を持つ刀身は、両関（刃区二段）とみられ、三ノ宮・下尾崎1号墓や、桜土手11号墳で出土している。木芯としての本体は、出土事例が相模地域では現在認められないが、切羽の大きさからは頭椎が考えられる。圭頭及び方頭の切羽をみると、内径に対しての幅が狭く、いわば細身である。これに比して、先に挙げた5例は長さに対しての幅が広く、球形に近づく。この形態に似る例を探せば、埼玉県小見真観寺古墳などにみる頭椎大刀が該当しよう。

　頭椎形の木装柄頭は、恒武遺跡、布留遺跡、前田遺跡、河田宮ノ北遺跡などで出土している（第Ⅱ-25図）。これらは、時代・形状・法量など様々であるが、前田遺跡の例を見ると、頭椎の柄頭と柄の間に段状の削り出しがされている。金銅装頭椎大刀の外装の観察からは、この場所に切羽が填められていることがわかる。このような例を見ても、古墳・横穴墓から発見されている切羽（大）は、鉄製ながら頭椎大刀の柄頭を構成する刀装具の一部であることが窺える。すなわち、頭椎大刀は金銅等による装飾のみでなく、木芯鉄装柄頭による装飾大刀としての性格も考慮される。

　ここに挙げたような大刀の副葬時期は、いずれも7世紀前半頃と考えられる。威信財としての

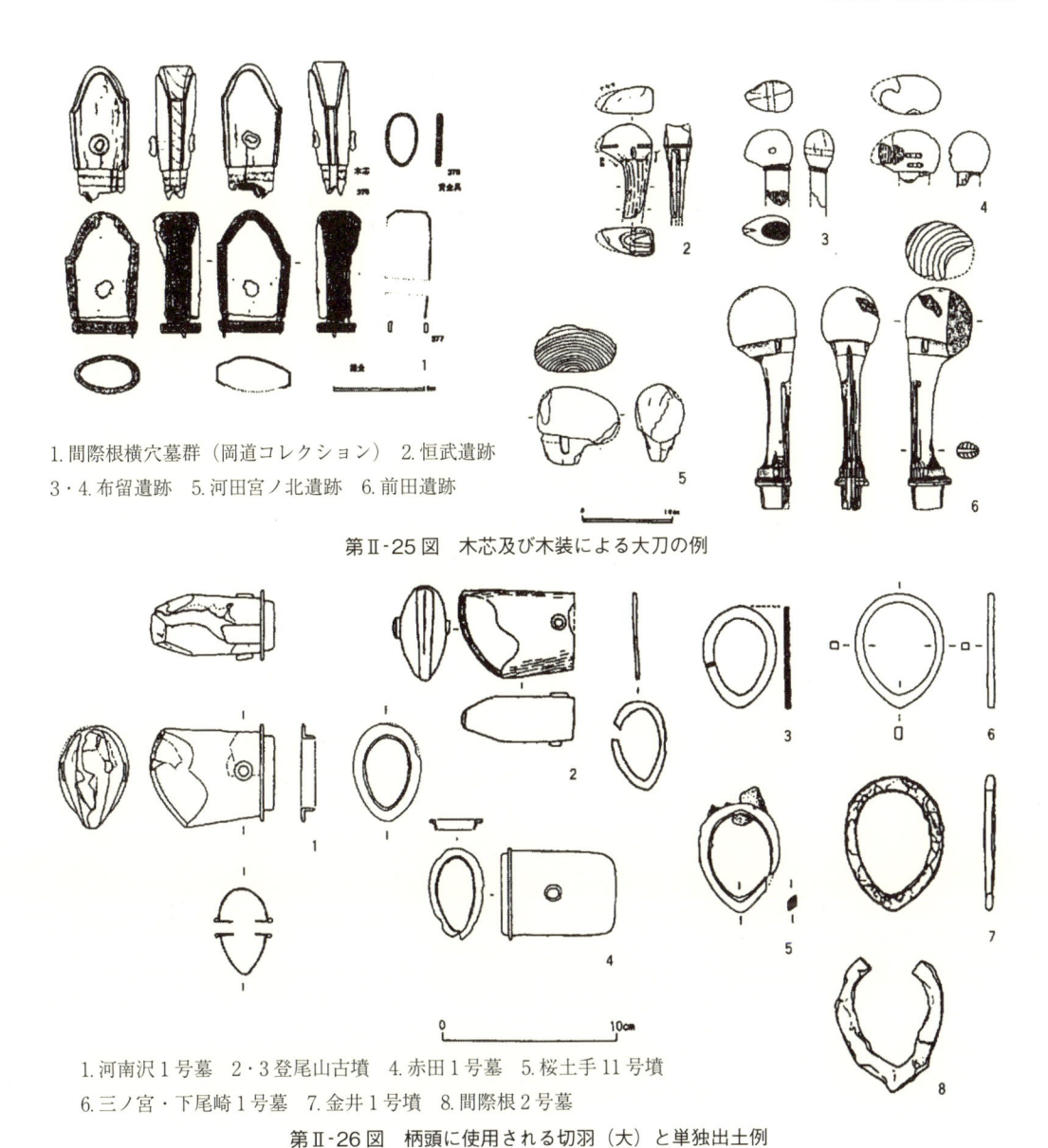

1. 間際根横穴墓群（岡道コレクション） 2. 恒武遺跡
3・4. 布留遺跡 5. 河田宮ノ北遺跡 6. 前田遺跡

第Ⅱ-25図　木芯及び木装による大刀の例

1. 河南沢1号墓　2・3. 登尾山古墳　4. 赤田1号墓　5. 桜土手11号墳
6. 三ノ宮・下尾崎1号墓　7. 金井1号墳　8. 間際根2号墓

第Ⅱ-26図　柄頭に使用される切羽（大）と単独出土例

装飾大刀は、金銅装・銀装などのほか、木芯金銅装・木芯鉄装による柄頭も存在し、当時は様々な形態をした大刀が使用されていた。権威の象徴として所持・副葬されていた大刀は、7世紀中葉以降はその出土がなくなり、相模地域を含め武器類の副葬例が減少する[註26]。

副葬品の多寡については、鳥ヶ崎A号墓や下田6号墓で出土する小型鏡が、相模地域では3例しか出土していないことをみても、希少性という観点から特筆される。

副葬品が充実している二宮町諏訪脇横穴墓群を例示すると、52基のうち33基が調査報告され、装飾大刀が3振り（9％）、馬具がイモ貝製雲珠を含み7基で出土（21％）、直刀が17基（51％）、鉄鏃が18基（54％）となる。装飾大刀は5号墓の金銅装圭頭大刀と124号墓の鉄地銀象嵌鞘尻、

第3表　二宮町　諏訪脇横穴墓群　出土遺物

			圭頭柄頭	金銅製鐔	象嵌鞘尻	直刀(片)	鐔(片)	鉄鏃(片)	刀子(片)	両頭金具	馬具	銅釧	耳環	玉類	土師器	須恵器	骨片	釘	その他
1	東部分	1号墓						3							2		あり		須恵器片
2	東部分	2号墓				1		6	1					3		9	あり		
3	東部分	3号墓				1			8		1		4	46			あり		馬具は鉸具か
4	東部分	4号墓						1							1		あり		いずれも破片
5	東部分	5号墓	1	1				2			1		1	5			あり		須恵器・土師器片、鐔は八窓
6	東部分	6号墓						2	1		2				1	6	なし		馬具は金銅製毛彫の帯金具
7	東部分	7号墓						4							1		あり		
8	東部分	8号墓													6	1	なし		いずれも破片
9	東部分	10号墓				1		1	1						2	1	あり		合子状坏蓋（口径10cm以下）
10	東部分	11号墓													1		あり		
11	東部分	12号墓													1		あり		不明鉄片4あり
12	東部分	13号墓															なし		
13	東部分	15号墓															なし		
14	西部分	16号墓						2							2	2	なし		
15	西部分	17号墓				3		1					1			4	なし		
16	西部分	18号墓						1							1	2	なし		
17	西部分	19号墓				8	1	3	1				1	5	1		あり		直刀は破片
18	西部分	20号墓											2	1	1	1	なし		
19	西部分	21号墓													1		なし		
20	西部分	22号墓				2		1	2		1			3	1	3	なし		馬具は鉸具
21	西部分	24号墓				14	2	○	6		4		1	69	3	2	なし		直刀は破片、銅製鎺1あり、鉄鏃片は複数あり 馬具は金銅製帯金具、イモ貝製雲珠
22	西部分	28号墓				3		4							1	1	なし		馬具は引手の断欠、直刀は破片
23	西部分	29号墓				2		3	1						6	2	なし		直刀は破片
24	西部分	31号墓				5		1									なし		土師器小片数点、銅環2あり、直刀は破片
25	西部分	122号墓				1	1	○	7					3	2		なし		鉄鏃は複数点の破片が出土
26	西部分	123号墓				6		1		2		1	2	3		1	あり	1	直刀は破片、馬具は引手断欠、兵庫鎖断欠
27	西部分	124号墓			1	1		2		2	2		1	7			なし		象嵌
28	西部分	125号墓				1		5							1		なし		
29	東部分	201号墓				1			1						1	9	あり		歯は76本、玄室入口頭位と報告
30	東部分	801号墓		1													なし		土師器破片は複数出土、鐔は六窓
31	東部分	901号墓				7		16	3					13		5	あり		直刀は破片ながら1点は鐔と鎺付き、責金具1あり
32	東部分	999号墓						1							1		なし		合子状坏身（口径10cm以下）
33	東部分	1001号墓				4		4	1						3	2	あり		羨門付近には須恵器大型甕の破片数点あり 直刀は破片

装飾大刀	9%
馬具	21%
直刀	51%
鉄鏃	54%

801号墓の金銅装六窓鐔がある。馬具は、24号墓で金銅装帯金具と共にイモ貝製雲珠が、123号墓では兵庫鎖断欠があり、これらが7世紀前半までの副葬とみなされるが、6号墓の金銅製毛彫帯金具など、新しい遺物も少量認められる。7世紀前半以降も副葬が継続される直刀や鉄鏃とは、希少性という視点からそれらとは異なる。諏訪脇横穴墓群における副葬品の数量対比からは、装飾大刀を持つ一群を頂点として、馬具を持つ一群から直刀・鉄鏃を持つ一群という、数量比からみた階層が窺える（第3表）。

（2）装飾大刀の偏在性

　後期～終末期にかけて先に挙げた装飾大刀の数量比は、酒匂川右岸（A）、多摩川右岸（E）で神奈川県内における出土数の約6割を占める。時期の確定される古墳が少ないことなど流動的な側面もあるが、時期ごとの様相としては、およそ6世紀後半の装飾大刀が地域を限って副葬され始める時期、6世紀末～7世紀初頭のそれまで出土していなかった広範な地域で副葬される時期、7世紀後半に至る地域を限定して副葬される時期と、大きくは三つの特徴に分けられる。

　多摩川右岸（E）では横穴墓からの出土が卓越する。さらに三浦半島（D）では大半の出土が横穴墓からで、各地域において出土遺構による差違が認められる（第4～6表）。

　酒匂川流域（A）では足上地域（塚田古墳群・塚原古墳群）を中心に、6世紀後半からの古墳の築造が顕著であり、南足柄市塚田2号墳では金銅装単鳳環頭大刀、黄金塚古墳は鉄地金張装単龍環頭大刀が副葬される。余綾地域（大磯丘陵）では比奈窪15号墓や八塚古墳群の鉄製円頭大刀、諏訪脇5号墓や雑色（仮）3号墓の金銅装圭頭大刀などがあり、酒匂川流域（A）と同様の傾向も看取されるが、6世紀末～7世紀初頭以降は、桜土手25号墳や久野諏訪の原2号墳の鉄地象嵌

第4表　神奈川県の装飾大刀・小刀集成（1）

地域	市町村	群名	号	分類	部位・特徴	意匠	材質	備考
	足上	南足柄市	黄金塚	一号墳	環頭		単龍	鉄地金張装	
	足上	南足柄市	塚田	2号墳	環頭	鞘尻（鞘金具？）・柄銀線巻	単鳳	金銅装	
	足下	小田原市	久野諏訪の原	2号墳	象嵌	鐔（8窓）・鞘尻？	渦文・半円文？	鉄	茎短し
	余綾	秦野市	桜土手	25号墳	象嵌	鎺・鐔（無窓）・柄縁	ハート形・三重線・二重半円文	鉄	鎺
	余綾	二宮町	諏訪脇	?号墓	象嵌	鞘尻	鱗状	鉄	
	余綾	中井町	比奈窪	15号墓	円頭	鉄製円頭・鐔（8窓）		鉄	
	余綾	平塚市	八塚古墳群	?号墳	円頭	鉄製円頭		鉄	2～4号墳のいずれか 直刀との帰属不明
	足上	松田町	河南沢	1号墓	圭頭	鶏目・切羽・鐔（6窓）・柄縁・鎺・鞘口		金銅装	
	足下	小田原市	久野諏訪の原	2号墳	圭頭	円頭？・金銅装柄・鞘飾（蕨手打ち出し）・喰出）・鞘尻（カニ目）		金銅装	
	余綾	二宮町	諏訪脇	5号墓	圭頭	木芯？・鐔（8窓）		金銅装	
	余綾	中井町	雑色	仮3号墓	圭頭？	2振（袋頭・鐔・鎺・鞘口・鐶付足金具・足金具・責金具）		金銅装	大刀2振（うち1振は鐶付足金具）
A	足上	南足柄市	塚原山神塚	一号墳	圭頭	鶏目・柄縁・足金具・鞘尻		金銅装	
	余綾	秦野市	桜土手	13号墳	鞘尻	鞘尻？		鉄	報図22番・報告刀身との対応不明
	余綾	秦野市	桜土手	14号墳	鞘尻	鞘尻		鉄	刀身あり
	足下	小田原市	総世寺裏	一号墳	鞘尻	鞘尻	端部波状	鉄	布付着・刀身あり
	余綾	平塚市	根坂間	5号墓	鞘尻	鞘尻		鉄	帰属刀身不明
	余綾	秦野市	広畑	1号墳	鞘尻	鞘尻？・鶏目・切羽		鉄	写真図版のみ
	余綾	平塚市	万田熊ノ台	8号墓	鞘尻	鞘尻		鉄	報図4番・刀身あり（1の大刀に付属か？）
	余綾	平塚市	万田熊ノ台	12号墓	鞘尻	鞘尻？		鉄	
	足下	小田原市	天神山	1号墳	鞘尻	鎺（鞘口）？・柄縁（切羽）・8字足金具・鞘尻		鉄	刀身あり
	余綾	秦野市	桃ノ木原	1号墳	他	責金具等		金銅装	保存処理中
	余綾	秦野市	岩井戸	23号墓	他	鶏目・鐶付足金具・責？金具		金銅装	
	足上	松田町	唐沢	8号墓	他	鐶付足金具		金銅装	
	足下	小田原市	久野森下	一号墳	他	鞘口？		鉄	（別図で図化）※刀身サイズから推定
	余綾	二宮町	諏訪脇C	801号墓	他	鐔		金銅製	
	余綾	秦野市	桜土手	11号墳	他	切羽（大）・鐔（8窓）			

第Ⅱ章 後・終末期の墓制

第5表 神奈川県の装飾大刀・小刀集成 (2)

地域	市町村	群名	号	分類	部位・特徴	意匠	材質	備考
B	大住	伊勢原市	栗原	一号墳	環頭		単龍	金銅装	
	大住	伊勢原市	御領原	2号墳	環頭		双龍	金銅装	
	大住	伊勢原市	白根	?一	頭椎			金銅装	
	大住	伊勢原市	三ノ宮尾根山	?号墳	象嵌	鐔(8窓)	(半)円文?	鉄	東京国立博(詳細不詳)
	大住	伊勢原市	日向・洗水	一号墳	象嵌	鐔(8窓)・鎺	圏線・渦文・半円文	鉄	
	大住	伊勢原市	日向・洗水	一号墳	象嵌	鐔(無窓)・鎺	ハート形・渦文	鉄	
	愛甲	厚木市	林添	1号墳	象嵌	鐔(6窓)	波状文・半円文	鉄	
	大住	伊勢原市	登尾山	一号墳	圭頭	柄銀線巻・鐔(8窓)・切羽(大)		金銅装	
	大住	伊勢原市	上栗原	一号墓	鞘尻	鞘尻 足金具(8字状)		(金)銅装 鉄	つ字状
	大住	伊勢原市	御領原	?号墳	鞘尻	鞘尻・切羽(大)・鎺 無窓鐔・足金具		鉄?	
	愛甲	厚木市	大巌寺	一号墓	鞘尻	鞘口・足金具・責金具・(喰出)・鎺		金銅装	
	大住	伊勢原市	登尾山	一号墳	他	切羽(大)		鉄	
	大住	伊勢原市	御領原	?号墳	他	三輪玉		一	
	大住	伊勢原市	日向・渋田	1号墳	他	鞘飾(意匠打出し)		金銅装	
	大住	伊勢原市	日向・渋田	2号墳	他	鐔(喰出)?		金銅装	
	大住	平塚市	岡崎(?)	?号墓	他	責金具		(金)銅装	
	大住	伊勢原市	埒免	一号墳	他	袋頭有(形態不明)		銀装	
	大住	平塚市	湘南新道関連	1鍛冶工房	他	鵐目		銅装	
	大住	伊勢原市	三ノ宮・下尾崎	1号墓	他	切羽(大)		鉄	
	愛甲	厚木市	金井	1号墳	他	切羽(大)・鐔(8窓)		鉄	
C	高座	藤沢市	川名新林右西斜面	2号墓	環頭	鞘飾(意匠打出し)	単鳳	金銅装	
	高座	海老名市	本郷遺跡	一 KO地区	環頭	※包含層出土	単鳳	金銅装	
	高座	藤沢市	代官山	6号墓	鞘尻	鞘尻・鎺		銀装	報図12-7番・刀身あり
	高座	相模原市	谷原	2号墳	鞘尻	鞘尻?		鉄	報図3番・刀身あり(3の大刀に付属か?)
	高座	相模原市	宗祐寺	一号墳	鞘尻	鞘尻?			※不明瞭な写真のみ
	高座	座間市	梨の木坂	一号墓	他	鵐目・責金具		金銅装	
	高座	茅ヶ崎市	臼久保	4号墓	他	鐔(喰出)?		鉄	※柄縁か?
	高座	茅ヶ崎市	篠山	?号墓	他	銅装鞘口・金銅装鎺		金銅装	

大刀や金銅装圭頭大刀などが桜土手古墳群や久野古墳群でみられ、7世紀後半まで副葬が継続される（第Ⅱ-27図）。

相模川右岸（B）では数量こそ少ないものの、6世紀後半からは栗原古墳の金銅装単龍環頭大刀、御領原支群の金銅装双龍環頭大刀、登尾山古墳の金銅装圭頭大刀、埒免古墳の銀装大刀、林添1号墳の鉄地象嵌大刀などが三ノ宮古墳群と厚木市林添古墳群などで副葬され、7世紀前半以降は前者に収斂される。そこでは装飾大刀以外にも金銅装の馬具が出土しており、登尾山古墳の雲珠、鏡板（心葉形）、杏葉（心葉形）や、埒免古墳の鞍、鏡板（棘葉形）、杏葉（棘葉形）などと、7世紀中葉まで永きにわたって優品の副葬が続くようである。

多摩川右岸（E）では、橘樹・都筑地域で7世紀前半以降の横穴墓の盛行に伴って、久地西前田1次5号墓、久本A3号墓の鉄地象嵌大刀、東方1号墳の(金)銅装円頭大刀、間際根横穴墓

第6表　神奈川県の装飾大刀・小刀集成（3）

地域	市町村	群名	号	分類	部位・特徴	意匠	材質	備考
鎌倉	逗子市	久木5丁目	？号墓	象嵌	鐔(無窓)	渦文	鉄	
御浦	横須賀市	吉井城山	？号墓	象嵌	鐔(8窓)	渦文	鉄	鐔のみ周知
御浦	三浦市	江奈	2号墓	円頭(象嵌)	鎺・鐔・柄縁・鞘尻	亀甲繋・同心円・三重線・旋文状	鉄	象嵌
御浦	横須賀市	佐島	3号墓	円頭			鉄	
御浦	横須賀市	鳥ヶ崎	？号墓	方頭			金銅装	
御浦	横須賀市	鳥ヶ崎	？号墓	鞘尻	鞘尻？・鞘口・鞘金具・責金具		鉄・銅装	責金具は銅装
鎌倉	逗子市	山の根	？号墓	鞘尻	鞘尻(カニ目)・鐔(8窓)		鉄	
D 鎌倉	鎌倉市	岩瀬上耕地遺跡	6号墓	他	鐔・責金具		鉄地金貼	刀身対応不明か？
御浦	横須賀市	かろうと山	—号墳	他	刀装具片		金銅装	
御浦	三浦市	窪がり	？号墓	他	鐔(喰出)		銅装(剥離？)	
御浦	横須賀市	信楽寺	1号墓	他	鞘飾(意匠打出し)		金銅装	
御浦	横須賀市	田戸台	2号墓	他	鐔付足金具・鐔(喰出)		鉄	
御浦	横須賀市	山崎小東方	？号墓	他	責金具		銅	
御浦	横須賀市	吉井城山	？号墓	他	銅装		銅装(剥離？)	象嵌鐔の本体か
御浦	横須賀市	吉井城山	中号墓	他	銅装		銅装(剥離？)	中横穴という名称で報告
久良	横浜市	西区御所山町	？—	頭椎	残欠		金銅装	
久良	横浜市	保土ヶ谷区	？—	頭椎	刀装一式(切羽大・柄菊座状打込・鐔6窓・鞘口・鞘・鞘尻など)		金銅装	
橘樹	川崎市	了源寺古墳？(加瀬台4号)	—号墳	頭椎(象嵌)	把頭のみ	亀甲繋？	鉄地	東京国立博(詳細不明) 加瀬台4号(大刀より古い獣身鏡2面)
橘樹	川崎市	久地西前田1次	5号墓	象嵌	鎺・鐔(喰出)・柄糸線巻(痕跡のみ)	半円文・波状文・二重半円文・二重線	鉄	
久良	横浜市	鶴見区駒岡町	？—	象嵌	鐔(8窓)・柄(樹皮状の物が巻かれる)	円文？	鉄	東京国立博(詳細不詳)
橘樹	川崎市	久本A	3号墓	象嵌	鎺・鞘尻	蕨手状・ハート形文	鉄	※1 報告は柄頭
E 都筑	横浜市	東方	1号墓	円頭	鵐目・8字足金具 鞘尻		(金)銅装	
橘樹	川崎市	間際根	—号墓	主頭	木芯遺存・鵐目・切羽		金銅装	岡道孝コレクション
都筑	横浜市	赤田	1号墳	方頭	鵐目・切羽		銅	
都筑	横浜市	市ヶ尾第二地区18街区	1号墓	鞘尻(象嵌)	鎺・鞘尻・柄糸線巻(痕跡のみ)	ハート形文・二十円文・半円状	鉄	鎺は不明瞭
都筑	横浜市	赤田	2号墳	鞘尻	鞘尻		鉄	報告刀身との対応不明
都筑	横浜市	市ヶ尾	A18号墓	鞘尻	鞘尻(カニ目？)・鎺		鉄・銅装(剥離？)	カニ目？状の固定釘有 報告なし
橘樹	川崎市	久地西前田2次	2号墓	鞘尻	鞘尻		鉄	刀身あり(小刀？)
都筑	横浜市	新宮台	—号墓	鞘尻	鞘尻・鐔(喰出)		銅	刀身あり
橘樹	川崎市	第六天	—号墳	鞘尻	鞘尻(カニ目)		鉄	報告刀身との対応不明
橘樹	川崎市	間際根	2号墓	鞘尻	鞘尻？		鉄	報図2番・刀身あり
橘樹	川崎市	間際根	2号墓	鞘尻	鞘尻？・切羽(大)		鉄	報図1番・刀身あり
都筑	横浜市	三保杉沢第3地区Ⅱ区	—前方後円	鞘尻	鞘尻？(袋頭か？)		鉄	穴あり
都筑	横浜市	市ヶ尾	？号墓	他	鎺		銅装(剥離？)	不明墓として保管される
都筑	横浜市	市ヶ尾	B15号墓	他	袋頭(形状不詳)・有窓鐔		？	市ヶ尾報告書に記載(石野氏の調査時・298頁)

第Ⅱ章　後・終末期の墓制

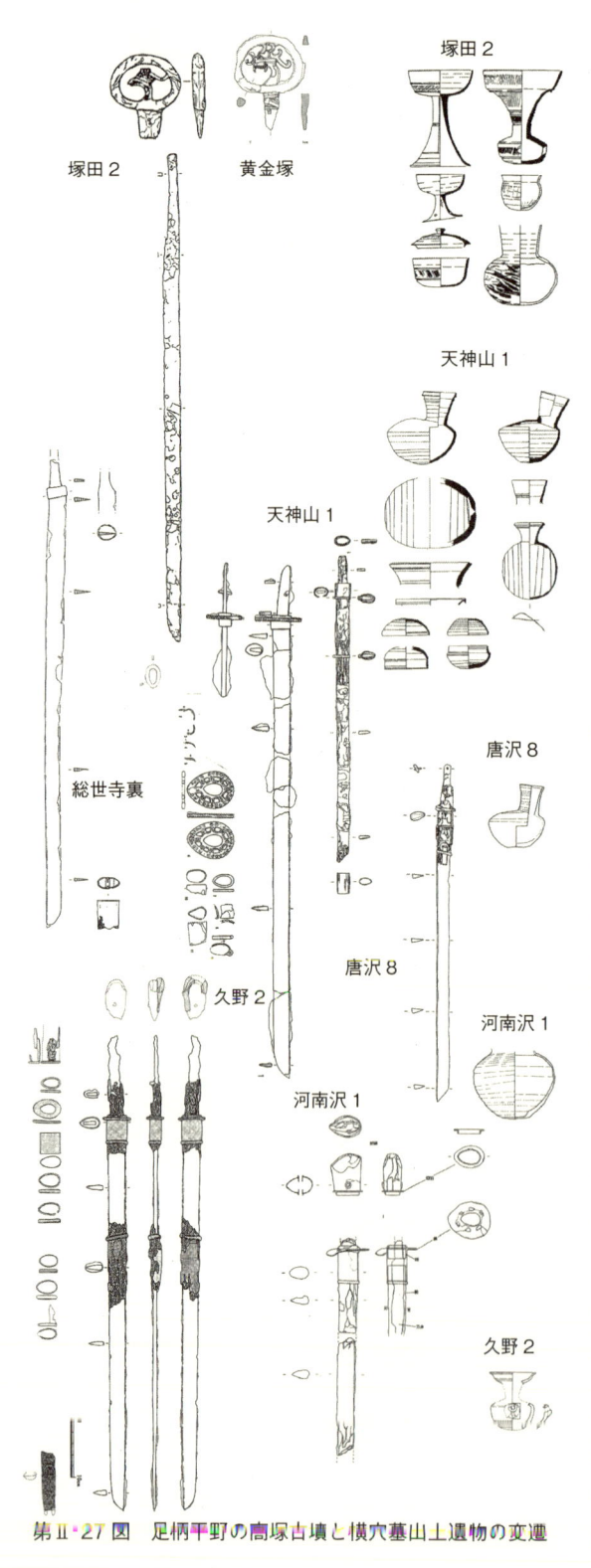

群の金銅装圭頭大刀などの装飾大刀が副葬され、相模川左岸（C）は川名新林右西斜面2号墓の金銅装単鳳環頭大刀、代官山6号墓の銀装小刀、三浦半島（D）は江奈2号墓の鉄地象嵌円頭大刀、信楽寺1号墓やかろうと山古墳の金銅装大刀がある。

このように、6世紀後半段階では装飾大刀を出土するのは古墳が主体であるが、6世紀末〜7世紀初頭では横穴墓への副葬が多く、古墳と横穴墓における副葬品の優劣差が解消され始める。7世紀前半を経て再び古墳に副葬される例が増えるが、近隣に同時期の古墳が存在しない地域では、継続して横穴墓に副葬されるという傾向がある。

相模地域で埋葬主体部の状況をみると、6世紀後半における横穴式石室を内包する古墳の増加、ほぼ時を同じくしながらの横穴墓出現とその後の定着、それと同時期に一部地域では伝統的な竪穴系埋葬施設の構築が続くという、いわば「混沌期」としての状況が看取される。竪穴系埋葬施設からは装飾大刀の副葬はみられず、有力勢力を背景として群造営された、古墳や横穴墓にそれらは副葬される。

律令期の郡及び郷名で古墳と横穴墓の分布を俯瞰してみると[註27]、現在知られる資料の中では、郡内にて二つのパターンが認められる（第7表）。一つは装飾大刀が「一郷に集中する」、もう一つは「各郷に分散する」という現象である。一郷に集中する地域は、相模地域では大住郡日田郷、武蔵地域では都筑郡針圻（析）郷と橘樹郡県守郷であるが、いずれも郡名郷ではない。そのほかの郡・郷は各地に分散するという状

第Ⅱ-27図　足柄平野の高塚古墳と横穴墓出土遺物の変遷

第3節 横穴墓の階層性

第7表 装飾大刀郷名対比

国	No.	郡	郷名	名称	柄頭等特徴
相模	①	足上郡	高家郷	河南沢(横)1	圭頭大刀
				唐沢(横)8	
			桜井郷	塚原山神塚(墳)	圭頭大刀
			岡本郷		
			伴郡郷		
			余戸郷		
			駅家郷	塚田(墳)2	環頭大刀
				黄金塚(墳)	環頭大刀
			大井郷	?	
相模	②	余綾郡	伊蘇郷		
			余綾郷		
			霜見郷	諏訪脇(横)B5	圭頭大刀
				諏訪脇(横)?	(象嵌)
				諏訪脇(横)C801	
			磯長郷		
			中村郷	比奈窪(横)15	円頭大刀
				雑色(横)仮3	圭頭大刀
			幡多郷	桜土手(墳)25	(象嵌)
				桜土手(墳)11	(切羽:大)
				桜土手(墳)13	
				桜土手(墳)14	
			金目郷	広畑(墳)1	(鶚目)
				岩井戸(墓)23	(鶚目)
				八塚(墳)?	円頭大刀
				根坂間(墓)5	
				万田熊ノ台(横)8	
				万田熊ノ台(横)12	
相模	③	足下郡	高田郷		
			和戸郷	? 御組長屋(墳)	
				? 天神山(横)1	
			飯田郷	久野諏訪の原(墳)2	圭頭大刀(円?)
				久野諏訪の原(墳)2	(象嵌)
				総世寺裏(墳)	
				久野森下(墳)	
			垂水郷		
			駅家郷		
相模	⑥	高座郡	美濃郷		
			伊参郷	梨の木坂(横)?	(鶚目)
			有鹿郷		
			深見郷		
			高座郷	本郷遺跡 KO地区(包含層)	環頭大刀
			渭提郷	? 川名新林右西斜面(横)2	環頭大刀
			寒川郷		
			塩田郷	? 谷原(墳)2	
			駅家郷		
			二宝郷		
			岡本郷		
			土甘郷		
			河会郷	白久保(横)4	
				篠山(横)?	
			大庭郷	? 代官山(横)6	
相模	⑦	鎌倉郡	沼浜郷	久木5丁目(横)10	(象嵌)
				山の根(横)?	
			鎌倉郷		
			埼立郷		
			荏草郷		
			梶原郷		
			尺度郷		
			大島郷		
			方瀬郷		
相模	⑧	御浦郡	田津郷		
			御浦郷	佐島(横)3	円頭大刀
				吉井城山(横)中	
				吉井城山(横)?	(象嵌)
				田戸(横)2	
			氷蛭郷	江奈(横)2	円頭大刀
			御埼郷	窪がり(横)?	
			安慰郷	かろうと山(墳)	
			走水郷	鳥ヶ崎(横)	方頭大刀

国	No.	郡	郷名	名称	大刀種類
相模	④	大住郡	中島郷		
			高来郷		
			川相郷		
			片岡郷		
			方見郷		
			和太郷		
			日田郷	栗原中島	環頭大刀
				御領原(墳)2	環頭大刀
				御領原(墳)?	(切羽:大)
				御領原(墳)?	(三輪玉)
				登尾山(墳)	圭頭大刀
				登尾山(墳)	(切羽:大)
				埒免	袋頭(形不詳)
				三ノ宮下尾根山出土	(象嵌)
				三ノ宮・下尾崎(横)1	(切羽:大)
				日向・洗水(墳)	(象嵌)
				日向・洗水(墳)	
				日向・渋田(墳)1	
				日向・渋田(墳)2	
				上栗原	鞘尻(コ字状)
			大服郷		
			櫛椅郷	? 白根出土	頭椎大刀
				岡崎(横)?	
			駅家郷		
			渭辺郷		
			石田郷		
			大上郷		
			前取郷	湘南新道関連(鍛)	(鶚目)
			三宅郷		
			余戸郷		
相模	⑤	愛甲郡	玉川郷	金井(墳)1	(切羽:大)
			英那郷		
			印山郷		
			船田郷	林添(墳)1	(象嵌)
			六座郷		
			余戸郷		
			愛甲郷		
武蔵	①	都筑郡	余戸郷		
			店屋郷		
			立野郷		
			針埓郷	? 赤田(墳)1	方頭大刀
				? 赤田(墳)2	
				市ヶ尾第二地区18街区(横)1	(象嵌)
				市ヶ尾(横)A18	
				市ヶ尾(横)B15	袋頭(形不詳)
			高幡郷		
			幡屋郷		
			都筑郷	東方(横)1	円頭大刀
			石川牧		
武蔵	②	橘樹郡	高田郷		
			橘樹郷		
			御宅郷		
			県守郷	? 久本(横)A3	(象嵌)
				間際根(横)2	(切羽:大)
				間際根(横)2	
				間際根(横)?（岡コレ)	圭頭大刀
				了源寺	頭椎大刀
				久地西前田(横)1-5	(象嵌)
				久地西前田(横)2-2	
				第六天(墳)	
			駅家郷		
武蔵	③	久良郡	鮎浦郷		
			大井郷		
			服田郷		
			星川郷	横浜市保土ヶ谷区出土	頭椎大刀
			郡家郷		
			諸岡郷	鶴見区駒岡町	(象嵌)
			洲名郷	横浜市西区出土（御所山町)	頭椎大刀
			良椅郷		

※ 1981『神奈川県史』通史編1 原始・古代・中世／『神奈川の古代道』参考

第Ⅱ章　後・終末期の墓制

況である。
　このうち橘樹郡についてみると、装飾大刀の多い県守郷は、郡衙（千年伊勢山台周辺）の所在地である橘樹郷の北西に隣接する。この地域は古代の骨臓器が多く発見されている地でもあり、郡衙中枢部に於ける官人層と近在集落までも含めたような、連綿と継続する墓域であったことが示唆される。
　この現象は都筑郡衙（長者原遺跡）の西～南西にかけて隣接する、針坏（砺）郷での古墳・横穴墓の集中とも似通い、大住郡日田郷（三ノ宮地域）においても、郡衙もしくはそれ以前となる拠点的な区域が近在もしくは隣接することが窺える。このような一郷に集中するという現象からは、その土地が内包する求心力の高さが推察され、郡内での中核地域として位置づけられる。
　各郷に分散するということからは、同時期であれば地域内での拮抗現象としても捉えられるが、足柄平野の状況をみると、時期ごとに装飾大刀の出土地が変遷していく状況が看取され、小地域の集合体としてのイメージとも理解される。このような地域における二相について、先にふれた古墳群の構成を準えると、前方後円墳と円墳及び横穴墓からなる中核的古墳群としたものは、群内に装飾大刀がまとまって出土するという傾向が読み取れ、装飾大刀から見た限りでも地域内での優位性を示すことが窺える。

(3) 装飾大刀を副葬する社会背景

　装飾大刀の集成から律令期前夜の様相をみてきた。そのなかで、木芯からなる装飾大刀について「木芯鉄装柄頭」の存在という一つの可能性をみた。また、郡・郷に分布する古墳・横穴墓から出土した装飾大刀は、律令的な事象への道程として「一郷集中」「各郷分散」という二つの区分から、地域内勢力の律令期に差し掛かる時期の類別について言及した。
　装飾大刀を地域内でみていくと、相模・南武蔵地域では出土が無くなる7世紀中葉という時期が一つの画期となる。これは、大化の改新以前・以後という歴史上の変革期であり、埋葬にかかる儀礼の変化も墳墓出土遺物の様相から窺い知ることができる。装飾大刀について福島雅儀氏は、保持者の地位や武力を象徴し、政治制度と結びついて公的な権力を表すこともあったとしている（福島2008）。また、倭国の装飾付大刀によって伝統的な権威を表示し、首長の権威を視覚的に明示する道具として作られ、各種の儀礼、祭祀の場で首長の威儀を張る装置であるとする。
　確かに、東日本をみた場合、東海以東の地域では多くの装飾大刀が出土し、圭頭大刀の分析をした菊地芳朗氏の検討からもその様相は窺える（菊地2010b）。かつて神奈川県下で出土した大刀・小刀の集成を行ったが（柏木2008）、その際収集した資料では、7世紀初頭を境に質感から粗悪な印象を持つものが増えると指摘した。大刀に関しては、製作地及び遺構の確定は困難であるが、地方にも製作の主体が移行し、量産化が図られたことを推測した。
　佩用していた被葬者の性格としての検討は、新納泉氏の検討も挙げられる。古墳分析を通して兵制を考え、装飾大刀を持つ古墳の被葬者は、地方軍事組織の長、天皇側近の警護にあたった舎人などと推察された。背景として、装飾大刀を媒介とした軍事編成やその延長線上の直接的な軍

事組織への編成などが考えられた（新納 1983）。

　福島雅儀氏は、7 世紀の群集墳から金銅装大刀が広範囲に出土することに注目して、被葬者像を地方的下級官僚と考えている。金銅装大刀が定型化した量産品であること、頭椎大刀と双龍・双鳳文環頭大刀が同一古墳から出土する例が比較的珍しくないことを指摘して、朝廷が地方首長に賜与したとする（福島 2008）。

　町田章氏は、『日本書紀』天智 3（664）年 2 月条に官位二六階を制定し、大氏には大刀、小氏には小刀を賜り、伴造の氏上には干楯と弓矢を賜った記載に注目している。そして、関東地方の大型前方後円墳から方・円墳への転換と国造制の成立は結びつき、関東地域の有力首長の活動を制約し、倭王権が支配の強化を図ったとみている（町田 1987）。

　装飾大刀の配布やそれに関連する社会背景には諸説あるが、数量的にみた場合には神奈川県下 3,200 基の横穴墓のうち、100 基に満たないという数値になる。これには、装飾大刀の出土する時期が 7 世紀中葉までと限定され、横穴墓の築造はそれ以降も続き、しかも数量的に多くなることが理由として挙げられる。しかし、それらを考慮しても築造数に比して 1/10 程度の出土であるという数量をみると、かなり限定された印象を受ける。

　ここで、数量の多寡を念頭に一つのモデルケースとして、氷蛭郷のあり方を確認しておく。氷蛭郷は三浦半島の先端に位置し、現在の横須賀市南部から三浦市東半という範囲が該当する。郷内の墳墓は数多いが、なかでも横穴墓が卓越している。現在は谷戸ごとに集落が展開するが、地形に規制されたそのあり方は、古墳時代もさほど変わらなかったと推測される。水田耕作できるような地は限られ、弥生時代には赤坂遺跡などにみられるような、海と共に暮らした地域の中核的な集落も展開している。

　古墳時代前期から洞窟内への埋葬がみられるが、大浦山洞穴などでは内部に石槨様の石組による施設もみられる。古墳時代中期には、三浦半島でも希少な中期古墳である、長沢 1 号墳なども眺望豊かな地に築造され、鉄剣や鉄刀などの優品の出土も知られる。

　古墳時代後期には、6 世紀末と目される前方後円墳が、雨崎古墳群として小規模ながら群在し、それは小地域を占める首長墓としても理解できる。この地も含めて、古墳は三浦半島東北部の大塚古墳群などと同様に、前方後円墳終焉後は築造されなくなり、墓制としては横穴墓のみへと転換していく。

　6 世紀後半以降、三浦半島は特に横穴墓が多く造られる地として知られるが、三浦市江奈 2 号墓では象嵌円頭大刀や金銅製弓筈などの卓越した優品も出土している。江奈横穴墓群は、単発的に数基が築造されるのみで、同じ江奈湾を取り巻く横穴墓群は湾の東側に展開する。氷蛭郷内で南端に位置する江奈横穴墓群は、周囲の墳墓の分布状況や出土している副葬品の様相などをみても、一時、中核的な存在として取り上げることができ、それは三浦半島南西部一帯という広範な地を治めた可能性も否定できない。

　時を経て、江奈横穴墓群の初葬者の卓越性が薄くなるとみられる 7 世紀中葉は、野比の地にかろうと山古墳が築造される。いわゆる山寄せ式の古墳であり、単独墳である。主体部には組合式

石棺が採用され、墳丘は比較的丁寧に版築様の盛土がされている。周溝はなく、その代わりに墳裾にはテラス状に平坦な面がめぐる。主体部の箱式石棺は、常総地域との共通性も窺えるが、出土した副葬品の中に斧状鉄製品（鉄地金張）、いわゆる鑱がみられ、その出土が多い西日本（摂津）などとの関係性も指摘できる。

　その背後には広域的な首長というような、より広大な領域の為政者という被葬者像がイメージされ、7世紀前半までに江奈横穴墓群でみられた被葬者像とは違った歴史観が見えてくるものである。7世紀前半までに装飾大刀が副葬された被葬者が生前及ぼした影響の範囲は、氷蛭郷を例にとれば、郷内の盟主であったことが窺える。その後の7世紀中葉には、かろうと山古墳の例をみると、より広範囲となる郡程度の領域にかかる盟主という階層構造の違いがみえてくる。

(4) 小　結

　装飾大刀は古墳と横穴墓から出土しているが、6世紀後半は古墳からの出土が多く、7世紀以降は横穴墓からの出土が多くなる。7世紀中葉以降は総体として副葬品が少なくなるが、三ノ宮古墳群などの中核的古墳群では横穴墓から優品が出土する傾向がある。

　副葬品を数量という観点でみると、鳥ヶ崎横穴墓群A号墓などにみられる小型鏡は、県内でも3例（県内550群3200基：1989年集計）しか出土していない。この数字は希少性の高いものであり、下田横穴墓出土変形四獣鏡は、三ノ宮古墳群の埒免古墳出土乳文鏡と同じ大きさであり、他に比した優位性をも兼ね備えていたものとみなされる。

　横穴墓群内での様相を知るために、副葬品が充実している二宮町諏訪脇横穴墓群をみると、52基のうち33基が調査報告され、装飾大刀が3振り（9%）、馬具がイモ貝製雲珠を含み7基で出土（21%）、直刀が17基で出土（51%）、鉄鏃が18基で出土（54%）などとなる。諏訪脇横穴墓群における副葬品の数量対比からは、装飾大刀を持つ一群を頂点として、馬具を持つ一群から、直刀・鉄鏃を持つ一群という階層性が見えてくる（第Ⅱ-28図）。

　優品が副葬される墳墓の様相からは、後期後半における古墳の卓越と、終末期に至り横穴墓が台頭していくという変化の様相がみえる。6世紀後半に、前方後円墳を凌ぐほどの副葬品を出土するという、宇洞ヶ谷横穴墓（静岡県）・赤羽B支丘1号墓（茨城県）・中田1号墓（福島県）などの卓越した横穴墓の築造は、相模・南武蔵地域ではみられない。しかし、7世紀には横穴墓から装飾大刀が多く出土し、後にふれるように7世紀中葉以降は、地域の盟主が築造した古墳を凌駕する副葬品が横穴墓から出土するという状況がある。

　装飾大刀の出土数をみると、概ね後の律令期における郷単位で一振りというような副葬状況となる。横穴墓が集中する三浦半島で、半島内の地形を勘案して地域を細分すると、横穴墓から装飾大刀が出土し、古墳からは出土しないという事例がある。地勢上、水田可耕地が存在しない立地環境で、前面に展開する海上の道を視野に入れれば、海道を掌握した海民というような被葬者像が浮かび上がる。

　このような三浦半島の状況をみても、墳墓築造は生業が規制とならずに、地域に占める地位や

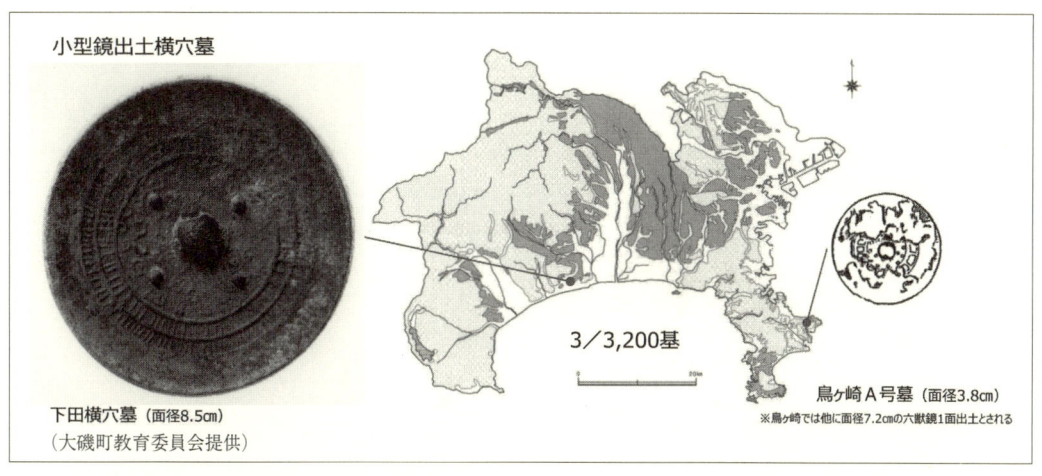

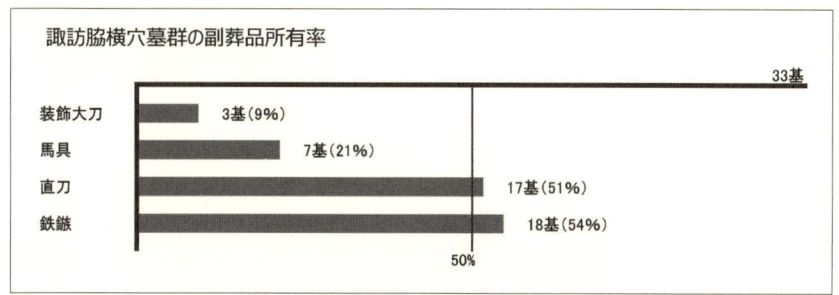

第Ⅱ-28図　横穴墓出土小型鏡および副葬品所有率

役割からの必然性として実施されていたことが窺える。墳墓では儀礼を執行することで地域社会が形成されるという背景の中で、定期的に様々な儀礼が墓前域で行われていたことが窺え、首長や小地域の盟主の継承等に関する儀礼では、威儀を示す道具として装飾大刀などの威信財が活用されていたことが考えられる。

2. 首長墓としての横穴墓

　横穴墓のなかには先にふれた装飾大刀のほかにも、鏡や馬具、銅鋺などのいわゆる威信財を出土するものがある。横穴墓は谷戸の奥まった場所に築造されるというものが多いなかで、上粕屋・一ノ郷横穴墓の墓前域石積は古墳と同じ立地で、見せる墳墓としての要素も窺える。副葬品のみをみれば、一部は首長墓としての理解もたつが、どのような社会背景の中で首長たりえたのか。周辺で際立った遺物を出土する横穴墓などを例示してみていきたい。

(1) 関東地方南部の有力横穴墓

　これまで装飾大刀を基軸に階層構造をみてきたが、それ以外にもいわゆる威信財を副葬する横穴墓がある。副葬品には様々な器物がみられるが、古墳時代後・終末期に関してはその前半で金銅装の製品が数量的に多く、関東地方南部では7世紀中葉から土器以外の製品は極端に少なくな

る。副葬品は広瀬和雄氏によると4つのカテゴリーに分けられている。威信財として鏡や装飾製品、権力財として武器や武具、生産財として農工具、生活財として食器である。

相模・南武蔵地域では装飾大刀が多くみられるものの、それ以外となる鏡や銅鋺などの出土は限られる。房総半島では、東京湾岸の古墳を中心として威信財の出土が多いが、横穴墓は銅鋺が一点のみと、かなり限定的な様相を呈する。古墳及び横穴墓から出土する遺物は、6世紀末〜7世紀初頭に金銅製品等の出土が目立ち、副葬品には銅鋺、装飾大刀、弓弭、馬具（轡・鞍・杏葉・雲珠・鐙など）、銅匙のほか、畿内産土師器坏などがある。古墳・横穴墓共に金銅製品が出土する状況からは、副葬品から見た優劣差が即座に言及できない。ここで、小型鏡、銅鋺、弓弭などを出土した横穴墓を中心に概観する。

鏡を出土する横穴墓は、相模地域では大磯町下田横穴墓群、横須賀市鳥ヶ崎横穴墓群などが挙げられ、いずれも沿岸部に所在する。鳥ヶ崎横穴墓群ではA号墓で小型の乳文鏡が出土し、貝輪や土器と人骨の様相などから、複数人の埋葬がされたとみなされる。この横穴墓は6世紀後半に築造され、7世紀前半まで使用されていた。弓弭は相模地域でも多く出土し、三浦市江奈横穴墓群2号墓や厚木市大厳寺横穴墓などが挙げられる。江奈2号墓では2セットあり、象嵌円頭大刀の出土と共に注目される。

これら沿岸部に位置する横穴墓群のうち、鳥ヶ崎H号墓や江奈2号墓などからは複数本の釣針の出土も知られる。また、鳥ヶ崎H号墓では筒状の骨格器が釣針に装着された、俗に「いなだのつの」と称される製品が纏め置かれていた。これら副葬品としての漁具の出土からは、海民として舟運にも関与していたことが想定される。相模地域で小型鏡を出土した、下田横穴墓群や鳥ヶ崎横穴墓群の被葬者も海道の運用に関係したことが考えられ、鏡という希少品の出土からは、それら横穴墓被葬者の中でも特徴的な立場にあったことが想定される。沿岸部での威信財を出土する横穴墓は、現在のところ6世紀後半から7世紀初頭が中心となる。

銅鋺は神奈川県岩井戸横穴墓群、鳥ヶ崎横穴墓群、浄元寺裏横穴墓群、日向横穴墓群、東京都大和田横穴墓群、千葉県新堀横穴墓群などで出土する。群内では1基の横穴墓で出土する傾向がある。これら威信財の出土からは、小地域内に占める副葬品の希少性という観点からみた階層性も示唆される。

三ノ宮古墳群では、横穴式石室導入段階の三ノ宮・下谷戸遺跡H7号墓で須恵器甑と土師器、鉄鏃などが出土し、周溝には馬が埋葬されていた。三ノ宮3号墳では鉾および馬具を持つが、大刀刀身と共に銅製の責金具が出土している。登尾山古墳では、より一層出土遺物は豊富で、銅鋺、銅鏡、金銅装圭頭大刀、雲珠、鏡板（心葉形）、杏葉（心葉形）、鞍金具、鉄鏃、須恵器長脚二段透かし高坏、土師器坏などが挙げられる。ただし、副葬品には複数のセット関係と時期差などもあり、追葬が行われたとみなされる。続く埒免古墳では、銅鏡、銀装円頭大刀（圭頭の可能性もあり）、鞍、鏡板（棘葉形）、杏葉（棘葉形）、玉類（琥珀製棗玉）などがあり、これらは首長墓の威信財として位置づけられる。

横穴墓でも優品がみられ、7世紀中葉には古墳でも副葬数が減少する定鎚や輪鐙が出土する（第

第3節 横穴墓の階層性

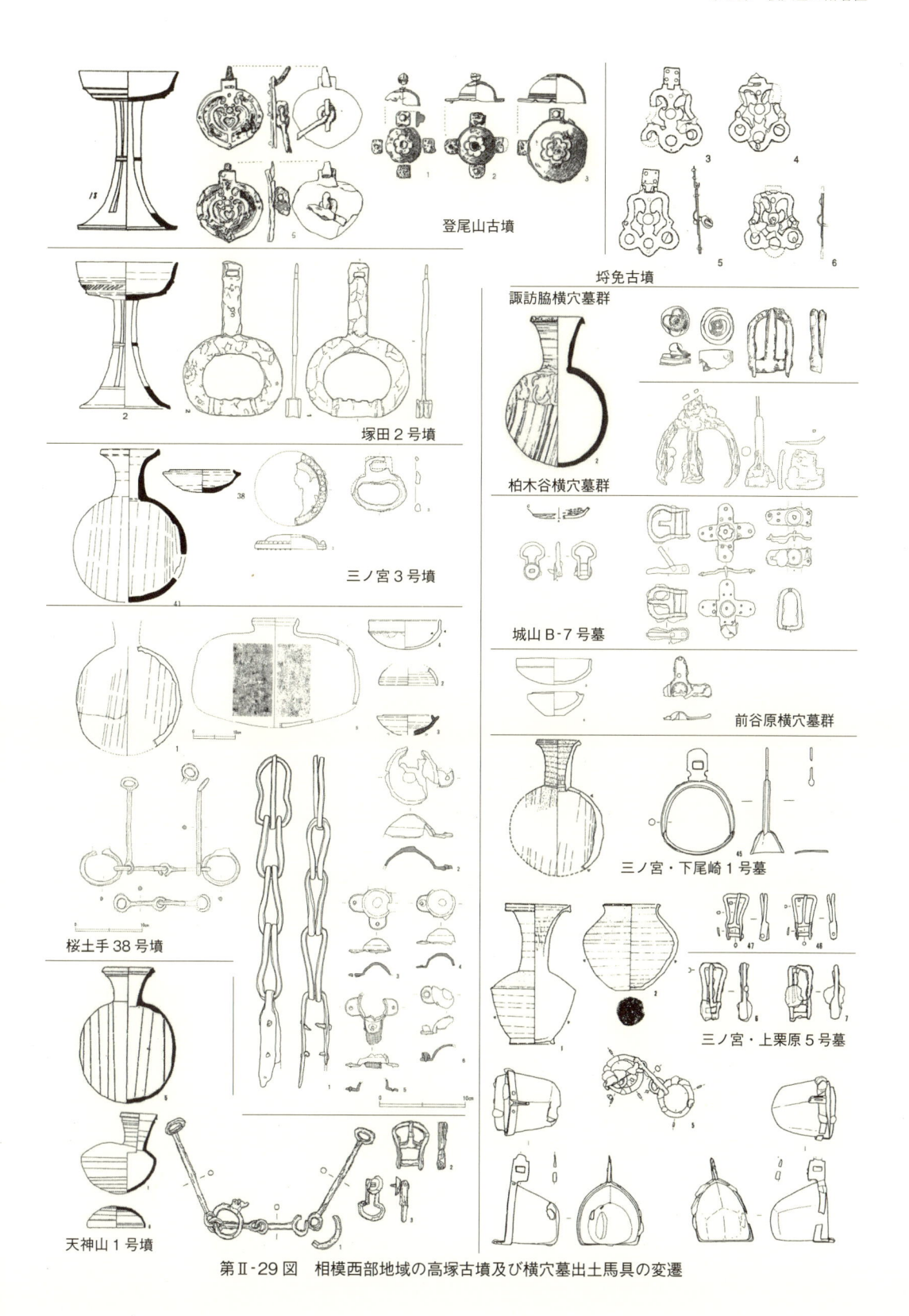

登尾山古墳

塚田2号墳

埒免古墳

諏訪脇横穴墓群

三ノ宮3号墳

柏木谷横穴墓群

城山B-7号墓

桜土手38号墳

前谷原横穴墓群

三ノ宮・下尾崎1号墓

三ノ宮・上栗原5号墓

天神山1号墳

第Ⅱ-29図　相模西部地域の高塚古墳及び横穴墓出土馬具の変遷

Ⅱ-29図)。三ノ宮古墳群の三ノ宮・下尾崎1号墓では輪鐙が、三ノ宮・上栗原5号墓では壺鐙や轡が副葬される。これは後にふれるが、横穴墓被葬者の地位向上ということで評価していきたい。壺鐙の出土した古墳について、たとえば長野県岡谷市のコウモリ塚古墳では(第Ⅱ-30図)、馬具を中心に優れた副葬品が見られる。直径15ｍの円墳であるが、湖北古墳群中では大型墳に属し、石室規模も地域内では大きいとされる(宮坂1983)。そのほか、静岡県富士市の東平1号墳でも壺鐙などの馬具が出土し(第Ⅱ-31図)、複数の大刀や丁字形利器といった優れた副葬品が出土している。墳丘は削平されていたが、周溝からは径12ｍの円墳とみられ、溶岩礫からなる横穴式石室の規模は長さ4.6ｍと一般的ながら、愛鷹山麓の古墳では武器・馬具類等の優品が比較的多く発見されている(平林1990)。

　副葬品に関して一つ特徴的な例示をすると、鉄地金張斧状鉄器と報告される鏃がかろうと山古墳で出土している(第Ⅱ-32図)。朝鮮半島で鉄鏃(日本では鑿状鉄製品・斧状鉄製品などと呼称)と呼ばれる製品は、3世紀代の奈良県ホケノ山古墳の出土資料を墳墓においては皮切りとし、京都府椿井大塚山古墳、5世紀前半の東京都野毛大塚古墳で知られ、兵庫・岡山・滋賀・栃木県などで類例が求められる。当初は鉄製利器として副葬されていたが、鉄地金張という象徴的な製品となり、威儀具としての機能が付加されたことが窺える[注28]。この鏃に象徴されるように、首長墓にいわゆる威信財が副葬される状況は7世紀中頃までは継続されている。ここで細かくその様相を抽出すると、三ノ宮・下尾崎1号墓、三ノ宮・上栗原5号墓の鐙が首長墓的な側面を色濃く示していることが挙げられる。副葬される鐙などの優品については、導入段階は古墳で、その後に若干の時間差を経て横穴墓でも出土するという状況が見えてくる。副葬品の対比からは、古墳の優位性から横穴墓との同列化、その後の横穴墓の優位性という現象として表れる。古墳と横穴墓が群在しない場合は、金銅製品などが副葬された時期における、それぞれの墓制を選択した被葬者の立場の優劣差であったという現象とみなされる。また、このことは相模・南武蔵地域の横穴墓で、7世紀中葉以降は少量の土器以外は出土しなくなるという普遍的な現象とは異なり、特別な印象を受ける。

(2) 首長級威信財の副葬

　東海地方以東で横穴墓の築造が行われ始めた6世紀中葉以降(一部では前半との指摘もあり)から、前方後円墳が終焉する6世紀末～7世紀初頭を中心としては、首長級の横穴墓が築造される。太平洋沿岸を広域的にみていくと、東海地方東部の宇洞ヶ谷横穴墓(静岡県)、関東地方北部の赤羽B支丘1号墓(茨城県)、東北地方南部の中田1号墓(福島県)などが代表例として挙げられる。

　宇洞ヶ谷横穴墓は静岡県掛川市の低丘陵裾部斜面にあり、両袖式の玄室で中央には横穴掘削時に掘り残しによる造付石棺がある。玄室は長さ6.4ｍ、最大幅4.4ｍで、造付石棺は長さ4.5ｍ、幅3ｍの外形に、長さ2.8ｍ、幅1ｍの隅丸長方形の掘り込みがある。側面の3方向には、合計12個の縄掛突起状のものがある。遺物は棺の内外から変形神獣鏡、金銅装単鳳環頭大刀、鉄製円頭大刀、金銅装大刀、大刀、矛(石突)、鉄鏃229、刀子5、両頭金具4、金銅装十字文透心葉

第3節 横穴墓の階層性

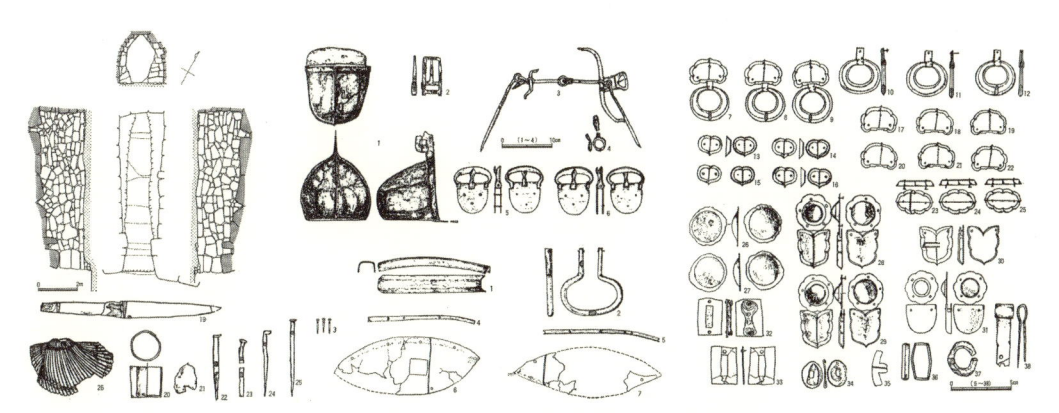

第Ⅱ-30図 コウモリ塚古墳の横穴式石室と副葬品

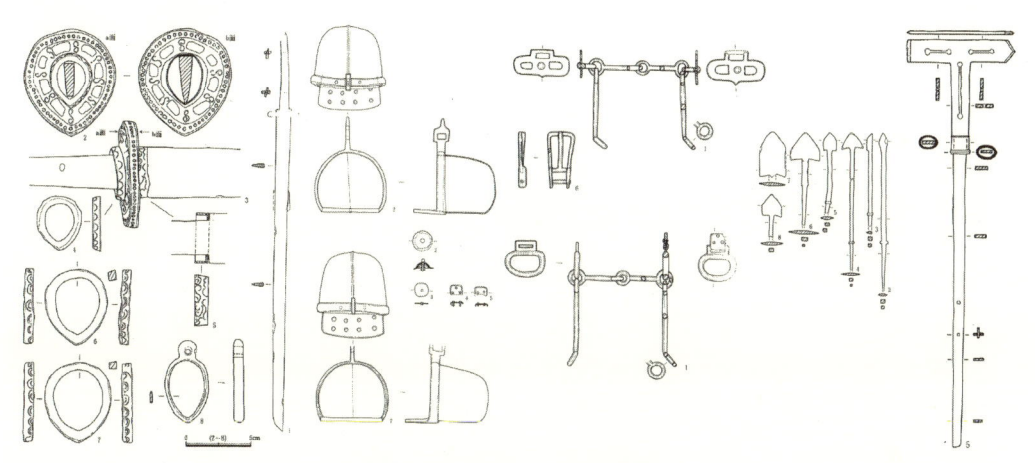

第Ⅱ-31図 東平1号墳の副葬品

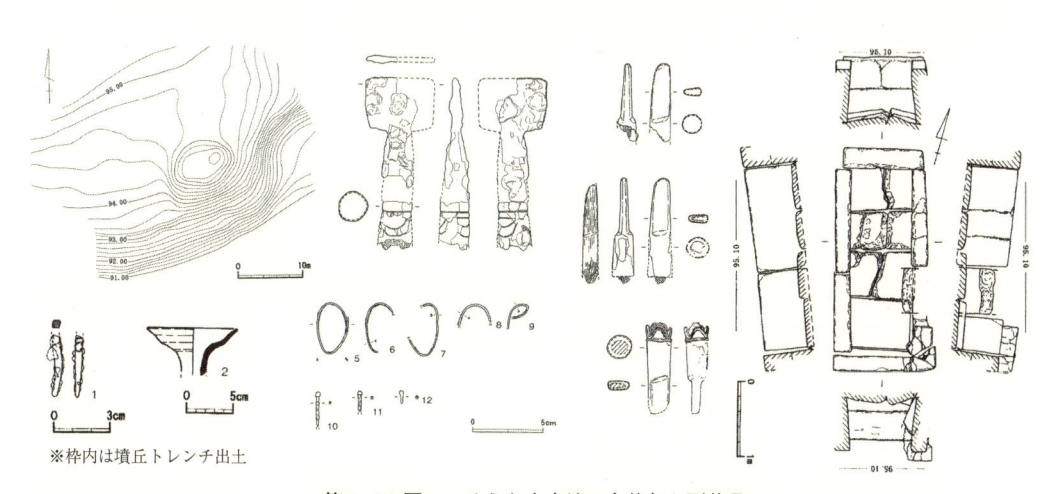

※枠内は墳丘トレンチ出土

第Ⅱ-32図 かろうと山古墳の主体部と副葬品

形鏡板轡、同心葉文透彫心葉形杏葉3、同鞍金具2組、同辻金具4、同雲珠、鉄製環状鏡板付轡、木製壺鐙2足、馬鈴6、鉄製帯金具3、鉸具2、耳環1、銀製空玉、ガラス製丸玉3、トンボ玉1などが出土している。2組の馬具のうち1組は三連銜式轡と装飾鞍などを組み合わせた装飾馬具である。須恵器はTK43型式からで、坏身6、坏蓋3、無蓋高坏4、有蓋高坏14、脚付長頸壺2、台付広口壺、壺、壺蓋、坩、提瓶、高坏形器台1で、土師器は坏身、高坏、脚付広口壺1がある。初葬は6世紀後半の早い段階とみられ、その後追葬があったと推定されている。

　赤羽B支丘1号墓は茨城県日立市の久慈川左岸の支谷崖面にある。平天井の逆台形で、凹字形を呈する間仕切り施設により棺座が区画される。奥側には造付石棺状の施設を具え、左側壁は円弧ではない曲面に仕上げられる。玄室長さ約5.5m、幅3.9m、高さ3.0mで、県下でも最大級の横穴墓である。遺物は金銅装冠飾金具、大刀、鉄鏃、挂甲、鏡板付轡（十字文透心葉形か）・杏葉（心葉形か）・雲珠（有脚半球形）・鉸具・しおで金具などが副葬される。築造は6世紀後半とみられる。

　中田1号墓は福島県いわき市の丘陵西北斜面にある。複室構造の全長約6.7m、玄室は隅丸方形でドーム型天井、長さ2.6m、幅2.8m、高さ約2.3mで、前室は方形で、長さ2m、幅約2m、最大高で1.85mである。羨道は現存長さで1.1m、そこから1m程度下がった面は墓前域として成形される。装飾は玄室にあり、線刻により三段の大きな連続三角文を下書きし、奥壁は赤色と白色、そのほかは赤色の顔料が用いられる。遺物は、珠文鏡、金銅装大刀装具、鉾、鉄鏃、挂甲小札、轡、鉄地金貼装鞍縁金具、木芯鉄地金貼装壺鐙、鉄地金貼装鐘形杏葉、三鈴杏葉、馬鈴、鉄地金貼装雲珠・辻金具、刀子、砥石、紡錘車、金環・銀環、銅釧、瑪瑙・硬玉・碧玉・水晶製勾玉、碧玉製管玉、琥珀製棗玉、ガラス製丸玉・小玉、銅製蓋、須恵器提瓶・甕、土師器片などが出土している。出土状況などから埋葬は一体とみなされており、一度副葬されたものを何年かの後再び取り出して行われたという墓前祭が想定されている。築造は6世紀後半とみられる。

　冠、鏡（小）、装飾大刀、挂甲、馬具など、首長墓級の威信財を副葬する横穴墓は、6世紀後半に太平洋沿岸部に築造され、その点在する分布の様相からは海道が重視されていたことを物語っている。これら横穴墓の築造は地域内で初現とはならず、やや遅れての築造となるものが多く、横穴墓が継続して（一部は群を違えつつも）築造されていく様相が知られる。

　このような首長級の威信財が副葬されるという横穴墓の築造がない場所には、有力な古墳が築造されていることが挙げられる。先にみてきたが、房総半島の東京湾岸では、優品を出土する横穴墓が少なく、上総金鈴塚古墳などが優れた副葬品を出土する古墳として突出した存在となっている。このほか、鏡のみというように、傑出した威信財の一部のみが出土するという横穴墓もある。これら横穴墓は、限られた小地域内では一番の有力墓となりえるが、中地域内というように目を広げると、横穴墓ではなく古墳が首長墓として存在している。

　7世紀前半になると、このような傑出した威信財の一部が副葬される横穴墓は、沿岸部だけに限らない分布となる。福島県[白河]笊内古墳群（横穴墓群）や、静岡県[遠江]観音寺本堂I群1号横穴墓、三浦半島[相模]江奈2号横穴墓、福島県[石城]小申田北18号横穴墓などが挙げられる。太平洋沿岸という、いわゆる海道のみならず、7世紀前半になると山道からもこれらは展

開していくことが考えられる。威信財以外の要素をみると、白河地域の笊内横穴墓群は、墓前域を共有するいわゆる九州タイプの横穴墓であり、東日本では笊内横穴墓群のみにみられるものである。また、会津や石背地域の一部にのみ存在する、墓前域石積の横穴墓との関係性も、広域に展開していくという同様の視点が窺える。内陸での主要交通網となる山道の整備が進み、律令期へと引きつがれていったものとみなされる。

6世紀後半における、このような首長墓級の副葬品を持つ横穴墓が沿岸地域に点在するという状況は、同じ様相を呈する横穴墓の数が極端に少ないこと、沿岸部という立地に点在していること、周囲に首長墓級の副葬品を持つ墳墓がみられないこと、東アジア情勢というような歴史的背景として、輸送に関する各種整備が必要とされたとみなされることなどから、その地域が、流通にかかる中継基地として新たに設置された拠点であったという理解もできよう。

該当する時期の国際情勢を考慮すると、『日本書紀』に記載された兵や物資の輸送記事及び戦闘記事、筑紫への駐留記事などが多くみられ、兵站等戦闘物資及び生活物資輸送に力点が置かれていたことが知られる。

輸送にかかる方法としては、舟が用いられたことも窺える。同じような時期に描かれた彩色画や線刻画の舟の意匠について、沿岸部で多くみられるという指摘ができ、蛇腹状の帆を備えた舟の存在も推察される（後出第Ⅲ-24図）。主に、関東地方以西の沿岸部のあり方は、線刻画や古墳及び横穴墓の分布状況からも、似た様相を呈していたことが窺える。港という施設そのものの様相を知ることはできないが、宇洞ヶ谷横穴墓では河口からは15km遡るものの、境川が形成した低地に面している。赤羽台B支丘1号墓は、久慈川河口から1.5km遡った左岸、中田横穴墓は弁天川河口から、やはり1.5kmほど遡った左岸に位置し、それぞれ河川が形成した低地に面しているという共通性がある。この様相からは、河川沿いの入り江などが有効に活用されていた状況も推察される。

冠や鏃などの優れた威信財が副葬された横穴墓の被葬者は、このような輸送にかかる拠点地域に新たに設置された、太平洋沿岸における中核的なリーダーという側面も想定できる。このような太平洋沿岸に点在する中継拠点を中継中核地域という位置づけとしたい。

副葬された大刀の本数を比較したところでは、最多として千葉県の城山1号墳が挙げられる。金鈴塚古墳がこれに続き、小地域を代表する前方後円墳でも金銀装のものは数量比では、かなり差異がみられる。

関東地方の代表的な古墳を取り上げると次のようになる。

- 千葉県金鈴塚古墳　21振

    （倭装大刀1・銀装圭頭大刀1・双龍環頭大刀2・単龍環頭大刀1・単鳳環頭大刀1・圭頭大刀3・頭椎大刀2・鶏冠頭小刀3・獅噛環頭大刀3・その他4）

- 千葉県城山1号墳　24振（単鳳環頭大刀2・単龍環頭大刀2・頭椎大刀1・円頭大刀1・その他18）

- 埼玉県小見真観寺古墳　3振（銀装圭頭小刀1・頭椎大刀2）

- 群馬県綿貫観音山古墳　2振（金銀装頭椎大刀1・銀被鉄製捩棒形素環頭刀子1）

・群馬県八幡観音塚古墳　　3振（銀装圭頭大刀2・鶏冠頭小刀1）
・茨城県風返稲荷山古墳東石棺　3振（頭椎大刀1・円頭大刀2）※型式差あり：奥石棺から移動
　　同　くびれ部箱式石棺　1振（円頭大刀1）
・神奈川県登尾山古墳　　　1振（金銅装圭頭大刀1）
・神奈川県埒免古墳　　　　1振（銀装円頭大刀1）
・神奈川県二子塚古墳　　　1振（銀装圭頭小刀1）

　これらにどのような機能が付与されて、数量差は何を意味するのであろうか。金鈴塚古墳を例に考えてみると、関東地方への海道からの入口としての東京湾を挟んで繋がる地域的連携も視野に入れることができる。
　房総半島から三浦半島、南武蔵地域について副葬品の分布をみると、共通する製品として金銅装の弓弭が知られる。神奈川県かろうと山古墳、江奈横穴墓群2号墓、大厳寺横穴墓、東京都八幡山古墳、千葉県野々間古墳、亀塚古墳、割見塚古墳、金鈴塚古墳などが知られる（松崎2007）。共通した金銅製品の出土からは、古墳時代後期から終末期にかけて、地域的な繋がりが濃かったということを示すのであろう。6世紀後半〜7世紀初頭における前方後円墳の急増から、短期間での終焉にかかる背景の一つとして、中継中核地域ということにふれたが、まさにこの東京湾南縁を中心とした地域もこの概念にあてはめられる。
　この中継中核地域内で、副葬品からみた限りにおいて核となるのが金鈴塚古墳ということができ、その首長の死にあたっては、周縁地域に点在する小首長から装飾大刀が供献されたことも想像される。装飾大刀は墓前域での儀礼に際し、権力財としての視覚的効果を表出したことが考えられる。
　人的及び物資の移動による経過の中で、横穴墓の築造伝播および人の移動が為されたことが窺える。この現象は7世紀前半になると沿岸部に限らない分布となり、いわゆる山道も中継中核地域という位置づけになるとみなされる(註29)。相模地域での横穴墓をこの考えにあてはめると、鏡を出土した下田横穴墓や鳥ヶ崎A号墓などの横穴墓の被葬者がその役割の一部を担っていたことも想定される。

(3) 関東地方南部の古墳群と東アジア情勢

　前方後円墳の終焉にかかる外在的要因としては、東アジア情勢が関係していることが窺える。6世紀後半〜7世紀初頭には、百済・新羅・高句麗の戦闘も激化しており、562年には新羅の大加耶攻撃を経て伽耶諸国を統合している。倭と朝鮮半島との関わりは『日本書紀』にも記されており、その一部をみていくと、兵士・軍馬・軍船の援助から、直接の戦闘行為までがみられる。『日本書紀』（坂本ほか校注1965・1967）よりその一部を引用する。

　　547（『日本書紀』巻第19：欽明8年）　　百済、救援の軍を要請
　　548（『日本書紀』巻第19：欽明9年）　　倭　百済に370人をおくり築城を助ける
　　550（『日本書紀』巻第19：欽明11年）　百済、高句麗の奴と捕虜を倭に贈る
　　554（『日本書紀』巻第19：欽明15年）　百済に兵1000人、馬100匹、船40隻をおくる

倭・百済両軍、新羅と戦い、百済の聖明王戦死
556（『日本書紀』巻第19：欽明17年）
　　　　百済の恵、帰国。筑紫の水軍、筑紫火君の兵、恵を護送
562（『日本書紀』巻第19：欽明23年）
　　　　新羅、加耶諸国を領土化。紀男麻呂、新羅と戦う
　　　　大伴狭手彦、高句麗と戦う
570（『日本書紀』巻第19：欽明31年）　高句麗の使人、越国に漂着する
571（『日本書紀』巻第19：欽明32年）　欽明天皇（63）没、新羅征討任那再興を遺詔
591（『日本書紀』巻第21：崇峻4年）
　　　　任那復興のため紀男麻呂らを大将軍とし2万余の軍を筑紫に送る
　　　　新羅と百済に使を派遣する
600（『日本書紀』巻第22：推古8年）
　　　　境部臣ら、万余の軍を率いて新羅を討つ
　　　　新羅と任那とが戦う。この年新羅の5城を攻める。新羅降伏する
　　　　難波吉師神を新羅に、難波吉土木蓮子を任那に遣わす
　　　　両国、調を貢進する。新羅、また任那を侵す
601（『日本書紀』巻第22：推古9年）
　　　　大伴連囓を高句麗に遣わし、坂本臣糠手を百済に遣わす
　　　　詔して曰はく、「急に任那を救え」
602（『日本書紀』巻第22：推古10年）
　　　　来目皇子撃新羅将軍に任命（来目皇子病に臥して征討を果たせず）
　　　　国造・伴造らの軍2万5千人を動員する
　　　　大伴連囓・坂本臣糠手、共に百済より至る
603（『日本書紀』巻第22：推古11年）
　　　　来目皇子筑紫に没。当麻皇子を征新羅将軍に任ずる
　　　　当麻皇子随伴した妻の死により赤石から帰る。新羅攻撃中止

　『日本書紀』に兵士や軍馬・軍船などの記載がみられる部分を抽出したが、548年の百済への築城に関する人的援助、554年の百済への軍馬・軍船を伴う援軍の派遣、また、591年からは新羅征討に本格的に取り組むかの記載もみられ、筑紫への駐屯と境部臣らの朝鮮半島での戦闘の様子も記される。602年には、国造・伴造らの軍を動員するなど、591年の2万余の軍、600年の万余の軍、602年の2万5千人など、一部は重複するものの、数多くの派兵を行ったことが窺える。この後も676年の朝鮮半島の新羅統一までは、唐による高句麗遠征に伴う救援要請など、東アジア情勢との関わりが倭の対外政策の骨子となっていたようである。しかし、朝鮮半島情勢において古代最大の戦闘といわれる663年の白村江の戦いで、上毛野雅子らが兵2万7千人を率いて新羅に派兵されたものの、日本・百済軍は、唐・新羅軍に大敗した[註30]。

第Ⅱ章　後・終末期の墓制

　これにより、日本は半島情勢から手を引き、防人・烽を対馬・壱岐・筑紫に置き、水城を築き、瀬戸内海に点在する山城の築造に追われるなど、戦後処理と国内の対応に迫られる。内政では、672 年の壬申の乱、7 世紀中頃から見られ出す蝦夷対策、阿倍比羅夫による征討記事など、海外から国内まで、大和政権は厳しい対応に追われた激動の時期といえる。

　広瀬和雄氏は壱岐島にて、6 世紀後半ごろから 7 世紀前半ごろの集中的な造墓活動及び、北・中部九州をリードした巨石墳の築造から、その要因を壱岐島の在地的な動向だけで解釈するのは難しいとし、激化した朝鮮半島情勢との国境防衛がその目的のひとつであったとする（広瀬 2010b）。

　また、前記した数万の兵の筑紫への駐留ということに関しては、仁藤敦史氏によると筑紫・肥・豊、三国屯倉を中心に、諸国から「那津官家」へ兵糧米が集積される体制が整備されたとしている（仁藤 2009）。

　赤司善彦氏は『日本書紀』の記載を引いて、言及している（『日本書紀』巻第十八宣化元年 - 4 年）。
　　又其の筑紫・肥・豊、三つの国の屯倉、散れて懸隔に在り。運び輸さむこと遥に阻れり。儻如し須要ゐむとせば、以って率に備へむこと難かるべし。亦諸郡に課せて分り移して、那津の口に聚め建てて、非常に備へて、永ら民の命とすべし。

とあり、穀を集積させて内外の非常時に備えており、那津官家には前戦を支援する補給基地という役割があったとしている（赤司 2005）。

　国内の物資等の移動にかかる流通については、いわゆるインフラ等の整備も必要であり、その役割を担ったのが、先に提示した中継中核地域としての地方であり、その一端が副葬品の優品出土という現象に顕わされているのであろう（第Ⅱ-33 図）。

　6 世紀後半～7 世紀初頭にかかる兵士等の人的な動員は、7 世紀後半の白村江敗戦以降に設置された防人の様相を受けても、東国からの動員が求められていたことが推測される。万余の動員には、政権としての確固たる地盤と、前方後円墳を一つの骨格とした長い歴史を踏まえた国家運営の蓄積も必要であっただろう。いずれにしても白村江の戦いなどは、前方後円墳国家として築き上げられてきた倭国が、これら戦闘や国外・国内対応により、律令国家へと転換していく契機となったことには変わりがない。

　広瀬氏は、6 世紀後半に前方後円墳が東国で急増するという情勢について、次のような評価をしている。千葉県金鈴塚古墳・城山 1 号墳、群馬県観音塚古墳・綿貫観音山古墳、茨城県風返稲荷山古墳などの首長層による前方後円墳を例示し、墳丘規模や形象埴輪による表飾、多量の副葬品を持つという様相を受けて、これらの築造背景には「東国首長層再編のための政策」があったとする。経済的にも政治的にも力量を高めていた首長たちを直接統治するという、本格的な東国支配を目論むもので、直接的な契機は新羅に対する外交政策にあったとされる（広瀬 2010b）。

　相模・南武蔵地域では、4 世紀末に途絶した前方後円墳は、6 世紀後半に再度築造されるが、多くは一世代に一基の築造とみなされ、7 世紀初頭以降は築造が終焉する。この限られた時期に多くの人材が筑紫に集結し、一部は朝鮮半島での戦闘に駆り出されていることは、これらの行為への動員（戦闘行為への参加）及び、物資等流通の担い手という労働力提供の代償として、前方

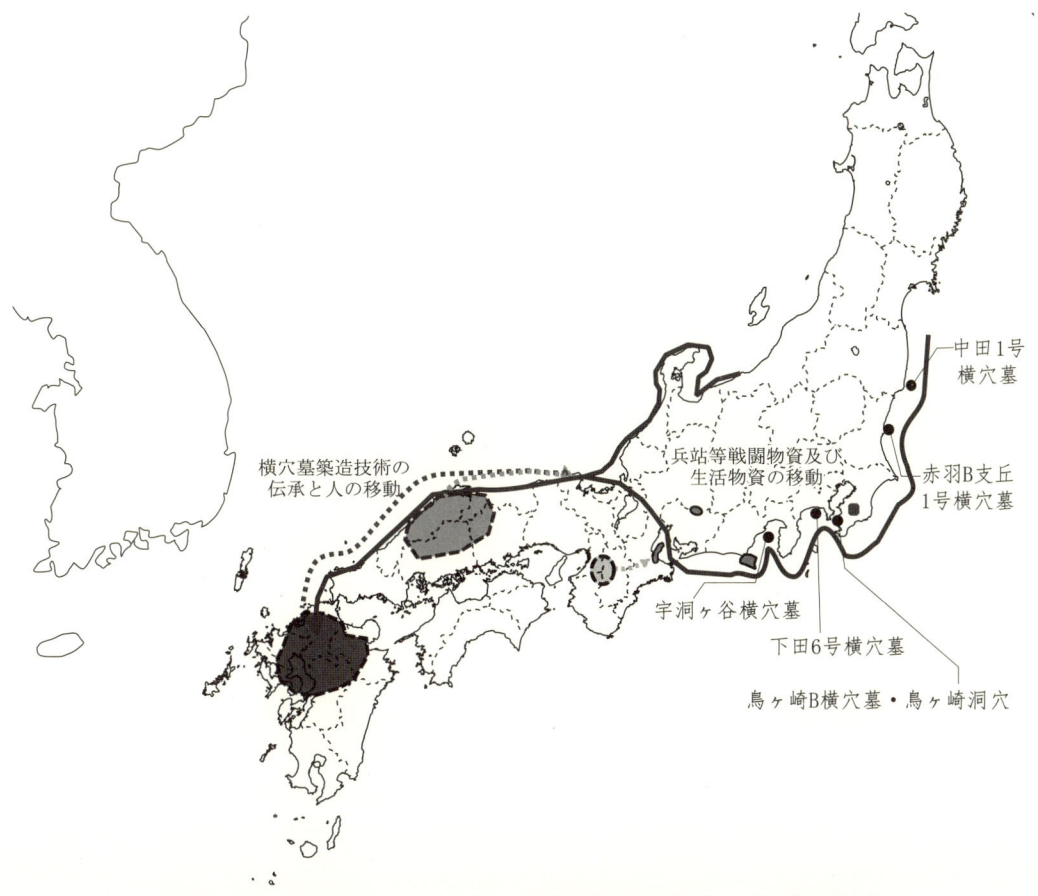

第Ⅱ-33図　6世紀後半～末（東日本への横穴墓築造拡散期）の首長墓級横穴墓

後円墳の築造が許可されたということも考えられよう。

　中央としては、大和政権の一員であることの確認行為として、地方としては、前方後円墳という墳形表示による中央政権が背後にいるという権威表示による地方運営という、両者にとっての国家運営・地方運営という思惑が一致した結果である。

　また、前方後円墳という墳形表示以外にも、大和政権は副葬品となる器財を活用して、亡き首長の次代を担う人材の権威表示を幇助したことも考えられる。前方後円墳という墳形はいわば一律であるなかで、享受した地方においては、内部主体となる埋葬施設は、その地方の特性を活かしており、喪葬観念の主要な要素となる埋葬行為という部分に関しては、地方優先・地方単位で実際は行われていた。

　埋葬という儀礼において副葬品が活用され、その場面での重要な表示機能を有していた。大刀や馬具などの威信財となる優品の一部は、地方で製作をすることが叶わず、大和政権からの下賜品であったと想定される。それには、次代を担う人材の権威明示に使用する道具としての機能が付されていたことも窺え、埋葬するにあたり墓前等に並べ置かれ、参列者などの周囲に対して亡き首長の権威を改めて確認するとともに、次期首長の権威継承の表示、大和政権との繋がりなど

がシステムとして顕わされていたのであろう。このことは、相模・南武蔵地域に限らず6世紀後半～7世紀初頭にかけて、それまで中断していた前方後円墳の築造が再開され、前方後円墳体制が終焉していくという地方では、同じ事象として捉えることもできるだろう。

　古墳時代後・終末期に限らないが、地域のみの視点で歴史解釈を導き出すことは難しく、列島各地との比較は必要不可欠である。それを解釈するにあたっては、日本を取り巻く東アジア的視座も事象に応じては必要になる。そして、それらの総合的解釈を導くためにも、立ち戻っての地域検討は重要であり、その礎を経て初めて体系的理解が成されるものである。相模・南武蔵地域の検討を受けても、関東地方の前方後円墳復権は、激動する東アジア情勢を考慮しないとその背景は探りえないものであった。併せて国内流通網の整備として、中継中核地域の発展という役割を地方が担っていたことも副葬品等の様相から推察される。

(4) 小　結

　6世紀後半以降の相模地域では、大磯丘陵に所在する下田横穴墓群や三浦半島の鳥ヶ崎横穴墓群などで小型鏡が出土している。同時期の古墳からの鏡の出土は登尾山古墳や埒免古墳などで知られるが、両古墳とも副葬品を鑑みて地域首長の墳墓としての位置づけが可能である。下田横穴墓と埒免古墳の鏡はほぼ同サイズであり、一部の横穴墓では、地域首長と同じような副葬品を持つことが知られる。

　東遠江の宇洞ヶ谷横穴墓、常陸の赤羽横穴墓群B支丘1号墓、磐城の中田横穴墓群1号墓など、装飾大刀や冠等の優れた威信財を出土する横穴墓が太平洋岸に展開している。これらの横穴墓の副葬品は古墳をも凌駕するといえ、被葬者の位置づけは各地における首長となる。

　6世紀後半は、東アジア情勢に国内の動向が左右された時期といえ、兵站物資等の大規模な流通のための動脈となる海道の沿岸で、中核的な中継地域の整備が図られたことが考えられる。先に挙げた首長級威信財を持つ被葬者は、国内輸送にかかる中継地点の管掌者という位置づけとできる。相模地域で小型鏡を出土した下田横穴墓や鳥ヶ崎A号墓の被葬者も海道の運用に関係したことが窺える。それは、これら沿岸部に位置する鳥ヶ崎H号墓や江奈2号墓などからは複数本の釣針の出土が知られ、鳥ヶ崎H号墓では筒状の骨格器が釣針に装着された、俗に「いなだのつの」と称される製品が纏め置かれていた。これら漁具の出土からは、海民として舟運にも関与していたことが想定される。小さな地域を越えた視点からは、被葬者の広域的な役割という背景の推察までが可能である。

　このような流通の整備からは、国際情勢への対応という以外にも、儀礼等を基礎とした地方運営に関係する器材等の流通もなされたと推測される。その一端を示すのが後に記すフラスコ形長頸瓶であろう。東日本の墳墓儀礼専用具として捉えられるフラスコ形長頸瓶は、湖西地域で生産され、東海～東北南部までの広範な流通が知られる。この儀礼専用具の流通からは、地方秩序維持にかかる儀礼の広域展開と、同じ器種を用いるという儀礼内容の共通性もみえてくる。

第Ⅲ章

後・終末期の喪葬観念

第Ⅲ章　後・終末期の喪葬観念

　「黄泉国」のありかとして小林行雄氏は、『出雲国風土記』に黄泉の坂・黄泉の穴が宇賀の郷の北の海の浜にあると記されることから、「黄泉国」は地下にあると考えられていたと推測する。そして「黄泉国」を、墳墓になぞらえて想像したことが、すでにその観念の成立の新しさを暗示しているとして、肉体と魂の関係を次のように述べた（小林1944）。

　　肉体と魂とを自由に分離して考えることを常とした古代人は、生ける肉体のためにこそ、魂を鎮めることを必要としたが、肉体を離れた魂が、なおそのもとの骸を必要とするとは考えなかった。わが祖人たちが、死者の往きて住む国の存在を考えることができたとしても、それは古くは、肉体を離れた魂の去りゆくところとしてであったろう。黄泉の国の思想が確立し、死後の世界の生活が現世の外に存在すると考えるようになったのは、なおのちの時代のことである。

　「黄泉国」は地下にあり、肉体を離れた魂は骸を必要としなかった、死者の国の存在が考えられたとしても、肉体を離れた魂の去りゆくところとしての認識であったとしている。このような一つの考えがあるなかで、昨今の考古学的成果を加えてみた時に、死生観はどのような形で表すことができるか。

　現代人は他界の場所を「空の方にある」とし、行き方は「舟に乗っていく」とイメージする（柏木2006）。錯綜した宗教観について日々メディアを通じて見聞きしたり、歴史教育を受けることから、観念はイメージ像として意識の中で固まる。歴史上各時代において、「黄泉国」などの死後観念は異なるとみられるが、後代の歴史観が『記紀』等の正史により、倒錯したものとなる可能性は、編纂直前の古墳時代といえども高いであろう。観念を検証する素材となるのは考古学的な成果による墳墓や副葬品、埋葬人骨などである。

　葬送及び喪葬に関しては、それぞれの言葉で意味合いが異なる。『日本国語大辞典（第二版）』によると、葬送は「遺体を葬るため墓所まで送ること。のべおくり。送葬」とされ、喪葬は「死者を葬りとむらうこと。葬儀」とされる。葬送は送ることに限定的な意味合いを持ち、喪葬は弔いを主眼とするが、葬儀から弔いまでと時間幅を持つため、本論では主に喪葬を使用している。

　本章では、古墳及び横穴墓で実際に行われた埋葬について、人骨の出土例などを参照し、改葬が多用されたという埋葬方法について整理し、また、埋葬に使用された土器等の様相から儀礼の一端を探る。喪葬の様相について考古学的な資料及び民俗学、文献史学の視点をふまえ、死生観について検討する。

第1節　埋葬位置とその様相

1. 相模・南武蔵地域の埋葬技法

　横穴墓の玄室に散在する人骨は、考古学的な情報として死生観を伝える一級資料であり、埋葬者やそれを取り巻く人々の観念を現代の我々に伝えてくれる。人骨からは、伸展葬・集積改葬・擬伸展改葬・片付けなどの痕跡が窺え（第Ⅲ-1図）、民俗的な事象として近年まで残る改葬との関係などから、死生観を探究することができる。ここでは、横穴墓を中心とした人骨の検出状況から埋葬の方法を抽出する。

　服部伊久男氏は、埋葬を四つの概念に整理した。単葬＝埋葬施設利用の一回性、複葬＝埋葬施設利用の複回性、単次葬＝遺体処理の一回性、複次葬＝遺骸処理の複回性。複次葬は一次葬・二次葬といった処理過程により埋葬を規定している（服部1988）。ここまで精緻な状況を人骨配置からみていくことは困難ながら、現実として埋葬施設利用の複回性や遺体処理の複回性などは提示できる。さらにここでは遺構を一単位としてみるのではなく、複数基による一単位の埋葬という視点も加えていく。

（1）埋葬技法

　伸展葬は人骨の出土状況がいわゆる「解剖学的な配置」を留めるものである。骨の遺存が不良なものや、報告書の挿図による提示しかない場合は、擬伸展改葬との区別が困難だが、ここでは擬伸展改葬と注釈がないものや、挿図から判別困難なものはすべて伸展葬とした。伸展葬は主軸に平行するものと、主軸に直交して埋葬されるものがある。前者をa、後者をbとし、主軸平行伸展葬をAa、主軸直交伸展葬をAbとした（第8表）。主軸平行は縦長や方形の玄室形状をしたものに多く、主軸直交は横長や撥形の玄室形状をしたものに多く、玄室幅が人体身長より広くなるよう築造される。伸展葬には棺座や玄室床面などへ埋葬するものと、石棺及び木棺などへ連続的に埋葬するものがある。後者の棺内複数埋葬は、木製及び石製、造付の棺に複数人が埋葬され、狭い棺内に人骨が累積する。玄室は有袖式が多いが、造付石棺は無袖式のいわゆる撥形にも多くみられる。伸展葬は古墳の家形石棺や組合式石棺などでも行われるが、これらは良好な状態で人骨が出土した例が少ない。頭蓋骨を同じ方向に向ける並置埋葬と、互い違いにする対置埋葬があるが、ほかに骨の部位に応じて取り纏めて棺内に置かれたものがある。

　改葬はいずれかの地で一次葬を経て、二次葬として玄室内に埋葬されたものである。一次葬の場所は、横穴墓玄室内もしくはそれ以外の場所などと、様々なことが考えられるが、それとわかる明確な事例は今のところ相模・南武蔵地域ではみられない。

　集積改葬（Ba）は、四肢骨が井桁状や平行配置というようにバランス良く配され、その内側もしくは上部などに頭蓋骨を含む他の骨が集められるものである。骨化後に四肢骨は散在させても

頭蓋骨は配列されるものと、四肢骨を整然と据え置き、その上や脇などに頭蓋骨を配置するものがある。また、集積される骨には、整然と個体単位がわかるものと個体単位が不明な複数人が纏められるものという違いもみられる。埋葬される玄室は、規模や形態が様々である。

第8表　埋葬方法

A	伸展葬	a	主軸平行伸展葬
		b	主軸直交伸展葬
B	改葬	a	集積改葬
		b	擬伸展改葬

擬伸展改葬（Bb）はあたかも伸展葬のように人骨が配されるが、頭蓋骨以下の大きな骨は解剖学的な配置のように並んでいるものの、それ以外の骨が足りなかったり、あるべき場所以外に置かれていたりするものである。伸展位による埋葬の後に骨化してから、骨体の一部を取り除くものと、骨の一部を置き換えるなどの行動が窺える。これらは主軸直交で埋葬される例に多い。

改葬にかかる実際の人骨の移動には、様々な行為が想定される。玄室内の棺座や造付石棺などで骨化した後に棺外の床面各所に移動させるものや、玄室内で骨化した後に石組施設へ移動させるもの、玄室内で骨化した後に隣接横穴墓へ移動させたもの、砂質土壌などの土坑で骨化した後に玄室内に移動させたものなどが可能性として挙げられる。

骨の移動は、玄室内で完結するものと玄室外から持ち込まれるものに大別できる。前者は棺座や棺内から石組施設への移動というような行動、後者は隣接横穴墓からの移動及び土坑からの移動という行動が窺える。

前葬者の取扱いの一つに片付けがあり、玄室内で排水溝などへ纏めたもの、玄室内で棺座などから壁際の床面に寄せたものなどがみられる。片付け行為は場合によって改葬との厳密な区別は困難であるが、玄室中央にその痕跡がみられる例は非常に少ない。

この後、個別の事例をみるにあたり、本論では玄室内の右側や左側という呼称を、玄門から奥壁に向かってという方向性で記載する。また、報告書に人骨の詳細が文章として記されていないものは、多分に主観が入っていることが危惧されるが、なるべく客観的な観察を心がけた。

第Ⅲ-1図に示したうちAa（主軸平行伸展葬）は逗子市新宿横穴墓群22号墓、Ab（主軸直交伸展葬）は大和市浅間神社西側横穴墓群3号墓、Ba（集積改葬）は秦野市鶴巻大椿遺跡H2号墓、Bb（擬伸展改葬）は横浜市鶴見区馬場3丁目横穴墓群1号墓を代表例として挙げた。

Aaの新宿横穴墓群22号墓は、3体の人骨が検出され、いずれも玄門側に頭位を向けている。並列した状態であり、一度の埋葬とは考えがたいが埋葬順列については不明である。Abの浅間神社西側横穴墓群3号墓は、1体の人骨が検出され、頭位は右壁側に向けられる。金環などの装身具類の出土状況からは、埋葬後に動かされていないことが窺える。

Baの鶴巻大椿遺跡H2号墓では、奥壁に平行する低位な棺座上に1体の人骨が検出されている。人骨は、大腿骨や上腕骨などの長管骨を方形に並べ、その上に頭蓋骨が置かれる。骨はすべてが遺存しているわけではなく、動かすことが可能な大振りなものを中心として並べられる。Bbの馬場3丁目横穴墓群1号墓は、玄室内から5体の人骨が検出され、奥壁に平行する2段の棺座の奥側に右壁側に頭位を向けておよそ4体が、手前には左壁側に頭位を向けて1体が埋葬される。

第1節　埋葬位置とその様相

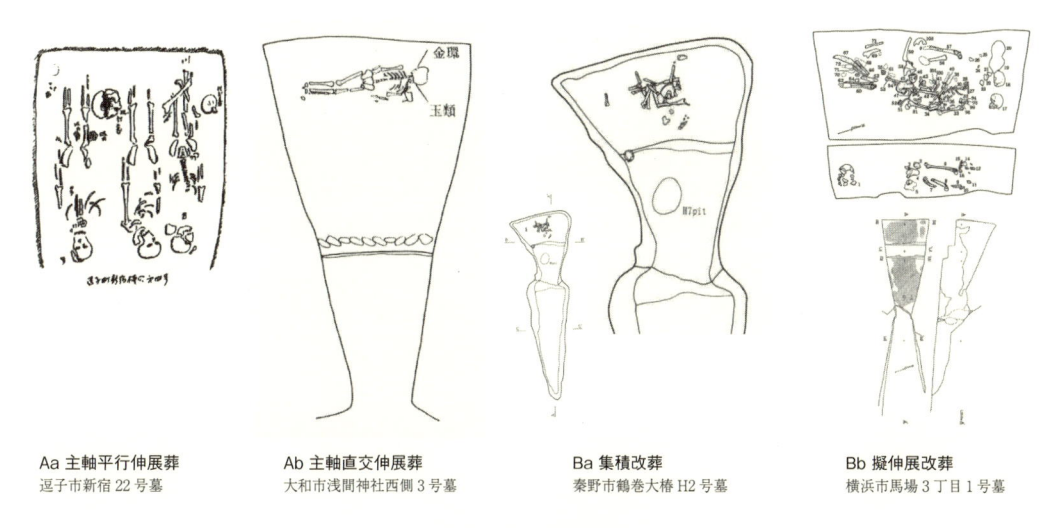

Aa 主軸平行伸展葬	Ab 主軸直交伸展葬	Ba 集積改葬	Bb 擬伸展改葬
逗子市新宿22号墓	大和市浅間神社西側3号墓	秦野市鶴巻大椿H2号墓	横浜市馬場3丁目1号墓

第Ⅲ-1図　埋葬方法

特に奥側の人骨は、あたかも伸展位のような配列を示すが、体躯の骨が中央に寄せられるという状態である。

　相模・南武蔵地域で検出された埋葬方法は、このようなあり方が組み合わされる。Aaに関しては、頭位の方向性も注意されるが、それは奥壁側に向けるものと、玄門側に向けるものに分けられる。Abに関しても同様で、頭位の方向は右と左というように二種がある。この頭位方向はBbでも一律な方向性を示さないが、方位に置き換えた場合は、三浦半島で南開口の横穴墓が多いことからAaの玄門側頭位は南方向が多いこととなり、丹沢山麓などの山沿いでは、地形に左右されるため方位も揃わない。

(2) 埋葬の類型

　このような埋葬方法から、横穴墓で行われた埋葬を類型化した。相模・南武蔵地域の人骨出土記録のある横穴墓120基をもとに、配置がわかる71基について模式化した（柏木2009）。ここで、多摩川左岸～荒川右岸域（多摩地域を含む）を追加して、つごう112基の資料とし、類型についてみていく（第Ⅲ-2・3図）。

　前述のとおり伸展葬は横穴墓の主軸に平行して埋葬されるものと直交するものと分けられ、それぞれAa・Abとした。主軸平行には頭を玄門側に向けるものと、奥壁側に向けるものがあり、主軸直交には左壁側、右壁側、頭位を互い違いにするものがある。改葬のうち集積改葬はBaとし、奥壁寄り、玄室中央、右壁寄り、玄門寄り、石組施設内への埋葬と玄室内の様々な場所から検出される。擬伸展改葬はBbとし、主軸直交のものは頭を左壁側に向けるものと、頭位を互い違いにするものがある。

　このような埋葬方法について、一つの玄室内にて同じ方法のみで埋葬される場合について、おおまかに横穴墓単位でみると、Aaが25％、Abが25％、Baが48％、Bbが2％で、伸展葬50％、

99

第Ⅲ章　後・終末期の喪葬観念

改葬50％となる。

　埋葬には伸展葬のみ、改葬のみといったもののほかに、伸展葬と改葬がセットでみられる例がある。これを横穴墓単位で抽出すると、Ⅰ～Ⅶ類までに分けられる（第Ⅲ-4図・第9表）。

　Ⅰ類はAaのみの埋葬で、23基を抽出した。埋葬された人数は1～6人と幅があり、丹沢南麓から荒川右岸域まで広い地域でみられる。玄門側に頭位を向けるものは、佐島3号墓や新宿19・20・22号墓、木棺に納められた久木（5丁目）2・3号墓、造付石棺に納められた久地西前田2次3号墓などがあり、数量は三浦半島で多い。奥壁側に頭位を向けるものは上粕屋・川上横穴墓や諏訪下北A5号墓などがあるが、数量的には少ない存在である。

　Ⅱ類はAbのみの埋葬で、28基を抽出した。埋葬された人数は1～15人と幅があり、丹沢南麓から荒川右岸域まで広い地域でみられる。主軸に直交して、頭位が左右に向けられる。一つの玄室内では頭位の方向性は一致するという傾向はみられるものの、一律の決まりは読み取れない。新作1号墓などでは奥側と手前側の人骨で、対置した状態で埋葬される。無袖式となる撥形で多く、主軸に直交する棺座が敷設されるものも一定数ある。

　Ⅲ類はAaとBaが一つの玄室内で検出されたもので、14基を抽出した。埋葬された人数は2～9人以上と幅があり、三浦半島と多摩地域を含む多摩川左岸～荒川右岸域にみられる。伸展葬は多くが玄門側に頭位を向けるが、三浦半島での事例が多いことも要因の一つである。伸展葬は、左壁入口寄りに埋葬されるものが多く、その配置からは左から右へと順を追って埋葬されたともみなされる。集積改葬が納められる場所は様々であるが、奥から順次埋葬するという傾向もみられる。

　Ⅳ類はAbとBaが一つの玄室内で検出されたもので、4基を抽出した。埋葬された人数は2～10人以上と幅があり、丹沢南麓、三浦半島、鶴見川左岸～多摩川右岸域にみられる。類例は少ないながら、浅間神社西側4・7号墓や南善ヶ谷1号墓では、奥側にAb、手前側にBaという配置になる。久地西前田2次2号墓は、奥側棺座上と玄門からすぐの場所に木棺があり、複数人が一つの棺に埋葬されている。その棺の間に石組みにより囲繞された施設が2基設えられる。

　Ⅴ類はBaのみの埋葬とし、41基を抽出した。埋葬された人数は1～13人以上と幅があり、Ⅰ・Ⅱ類と同様に丹沢南麓から荒川右岸域までと広い地域でみられる。玄室内の1ヶ所で検出されて

第9表　埋葬の類型

	Ａa	Ａb	Ｂa	Ｂb
Ⅰ類	○			
Ⅱ類		○		
Ⅲ類	○		○	
Ⅳ類		○	○	
Ⅴ類			○	
Ⅵ類			○	○
Ⅶ類		○		○

第1節 埋葬位置とその様相

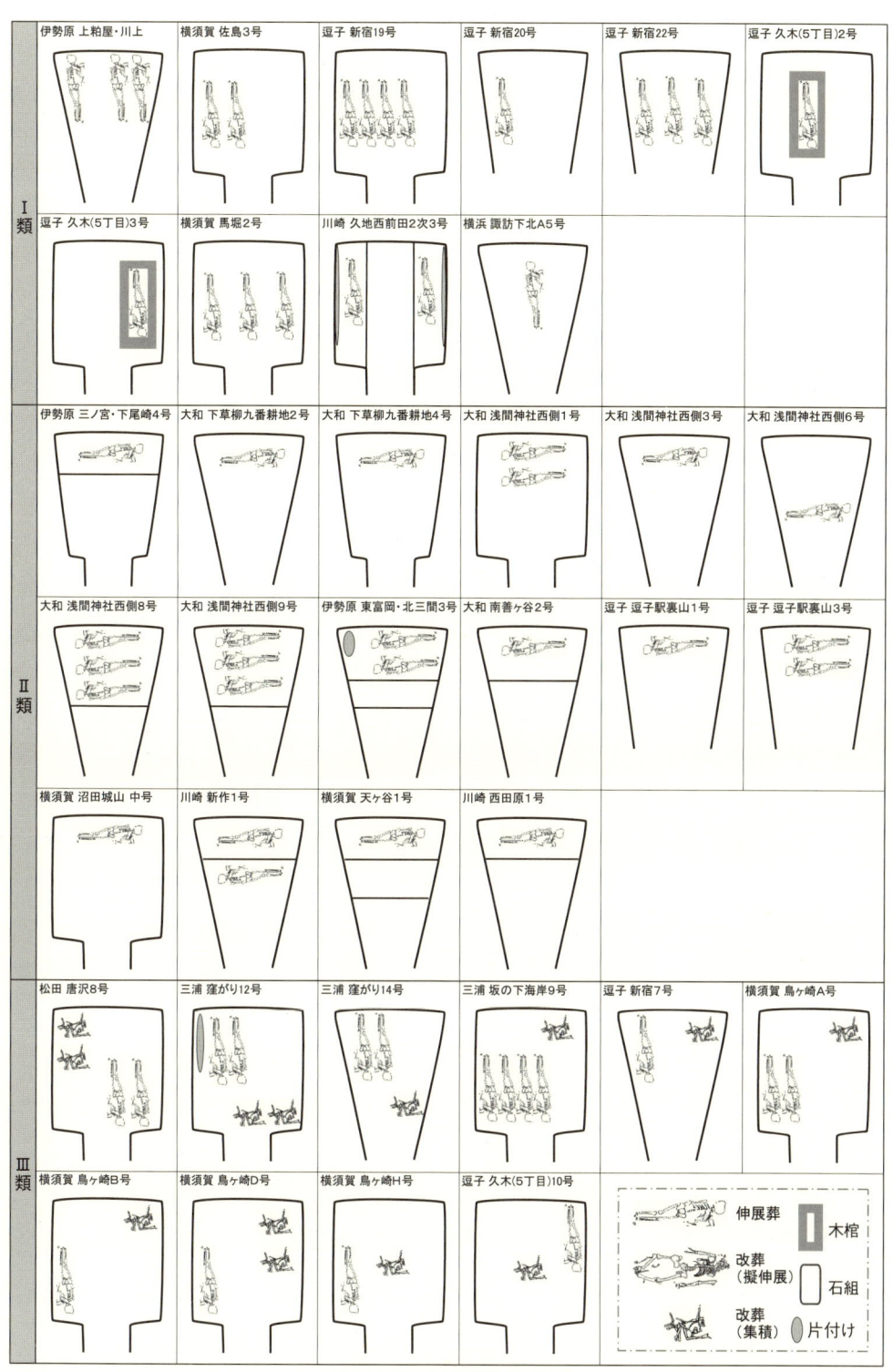

第Ⅲ-2図 埋葬模式図（1）

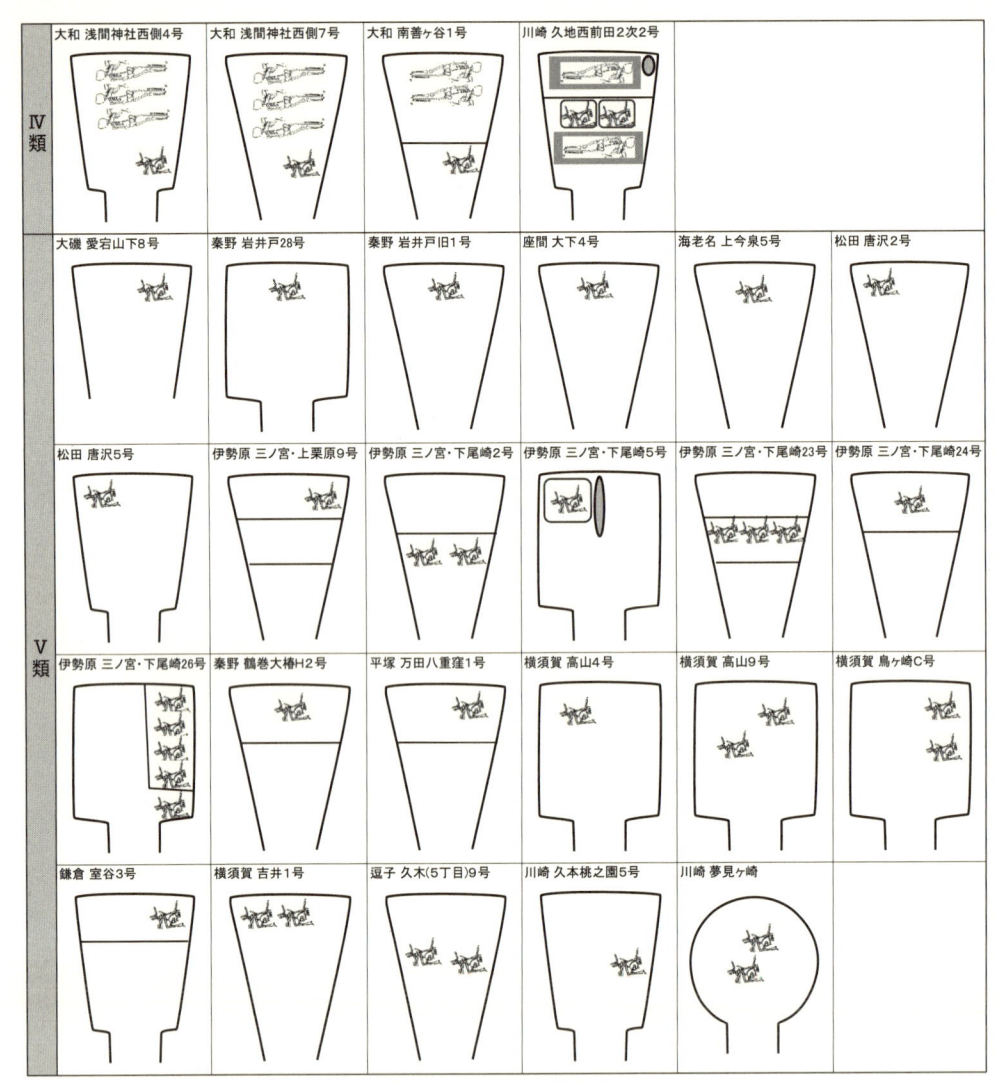

第Ⅲ-3図　埋葬模式図（2）

いるものは、三ノ宮・下尾崎24号墓のように、棺座上の中央に配置するものと、高山4号墓のように、壁際に寄せて次の埋葬を意識したような配置と様々で、複数人の埋葬であってもその方法は変わらない。また、奥側の棺座には配置せず、空間として残している三ノ宮・下尾崎2号墓・23号墓や久木（5丁目）9号墓などもある。

Ⅵ類はBaとBbが一つの玄室内で検出されたもので、三ノ宮・下尾崎11号墓のみが例示できる。玄室の奥側に集積改葬があり、手前側で擬伸展改葬がされたものとみなされる。Ⅶ類はAbとBbの埋葬としたが、こちらも馬場3丁目1号墓のみの抽出である。先にもふれたとおり、奥側の棺座で擬伸展改葬による埋葬がされる。

このように埋葬方法をもとに類型化してきたが、地域ごとに分けると特徴が見出せそうである。次には各地域の様相についてみていきたい。

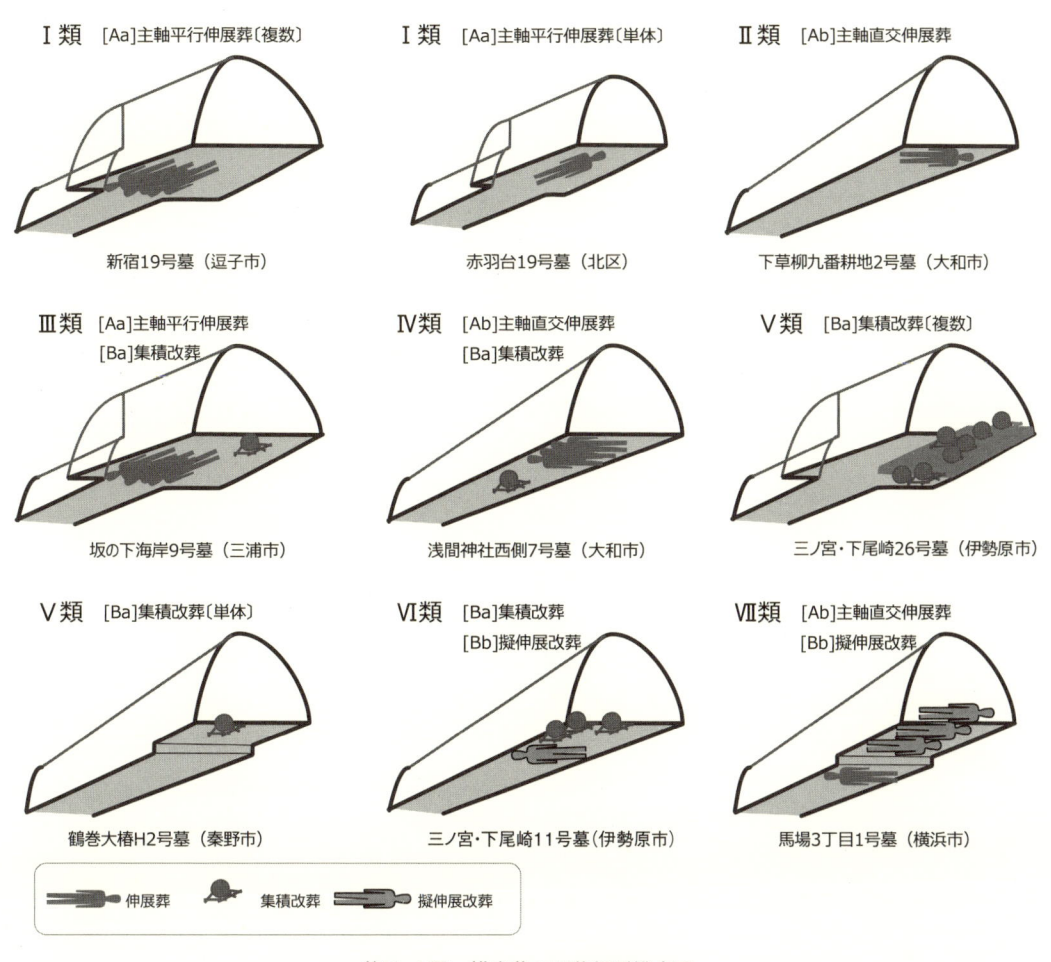

Ⅰ類 [Aa]主軸平行伸展葬〔複数〕 新宿19号墓（逗子市）	Ⅰ類 [Aa]主軸平行伸展葬〔単体〕 赤羽台19号墓（北区）	Ⅱ類 [Ab]主軸直交伸展葬 下草柳九番耕地2号墓（大和市）
Ⅲ類 [Aa]主軸平行伸展葬 [Ba]集積改葬 坂の下海岸9号墓（三浦市）	Ⅳ類 [Ab]主軸直交伸展葬 [Ba]集積改葬 浅間神社西側7号墓（大和市）	Ⅴ類 [Ba]集積改葬〔複数〕 三ノ宮・下尾崎26号墓（伊勢原市）
Ⅴ類 [Ba]集積改葬〔単体〕 鶴巻大椿H2号墓（秦野市）	Ⅵ類 [Ba]集積改葬 [Bb]擬伸展改葬 三ノ宮・下尾崎11号墓（伊勢原市）	Ⅶ類 [Ab]主軸直交伸展葬 [Bb]擬伸展改葬 馬場3丁目1号墓（横浜市）

伸展葬　集積改葬　擬伸展改葬

第Ⅲ-4図　横穴墓の埋葬類型模式図

(3) 地域の様相

　検出された人骨の具体的様相について、丹沢南麓［①］、三浦半島［②］、鶴見川左岸域～多摩川右岸域［③］、多摩川左岸域～荒川右岸域（多摩地域含む）［④］と四地域に分けてみていく（第10表）。

① 丹沢南麓

　Ⅰ類が1基、Ⅱ類が10基、Ⅲ類が1基、Ⅳ類が3基、Ⅴ類が15基で、Ⅵ類が1基ある。1基に埋葬された人数が最も多いのは、三ノ宮・下尾崎4号墓で15体以上である。Ⅱ類では浅間神社西側横穴墓群を好例として、無袖式である撥形玄室の奥壁寄りに主軸直交で行われる例が多い。頭位は左壁側に向くのが5基に対して、右壁は5基と数量の上では同数となる。Ⅳ類は浅間神社西側4・7号、南善ヶ谷1号墓などで、玄室の奥側で伸展葬、玄門付近で集積改葬がされる。Ⅴ類は玄室奥側への1体の埋葬が多い。海老名市上今泉5号墓と座間市大下4号墓では、集積改葬が単体で奥壁寄りにある。複数体の例では、三ノ宮・下尾崎2号と23号墓で奥側棺座上に人骨がなく、その手前の空間に2～6体の集積改葬がされている。三ノ宮・下尾崎26号墓では、右側

第10表　横穴墓で検出された埋葬の状態

類型	横穴墓名	埋葬人数 Aa	Ab	Ba	Bb	総人数	地域
Ⅰ類	上粕屋・川上	3				3	①
	佐島3号	2				2	②
	新宿19号	4				4	②
	新宿20号	1				1	②
	新宿22号	3				3	②
	久木5丁目2号	1				1以上	②
	久木5丁目3号	1				1	②
	馬堀2号	3				3以上	②
	久地西前田2次3号	2				6	③
	諏訪下北A5号	1				1以上	③
	赤羽台11号	1				1	④
	赤羽台12号	1				1	④
	赤羽台16号	1				1	④
	赤羽台19号	1				1	④
	中明神7号	1				1	④
	中和田9号	2				2	④
	中和田10号	2				2	④
	中和田12号	2				2	④
	坂西5号	3				3	④
	坂西6号	2				2	④
	谷ノ上K3号	2				2	④
	谷ノ上L3号	1				1	④
	出山8号	2	2			4	④
Ⅱ類	三ノ宮・下尾崎4号		1			15以上	①
	下草柳九番耕地2号		1			1	①
	下草柳九番耕地4号		1			1	①
	浅間神社西側1号		2			2	①
	浅間神社西側3号		1			1	①
	浅間神社西側6号		1			1	①
	浅間神社西側8号		3			3	①
	浅間神社西側9号		3			3	①
	東富岡・北三間3号		2			7以上	①
	南善ヶ谷2号		1			2以上	①
	逗子駅裏山1号		1			1	②
	逗子駅裏山3号		2			2	②
	沼田城山中号		1			1以上	②
	新作1号		2			2	③
	天ヶ谷1号		2			2	③
	西田原1号		1			1	③
	岡本町横穴		2			2	④
	西谷戸2号		1			1	④
	西谷戸3号		1			1以上	④
	中明神1号		1			1	④
	中明神2号		3			5	④
	中明神3号		3			3～4	④
	下野毛岸4号		1			1以上	④
	不動橋3号		3			3	④
	光明寺第1号		1			1以上	④
	梵天山2号		2			2	④
	谷ノ上K1号		1			4	④
	谷ノ上K2号		3			6	④
Ⅲ類	唐沢8号	2		2		4以上	①
	窪がり14号	2		1		3以上	②
	坂の下海岸9号	4		1		5	②
	新宿7号	1		1		2以上	②
	鳥ヶ崎A号	2		1		8以上	②

類型	横穴墓名	埋葬人数 Aa	Ab	Ba	Bb	総人数	地域
Ⅲ類	窪がり12号	2		2		10	②
	鳥ヶ崎B号	1		1		9以上	②
	鳥ヶ崎D号	1		2		3以上	②
	鳥ヶ崎H号	1		1		1以上	②
	久木5丁目10号	1		1		5以上	②
	赤羽台15号	1		2		3	④
	成城学園Ⅲ号	1		1		2	④
	中和田11号	1		1		2	④
	梵天山1号	1		2		3	④
Ⅳ類	浅間神社西側4号		3	1		3以上	①
	浅間神社西側7号		3	1		3以上	①
	南善ヶ谷1号		2	1		2以上	①
	久地西前田2次2号					10以上	③
	愛宕山下8号			1		1	
	岩井戸28号			1		1	
	岩井戸旧1号			1		1	
	大下4号			1		1	
	上今泉5号			1		1	
	唐沢2号			1		1	
	唐沢5号			1		1	
	三ノ宮・上栗原9号			1		5以上	
	三ノ宮・下尾崎2号			2		2以上	
	三ノ宮・下尾崎5号			1		6以上	
	三ノ宮・下尾崎23号			6		6以上	
	三ノ宮・下尾崎24号			1		1以上	
	三ノ宮・下尾崎26号			10		13以上	
	鶴巻大椿H2号			1		1	
	万田八重窪1号			1		1	
	高山4号			2		1以上	②
	高山9号			2		6以上	②
	鳥ヶ崎C号			2		3以上	②
	室谷3号			1		3以上	②
	吉井1号			2		2以上	②
Ⅴ類	久木5丁目9号			2		3以上	③
	久本桃之園5号			1		1以上	③
	夢見ヶ崎			2		2	③
	赤羽台1号			4		4	④
	赤羽台2号			2		2	④
	赤羽台5号			2		2	④
	赤羽台6号			1		1	④
	赤羽台8号			1		1	④
	赤羽台9号			1		1	④
	赤羽台10号			4		4	④
	赤羽台13号			3		3	④
	赤羽台17号			1		1	④
	赤羽台18号			9		9	④
	岡本谷戸2号			1		2以上	④
	下野毛岸2号			2		2	④
	等々力渓谷3号			2		3	④
	山王第1号			1		1以上	④
	中和田7号			2		2	④
	中和田8号			1		1	④
	坂西3号			2		2	④
	谷ノ上N3号			1		1	④
Ⅵ類	三ノ宮・下尾崎11号			3	1	11以上	①
Ⅶ類	馬場3丁目1号			1	3	5	②

※数字の斜体は主軸方位不明瞭

※丸印は頭蓋骨。　　　　　　　　　　　　　　　　　　　　（写真2点とも伊勢原市教育委員会提供）

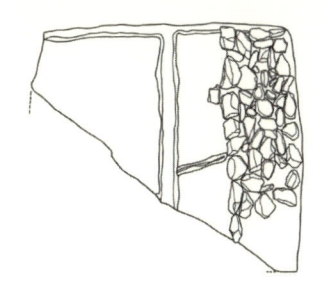

第Ⅲ-5図　伊勢原市三ノ宮・下尾崎26号墓

壁に平行して設置された河原石による棺座上と棺座下に集積改葬による埋葬がある。四肢骨上に頭蓋骨が置かれ、棺座上が男性骨、棺座下は女性骨と同定される（第Ⅲ-5図）。三ノ宮・下尾崎5号墓は石組施設が玄室左奥に敷設され、その規模からは集積改葬による埋葬であったとみなされる。Ⅵ類は三ノ宮・下尾崎11号墓で、玄室の奥側に集積改葬、その手前側で擬伸展改葬が行われる。

　この地域に含めた大磯丘陵は、初現期から方形基調の玄室が構築された地域であるが、ほとんどの調査例が既開口であり人骨の遺存は少ない。しかし、次項に記す三浦半島にみるように、初現期は入口側に頭位を向けて埋葬される伸展葬が多い。このことから、主軸平行伸展葬の玄門側頭位は、大磯丘陵においても行われていた可能性はある。

　この地域の傾向はⅡ・Ⅴ類が多く、Ⅴ類では単体の集積改葬が多い。集積改葬は、単体が奥側への埋葬、複数体は玄室奥側に空間を確保して連続して埋葬され、右壁沿いに礫敷をして集積した骨を並列するものもみられる。また、Ⅳ類が抽出した全基数の半数以上を占める。玄室の奥側で伸展葬をし、手前側に最終段階の埋葬として集積改葬がされる。

② 三浦半島

　Ⅰ類が7基、Ⅱ類が3基、Ⅲ類が9基、Ⅴ類が5基あり、埋葬人数が最も多いのは窪がり12号墓で、頭蓋骨が10個体出土している。Ⅰ類は、有袖式の玄室で玄門側に頭位を向ける主軸平行による配置が多く、久木5丁目の例を除き、いずれも玄室左壁沿いから順次中央に向かって並置して埋葬される。Ⅲ類は玄室左半に伸展葬、右半に集積改葬が行われるものが多い。右半の集積改葬は

奥側から順次玄門側へ並べられるが、窪がり12号墓や14号墓では玄門側のみに配置されている。Ⅴ類は複数体が多く、奥側にあるものと、玄室奥側に空間を確保して連続して玄門側に埋葬されるものがある。

この地域はⅠ類とⅢ類が多く、Ⅲ類は頭位を玄門側に向けた伸展葬をし、集積改葬を同じ玄室内で奥から手前に順次配置するものが多い。Ⅰ・Ⅲ類とも伸展葬は主軸平行玄門側頭位が主たる方向性であるが、半島の基部に位置する逗子駅裏山横穴墓群などでは、Ⅱ類の埋葬が行われる。

③ 鶴見川左岸域～多摩川右岸域

Ⅰ類が2基、Ⅱ類が3基、Ⅳ類が1基、Ⅴ類が3基で、Ⅶ類が1基ある。埋葬人数が最も多いのは、久地西前田2次2号墓で10体以上である。Ⅰ類の久地西前田2次3号墓は、側壁沿いに敷設された造付石棺に片付けを伴って埋葬される。諏訪下北A5号墓もⅠ類、西田原1号墓、新作1号墓はⅡ類であるが、後者では頭位を互い違いとする。Ⅳ類は久地西前田2次2号墓で、遺存していた木棺内に複数体の人骨があり、造付石棺と同じように据え置かれた木棺であったことが窺える。また、2基の木棺の間には石組施設が併設され、中からは刀子が出土している。これは、丹沢南麓の事例と同様に集積改葬のための石組施設とみなされる。Ⅴ類は久本桃之園5号墓で単体の埋葬があり、夢見ヶ崎横穴墓では複数体の埋葬がある。Ⅶ類は馬場3丁目1号墓が主軸直交で右側を頭位として、棺座上に3～4体並置される。棺座下には左側を頭位として1体の埋葬がある。

この地域は、例示した横穴墓が少ないながらも多様な方法が認められる。木棺の利用に際しては、そのなかから一人以上の人骨が必ずといってよいほど出土する。すなわち、一人に対して1基をあつらえるのではなく、木棺は横穴墓の一施設とでも言うべきで、造付石棺などと同義的な使われ方をしていたといえる。

1基の木棺に対して次の被葬者が葬られ、内部の人骨の片付けが行われる。久地西前田2次2号墓でも木棺内に複数人の人骨が存在し、最終埋葬の人骨は耳環を装着していた。同墓は100年からの使用年月が想定されており、複数人を処理するためにも前面の石組施設へと骨化後の人骨を移動したことも推測される。

同じ木棺内に重ねて埋葬することは、前葬者との繋がりを重視するというような（多少の骨が残っていてもその上から埋葬してしまう）埋葬と理解できるが、それ以外に、前葬者を片付けず、空間を順次確保しながら埋葬するという、全く違う方法が横穴墓で併存している。川崎市久本3号墓は、人骨の遺存は不良だが、棺座上に奥壁より主軸に直行して4本の大刀が等間隔に副葬される。これは、奥壁より順次手前側へ伸展葬が行われたことを示す好例である。

④ 多摩川左岸～荒川流域右岸（多摩地域含む）

Ⅰ類が13基、Ⅱ類が12基、Ⅲ類が4基、Ⅴ類が18基あり、埋葬人数が最も多いのは赤羽台18号墓で9体である。出山8号墓は、玄室中央奥壁寄りに2体が奥壁側頭位の主軸平行で埋葬され、追葬とみられる玄室中央の1体と、玄門側で並列する1体が側壁側頭位の主軸直交で埋葬される。ここでは便宜的に初葬の頭位方向からⅠ類としているが、このように、伸展葬で埋葬の軸方向を違えた葬法は珍しい（第Ⅲ-6図）。

Ⅲ類は梵天山1号墓が好例である。右側に伸展葬で1体が埋葬され、左側に集積による改葬骨がみられる。このような人骨の様相から、玄室において伸展位で骨化させ、後に同一玄室で改葬するという埋葬の一つの流れを推察することも不可能ではない。Ⅴ類は玄室奥側に単体が集積されるものが多い。下野毛岸2号墓などがあり、四肢骨を方形（井桁状）に組み置いたうえに頭蓋骨が載せられ、玄室奥側中央に埋葬される（第Ⅲ-6図）。単体の集積改葬の典型例といえよう。また、等々力渓谷3号墓の人骨では鈴木尚氏ら（世田谷区1975）の分析により切創の痕跡が報告されている。

　35体の人骨が発見された赤羽台横穴墓群は、乳幼児から熟年までの年齢層で、埋葬技法には伸展葬及び改葬がある。年齢層が幅広いことからは、世帯全員が埋葬の対象となっていたことも窺える。玄室規模は長さ0.73m、幅0.57mの小型から、長さ2.96m、幅2.1mという規模まで様々存在する。この群は7世紀後半〜8世紀初頭を中心とした造営とみられるが、1基あたりの埋葬人数は1〜9人と幅がある。横穴墓使用終了時の人骨の様相は二通りあり、解剖学的配置を留めて全身骨格が遺存する単体のⅠ類と、玄室内の複数体が集積されるというⅤ類がある。

　複数体が集積されたものからは、最終的な閉塞の際に玄室内の骨をすべて集積したという行動がみてとれる。そのなかには、ほぼ全身骨格が判明したものと、ごく一部のみという違いがある。後者は閉塞石の遺存が良好であることを鑑みて、他の玄室に骨を移動した可能性が窺える。8号墓は四肢骨平行配置の上に頭蓋骨が置かれ、他の玄室から骨が移動された可能性がある。また、最終的に複数体が集積されたもののうち、全身骨格が揃わないながらも多くの骨が検出された例なども同様であろう。

　このような例からは、玄室相互における骨の移動があったこと、最終的に玄室内の骨が一括して集積されたという状況がわかる。そのほか、伸展葬が最終埋葬というものもあり、群内での横穴墓の配置からも積極的に時期差を見出せないことからは、多様な埋葬の方法があったことが窺える。

　このような地域ごとの検討をふまえ、次に初現期〜終焉期という時間軸になぞらえて特徴をみていきたい。初現期の横穴墓の玄室形態は方形を志向するものや、縦長のものが多い。このような形態について埋葬にかかる人骨配置の様相をみると（第Ⅲ-7図）、玄門側に頭位をとり、主軸方位と平行して埋葬される。この埋葬は伸展葬を複数体並置することから、玄室幅はある程度の規模が必要となり、埋葬の方法から方形を指向する玄室の形態が規定されたともみなされる。

　展開期には、撥形の横穴墓が増加するが、奥壁に平行して棺座が作り出されるものなどが多く、主軸直交で埋葬される。ただし、初現期〜展開期に移行する段階では、撥形の玄室平面形でも、棺台（礫）の配置などをみると、主軸平行での埋葬が行われる。主軸直交の埋葬からは、方形の玄室袖部分は空間として不要なため、撥形が採用されるという理解もできる。また、展開期には改葬（二次埋葬としての痕跡）も多くの横穴墓でみられ、埋葬痕跡の様相を複雑なものとしている。空間利用を示す玄室平面形は、埋葬形態と有機的な関係があり、両者を併せて検討することから、築造の簡略化という視点からだけでは見出せない、埋葬空間である玄室の形態変化がみてくる。

第Ⅲ章　後・終末期の喪葬観念

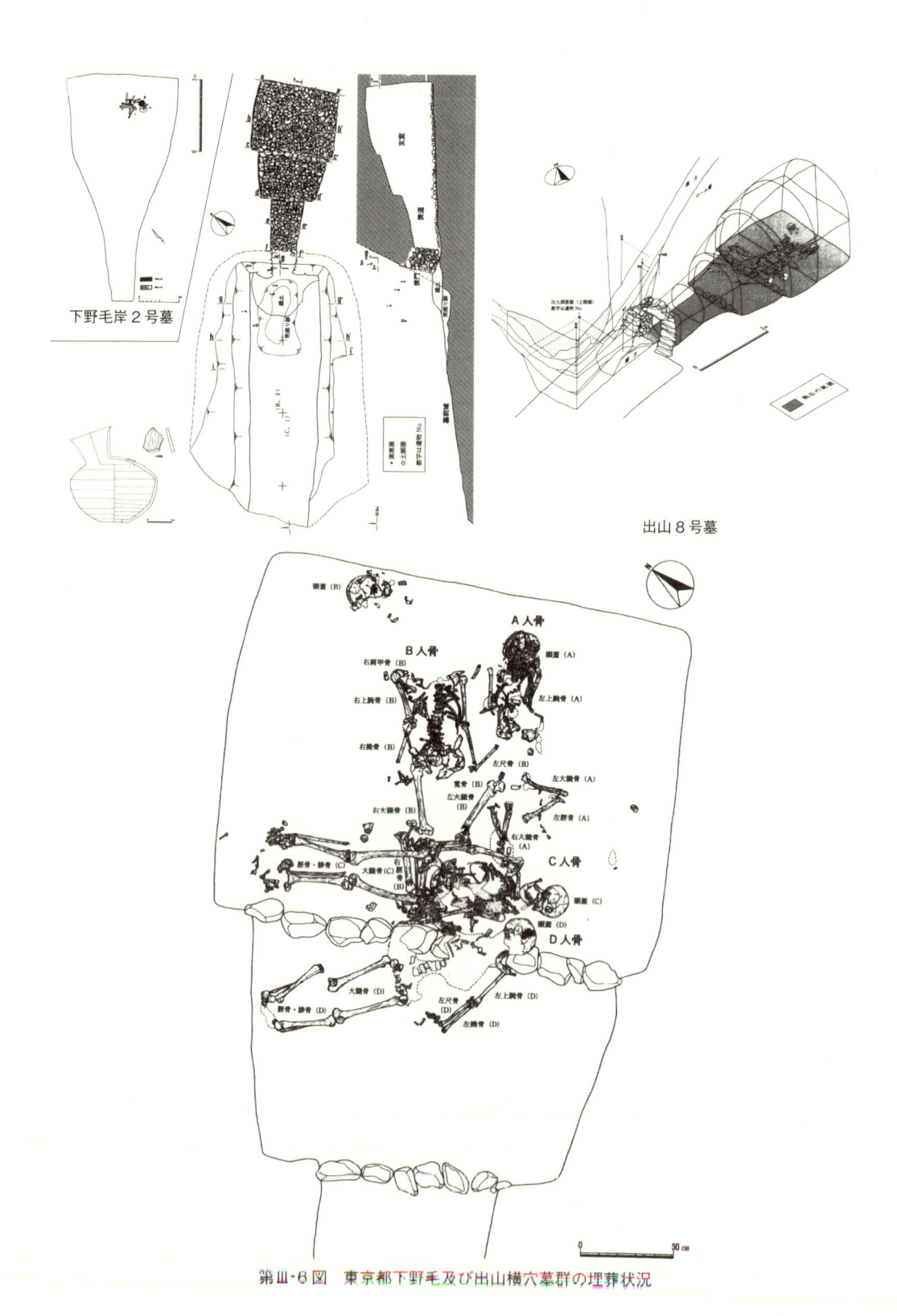

下野毛岸2号墓

出山8号墓

第Ⅲ-6図　東京都下野毛及び出山横穴墓群の埋葬状況

第1節　埋葬位置とその様相

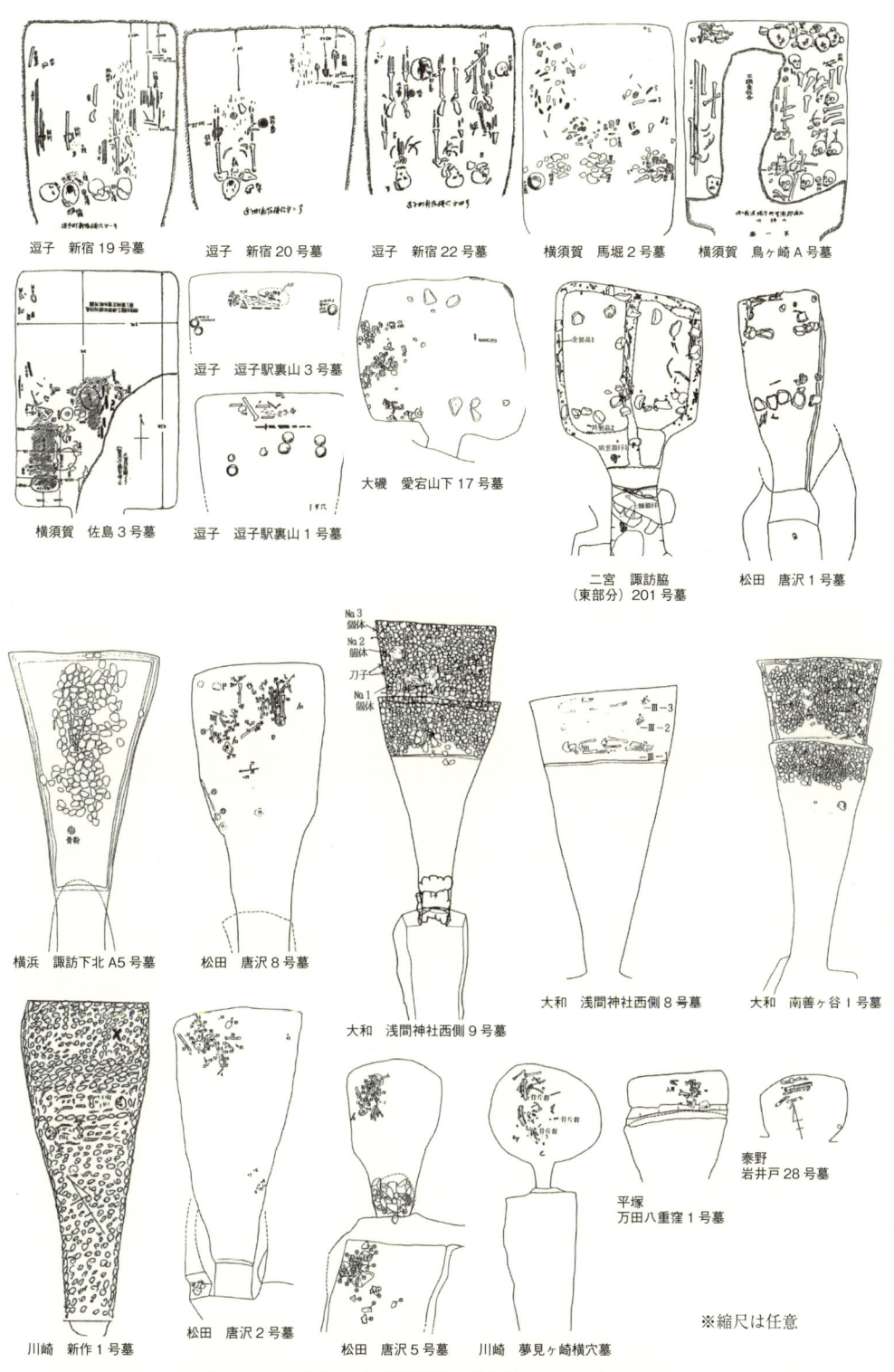

逗子　新宿19号墓　　逗子　新宿20号墓　　逗子　新宿22号墓　　横須賀　馬堀2号墓　　横須賀　鳥ヶ崎A号墓

横須賀　佐島3号墓　　逗子　逗子駅裏山3号墓　　大磯　愛宕山下17号墓　　二宮　諏訪脇（東部分）201号墓　　松田　唐沢1号墓

逗子　逗子駅裏山1号墓

横浜　諏訪下北A5号墓　　松田　唐沢8号墓　　大和　浅間神社西側9号墓　　大和　浅間神社西側8号墓　　大和　南善ヶ谷1号墓

川崎　新作1号墓　　松田　唐沢2号墓　　松田　唐沢5号墓　　川崎　夢見ヶ崎横穴墓　　平塚　万田八重窪1号墓　　秦野　岩井戸28号墓

※縮尺は任意

第Ⅲ-7図　相模・南武蔵地域の横穴墓における人骨配置

109

第Ⅲ章　後・終末期の喪葬観念

　盛行期にも伸展葬と改葬は継続して行われ、同一玄室内で伸展葬に続いて改葬が行われるものもあり、結果として玄室内で混在して発見される。実際に年代感を導ける遺物が各遺体に伴って出土するというような好例はないが、改葬が継続して連続的に行われていたとみられる。

　終焉期には、撥形を呈する小規模な横穴墓に低位の棺座が敷設され、その中央に改葬骨が集積して置かれるというような丹沢南麓の事例などがある。このようなものは、玄室も小規模であることから、複数体の埋葬を意図したものではなく、単体埋葬のための構築と推察される。

　時期的な指標の乏しさは否めないが、有袖式から無袖式へと玄室の主たる形状が変化していくにつれ、主軸平行から主軸直交へと埋葬方法が変わっていく。改葬は、玄室内にその方法のみで行われるものと、伸展葬と改葬が共に行われる例がある。後者は、改葬骨が玄室手前にみられるなど、伸展葬から改葬へと葬法が変化した結果ともみなされる。

　地域ごとの検討では第Ⅲ-8図のように、丹沢南麓［①地域］ではⅡ・Ⅴ類が多く、主軸直交伸展葬が他地域に比して多い。三浦半島［②地域］ではⅠ・Ⅲ類が多く、伸展葬において玄門側頭位が卓越する。鶴見川左岸域〜多摩川右岸域［③地域］ではⅠ・Ⅱ類が半数を占め、Ⅴ類も多い。多摩川左岸域〜荒川右岸域（多摩地域含む）［④地域］でもⅠ・Ⅱ類が半数以上を占め、Ⅴ類が多い。

　③・④地域は共に、Ⅰ類・Ⅱ類で50％を占めⅤ類が30％を超えるというように、類型ごとの比率が似た数値を示している。後に武蔵国となる地域であるが、類型ごとの比率が同様になるということからは、埋葬方法が共通していたことが窺える。また、①・②地域は、後に相模国となる地域であるが、こちらはそれぞれの地域の数量は共通しない。①地域はⅤ類が50％に近く、Ⅱ類が30％を超える。②地域はⅠ類が30％程度、Ⅲ類が30％超で、後者の比率は全地域の中でも突出した数値を表す。このような比率の相違からは、沿岸部となる三浦半島と山間部の丹沢南麓では、前者が主軸平行伸展葬と集積改葬、後者が集積改葬というように主たる埋葬方法が異なっていたことがわかる。ただし、全地域を総体としてみたときには、Ⅴ類が30％以上を占めるという共通性があり、集積改葬の多用という点では相模・南武蔵地域での纏まりが窺える（第Ⅲ-8図・第11表）。

　このことをふまえ、それぞれの埋葬方法が行われた期間をみると、第Ⅲ-9図のようになる。伸展葬のAaは6世紀後半〜8世紀初頭で、そのうち単数埋葬は7世紀末〜8世紀初頭、Abは6世紀末〜7世紀末である。改葬のBaは6世紀末〜8世紀初頭で、そのうち単数埋葬は7世紀中葉〜8世紀初頭、Bbは7世紀末〜8世紀初頭となる。

　これを類型にあてはめると、Ⅰ類は6世紀後半〜8世紀初頭であるが、赤羽台横穴墓群などの事例をみると、7世紀中葉〜8世紀初頭に単葬墓としての小型長方形玄室が出現することから、主軸平行伸展葬においては、単体埋葬が終焉期に一定数を占めることが窺える。Ⅱ類は6世紀末〜7世紀末で、展開期に山麓へと横穴墓の築造が進むと共に、無袖式である撥形が増加する。この撥形の増加と、主軸直交伸展葬の数量増加は相関する。Ⅲ類は6世紀後半〜8世紀初頭となるが、Baは6世紀末から出現する方法であり、玄室内では伸展葬に追加して埋葬されたことが窺える。Ⅳ類は6世紀末〜8世紀初頭であるが、分布からは丹沢南麓を中心として行われた葬法で数量的

第1節　埋葬位置とその様相

横穴墓総数にかかる類型の比率

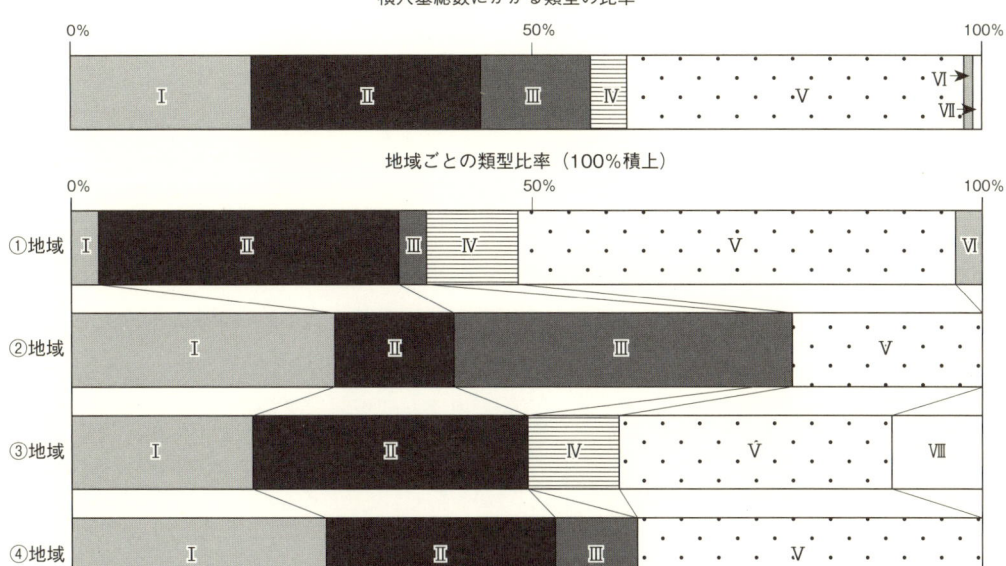

地域ごとの類型比率（100％積上）

第Ⅲ-8図　地域に占める類型の比率

第11表　各類型ごとの横穴墓数量

類型	丹沢南麓 ①	三浦半島 ②	鶴見川左岸域～多摩川右岸域 ③	多摩川左岸域～荒川右岸域（多摩地域含む） ④	計
Ⅰ	1	7	2	13	23
Ⅱ	10	3	3	12	28
Ⅲ	1	9	0	4	14
Ⅳ	3	0	1	0	4
Ⅴ	15	5	3	18	41
Ⅵ	1	0	0	0	1
Ⅶ	0	0	1	0	1
計	31	24	10	47	112

※数字は横穴墓数。

	年代		
類型	Ⅰ	Aa	
	Ⅱ	Ab	
	Ⅲ	Aa・Ba	
	Ⅳ	Ab・Ba	
	Ⅴ	Ba	
	Ⅵ	Ba・Bb	
	Ⅶ	Bb	

			年代
埋葬方法	Aa	伸展葬　主軸平行	
		伸展葬　主軸平行 ※1基・単体	
	Ab	伸展葬　主軸直交	
	Ba	集積改葬	
		集積改葬 ※1基・単体	
	Bb	擬伸展改葬	

第Ⅲ-9図　埋葬方法と類型の消長

には少ない。Ⅲ類の影響を受けて Ba が追葬された結果とみられる。Ⅴ類は6世紀末〜8世紀初頭であるが、丹沢南麓や多摩地域の状況からは、Ⅰ類同様に単体埋葬が終焉期に一定数を占めることが窺える。

(4) 改葬の背景

　埋葬方法には、伸展葬（A）、集積改葬（Ba）、擬伸展改葬（Bb）があり、伸展葬は玄門側に頭位を置く主軸平行（a）と、奥壁に並行する主軸直交（b）とに大きく分けられる。これを組み合わせた類型のうち、Ⅰ類は三浦半島に顕著で玄室は有袖式が多く、Ⅱ類は丹沢南麓などの山間部寄りに顕著で、玄室は無袖式の撥形が多い。両者共に6世紀後半以降各時期を通して存在するが、沿岸部から山麓への横穴墓築造の拡大という現象の中で、初現期は主軸平行型の埋葬が多く、その後は主軸直交型の埋葬が多くなるといえる。

　Ⅲ類は各地に存在するが、三浦半島で9基と例が多い。伸展葬は玄室左半に玄門側頭位で整然と並列されて、右半に奥から集積改葬が並ぶ。必ずしも伸展葬から改葬へと骨を移したのではなく、玄室の長期使用から埋葬人数の増加に合わせて、集積改葬という手法が用いられたとみなされる。Ⅳ類は丹沢南麓に多く、玄室奥側に伸展葬が順次並べられ、手前側に集積改葬がされる。

　Ⅴ類では、玄室右壁沿いに改葬骨が並べ置かれる例がある。これは玄室が有袖式であることや埋葬行為の丁寧さからも、改葬の初現形態を表していることが窺える。この横穴墓は6世紀末〜7世紀初頭とみられ、集積改葬はこの頃を嚆矢とし、7世紀中葉で最も多くなり、以後は減少する。Ⅵ・Ⅶ類は判明している例は少ないが、主軸に直交して奥壁寄りの棺座などに埋葬されるものがある。伸展葬と埋葬される場所は似ており、7世紀後半を中心に行われ、集積改葬に続く埋葬方法として捉えられる。

　Ⅲ類について人骨の配置状況からは、伸展葬の後に集積改葬を実施する、骨化の最中の骨が残っていてそれ以前の改葬が存在するという状況も看取される。Ⅰ類やⅡ類にあるように、玄室に複数体が整然と並べ置かれるものは、伸展葬のための埋葬とみられるが、単体の検出例は、その後に改葬されるという視点も考慮しなければならない。三ノ宮・下尾崎23号墓などは玄室前半部の棺座で集積改葬が行われており、奥側にも棺座があることから、そこで骨化をしたことも推測される。

　2体以上が伸展葬として埋葬される横穴墓では、頭蓋骨が玄門側を向くものは対置になる例がないが、主軸に直交して埋葬されるものは、頭位方向を違えたものがある。これが改葬の準備を表すとは言い得ないが、馬場3丁目1号墓の改葬例でも手前側の一体は対置の状態で埋葬されていることと併せ興味深い。

　このような事例から、この地域における埋葬の変遷は次のようである。6世紀後半以降、沿岸部を中心に主軸平行玄門側頭位の伸展葬がなされる。6世紀末以降、丹沢南麓などに横穴墓の築造範囲が拡大し、無袖式の盛行と共に主軸平行伸展葬が増加する。また、集積改葬を中心とした改葬による埋葬が始まる。7世紀中葉には擬伸展改葬もみられ、改葬の盛行と伸展葬の継続とい

う埋葬が横穴墓の築造終了まで続く。

　伸展葬と改葬が同一玄室でみられる三浦半島の事例をみると、玄室内における人骨の配置ではⅢ類が多く、伸展葬から改葬へと葬法が変化したことが窺える。その方法は伸展葬の並列と集積改葬の並置であり、玄室内の空間利用と埋葬方法の時期差をみてもその変化は首肯される。改葬では数度の玄室内への立ち入りを実施し、改葬等の作業やそれに伴う儀礼を実施し、遺骸の変化を確認していたものとみなされる。そして最後に骨を集積するなどし、肉体の骨化という変化が完了する。改葬も伸展葬も骨化後の骨が捨てられることはなく、方法の違いにかかわらず玄室内に納められ大切に扱われる。

　鳥ヶ崎横穴墓群を代表とする伸展葬と改葬の組み合わせについて、鳥ヶ崎B号墓では6世紀末～7世紀初頭の須恵器が出土しており、その段階には伸展葬が埋葬ごとに並置され、空間が充足されるに従い集積改葬が行われたとみなされる。これらの玄室は平面方形状を呈し、主軸平行伸展葬の並列という玄室内の空間利用（埋葬方法）の必要性から、方形という平面形態が採用されたとみなされる。埋葬方法から選び出された、もしくは創出された玄室形態とも言える。平面が逆台形や撥形横穴墓は、主軸に直交するように埋葬される例が多く、玄室内前面が狭小となるこのような形態では、主軸直交の埋葬が多いことも頷ける。

　伸展葬と改葬の相違と、副葬品の内容にかかる関係を知るためには、横穴墓群内もしくは近在の横穴墓群を対比することが必要である。しかし、人骨が出土した横穴墓は限られ、群内での検討すらできない状態である。この検討に関しては、今後の資料増加を待ちたい。人骨だけに限らない、このような検討をふまえれば、伸展葬と改葬が最後まで一つの横穴墓で共存することの意義までも言及できる可能性があろう。

　改葬について河上邦彦氏は、厚葬から薄葬へ推移する社会における、土葬から火葬への過渡的現象として捉えている（河上1988）。ちなみに民俗学的な遺骸処理の規定は、「第一次葬に続いて何らかの骨の処理が行われる習俗を複葬とか二重葬といい、これによって初めて遺骸の処理が終わる」とする（土井ほか1979）。また、長田須磨氏は奄美大島の例を挙げて洗骨は最後の孝行とし（長田1979）、金城朝永氏は沖縄では水で骨を洗うことは清める手段であり、本土の骨拾いや改葬とさほど変わりはないとする（金城1936）。名嘉真宣勝氏は沖縄で洗骨はチュラクナスン（美しくする）ともいい、恵原義盛氏は奄美では、骨を浄めることによって死霊を浄化し、その神格化を助ける目的を持つと解す（名嘉真1979a・恵原1979）。

　伸展葬が継続的に行われるなかで、新たに改葬という方法がとられたことは、一つには横穴墓は近親者であろう複数人の埋葬をし、被葬者層拡大による埋葬人数の増加に対応する手段、もう一つは埋葬行為にかかる意識の変化があったとみなされる。土葬から火葬への過渡期の現象ではあるが、伸展葬に比して手間のかかる葬法である改葬は、一度から数度にわたり改めて肉体及び骨に接する。骨が大切に扱われることからも、改葬には浄化や神格化という一つの意識が作業の根底にあったと考えられる。

　骨化終了後に集積することからは、肉体は骨で代置されるという意識があったとみてはどうか。

改葬も伸展葬も骨を大切に扱うことから、玄室は肉体を具えた死者の空間だけではなく、骨化後の骸と魂の空間であったとみることもできよう。

(5) 関東地方南部の状況

　北武蔵地域や房総半島の埋葬方法は、基本的には相模・南武蔵地域の状況と類似するが、いくつかの横穴墓を例示しておく。

　北武蔵地域には、吉見百穴などの著名な横穴墓があるものの、既開口の横穴墓が多く、埋葬痕跡が知られるものは少ない。そのうち、埼玉県の川崎1号墓はAaによる埋葬で、並置されていることからは、伸展葬が連続された結果とみられる。長方形の平面形態の玄室にそれぞれが奥壁側頭位で埋葬されている。

　房総半島では千葉県市宿横穴墓群で棺内複数埋葬の好例がある（小高1997）。南武蔵地域の川崎市久地西前田2次2号墓に設えられた木棺で検出された状況と似るが、被葬者人数が関東地方南部でも随一の数量である。1・2・8・9・10・11・13・14号墓などで、かなりの密度で一棺へ埋葬がされる。人骨の累積という状況で検出されているが、木棺へ次々と埋葬された結果とみられる。それぞれの棺は計画的に配置されたようで、方形状の玄室に主軸平行で最大3～4棺が並置される。また、10号墓ではそれでも足りず、玄室入口から羨道にかけて斜位に1棺が設置されている（第Ⅲ-10図）。

　市宿横穴墓群では、年齢が判明したものだけでも149体の埋葬が確認されている。横穴墓の基数は20基弱であるが、人骨の出土が集中するのは、先述の8基程度であることから、1基あたりの平均値は18体以上になる。一棺の中には頭蓋骨の位置が揃えられるものが多いことから、無造作に埋納したのではなく、ある程度は人体配置を意識したことが窺える。ただ、一棺に埋葬が積み重なっていくと規則性がなくなることも2号墓から窺え、棺からはみ出していたかのような出土状態を示している（第Ⅲ-11図）。頭蓋骨は入口となる玄門側に置かれるものが比較的多い。この玄門側頭位という方向性は、三浦半島と類似する。

　この市宿横穴墓における最終状況を見る限りでは、棺で床面が充足されており、玄室での骨化は考えづらい。これは、2号墓での最終棺が羨道に跨るという設置からも窺える。最終棺の設置前に玄室は主軸平行で3棺が並置されており、玄室空間にはひしめき合うように人骨が累積していたのである。

　そのほか、千葉県では西国吉横穴墓群にあるような、棺を据え置いたとみられる長方形状の浅い掘り込みが多く認められている。西国吉1号墓の例からは、棺が使用されたかは定かではないものの人骨が出土しており、埋葬の掘り込みと判明している。この長方形状の浅い掘り込みを持つものは、無袖式という玄室形態や、付帯施設の棺座が非常に高いという共通性がみられる。

　このような特徴は、相模の湘南東部地域で顕著であり、埋葬頭位の方向性や棺座上の長方形の浅い掘り込み、玄室の形態、高棺座の様相など、埋葬や施設の面からも、東京湾を介した共通性が窺える。

第1節　埋葬位置とその様相

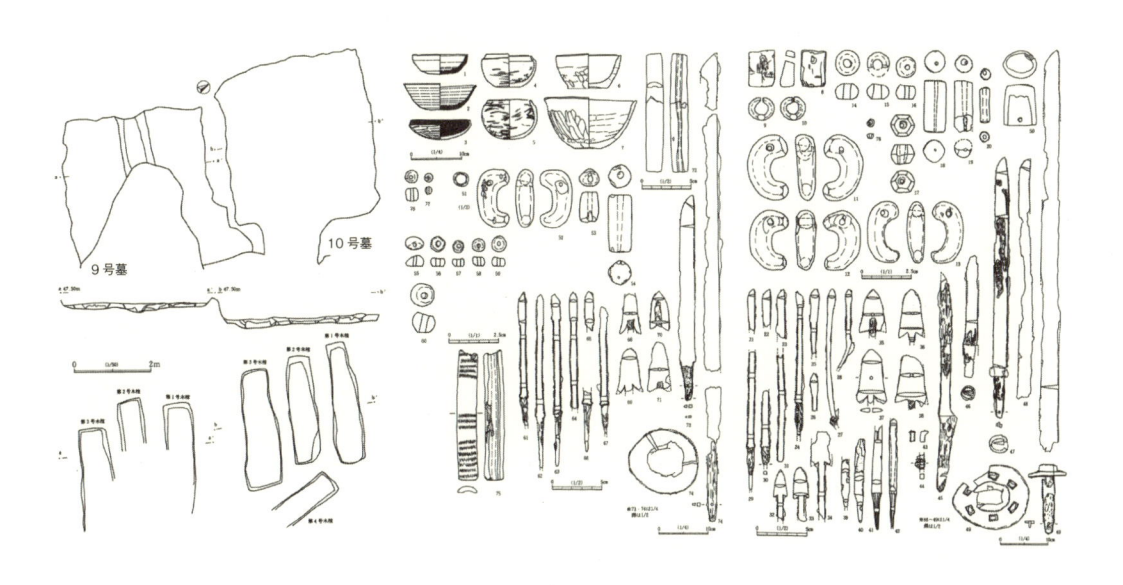

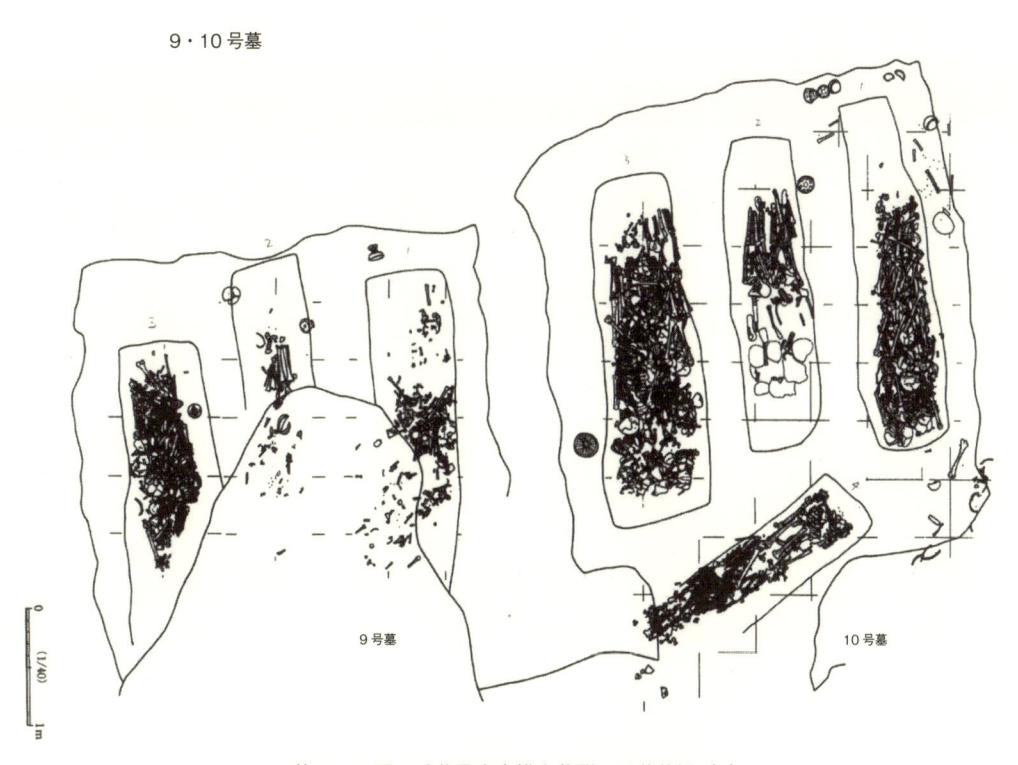

9・10号墓

第Ⅲ-10図　千葉県市宿横穴墓群の埋葬状況（1）

第Ⅲ章 後・終末期の喪葬観念

2号墓

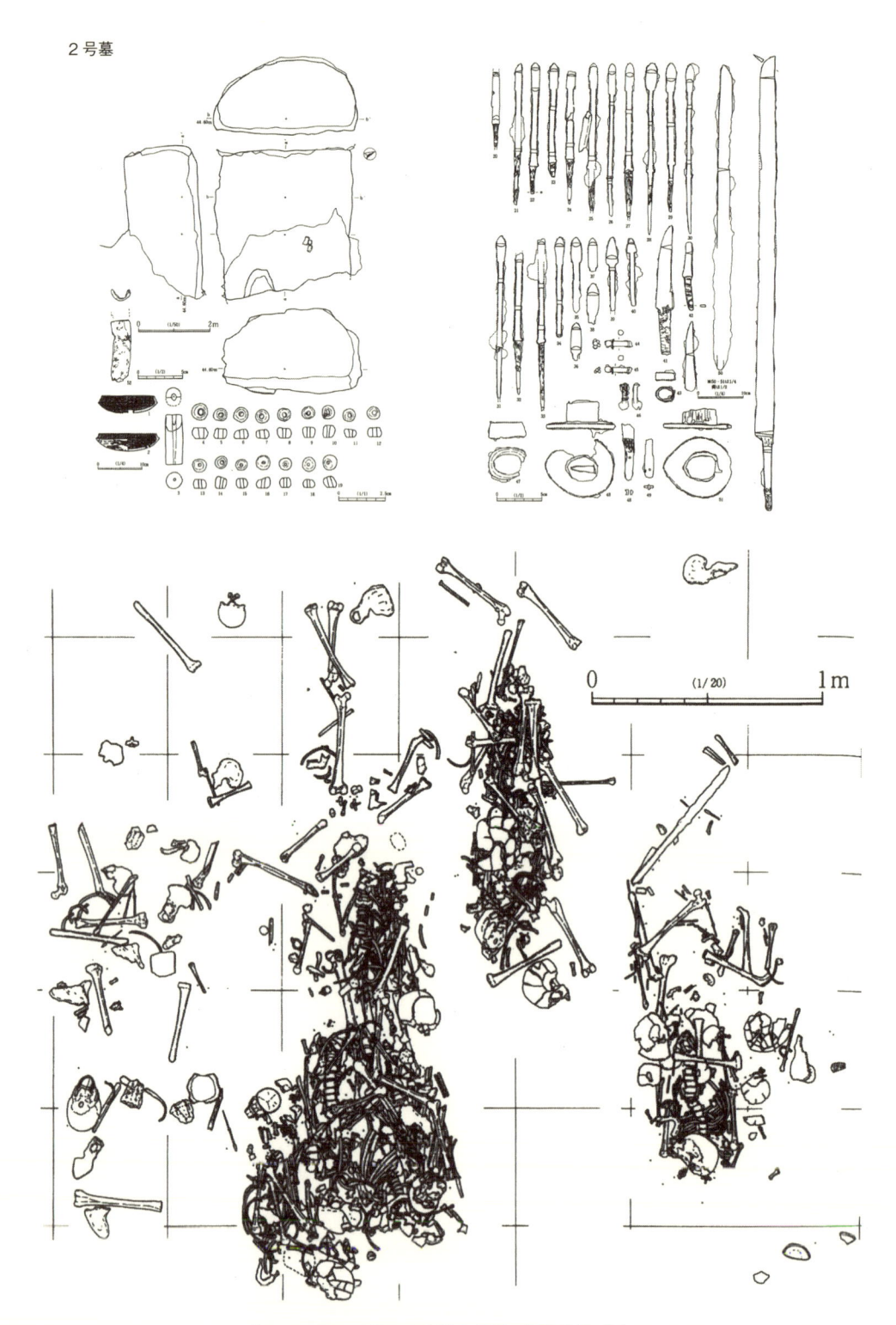

第Ⅲ-11図 千葉県市宿横穴墓群の埋葬状況 (2)

(6) 小　結

　6世紀以降の埋葬方法としては、伸展葬及び改葬がある。相模・南武蔵地域では、古墳に比して横穴墓で人骨の遺存例が多いために資料数は偏るが、古墳は伸展葬が主体であるものの改葬も一部で行われ、横穴墓は伸展葬と共に改葬が普遍的に行われていた。そして改葬は6世紀末～7世紀初めに開始され、7世紀中葉前後に方法が多様化し盛行する。

　伸展葬のうち玄門側に頭位を置く主軸平行型の埋葬は三浦半島に顕著で、玄室平面形は方形が多く、主軸直交型の埋葬は丹沢南麓などの山間部寄りに顕著で、玄室平面形は撥形が多い。これに時間軸を考慮してみると、沿岸部から山麓への横穴墓の築造拡大という現象の中で、初現期は主軸平行型の埋葬が多く、展開期・盛行期にかけて主軸直交型の埋葬が多くなっていく。伸展葬に比して手間のかかる葬法である改葬は、一次葬である骨化と二次葬である集積や骨の部分移動という行動に分けられる。改葬は一度から数度にわたり、改めて肉体及び骨に接するということから、遺体に対する執着観念が厚いということがいえる。骨が捨てられずに大切に扱われることからも、改葬には浄化や神格化という一つの意識が作業の根底にあったとみなされる。

　同時期の事象として棺内複数埋葬があるが、好例として川崎市の第六天古墳と同久地西前田2次2号墓が挙げられる。前者は同一石棺内に11人、後者は奥壁に沿って設置された木棺から数人の埋葬が確認されている（玄室内全体では10人）。棺内複数埋葬は、改葬をせず同一棺に順次埋葬した結果として人骨が集積しているようだ。棺内では頭蓋骨の検出位置が一方向に偏る傾向があり、体躯は纏められているような状況ではないことから、連続して伸展葬された結果として理解される。前葬者を何処まで意識していたかは定かではないが、上に積み重ねて埋葬していることからは、肉体に対する執着観念が薄いということがいえる。

　沖縄県における現代の民俗学的な検討では、骨の処理によって初めて遺骸の処置が終わるとされる。骨の処理である洗骨については、水で骨を洗うことは清める手段とし、チュラクナスン（美しくする）という概念のなかで、骨を清めることによって死霊を浄化し、その神格化を助ける目的を持つと解される。

　改葬は、羨道の機能喪失と被葬者層拡大という下位階層までの横穴墓築造という社会背景の中から生じた葬法といえ、6世紀末以降一般化する。7世紀前半の横穴墓は、玄室面積が拡大する傾向も指摘できることから、改葬の盛行と併せ、玄室内での作業スペース確保の結果として、空間拡大が図られたことも窺える。

　被葬者の肉体は、骨化終了後に改葬により集積や部分移動などがなされて変化が完了する。改葬は、死、骨化、移動というプロセスを経て終了するといえる。伸展葬には骨化の確認という工程がないが、骨は捨てられず、大切に扱われていたことに変わりはない。このことは、肉体は骨で代置されるという意識があったことも窺え、玄室は肉体をそなえた死者の空間だけでなく、骨化後の骸と魂の空間であったとみなされる。

第Ⅲ章　後・終末期の喪葬観念

2. 横穴墓にみる各地の埋葬事例

　これまでみてきた相模・南武蔵地域を中心とした関東地方南部では、改葬が多用され、それは人骨を集積するものと部分移動をするものがあった。また、伸展葬では初現期の横穴墓で、玄門側に頭位を向かせて追葬時に並列させるものなどがあり、それと共に、伸展葬及び集積改葬などが同一玄室内で行われていた状況もみてきた。棺の使用にあたっては、人骨の検出状況から一体一棺ではなく、一つの棺に順次積み重ねるように埋葬される棺内複数埋葬もみられた。

　それでは他地域の埋葬状況はどのようなものであったのか。横穴墓は九州地方北部、山陰地方、北陸地方、東海地方、東北地方南部などが集中して築造される地域として抽出できる。相模・南武蔵地域に比して、埋葬痕跡がわかっているものには限りがあるが、各地域の事例をみながら、対比検討していきたい。

(1) 九州地方北部

　九州地方北部では、横穴墓は5世紀後半から7世紀代にかけて、風化しかかった安山岩や阿蘇凝灰岩といった岩質のある地域に築造される。約250ヶ所で3000基以上の築造がある（佐田2001）。佐田茂氏の整理によると、次のような特徴がみられる。全国でも初現的な様相を示す地域であるため、少し丁寧にみていく。

　分布は筑後川上流域の日田地方、大分川下流域の大分市、山国川流域の三光村・中津市、駅館川流域の宇佐市、大野川流域の竹田市などに集中する。山国川流域にある上ノ原横穴墓群は、約80基の横穴墓が調査され、このうち5世紀後半代の初期横穴墓が約40基を占める。

　佐田氏の時期区分に従って次にみていきたい。初現については、玄室平面形が方形・長方形・楕円形と定まっておらず、玄室に向かって下向する短い墓道がつく。この形態は初期横穴式石室あるいは竪穴系横口式石室との関連性も指摘されている。天井部構造は家形やドーム形をしたものが多い。

　6世紀代は、玄室や墓道の整備されたものが多くなり、玄室平面形は方形や縦長・横長の長方形をしているが不整形なものもある。上ノ原横穴墓群や竹並遺跡では、この時期の横穴墓には長大な墓道のつくのが特徴的で、天井部構造は家形やドーム形をしたものが主流となる。大分市飛山横穴墓群では、家形の横穴墓にすぐれた副葬品を持つものが多い。床面構造は日田市小迫横穴墓群A・C区が造付の屍床を持ち、人頭大の河原石や玉砂利を敷くものが多い。

　7世紀代は、玄室平面形は盛期と違いはないが、ややいびつな不整形が増える。規模は小型が多くなり、全体的に造りが雑になる。羨道敷設形態は盛期にみられた長い墓道は姿を消し、墓前域を共有して横穴墓が造られる。天井部構造はドーム形やアーチ形があるが高さは低くなる。また、この期は装飾横穴墓も多く、宇佐市一鬼手横穴墓群、加賀山横穴墓群、貴船平横穴墓群、豊後高田市穴瀬横穴墓群のように、入口部に同心円文や人物らしき文様の描かれた装飾横穴墓もみられる。

これまではこの地域でも、横穴墓に葬られた人々は、古墳に葬られた人々より身分的には低い階層者として捉えるのが一般的であった。しかし、その後の調査例の増加により、副葬品の中には古墳のそれを上回るものが発見され、副葬品対比では一概に古墳より下層の人々と決められない。竹田市扇森山横穴墓群では短甲が、大分市飛山横穴墓群では金銅装の馬具や多くの鉄製品が出土するなど、古墳の被葬者に劣らぬ副葬品を持つ。ただし、横穴墓は古墳と比べて圧倒的に築造数が多く、小さな谷にまで分布するという状況からは、古墳の被葬者よりさらに下層階級の人々にまで採用されていた可能性が高い。このことは、政治的・社会的などの何らかの理由によって、彼らに古墳の造営が許されなかったとされている。
　池上悟氏によると（池上2000）、竹並横穴墓群などにみられる7世紀中頃の墓前域を共有する形態は「密集横穴」と呼称され、九州地方の特徴という。しかし、すべてが密集横穴に変化するのではなく、その変化の背景には造墓規制の変換が考えられ、密集横穴の存在を指標として地域支配の変遷を想定することが可能であるとされる。
　羨道入口部の石積に関しては、6世紀後半代の密集横穴の展開と合致することから、横穴式石室との構造的関連が重視されてきた。水町9号墓の状況は、大型・単独という存在から被葬者の階層性を明示するが、3・4・8号墓の密集横穴では、奥側の主たる横穴墓ではなくて脇の横穴墓に石積がされることから、竹並横穴墓群の人骨出土状況を鑑み、長期間の使用に耐えるための入口施設の補強であるという評価がなされている。
　ここで埋葬痕跡の好例として、5世紀後半～6世紀代の大規模な横穴墓群である上ノ原横穴墓群を取り上げてみる。81基が知られ、山国川東岸、上ノ原と通称する台地の上部斜面に立地する。南北2支群に分かれ、南支群24基・北支群55基が調査された。それらには小規模な平入り楕円形・隅丸方形・妻入り長方形の玄室に短い羨道をつけるタイプ、やや大型で隅丸方形の玄室に長大な墓道を持つタイプの二者がある。前者は5世紀後半（第Ⅰ期）から5世紀末～6世紀前葉（第Ⅱ期）、後者は6世紀中葉から後半（第Ⅲ期）の造営である。Ⅰ・Ⅱ期の玄室には玉砂利で屍床を造るものが多く、Ⅲ期では全面に人頭大の扁平な河原石を敷く。なかには、5世紀末～6世紀後半の間に5回の追葬を行ったものもある。
　同一横穴墓の被葬者は、遺存人骨の分析結果から熟年男性を中心とした血縁集団だと考えられている。初葬の熟年男性は屍床の設置、副葬品の質・量など特に丁重に扱われる。北支群は金象嵌・銀象嵌の刀、青銅製圭頭のほか、武器及び武具、馬具などがあり、南支群は玉類・銅釧・貝輪などの装飾品が多い。遺存人骨は40体を超える。
　特徴的な埋葬については次のとおりである。3号墓は玄室平面形がほぼ隅丸長方形で、成人男性1、成人女性2、未成人1、計4体が検出された。玄室左側（北）に頭や上肢、右側には下肢骨という傾向があり、報告では片付けとされるが、玄室中央に人骨は遺存している（第Ⅲ-12図）。11号墓はほぼ卵形で、成人男性2、成人女性2の計4体が検出された。右（東南）頭位の熟年男性は、左肩関節はほぼ原位置ながら左右大腿骨には乱れがある。左（北西）頭位の成年～熟年男性は、大腿骨は頭位を左に向けるが右頸骨は逆方向、左の頸骨と腓骨は玄室右奥へ動かされてい

第Ⅲ章 後・終末期の喪葬観念

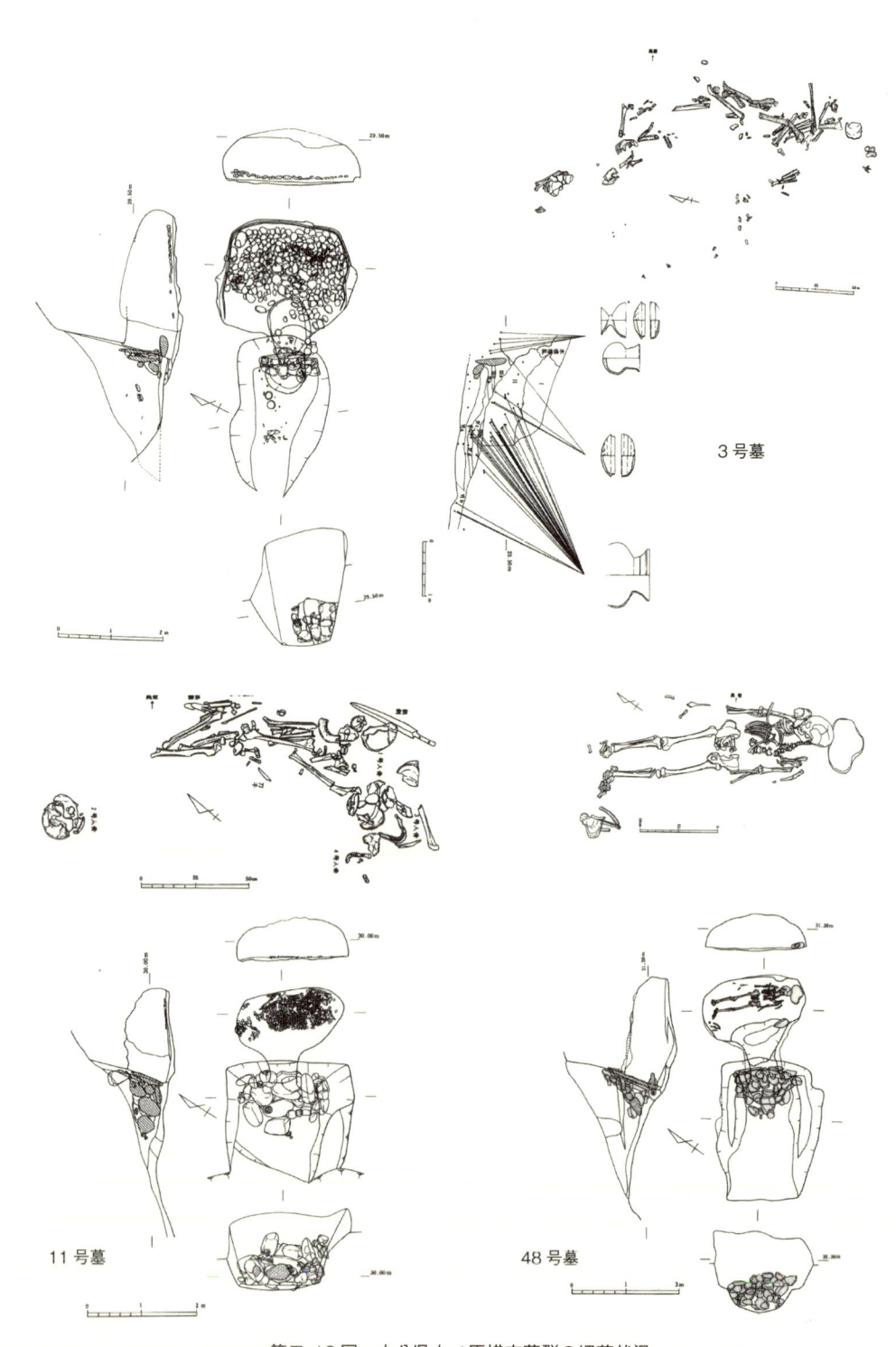

3号墓

11号墓　　　　　　　　　　　　48号墓

第Ⅲ-12図　大分県上ノ原横穴墓群の埋葬状況

る。右（東南）に頭位をとる成年女性は、頭と上腕骨と寛骨、左右大腿骨が遺存する。報告では奥から3体は片付けられていると解釈されている（第Ⅲ-12図）。21号墓はほぼ台形で、成人男性2、成人女性2という計4体が検出された。玄室側壁沿い左右に礫床による屍床が敷設され、右に1体、左に2体、中央に1体ある。左屍床上の奥壁側頭位（女性）は、右寛骨・大腿骨が本来とは逆方向で、肋骨は頭蓋骨脇にある。左屍床上の玄門側頭位（女性）は、左大腿骨が原位置から大きく動いている。よって、埋葬順は右男性→左奥壁頭位女性→左玄門頭位女性→中央男性と想定されている。30号墓はほぼ方形で、成人男性2、成人女性1、未成人1の、計4体である。玄室主軸平行で、左から1番目の人骨は成年〜熟年の男性で玄門側頭位をとるが、追葬時に左壁際へ押し遣られる。左から2番目の人骨は奥壁側頭位の若年で、左から4番目の人骨は奥壁側頭位の成年女性、左から3番目の人骨は玄門側頭位の熟年男性であり、2番目と4番目は左大腿骨が反転している。48号墓は楕円形で、成人男性1体が検出され、主軸直交で熟年男性である。胸部の骨の移動は人為的と示唆される。また、右膝蓋骨が関節部ではなく左足脇の瓜状炭化物の下に置かれ、右膝蓋骨の移動は、瓜状炭化物の供献と同時とされる（第Ⅲ-12図）。

　次に、6世紀後半〜7世紀前半を中心とする熊本県つつじヶ丘横穴墓群をみていく。18群48基が確認され、熊本市内の北部にある立田山の頂上（標高150m）から、南東方向に延びる支脈の南向き斜面、白川右岸の阿蘇凝灰岩に穿たれた横穴墓群で、標高は30〜40mである。

　須恵器や土師器の供膳具を置いた棚状の施設や、燔火を行った痕跡が遺存し、建物の存在を示す柱穴群などが墓前域や墓道にて確認されている。墓前域から須恵器や土師器・馬具・鉄滓・種子などが、墓室から耳環・丸玉・小玉・貝輪などが出土した。

　特徴的な埋葬についてみていくと、B-1号墓は逆台形で、2体が検出されている。玄室中央左半・コの字状の配置を意識して、改葬による埋葬がされている。C-2号墓は片袖状で、複数体が検出され、羨道右脇に頭蓋骨が集中し、玄室右側に長管骨が偏在、玄室左側に遊離歯が多く散在する。玄室で骨化させ、改葬されたことが窺える。遊離歯の存在から改葬以前の頭位が想定される。C-3号墓は台形状で、複数体が検出された。羨道主軸に直交するように長管骨を配し、その奥寄りに頭蓋骨3体分を並べる。玄室奥部左側では上顎骨・遊離歯が散在する。玄室で骨化させ、改葬されたことが窺える。玄室奥部左側では上顎骨・遊離歯が散在し、玄室内での一次葬の頭位が想定できる（第Ⅲ-13図）。C-4号墓は長方形で、玄室内最終使用面上に改葬骨がある。玄門中央付近に頭蓋骨、そのほかは玄室右側に集中し、玄室中央付近には下顎骨がある。D-5号墓は略柳葉形で、長管骨が意識的に配置される。D-7号墓はほぼ長方形で、人骨は玄室右側に偏在するが、一次葬の体位が大きく動かされている。J-1号墓はほぼ台形で、玄室前壁側左コーナー付近に集積、羨道に四肢骨が配され、羨門側に頭蓋骨がある。

　このような九州地方北部の事例からは、次のようなことがいえる。横長楕円形状の玄室を初現とし、主軸直交の右壁側頭位を基本として、5世紀前半から埋葬される。横長楕円形状の玄室には、狭いスペースからか1〜2体の埋葬が主体となる。横長楕円形状の玄室は狭く、空間確保のために方形の玄室が出現し両者は群内で混在する。また、縦長長方形も主軸直交の右壁側頭位を基本

第Ⅲ章　後・終末期の喪葬観念

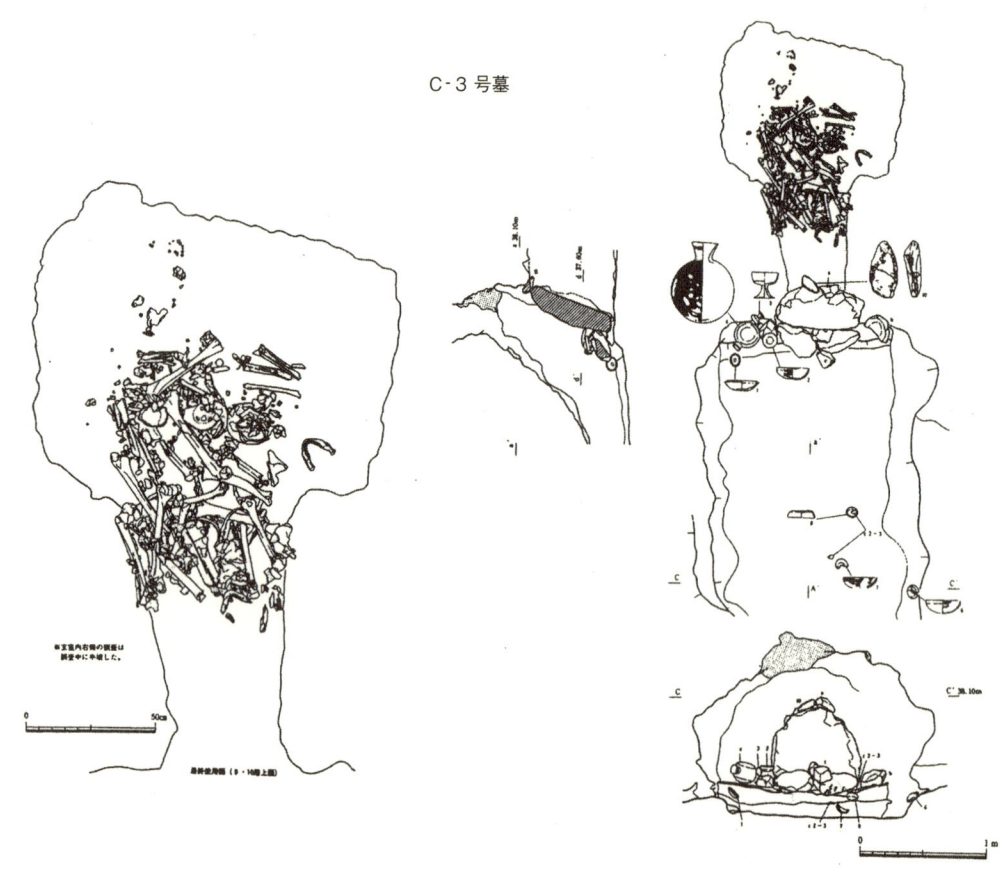

C-3号墓

第Ⅲ-13図　熊本県つつじヶ丘横穴墓群の埋葬状況

として、埋葬骨は奥壁側から並列され、これも空間確保の典型例といえる。横長楕円形状の玄室は、主軸上の長さが短いにもかかわらず、5世紀後半から主軸平行の玄門側頭位の埋葬形態が出現する。

　伸展葬は主軸直交と主軸平行があり、主軸直交では頭位は右壁側が多く、主軸平行では頭位は玄門側が多い。そのほか、集積による改葬が多用されている。

(2) 山陰地方
　山陰地方における横穴墓の導入は陶邑TK10～MT85型式期（山本清編年Ⅲ期）で、横穴式石室の初現と比較するとかなり後出である（池上2000）。初現期の横穴墓は安来平野と意宇平野に多く、高広Ⅰ区3号墓の玄門側を頭位とする3体の伸展葬の様相は、島田池6区8号墓と同様で、この葬法は豊前地域の横穴墓初現期の様相に通じる。小型横穴墓は関東地方北部から東北地方南部に集中して分布するが、山陰地方では6世紀後半代にすでに存在している。そのため、埋葬様式が保持されるという、横穴墓葬法の伝播が九州地方北部との関連で指摘される。さらに、池上氏は

第1節　埋葬位置とその様相

埋葬について A〜C という三つの分類を行う。A は先葬者の遺骨を追葬時に順次片付け集骨するもの。B は先葬者の遺骨を追葬時に片付け、これを小型の改葬施設に収納する。C は特定の横穴墓を改葬用に使用するもので、遺体を骨化する第一次埋葬施設を土壙墓などとする C ①類と、横穴墓とする C ②類に区分している。

　山陰地方のうち、改葬に関係するような事例を抽出すると次のようになる。島根県東部菅田横穴墓群は、6世紀末〜8世紀中頃の22基が調査されている。丘陵頂部には横穴墓群の墳丘があり、竪穴状の小石室を伴う小墳丘も隣接する。横穴墓群には、数基が共有する墓前域が3基ある（3・16・20号）。22号墓は正方形の玄室で、成人骨の女性は玄室左側板石奥壁側に集骨とされる。

　鳥取県西部北谷ヒナ横穴墓群は、6世紀後半〜7世紀前半の4基が調査されている。俣野川流域の山地に所在し、未完成の横穴墓も存在する。4基（うち1基は人骨なし）で合計34〜35体の人骨が検出され、女性・子供が多く、男性が少ないという特徴がある。近隣の杉谷1・2号墓、内ノ倉山横穴墓群には墓前域石積があるが、ヒナ横穴墓群には存在しない。4号は隅丸方形で、成人男性3、成人女性6、子供5、新生児1（新生児は壮年女性頭蓋腔内から出土）が確認されている。玄室内部の両側に人骨が散在し、骨の纏まりの長軸方向は羨道の長軸と一致するものが多い。伸展葬と共に改葬があり、玄室奥側と入口側に頭を向けて、交互に遺体を安置している。原位置を保つ骨はなく、大部分は移動している。№4-132とされた頭蓋腔から、多数の骨片が検出（自然に入ったものではないと判断）された。顔面眼部〜鼻部にかけて人為的に欠損させ、そこから骨片を入れたとみられている。

　島根県東部西谷横穴墓群は、6世紀後半〜7世紀前半及び8世紀代の10基が報告されている。斐伊川西岸の西谷丘陵東側斜面に所在し、1号墓は須恵器屍床、そのほかは無施設で、小規模な玄室による横穴墓が主体である。第2支群2号墓は不整な長方形で、青年〜壮年女性1体が検出され、玄室奥側中央に頭蓋骨片などがあり、白骨化の後に移動されたようだ。

　鳥取県西部大垰山横穴墓群は、日野川流域の高山山塊東側に聳える標高79m、東宗像の山稜から北側に低く延びる尾根に所在し、10基（以上）が知られる。A2号墓は正方形で、7体の人骨が検出された。1号（1号群）は壮年後半〜熟年男性、2号（2号群）は壮年男性、3号（3号群）は少年期、4号（3号群）は壮年後半男性、5号（3号群）は壮年女性、6号（1号群）は新生児、7号（2号群）は子供とされる。1号人骨群は玄室前壁左隅、2号人骨群は玄室奥側右壁沿い、3号人骨群は玄室奥壁寄りに位置する。3号（3号群）は骨髄腔に砂が詰まり、4号（3号群）は上顎洞内に砂が付着し、頭蓋骨に赤色顔料（水銀朱）が、5号（3号群）も頭蓋骨に赤色顔料が各々付着する。3号（3号群）・4号（3号群）は砂の付着痕跡から、二次的な移動を推定し、河原での一次葬が想定されている（第Ⅲ-14図）。

　C1号墓は玄室が不整な五角形で、2体の人骨が検出された。熟年後半の女性と壮年男性で、玄室中央通路部分で集積する。伸展葬のようにみえるが、頭蓋骨は女性で体は男性骨である。本来遺体が安置されたとみられる場所にはほとんど人骨が存在せず、骨化後の男性と連結靭帯が残っている女性を同時に中央に移動したと想定される。もともとは玄室左半に女性、右半に男性が

第Ⅲ章 後・終末期の喪葬観念

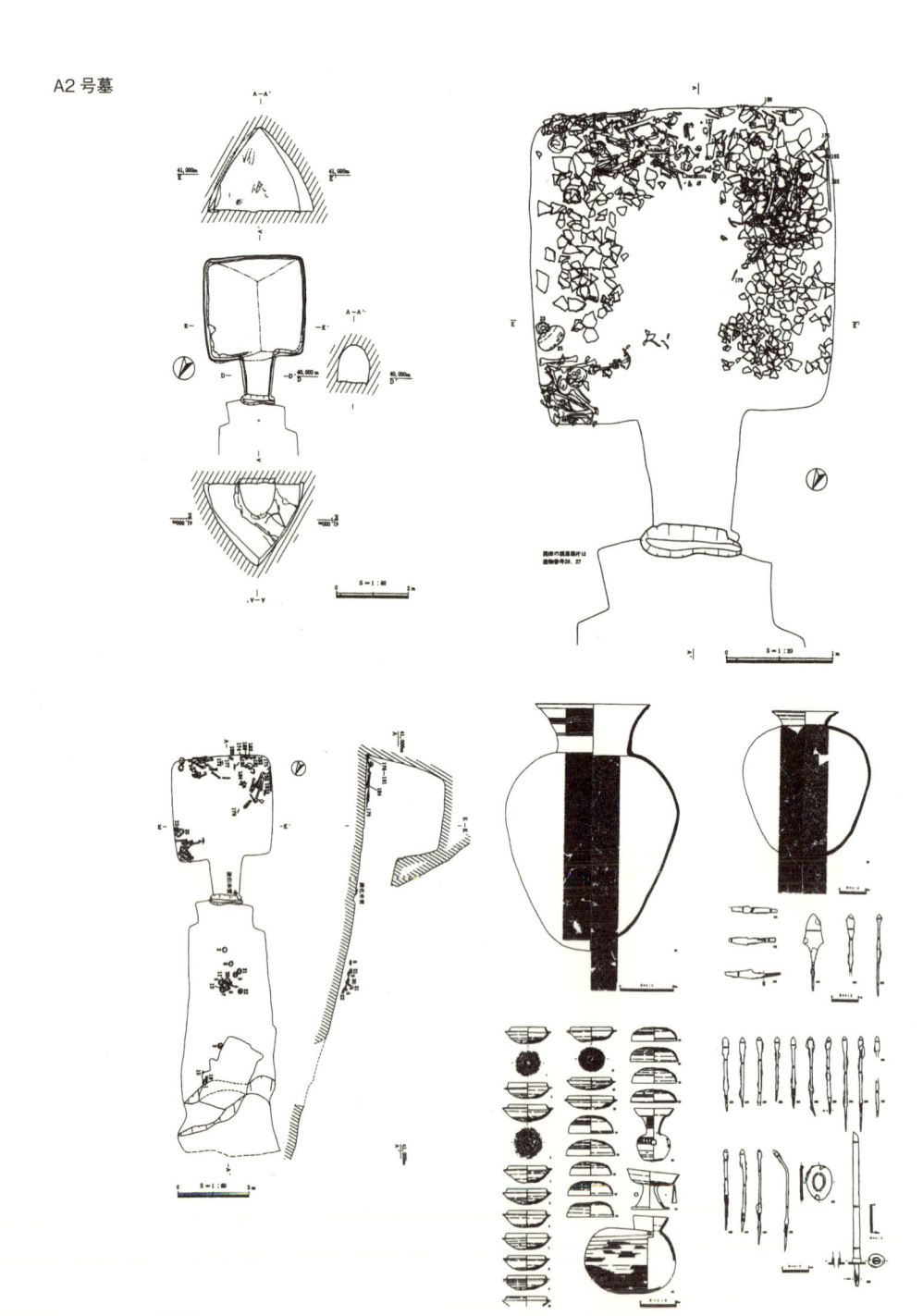

A2号墓

第Ⅲ-14図　鳥取県大垪山横穴墓群の埋葬状況（1）

安置されていたと報告者はみている。

　C8号墓は正方形の玄室で、7個の頭蓋骨が確認された。No.1頭蓋骨は壮年女性、No.2頭蓋骨は壮年男性、No.3頭蓋骨は壮年女性か？、No.4頭蓋骨は壮年女性、No.5頭蓋骨は壮年後半男性、No.6頭蓋骨は青年期後半～壮年女性、No.7頭蓋骨は7～9歳の子供である。玄室左前壁隅～奥壁右隅にかけて四肢骨を寄せるが、規則的な配列は一体もない。朱塗りの人骨が検出され、腐乱した不浄なものを水で洗い流し、その後、朱などを頭蓋骨に塗ったと解釈されている。

　中海の海岸線から2km程南へ入った、標高25～35mの丘陵に位置する島根県東部島田池遺跡では、37基の横穴墓が調査された。1区1号墓は灯明石付家形石棺があり、3号墓は共有する墓前域を具え、主たる横穴墓では子持壺が複数出土している。1区3-B号墓は方形の玄室で、5体の人骨が検出された。壮年男性1、熟年男性1、壮年中期女性1、壮年前期女性1、若年者（10代）1とされる。玄室右奥隅付近と中央部を中心にやや密に存在することからは、改葬の可能性がある。4区6号墓は方形の玄室で、壮年男性1、壮年男性1、成人1の3体が検出された。それらは、玄室左半中央付近に集中し、改葬の可能性がある。4区15号墓も方形で、壮年前期？女性3、壮年後期～熟年女性1、小児（10歳前後）1の5体の人骨が検出された。四肢骨が玄室中央奥壁寄りにやや集中し、伸展葬の後に改葬を行ったようだ。

　このような山陰地方の事例から次のようなことがいえる。伸展葬のうち主軸直交では、頭位は右側壁側と左側壁側が同じような数量となり、主軸平行での頭位は玄門側が多い。また、集積による改葬が多く認められる。

　6世紀末～7世紀初頭に埋葬数が多い横穴墓が存在し、一つの時期的な指標となる。また、
　井上貴央氏による人骨鑑定から導き出された、大垳山横穴墓群の様相は興味深い。A2号墓の3号（3号群）・4号（3号群）は砂の付着痕跡から、二次的な移動とみられ、河原（砂質土壌）での一次葬が想定されている（中原1987）。

（3）北陸地方・関西地方

　北陸地方では、能登半島や富山県西部に横穴墓の分布域がある。なかでも著名なのは、石川県法皇山横穴墓群である。1967・68（昭和42・43）年に行われた発掘調査では、77基が確認されている。総基数は、150～200基に達すると推定され、北陸地方最大級の横穴墓群である。出土遺物には須恵器を中心として直刀、鉄鏃、金環、銀環などがあり、これらから6世紀後半から7世紀末の築造とされるが、既開口が多かったことから、人骨の遺存例はあまり報告されていない。

　人骨が多く検出された横穴墓は、富山県の江道横穴墓群や脇方横穴墓群がある。江道横穴墓群では最大15体が埋葬されるが、人骨は長方形の区画に制限されたように累積され、木棺への棺内複数埋葬であったことがわかる。15・23・24・29号墓では、大腿骨などが集積され、脇には頭蓋骨が置かれる。これに対して21・22号墓などは、玄室全域に骨が散在するが、大振りな骨はほとんどなく小振りな骨のみで、大刀などの出土も後者に限られる。22・23号墓が対として使用されたとみなされ（第Ⅲ-15図）、骨化の玄室と改葬する玄室と、二通りの使用法があったと

第Ⅲ章　後・終末期の喪葬観念

理解される。土器は6世紀後半段階もあり、改葬は横穴墓群築造の初現期から行われていたとみられる。

　棺内複数埋葬は、関東地方南部の市宿横穴墓群でもあったが、人骨の出土様相に若干の差異がある。江道横穴墓群では木棺内に四肢骨を集積し、その上部などに頭蓋骨が置かれ、棺内でこれ

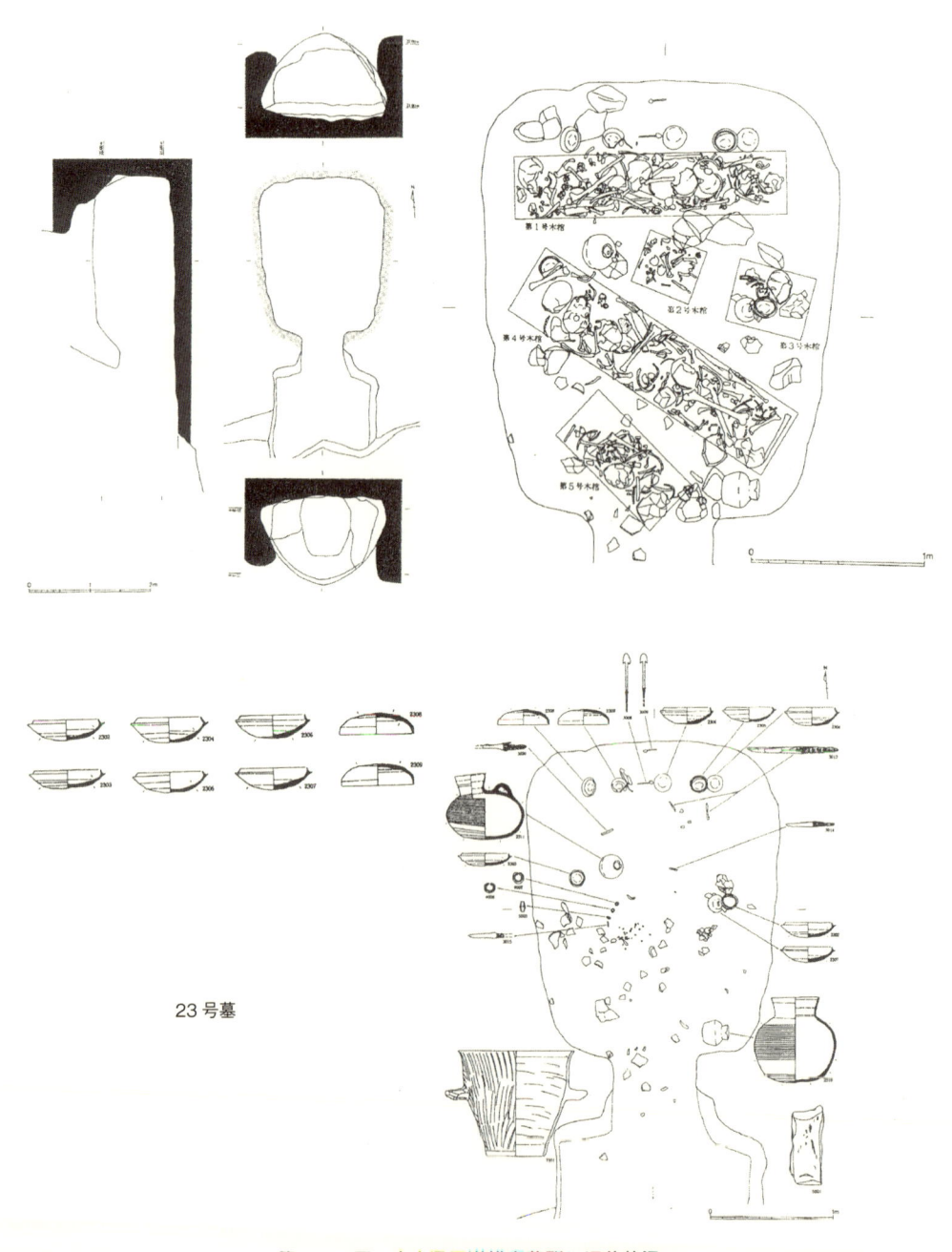

23号墓

第Ⅲ-15図　富山県江道横穴墓群の埋葬状況

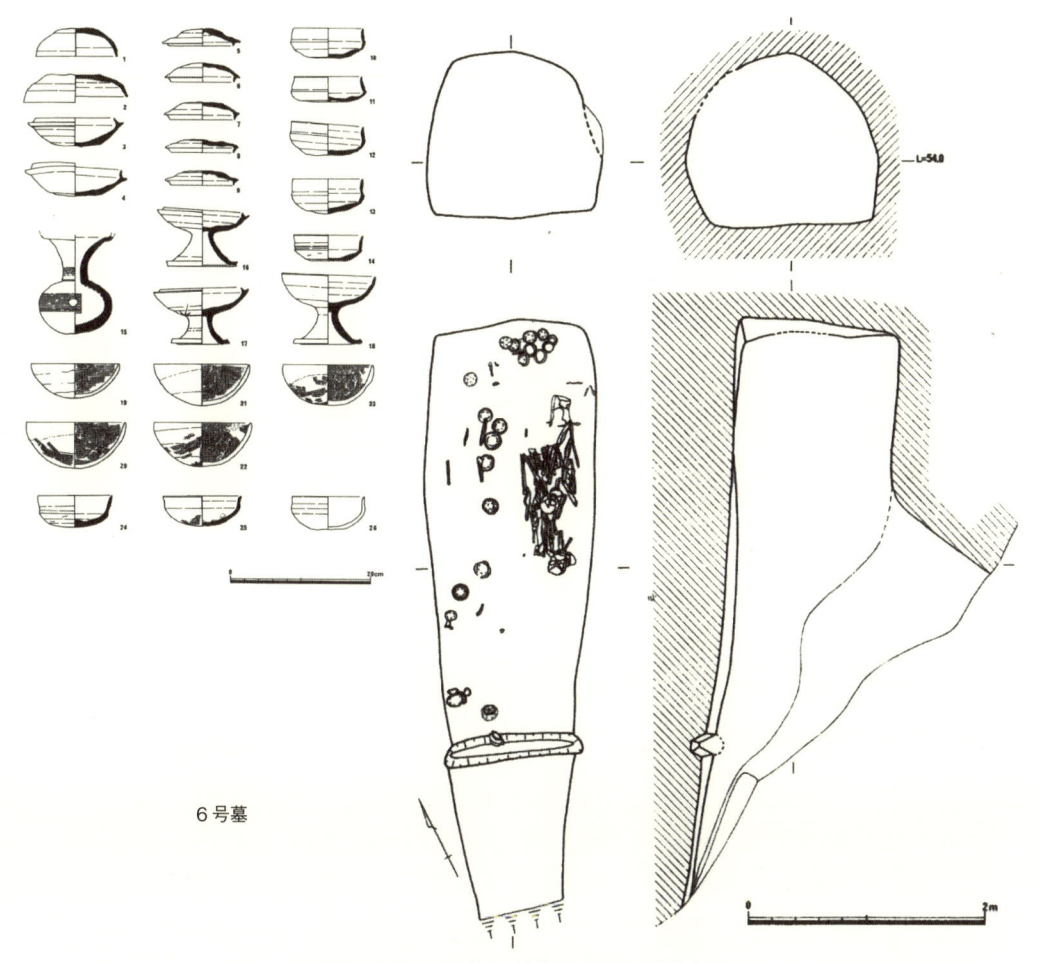

第Ⅲ-16図　京都府大田鼻横穴墓群の埋葬状況

が繰り返されている。市宿横穴墓群の伸展葬による連続埋葬という技法とは異なる。類似例を挙げると、石を並べて棺座として設え、その上部に集積改葬を連続的に実施する、伊勢原市三ノ宮・下尾崎26号墓と埋葬技法が共通する。

次に関西地方では、京都府の丹後地域にある太田鼻横穴墓群について少しふれておきたい。太田鼻横穴墓群では、6号墓で改葬の様相がわかり、無袖式玄室の右半を中心に人骨が集積される。奥壁寄りや玄室左半には土器が複数置かれ、あたかも左半で骨化し、右半に集積改葬したかの様相を示す（第Ⅲ-16図）。また、12号墓では奥壁寄り中央で四肢骨の集積があり、並列して長管骨を纏め置いている。29号墓も奥壁寄りに骨の集積がされ、同じく改葬と理解される。このような改葬の事例からは、丹後地方の一部も山陰地方から北陸地方にかかる日本海側と同様な埋葬が行われていたとみなされる。

（4）東海地方

　西遠江地方と伊豆半島北部において横穴墓が集中する。6世紀前半から出現し、8世紀代まで使用されるが、大北横穴墓群では横穴墓の築造も継続されているようである。東海地方の東部は、相模地域に隣接していることから、埋葬にかかる事象が似ている。それらにも部分的に言及していく。

　主要な横穴墓に宇洞ヶ谷横穴墓がある。玄室は隅丸長方形で、主軸側が長い。玄室中央には造付状の棺が築造時に掘り残され、意匠として縄掛突起状のモチーフが前面と側面に施される。副葬品は豊富で、棺内には鏡や複数の装飾大刀、玉類などが、棺外にも鉾や大刀、鉄鏃などが多く置かれ、玄門側右隅付近には須恵器・土師器の高坏・坏などが纏め置かれる。棺内のスペースは一人の埋葬に適度な大きさであり、鏡や装飾大刀の配置からは、主軸平行の奥壁側頭位による伸展葬であったと考えられる。造付状の棺や副葬品の内容と配置、単葬用として設えられたかの空間構成などが、横穴墓という範疇で捉えるよりは、古墳の中でも高位となる首長墓クラスと同等と評価できる。

　改葬にみる特徴的な埋葬は次のとおりである。宇藤横穴墓群ではA1号・A5号・A6号・A7号墓で組合式の石棺が使用されている。いずれの組合式石棺も人骨の出土は希薄で、A5号・A6号墓で長管骨が散見される程度である。A1号墓では石棺外となる奥壁寄り、左側壁寄りに頭蓋骨と四肢骨を中心とした広がりがみられ、四肢骨は纏められ、その上部や片隅などに頭蓋骨がある。A6号墓でも奥壁側に纏め置かれる点では共通し、A7号墓では奥壁側・左壁側に多量の骨が集積されることから、これらは改葬の痕跡として理解される。

　また、A3号墓には組合式石棺が存在しないが、玄室中央には四肢骨が集積され、頭蓋骨は右壁寄りにさらに纏めて5個以上が並べ置かれている状況であり、こちらも改葬とみられる。

　宇藤横穴墓群では、石棺に人骨がほとんど遺存しておらず、その周囲のスペースに纏め置かれる状況がある。同じ玄室空間内で、石が敷かれるという相違点のみで骨の遺存環境が極端に異なることは考えづらく、石棺で骨化し、周囲のスペースに改葬したとも考えられる。

　こうした様相は、山陰地方の横穴墓とも共通する。臼コクリ横穴墓群や島田池横穴墓群では、内部に家形石棺が設えられるものがあるが、そこからはほとんど骨の出土がない。この地の石棺は側面が開放され、一部では灯明台の存在があり、内部を観察できる構造になっている。骨化までの様態を知るために開放されたのであろうか。

　同じく天王ヶ谷横穴墓群では、4ヶ所55基の横穴墓が調査され、7世紀前半～8世紀初頭という年代である。51号墓では、棺台石の上に板に載せられて改葬骨が出土している。同群は、大振りな玄室と小振りな玄室が、共通する墓前域を具えるものがあり、大振りな玄室からは何も出土せず、小振りな玄室から人骨が改葬された状態で複数出土する。この事実から、2基のうち1基で骨化し、1基で改葬したという様相がわかる。

　横穴墓から少し離れるが、旧戸田村の井田松江古墳群では、改葬の興味深い事例が知られる。18号墓では、7世紀中葉の胴張りを呈する横穴式石室の中に、組合式の石棺が二基配されている。

第1節　埋葬位置とその様相

手前の1号石棺は内法180×65cm程度で、伸展葬による埋葬が可能である。しかし、2号とされる奥壁に沿って設置された組合式石棺は、内法90×50cmと小さく、伸展葬による埋葬ができない。1号石棺の床石と礫床の間からは人歯の出土もあり、石棺設置以前は埋葬スペースであったことが窺える。追葬による埋葬数の増加から、空間確保の意味で改葬を行い、2号石棺に人骨が納められたと考えられる。7世紀代も半ばには、空間確保のために人骨を納める石棺が使用されたことが窺える。

大北横穴墓群は北江間横穴墓群として総称され、大師山横穴墓群や割山横穴墓群などと共に構成される。その北東には、百穴の俗称で古くから知られる柏谷横穴墓群も存在し、伊豆半島で横穴墓が多く展開する地域である。

大北横穴墓群では、火葬骨を埋納する石櫃が多数検出されている。石櫃は、合子状を呈する石櫃から、閉塞装置として栓を使用する石櫃へと変化していくようだ。石櫃以外の出土遺物は乏しいが、8世紀代も横穴墓が掘削されている。玄室幅1m、長さ2～3m程度の無袖の長方形状となる玄室が多く、火葬墓として理解されながらも墓前域を具える構造である。最終的には崖に立方体の小穴を穿ち、直接火葬骨の一部を埋納するという形態へ変わっていく（第Ⅲ-17図）。

大師山横穴墓群では、群中巨大な玄室を持つ1号墓には、家形石棺が納められている。この石棺と奥壁の間に40～50cm四方の小穴が掘りこまれるが、追葬として石櫃が納められたことが想定される。同様な事例は相模地域にもあり、秦野市落合横穴墓では棺座上に30cm角で深さ10～15cmの小穴が掘りこまれる。横穴墓にみられるこのような穴の一部は、追葬による火葬骨の埋納穴としての評価もできよう。

石櫃は火葬骨臓器の一種であり、8世紀第2四半期以降は須恵器壺も使用される。石櫃は7世紀第4四半期から8世紀第2～第3四半期に限定され、その出土は地域的にも限定される。8世紀第2四半期の須恵器短頸壺を火葬骨壺とみなせば、それ以降火葬は徐々に全国へと波及し、普遍化していくといえる。

この大北横穴墓群のうち、24号墓で出土した石櫃には「若舎人」の文字が刻まれていた。

「若舎人」は皇室に近い、もしくは皇族に仕えた人物（皇子ないし皇子宮に仕える舎人）と推定され、原秀三郎氏によると、伊豆国田方郡の有力氏族伊豆国造伊豆直の一族である御立あるいはその子である久良万呂の二人のいずれかとしている（原1986）。

究極の薄葬行為とも言える火葬が、大北横穴墓群をみる限りでは、伊豆地域で通有の手段として行われている。もっとも、火葬が伊豆地域独自に発現したとは思えない。「若舎人」の石櫃からは、皇室との繋がりも濃厚で舎人として参加していた、天皇に近い存在の地元氏族が思想と共に持ち帰り継承したことなども窺える。

火葬について比較のために相模・南武蔵地域をみると、火葬骨を納めたであろう短頸壺が出土した例は、鶴巻大椿H3号墓が8世紀第1四半期の短頸壺、渋沢山王山遺跡の横穴墓や鷹番塚5号墓などでも同様の壺がある。後者は小片のため厳密な時期比定は困難ながら、相模地域における火葬の痕跡は、8世紀第1四半期には認められる。また、三浦半島では三浦市菊名中里7号墓

第Ⅲ章 後・終末期の喪葬観念

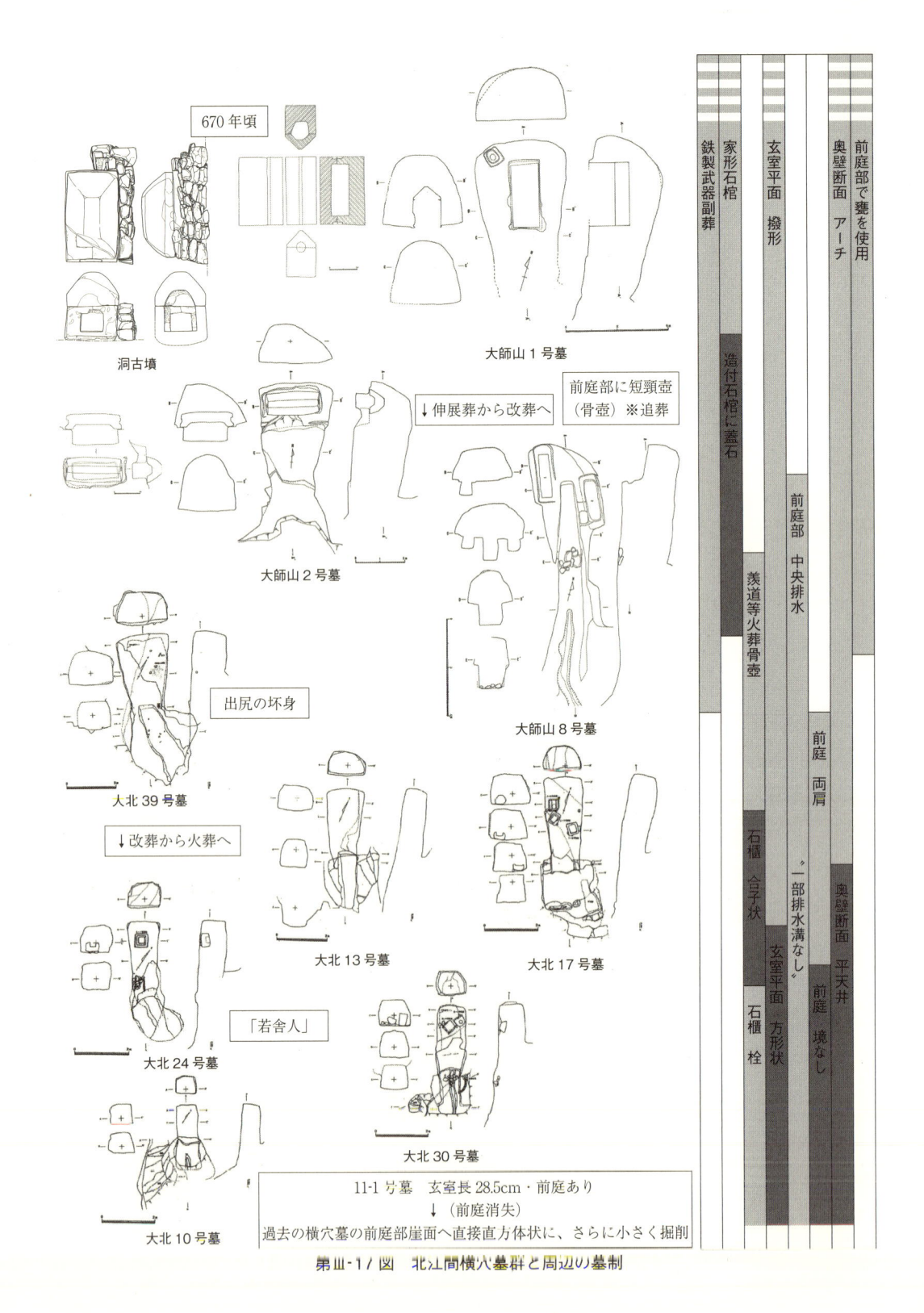

670年頃

洞古墳

大師山1号墓

↓伸展葬から改葬へ

前庭部に短頸壺
（骨壺）※追葬

大師山2号墓

出尻の坏身

大師山8号墓

人北39号墓

↓改葬から火葬へ

大北13号墓　　大北17号墓

「若舎人」

大北24号墓

大北30号墓

大北10号墓

11-1号墓　玄室長 28.5cm・前庭あり
↓（前庭消失）
過去の横穴墓の前庭部崖面へ直接直方体状に、さらに小さく掘削

第Ⅲ-17図　北江間横穴墓群と周辺の墓制

鉄製武器副葬｜家形石棺｜玄室平面　撥形｜奥壁断面　アーチ｜前庭部で甕を使用

造付石棺に蓋石｜羨道等火葬骨壺｜前庭部　中央排水｜前庭　両肩

石櫃　合子状｜"一部排水溝なし"｜奥壁断面　平天井｜前庭　境なし

石櫃　栓｜玄室平面　方形状

130

第1節　埋葬位置とその様相

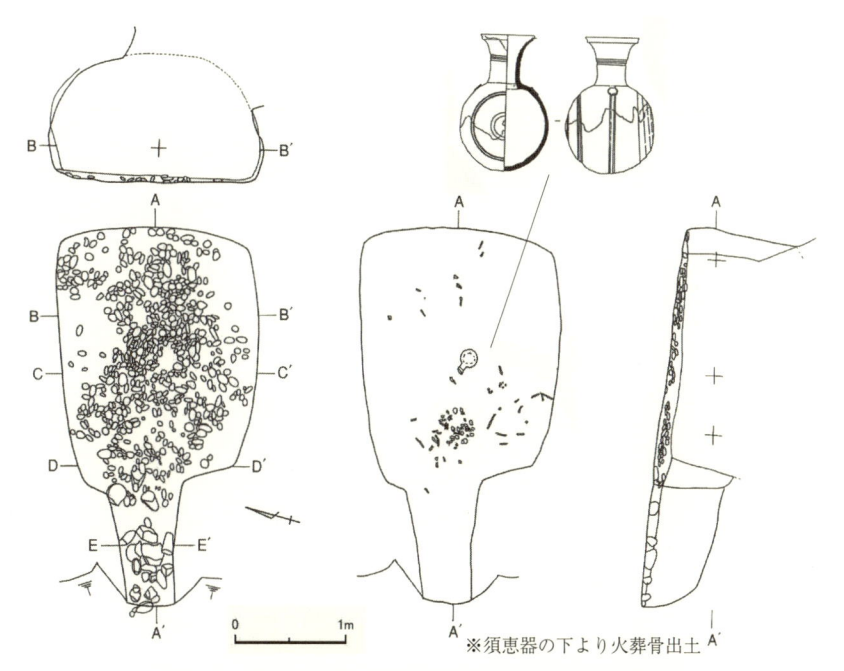

第Ⅲ-18図　神奈川県万田熊之台7号墓火葬骨検出状況

や同市晴海町1・2号墓などで、実際の焼骨や焼土が検出される例が知られるが、中世におけるやぐらとして再利用された可能性もある。平塚市万田熊ノ台7号墓は火葬骨の上部から7世紀前半とみられるフラスコ形長頸瓶が出土している（第Ⅲ-18図）。このことは8世紀を待たずして、一部で火葬が行われて横穴墓へ埋葬したとも読みとれる。

　この地域では首長墓級とされる宇洞ヶ谷横穴墓で伸展葬がされ、宇藤横穴墓の組合式石棺などでは、骨化としての伸展スペースという使用方法が窺えた。その棺の周囲では集積改葬が行われていたともみなされる。伊豆半島の大北横穴墓群では、石櫃に納めた火葬の痕跡が顕著であった。

　総体としては改葬が一般化した後に、鶴巻大椿H3号墓にみる火葬へと8世紀には移行していくとみられるが、鶴巻大椿H1号墓の墓前域奥側における土器の出土状況が古墳時代と同じ様相を呈することなどからは、埋葬方法は変化しても依然として伝統的な喪葬儀礼が踏襲されていたことが看取される。

(5) 東北地方南部

　宮城県から福島県までの太平洋側に多くの横穴墓群が存在する。人骨の出土が知られる横穴墓は宮城県で多いが、改葬によるものが主体を占める。

　宮城県北東部の矢本横穴墓群は、1968年の第一次調査から人骨が多数出土している。海岸線から約3km内陸側に位置し、南北1.5kmの範囲に広がり、旭山丘陵南端部の南東斜面に立地する。7世紀中頃から9世紀初頭まで造営し、総数200基を越えるという。出土した土器の中には「大

131

舎人」の墨書土器があり、横穴から出土した人骨は、ほとんどが改葬状態で検出されている。
　大舎人は29号墓羨道底面から出土した、須恵器坏の底面に記される。大舎人は律令制のなかで警衛駆使の雑事をし、行幸時には供奉を勤める職で、六位〜八位の下級役人の嫡子が就くという。熊谷公男氏は、地方豪族の子弟が大舎人になることは法制的には極めて困難ながら、8世紀代には畿外出身者が特例として任用されることもままあり、矢本横穴墓群29号墓の被葬者もそのような例とみて、牡鹿地方の有力豪族である丸子氏と関連づける（熊谷1996）。また、大平聡氏は出仕の時期を遡らせ、『日本書紀』天武2（673）年5月乙酉条に大舎人がみえること、さらに天武5（676）年4月辛亥条に地方からの出身法が定められて中央氏族同様に出仕が認められたことから、飛鳥浄御原令制下の大舎人と解す（大平2000）。
　44号墓は隅丸方形の玄室で、6体の人骨が検出された。玄室全域に各部位が散乱し、纏まった集積は複数あるが、特定の部位のみ並べた状況ではない。頭蓋骨と認識できるものは東壁沿いの1点のみである。47号墓も隅丸方形の玄室で、7体の人骨が検出された。玄室東側に人骨は集中し、玄門近くに頭蓋骨1、それ以外は四肢骨を纏めて配した上に頭蓋骨6が並べられる。53号墓は隅丸方形の玄室で、4〜10体の人骨が検出された。玄室内北東隅に四肢骨と頭蓋骨片を寄せ集め、玄門近くの西側と東側に頭蓋骨が一つずつある。64号墓は方形の玄室で、7〜9体の人骨が検出された。玄室南西部に頭蓋骨1が置かれる。奥壁寄り北側には四肢骨・体幹骨が複数置かれ、その上に頭蓋骨3が並べられる。いずれの頭蓋骨も顔面部を玄門へ向けている（第Ⅲ-19図）。
　矢本横穴墓群の改葬事例をみると、玄室中央に人骨が纏め置かれる様相がある。頭蓋骨は個別に纏められる例が多く、四肢骨とは違う場所にあり玄門側を向くものが多い。報告書では玄室の形状から千葉県の高壇式横穴墓との接点を見出しているが、人骨の埋葬に関しても、改葬という視点からは、関東地方での様相と類似している。
　64号墓のように複数人の体躯の骨上に頭蓋骨を並べ置くという方法は、西遠江や相模地域などで多くみられた一人の体躯の骨を集め、その上に一つの頭蓋骨を置くというあり方とは異なる。南武蔵地域の赤羽台18号墓のように、最終的に複数体が集積された状況と同じであり、同一集団による複数基使用の結果、そのうちの1基に最終的に纏めて納めるという方法が、矢本横穴墓群でも行われていたとみなされる。

(6) 小　結

　相模・南武蔵地域では、6世紀末以降改葬が一般化する傾向がみられる。相模地域の三ノ宮・下尾崎26号墓ではつごう13体分の人骨が同定されているが、玄室左半の低位な石敷き棺座上に6ヶ所、石敷き手前に2ヶ所で集積改葬がされる。玄室平面形が有袖式であることからは、相模地域の山麓部へ横穴墓の築造範囲が拡大していく6世紀末〜7世紀初頭の年代が考えられ、改葬の初現的な様相として把握される。また、南武蔵地域の馬場3丁目横穴墓群1号墓では、擬伸展改葬の様相が知られる。あたかも伸展葬のようであるが、体部の骨は集積の印象と報告される。このように伸展葬以外にも改葬の事例は多い。

第1節　埋葬位置とその様相

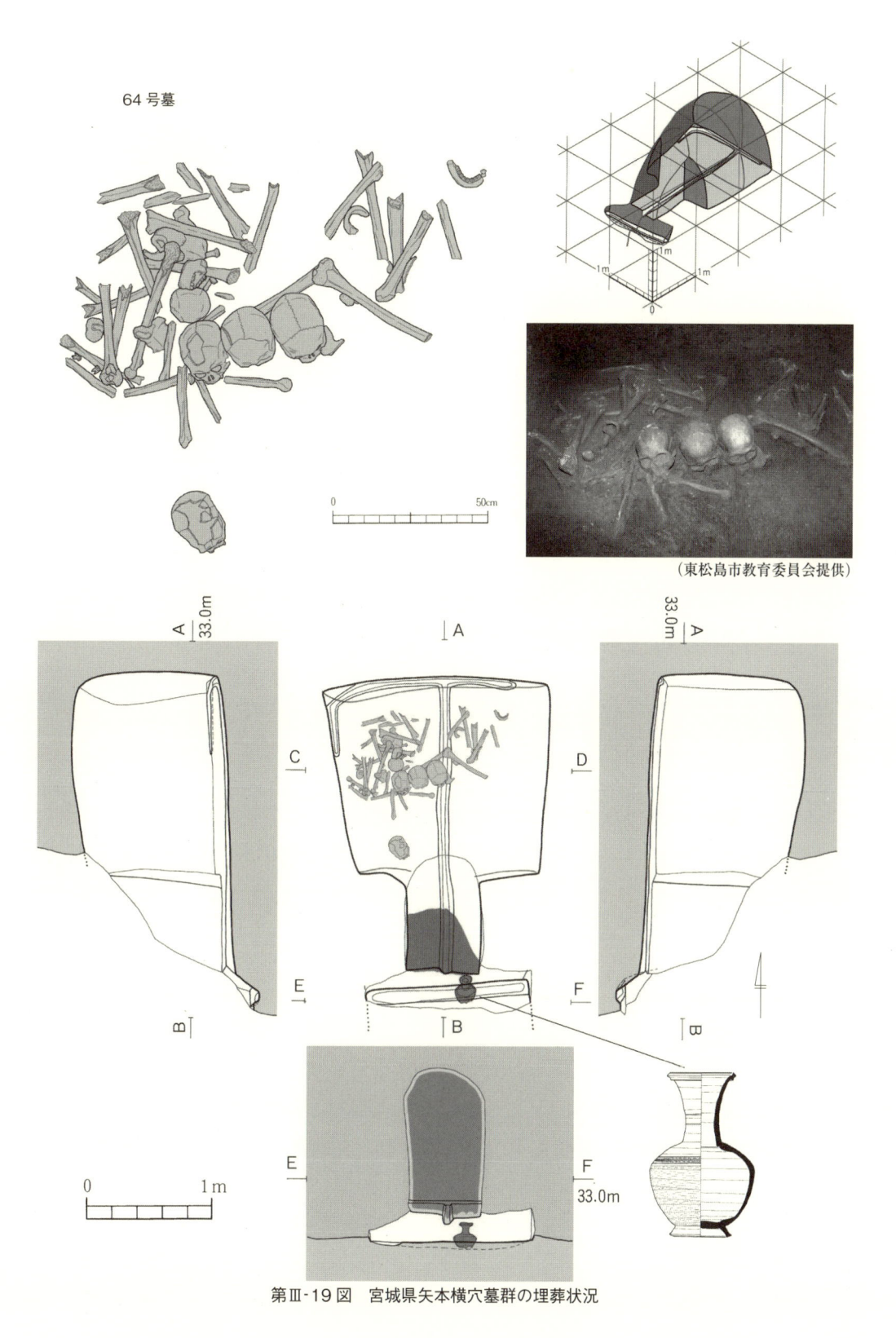

64号墓

（東松島市教育委員会提供）

第Ⅲ-19図　宮城県矢本横穴墓群の埋葬状況

133

第Ⅲ章　後・終末期の喪葬観念

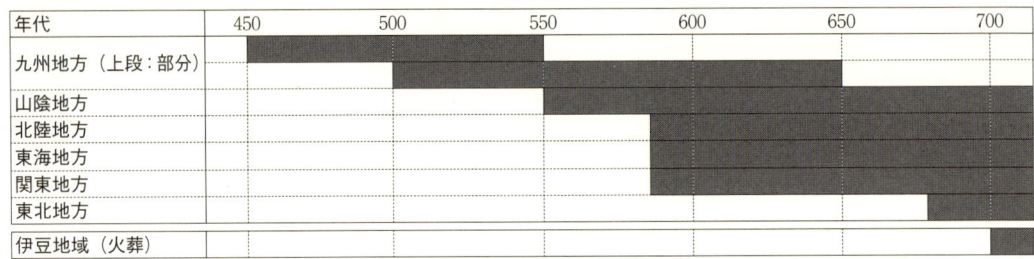

年代	450	500	550	600	650	700
九州地方（上段：部分）						
山陰地方						
北陸地方						
東海地方						
関東地方						
東北地方						
伊豆地域（火葬）						

第Ⅲ-20図　各地の改葬の消長

　各地域の状況は、地域内に分布する横穴墓の一握りの情報でしかないが、それぞれ状態良く検出された具体例を示しながら、改葬の導入を視点として、地域にて表出される傾向の抽出をすると次のようになる。

　九州地方や山陰地方の6世紀代の伸展葬の埋葬方向をみると、玄室入口側に頭位を向けるという特徴が挙げられる。これは、6世紀後半以降に展開していく三浦半島の埋葬方法と共通し、埋葬方法とそれに規制された玄室形態が同時に伝播した結果とも理解される。

　九州地方北部では、一部の骨を動かすという部分的な改葬が5世紀後半からなされ、集積改葬が7世紀代を中心として行われている。大分県上ノ原48号墓では主軸直交状態で熟年男性の埋葬があるが、胸部の骨の移動は人為的とされる。また、右膝蓋骨が関節部ではなく左足脇の瓜状炭化物の下に置かれており、骨化後の骨の部分移動が知られる。熊本県つつじヶ丘C3号墓では、玄室手前から羨道にかけて集積された骨が集中している。羨道主軸に直交するように長管骨を配し、その奥寄りに頭蓋骨3体分を並べ、玄室奥部左側では上顎骨・遊離歯が散在する。このことからは玄室奥幅が150cmにも満たないながら、一次葬の頭位を反映しているとされている。

　山陰地方では側面が刳り抜かれた家形石棺が利用される。資料的には、棺から出土する人骨にはあまり恵まれていないが、7世紀代における改葬骨等の事例がある。鳥取県米子市大塔山横穴墓群 A2号墓では、玄室外の砂質土が骨腔内に詰まっており、一次葬の場所が河原等であったという指摘がある。

　北陸地方では木棺内複数埋葬の事例があり、それらは三浦半島や房総半島の事例と共通する。木棺内複数埋葬は、富山県江道23号墓などでみられ、6世紀後半とされている。関東地方南部の千葉県市宿横穴墓群でも複数存在し、神奈川県久地西前田2次2号墓などでも知られる。

　東海地方でも改葬の事例は多い。静岡県天王ヶ谷横穴墓群では、共通する墓前域を持つ複数基において、大振りな玄室と隣接する小型の玄室に、集積改葬で複数の遺骸が納められていた。

　東北地方南部では伸展葬の埋葬例が少なく、集積改葬での出土例が多い。宮城県矢本横穴墓群では、64号墓で四肢骨上に頭蓋骨が並列されるなど、集積改葬の様相が知られる。

　改葬の消長を時系列でみていくと次のようになる（第Ⅲ-20図）。5世紀後半に改葬は部分的な骨の移動による葬法として九州地方北部で始まり、6世紀代には玄門側に頭位を向ける伸展葬の広域展開（玄室方形化）がおこり、九州地方・山陰地方や関東地方南部などで共通した現象となる。

6世紀後半には、棺内複数埋葬による葬法が北陸地方や関東地方南部で局地的に展開し、総じて6世紀後半〜7世紀代は改葬が盛行する。それには集積改葬という手法が多用されており、改葬は普遍的な葬法であったといえる。

第2節　線刻画からみた死生観

　玄室という埋葬空間のあり方と、喪葬観念を考える事例として線刻画についてみていく。相模・南武蔵地域は、装飾古墳（横穴墓）が多く存在する地域だが、九州地方北部・山陰地方・関東地方北部・東北地方南部などでみられるような色彩豊かなものが少ない。いわゆる横穴系（小林1964）が主体となり、奥壁や側壁に線刻で描画されるのが一般的である[註31]。

　線刻画は、関東地方南部では5つの集中域に分けられるが（柏木・植山2002）[註32]、広い地域での特徴をみると、相模・南武蔵地域は複雑な線画で意味不明なものが多く、それらを集合させて抽象的な情景が描かれる。それに対し安房・上総地域では、描画が単純で具象的な意匠が多い。主要モチーフである人物像も、両地域では描画方法が異なるなどの違いが挙げられる。

(1) 装飾と線刻画の種類

　線刻画のなかには、落書きも含めると古墳時代以降のものもあって、残されている意匠が必ずしも古墳時代の所作とはいえず、相模・南武蔵地域に存在するものも例外ではない。これら不明瞭さを併せ持つ線刻画について、各意匠の確認、一部は各地域に見られる線刻画と比較し、そこから導かれる時期的な側面や、地域内での特徴、喪葬観念などについて検討していきたい。

　この地域で線刻された横穴墓は52基を数える。神奈川県33群49基、東京都3群3基である（第Ⅲ-21図）。これらは、相模湾沿岸部の大磯丘陵南端、相模湾沿岸部の境川流域、多摩川と鶴見川に挟まれた地域、三浦半島の東京湾岸という地域に集中する傾向がある。なお、この数量には、梁や棟のみが表現されるだけという、いわゆる家形横穴墓は含めていない。

　また、横穴墓以外の線刻画は、関東地方南部では埼玉県行田市の地蔵塚古墳と、千葉県山武市（旧成東町）の成東不動塚古墳がある。地蔵塚古墳は、横穴式石室の奥壁と左右側壁に人物、馬、水鳥などが描画される。成東不動塚古墳は、横穴式石室の前室東壁持ち送り部分に人物、馬などが描かれる。そのほか、彩色画の古墳として関東地方南部では唯一の神奈川県川崎市の馬絹古墳がある。切石による横穴式石室の玄室左壁に、白色粘土により円文が描画される。

　彩色により加飾した横穴墓については、赤星直忠氏による1970・72・73年の紹介が著名である。丹彩されたものとして、二宮町諏訪脇西14号墓、逗子市山野根谷奥1号墓、三浦市白山神社裏横穴墓、横浜市ヶ（カ）尾A1・B11・B13〜15号墓などが紹介され、市ヶ（カ）尾では大型斑文も存在するとされる。また新井清氏によっては、川崎市平瀬川隧道際4号墓が全面丹彩であると報告され、そのような記載は、県下では5群9基でされる（新井1988）。

第Ⅲ章　後・終末期の喪葬観念

　白色粘土や漆喰などの表現が報告書にあるものは、大和市の浅間神社西側9号墓で「灰白色の粘土物質が刷毛状工具により塗布」とされ（曽根1978b）、大磯町郷土資料館における大磯町内の横穴墓分布調査では「漆喰と思われる白色顔料が残存」とされる。漆喰や白色粘土と記載されるものは10群17基で知られる（大磯町郷土資料館1994）。

　このように、丹彩や漆喰、白色粘土による装飾があるとされるが、判然としないものが多い。丹彩とされたものでローム層の地盤を掘削したものは、壁面に鉄分などが浮き出す自然現象の可

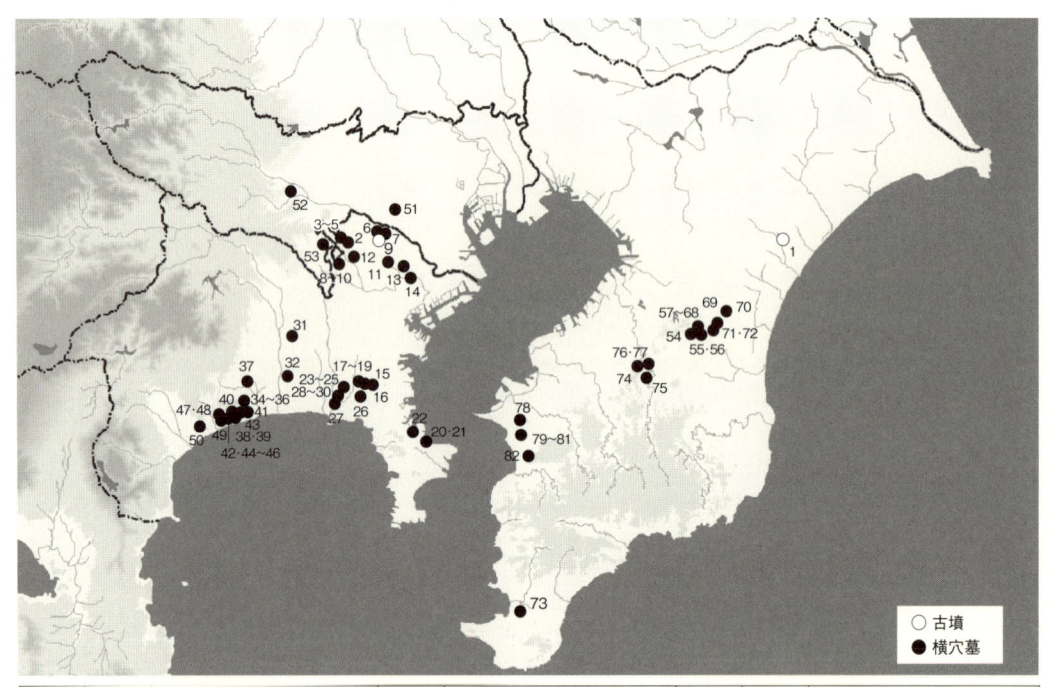

千葉県	1	成東不動塚古墳		26	千葉ヶ谷横穴墓群	東京都	50	羽根尾つくだ横穴墓群
神奈川県	2	早野横穴墓		27	新林横穴墓群		51	不動橋横穴
	3～5	王禅寺白山横穴墓群		28～30	森久谷横穴墓群		52	坂西横穴墓群
	6	久地西前田横穴墓群		31	杉久保富谷横穴墓群		53	能ヶ谷カゴ山横穴墓群
	7	久本横穴墓群		32・33	越の山横穴墓群	千葉県	54	鴇谷東部Ⅰ横穴墓群
	8・10	熊ヶ谷横穴墓群		34～36	万田宮ノ入横穴墓群		55・56	源六谷横穴墓群
	9	馬絹古墳		37	城山横穴墓群		57～68	千代丸・力丸横穴墓群
	11	新吉田町四ッ家横穴墓		38・39	堂後下横穴墓群		69	押日横穴墓群
	12	稲荷前横穴墓群		40	庄ヶ久保横穴墓群		70	渋谷横穴墓群中
	13	箕輪洞谷横穴墓群		41	清水北横穴墓群		71・72	山崎横穴墓群
	14	大山横穴墓群		42	たれこやと東横穴墓群		73	南条横穴墓群
	15	桂町横穴墓群		43	高平横穴墓群		74	外部田横穴墓群
	16	中居丸山横穴墓群		44	がまん谷戸西横穴墓群		75	大和田横穴墓群
	17～19	七石山横穴墓群		45	東奥沢横穴墓群		76	池和田横穴墓群
	20・21	高山横穴墓群		46	西奥沢Ⅶ横穴墓		77	浅間台横穴墓群
	22	坂本横穴		47・48	大日ヶ窪横穴墓群		78	鹿島（内田）横穴墓群
	23～25	洗馬谷横穴墓群		49	諏訪脇横穴墓群		79～81	岩坂大満横穴墓群
							82	亀田大作谷横穴墓群

※神奈川県　馬絹古墳は彩色による装飾。
　旧埼玉県　地蔵塚古墳は茨城県南部地域との関連性を鑑み本表から除外した。

第Ⅲ・21図　関東地方南部の線刻横穴墓・古墳

第2節　線刻画からみた死生観

能性がある。漆喰とされる横穴墓も、地質が類似する三浦半島や大磯丘陵などで多く、なかには土中の石灰質の影響を受けたものも含まれる。これまでは自然現象との境が曖昧なものが多かったが、海老名市の上今泉横穴墓群で近年調査された（2007年調査の1号）横穴墓はローム基盤に掘削され、白色粘土が壁面に塗布されていた。終末期においては、一部の横穴墓で壁面を白くしていたことが窺える。

　以下では、相模・南武蔵地域でも多くみられる人物・動物・鳥・魚・舟・建物状・梯子状・翳状・幾何学（方形・山形・格子目）・樹木状・扇状・武器などを中心に、意匠の確認と各地との類似点の抽出などを行う。

　この地域における描画の方法は、すべて線刻であり陽刻はない。また描画される場所では、横穴墓が構築される丘陵や、台地の斜面などにはなく、玄室を中心とする。玄室内で描画される壁面は、奥壁・玄室左右壁・天井・羨道左右壁・屍床仕切など多彩である（第12表）。奥壁のみは、川崎市久本6号墓や横須賀市高山7・8号墓、世田谷区不動橋11号墓などがあり、11基と最も多い。次いで玄室左壁のみが、横浜市熊ヶ谷7号墓や桂町B-7号墓、七石山1・12号墓などの8基と続く。基本的に線刻は天井が上（天）、床が下（地）と意識して描かれたものが多いが、平塚市万田宮ノ入8号墓などは側壁から天井にかけて描画され、不明瞭ながら上が右（東）壁のように構成される。あたかも東枕の被葬者を意識したような描画の特異な例である。

　線刻された図の内訳は、人物24例、馬5例、鳥7例、舟9例、武器・武具7例（いずれも横穴墓単位）などである（第Ⅲ-23図・第13・14表）。なかでも、人物の描画例が多く、線刻横穴墓の約半数に認められる。そのほか、魚状、翳状、建物状、梯子状、格子目状、樹木状なども多くみられ、それらが総合的に描かれるものには、大磯町堂後下9号墓や横浜市熊ヶ谷2号墓、川崎市王禅寺白山1号墓などがある。

　人物は過去に赤星直忠氏により一部は仏像との理解がされ、森貞次郎氏（森1993）の指摘する救世観音類型との兼ね合いの中でも評価されてきた。人物は鼻の表現が特徴的で、二種に分けられる（第Ⅲ-22図）。a類は万田宮ノ入8号墓で鼻を2点の鼻孔により表現し、b類は早野横穴墓のような、鼻孔部分は潰され鼻筋の表現が強調されるものである。a類は様々な箇所に見られるが、b類は奥壁のなかでもその中央部分にあるものが多く、他の描画を無視して改めて描き足されている場合もある[註33]。

　a類・b類の違いをみるうえで、茅ヶ崎市下寺尾遺跡群の平安時代土師器坏に墨書された人物顔面像が参考となる。ここでは、丸顔の輪郭に鼻筋が明瞭に描かれるものの鼻孔の表現がなく、早野横穴墓の奥壁顔面像に近似する。

　b類は仏画とも評価されてきたもので、庄ヶ久保8号墓の蓮葉状の表現などと共に後出的な描画と理解される（第

線刻画　人物				
a類			b類
堂後下12号右壁	万田宮ノ入8号天井～左壁	久本6号奥壁	早野奥壁

第Ⅲ-22図　人物描画の類型

137

第Ⅲ章 後・終末期の喪葬観念

Ⅲ-29図)。後世のやぐらにおいて表現される、仏像や五輪塔は鎌倉市では衣張山、浄光明寺、瑞泉寺裏山、明月院、光触寺裏、極楽寺前、東泉水などでその表現があり、横穴墓が転用された三浦市の仲里横穴墓群などでも認められる。やぐらに五輪塔や仏像が陽刻されるものもあるが、瓜ヶ谷、朱垂木、宅間谷山上、百八などで散見される程度であり、やぐら内部に陽刻するという行為は主体とはならない。

横穴墓が墓としての機能が終焉した後から、中世に至るまでの時間経過は800〜900年と長く、その期間、横穴墓が用途を違えた信仰の対象として継続して活用されたことも理解される。それら仏像らしき人物像が描画された時期は、追葬として奈良時代の土器を出土する横穴墓の存在や、平安時代の墨書土器による人物表現からも、中世に至るまでのいずれかの時期に描画されたものであろう。

大型の四足動物は馬、鹿などがみられるが、そのなかでも馬が多く、5基の横穴墓で表現がある。それらは早野横穴墓や、王禅寺白山1号墓のように、鬣と尻尾など写実的に描かれるものと、横須賀市坂本横穴墓のような簡素な線刻によるものに分けられる。鹿らしき表現は2例で、鳥は

第12表 装飾部位別一覧

奥壁	玄室左壁	玄室右壁	天井	羨道左壁	羨道右壁	屍床仕切	隔壁	市区町村	遺跡名		市区町村	遺跡名	
●	●	●	●					川崎	王禅寺白山	1号	平塚	万田宮ノ入	8号
●								川崎	早野	―	横浜	熊ヶ谷	2号
●	●	●						大磯	堂後下	9号	長柄	源六谷	6号
●								市原	外部田	1号			
●			●					藤沢	新林	右西1号			
								川崎	馬絹	―	川崎	王禅寺白山	3号
●	●							横浜	新吉田町四ツ家	2号	藤沢	森久谷	7号
								大磯	庄ヶ久保	8号	大磯	清水北	1号
●		●						大磯	堂後下	12号			
●								横浜	箕輪洞谷	4号	小田原	つくだ	4号
●								長柄	鴇谷東部Ⅰ	11号	長柄	源六谷	7号
								平塚	万田宮ノ入	6号	二宮	大日ヶ窪	1号
●			●					富津	岩坂大満Ⅰ	2号			
			●					長柄	千代丸・力丸	6号	長柄	千代丸・力丸	12号
			●					長柄	千代丸・力丸	31号			
								川崎	久本	6号	横浜	熊ヶ谷	3号
								横浜	七石山	6号	横須賀	高山	7・8号
●								鎌倉	千葉ヶ谷	1号	海老名	杉久保富谷	3号
								寒川	越ノ山	2・4号	二宮	大日ヶ窪	9号
								世田谷	不動橋	11号			
	●	●						鎌倉	洗馬谷	4号	平塚市	万田宮ノ入	2号
	●							長柄	千代丸・力丸	25号			
	●							鎌倉	洗馬谷	2号			
	●							川崎	久地西前田	1・2号	横浜	熊ヶ谷	7号
	●							横浜	中居本山	A2号	桂町		B7号
								横浜	七石山	1・12号	藤沢	森久谷	S4・8号
		●			●			横須賀	坂本	―			
		●						川崎	王禅寺白山	2号	長柄	千代丸・力丸	27号
			●					平塚	城山	B7号	長柄	千代丸・力丸	26号
			●					長柄	千代丸・力丸	28号	長柄	千代丸・力丸	32号
								長柄	千代丸・力丸	36号			
			●					長柄	千代丸・力丸	13号			
			●	●				長柄	千代丸・力丸	14号	富津	岩坂大満Ⅰ	1号
						●		横浜	稲荷前	D3号	二宮	諏訪脇	東1号
							●	長柄	千代丸・力丸	30号			

第2節　線刻画からみた死生観

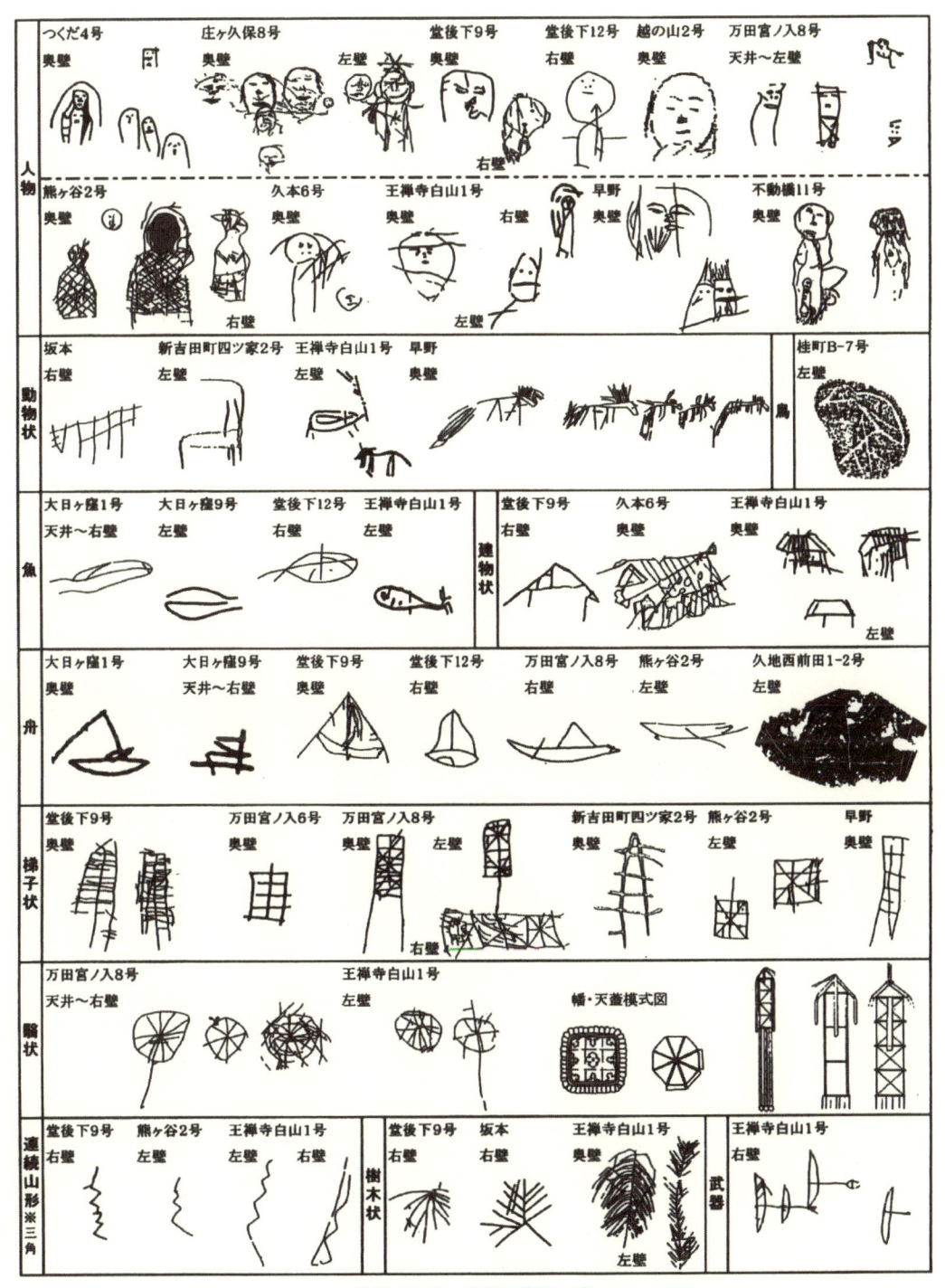

第Ⅲ-23図　線刻画意匠一覧

第Ⅲ章　後・終末期の喪葬観念

第13表　相模・南武蔵地域における線刻画の類型

類型		市町村	遺跡名		人物	馬	鹿	魚	鳥	建物状	舟	梯子状	翳状	連続山形	樹木状	武器弓矢	その他
A	抽象的な情景	大磯	堂後下	9号	●					●	●	●		●			
		平塚	万田宮ノ入	8号	●						●	●	●		●		
		横浜市	熊ヶ谷	2号	●			●?			●	●		●			靫?
		川崎市	久本	6号	●												
		川崎市	王禅寺白山	1号	●	●	●	●				●			●	●	鳥状
B	断片的な描画	海老名	杉久保富谷	3号													意味不明
		平塚	万田宮ノ入	6号								●					方形状
		横須賀市	高山	7号													意味不明
		横須賀市	高山	8号													方形状・扇状の斜線
		横浜市	箕輪洞谷	4号													扇状の斜線
		横浜市	稲荷前	B3号													意味不明
		横浜市	熊ヶ谷	3号													扇状の斜線
		横浜市	熊ヶ谷	7号								●					方形状・円状
		横浜市	新吉田町四ツ家	2号					●								
		横浜市	桂町	B7号					●								
		川崎市	久地西前田	1-2号							●						
C	具体的な情景	舟戦	鎌倉	洗馬谷	2号	●						●				●	盾
		牧	川崎市	早野	―	●	●					●					
		漁	二宮	大日ヶ窪	1号				●			●					
			二宮	大日ヶ窪	9号				●			●					
			大磯	堂後下	12号	●			●			●					銛

　7例あり、そのうち水鳥は1例ながら桂町遺跡群B地区7号墓にある。魚は4例が確認され、堂後下12号墓などでは長楕円形の体躯に尾鰭をイメージさせる線刻として描かれる。

　舟は9例あり、側面観がボートのような舟体に、そこから垂直に延びるマスト状の線刻と、その先端から舳先（船首）および艫（船尾）へ延びるロープ状の表現がある。あたかも三角形の帆が付けられたような印象である。堂後下9号墓に代表されるボート状側面観の舟体上に、三角形の表現があるものは他地域でも多く（第Ⅲ-24図）、長崎県の鬼屋窪古墳、大阪府高井田2群12号墓、同北峯1号墳、茨城県幡バッケ6号墓など広い地域に存在する。また、鳥取県空山15号墓、阿古山22号墓などでは、マストらしき表現に付加して格子目の意匠により帆を表したようなものがある。これらは後世の帆船に類似する線刻画とは異なり、同時代の舟のあり方を検討する上でも特徴的な存在として注目される。

　建物は4例あり、久本6号墓には三次元的な表現の切妻様の建物がある。堂後下9号墓の右壁には、三角屋根から続く壁の表現という立体的な描画がある。

　梯子状は、縦に併行する二本の沈線の間を、間隔を合わせるように直交する線が引かれるもので、6例が確認されている。先学の研究では、仏教に関連させて「幡」としての理解がされてきた（大竹1984）。梯子状に表現されるものも舟と同様に各地でみられる。香川県有岡古墳群宮ヶ尾2号墳、大阪府高井田2群27号墓・4群4号墓、静岡県宇刈15号墓、福島県清戸迫A群7号墓などと比較的広範にある（第Ⅲ-24図）。横穴墓の時期が判明しているものは、高井田横穴墓群の2例が6世紀後葉で、例示したなかでは先駆的な存在である。また、このモチーフには対で1セットと把握できるものがあり、熊ヶ谷2号墓、堂後下9号墓などでは櫓のような表現とも看取され、あ

第2節　線刻画からみた死生観

第14表　関東地方南部における装飾古墳一覧

	遺跡名		所在地	墳丘	石室(玄室)形態	図文の場所	施文方法	使用色	同心円	円文	三角文	蕨手文	人物	旗	馬	鳥	舟	武器・武具	十字文	その他	備考
1	馬絹古墳	—	神奈川県 川崎市宮前区	円31.5	複室?横穴式石室	玄室(奥室左壁・門部内壁)	彩色	白色粘土		●											円文・「N」字状?
2	早野横穴墓	—	川崎市麻生区	—	複室	奥室(奥壁左右壁)	線刻	—					●		●					騎馬人物あり・建物状・梯子状	左右壁は写真のみ 人物・馬など多数
3	王禅寺白山横穴墓群	1号	川崎市麻生区	—	単室	玄室(奥壁・左右壁)	線刻	—			●	●	●		●	●	●	弓・矢		連続山形(三角)文・翳状・魚状・動物状・建物状・樹木状・楕円文	人物など多数
4	王禅寺白山横穴墓群	2号	川崎市麻生区	—	単室	玄室(右壁)	線刻	—												格子目状など	報:江戸期(「文化」の年号)にも線刻?
5	王禅寺白山横穴墓群	3号	川崎市麻生区	—	単室	玄室(奥壁・左壁)	線刻	—					●							格子目状・幡状・樹木状	報:江戸期(「文化」の年号)にも線刻?人物は後世仏画?
6	久地西前田横穴墓群	1次-2号	川崎市高津区	—	単室	玄室(左壁)	線刻	—									●				舟1ヶ所
7	久本横穴墓群	6号	川崎市高津区	—	単室	玄室(奥壁)	線刻	—					●							切妻建物(三角形の描写含む)	人物・家屋など多数
8	熊ヶ谷横穴墓群	2号	横浜市青葉区	—	単室	玄室(奥壁・左右壁)	線刻	—					●(仏?)			●	●			奥壁中央人物外側の弧線は光背か・舟は帆と櫓・鼓形の意匠・連続山形(三角)文・魚?・格子目状・梯子状	人物は2種あり 奥壁中央の人物は顔を抉り取られている
9	熊ヶ谷横穴墓群	3号	横浜市青葉区	—	単室	玄室(奥壁)	線刻	—												意味不明(扇状斜線)	意味不明1ヶ所(他壁にも後世?のもの数ヶ所あり)
10	熊ヶ谷横穴墓群	7号	横浜市青葉区	—	単室	玄室(奥壁)	線刻	—	●							●				同心円は方形区画内・斜格子目状	鳥?など3ヶ所
11	新吉田町四ツ家横穴墓群	2号	横浜市港北区	—	単室	玄室(奥壁・左壁)	線刻	—												動物状・梯子状	梯子状など3ヶ所
12	稲荷前横穴墓群	B-3号	横浜市青葉区	—	単室	玄室(屍床仕切)	線刻	—												意味不明	意味不明 石9枚分(縦列3枚は両面あり)
13	箕輪洞谷横穴墓群	4号	横浜市港北区	—	単室	玄室(奥壁・右壁)	線刻	—												三角形内部を斜線で充填	斜線基調2ヶ所 報:年代疑問視(天井に「圓」の線刻もあり)
14	大山横穴墓群		横浜市鶴見区	—																	詳細不明。「線刻文様による壁面装飾を持つものがある」という。
15	桂町横穴墓群	B地区7号	横浜市栄区	—	単室	玄室(左壁)	線刻	—								●					水鳥?(1ヶ所)
16	中居九山横穴墓群	A-2号	横浜市栄区	—	単室	玄室(左壁)	線刻	—										弓・矢			写真のみ 弓矢1ヶ所 報:年代疑問視
17	七石山横穴墓群	1号	横浜市栄区	—	単室	玄室(左壁)	線刻	—					●					●			人物(2ヶ所)・弓・矢「漆喰装飾後に描画」とされる
18	七石山横穴墓群	6号	横浜市栄区	—	単室	玄室(奥壁)	線刻	—					●								人物?(2ヶ所)
19	七石山横穴墓群	12号	横浜市栄区	—	単室	玄室(左壁)	線刻	—									●				帆船?(2m×80cmの範囲)
20	高山横穴墓群	7号	横須賀市	—	単室	玄室(奥壁)	線刻	—												意味不明	意味不明1ヶ所
21	高山横穴墓群	8号	横須賀市	—	単室	玄室(奥壁)	線刻	—												意味不明	意味不明1ヶ所 坂本横穴1号に類似
22	坂本横穴墓	—	横須賀市	—	単室	玄室(右壁)・羨道(右壁)	線刻	—							●					意味不明	馬らしき?線刻(現在消滅・羨道)、意味不明(玄室)
23	洗馬谷横穴墓群	2号	鎌倉市	—	単室	玄室(左右壁)	線刻	—					●			●	●	弓・矢・盾			人物・舟・弓矢・盾など多数(舟戦)
24	洗馬谷横穴墓群	3号	鎌倉市	—	単室	玄室(奥壁)	線刻	—					●								人物など 後世の線刻もあり
25	洗馬谷横穴墓群	4号	鎌倉市	—	単室	玄室(左右壁・天井)	線刻	—			●		●							三角文・家?	人物・家など
26	千葉ヶ谷横穴墓群	1号	鎌倉市	—	単室	玄室(奥壁)	線刻	—					●								人物(顔)1ヶ所
27	新林横穴墓群	右西斜面1号	藤沢市	—	単室	玄室(左壁)・羨道(左壁)	線刻	—												意味不明	写真のみ 直線による意匠(放射状・平行四辺形状などあり)

第Ⅲ章 後・終末期の喪葬観念

	遺跡名	所在地	墳丘	石室(玄室)形態	図文の場所	施文方法	使用色	同心円	円文	三角文	蕨手文	人物	旗	馬	鳥	舟	武器・武具	十字文	その他	備考
28	森久谷横穴墓群 南側斜面4号(S4)	神奈川県藤沢市	—	単室	羨道(左壁)	線刻	—					●								写真と不明瞭な拓影のみ 人物のみ1ヶ所
29	森久谷横穴墓群 南側斜面8号(S8)	藤沢市	—	単室	羨道(左壁)	線刻	—												意味不明	不明瞭な拓影のみ 意味不明4ヶ所?
30	森久谷横穴墓群 7号(?)	藤沢市	—	単室	玄室(奥壁・左壁)	線刻	—					●		●	●		弓・盾・鉾			人物など多数? 赤:年代疑問視?
31	杉久保南富谷横穴墓群 3号	海老名市	—	単室	玄室(奥壁)	線刻	—												意味不明	意味不明3ヶ所
32	越の山横穴墓群 2号	高座郡寒川町	—	単室	玄室(奥壁)	線刻	—					●仏?							垂下様式の耳:仏像と想定	人物・縦線など2ヶ所? (顔のみ 他剥落?)
33	越の山横穴墓群 4号	高座郡寒川町	—	単室	玄室(奥壁)	線刻	—					●仏?								文章のみ 人物・縦線など数ヶ所 報:仏像と想定
34	万田宮ノ入横穴墓群 2号	平塚市	—	単室	玄室(左右壁・天井)	線刻	—												平行四辺形状 他詳細不明	写真のみ人物など多数 報:年代疑問視
35	万田宮ノ入横穴墓群 6号	平塚市	—	単室	玄室(奥壁・天井)	線刻	—												格子目状・方形状	格子目状・方形状など数ヶ所
36	万田宮ノ入横穴墓群 8号	平塚市	—	単室	玄室(奥壁・左右壁~天井)	線刻	—					●		●					磬状・格子目状・梯子状・樹木状	磬状・格子目状など多数
37	城山横穴墓群 B地点7号	平塚市	—	単室	玄室(天井)	線刻	—												意味不明	斜線基調のもの1ヶ所
38	堂後下横穴墓群 9号	中郡大磯町	—	単室	玄室(奥壁・左右壁)	線刻	—					●				●●	弓		建物状・梯子状・連続山形(三角)文 弓・舟は判然としない 放射状の線刻は家か?	人物など多数 分布調査:3号「1~3・10号に線刻あり」と記載 1955年の調査との対比は困難
39	堂後下横穴墓群 12号	中郡大磯町	—	単室	玄室(奥壁・右壁・天井)	線刻	—					●		●					楕円形状:魚 鋸と魚? 矢の箆・茎のけずろ?	人物など多数「1~3・10号に線刻あり」と記載 1955年の調査との対比は困難
40	庄ヶ久保横穴墓群 8号	中郡大磯町	—	単室	玄室(奥壁・左壁)	線刻	—					●仏?							蓮の葉・茎 奥壁は三尊仏? 左壁人物には白毫	人物など多数 分布調査:7号
41	清水北横穴墓群 1号	中郡大磯町	—	単室	玄室(奥壁・左壁)	線刻	—					●仏?							奥壁人物には白毫?	図・写真なし 分布調査:15号人物など多数
42	たれこ谷戸東横穴墓群 1号	中郡大磯町	—	不明	不明	線刻	—													分布調査。「線刻らしきものあり」とのみ記載
43	高平横穴墓群 1号	中郡大磯町	—	不明	不明	線刻	—													分布調査。「線刻あり」とのみ記載
44	がまん谷戸西横穴墓群 2号	中郡大磯町	—	不明	不明	線刻	—													分布調査。「線刻あり」とのみ記載
45	東奥沢横穴墓群 7号	中郡大磯町	—	不明	不明	線刻	—													分布調査。「線刻あり」とのみ記載
46	西奥沢Ⅶ横穴墓	—	中郡大磯町	—	不明	不明	線刻	—													分布調査。「線刻らしきものあり」とのみ記載
47	大日ヶ窪横穴墓群 1号	中郡二宮町	—	単室	玄室(奥壁・天井)	線刻	—												楕円形状:魚?他意味不明	報:幾何学文?数ヶ所 報:年代疑問視
48	大日ヶ窪横穴墓群 9号	中郡二宮町	—	単室	玄室(奥壁)	線刻	—												楕円形状:魚?他意味不明	報:幾何学文?4ヶ所
49	諏訪脇横穴墓群 車1号	中郡二宮町	—	単室	玄室(屍床仕切)	線刻	—												意味不明	写真のみ 意味不明1ヶ所 報:多数の櫂を持つ船と想定
50	羽根尾つくだ横穴墓群 4号	小田原市	—	単室	玄室(奥壁・右壁)	線刻	—					●仏?							意味不明	人物など多数 人物外側の弧線は光背か?

※「漆喰と思われる白色顔料が残存」(大磯町郷土資料館:1994による)神奈川県大磯町石切場横穴墓群1・4・7・8号、立野横穴墓群4号、たれこ谷戸西横穴墓群5・9・10・11号、ごみ焼却場横穴墓群2号、権現入田横穴墓群1号、権現山横穴、東奥沢横穴墓群13号、たれこ谷戸東横穴墓群2・3号、西奥沢Ⅶ横穴
※「灰白色の粘土物質が刷毛状工具により塗布」(曽根博明:1978による)神奈川県大和市浅間神社西側横穴墓群9号
※「丹彩されたもの」(赤星直忠:1970・72・73、新井清:1988による)神奈川県二宮町諏訪脇横穴墓群西14号、逗子市山野根谷奥横穴墓群1号、三浦市白山神社裏横穴墓、横浜市市ヶ尾横穴墓群A1・B11・B13~15号、川崎市平瀬川隧道際横穴墓群4号

第2節 線刻画からみた死生観

	遺跡名		所在地	墳丘	石室(玄室)形態	図文の場所	施文方法	使用色	同心円	円文	三角文	藪手文	人物	旗	馬	鳥	舟	武器武具	十字文	その他	備考
51	不動橋横穴	11号	東京都世田谷区	―	単室	玄室(奥壁)	線刻	―					●		●			大刀?		動物状・魚状・骼状・杖など	図文種類は報文による
52	坂西横穴墓群	1号	日野市	―	単室	玄室・羨道	線刻	―							●	●				意味不明	「馬・鳥らしき」と記載、他「永仁」の文字線刻あり
53	能ヶ谷カゴ山横穴墓群	7号	町田市	―	単室	羨道	線刻	―					●								
54	鍋谷東部I横穴墓群	11号	千葉県長生郡長柄町	―	単室	玄室(奥壁・右壁)	線刻	―					●		●	●				鳥:水鳥?	他10号(蛇)・26号(五輪塔)・27号(仏像)の線刻があるとされる
55	源六谷横穴墓群	6号	長生郡長柄町	―	単室	玄室(奥壁・左右壁)	線刻	―					●					弓・矢			論文:「亀」の記載あり6号と7号は連結されている
56	源六谷横穴墓群	7号	長生郡長柄町	―	単室	玄室(右壁)	線刻	―					●仏?								6号と7号は連結されている
57	千代丸・力丸横穴墓群	6号	長生郡長柄町	―	単室	玄室(奥壁、奥・前天井)	線刻	―					●							家・倉庫?	報:線刻時期不詳人物は「人型状」
58	千代丸・力丸横穴墓群	12号	長生郡長柄町	―	単室	玄室(奥壁・前天井)	線刻	―					●		●						報:線刻時期不詳棟木・垂木・梁・柱の陽刻あり
59	千代丸・力丸横穴墓群	13号	長生郡長柄町	―	単室	羨道(左壁)	線刻	―												家?	報:線刻時期不詳羨門近くに柱状の陽刻あり
60	千代丸・力丸横穴墓群	14号	長生郡長柄町	―	単室	羨道(左右壁)	線刻	―					●							意味不明	報:線刻時期不詳
61	千代丸・力丸横穴墓群	25号	長生郡長柄町	―	単室	玄室(左右壁・天井全面)	線刻	―					●仏?		●		●	弓・矢・矛・戟		骼など	報:線刻時期不詳
62	千代丸・力丸横穴墓群	26号	長生郡長柄町	―	単室	玄室(右天井)	線刻	―													報:線刻時期不詳線刻は意味不明棟木?・梁・柱などの陽刻あり
63	千代丸・力丸横穴墓群	27号	長生郡長柄町	―	単室	玄室(右壁)	線刻	―								●				意味不明	報:線刻時期不詳棟木・垂木・梁・柱の陽刻あり
64	千代丸・力丸横穴墓群	28号	長生郡長柄町	―	単室	玄室(奥天井)	線刻	―			●										報:線刻時期不詳
65	千代丸・力丸横穴墓群	30号	長生郡長柄町	―	単室	隔壁	線刻	―												家?	報:線刻時期不詳「家屋を意識したと思われる……」と記載
66	千代丸・力丸横穴墓群	31号	長生郡長柄町	―	単室	玄室(奥壁)・羨道(左壁)	線刻	―					●							動物状・家・意味不明	報:線刻時期不詳棟木・垂木・梁・柱の陽刻あり
67	千代丸・力丸横穴墓群	32号	長生郡長柄町	―	単室	玄室(前天井)	線刻	―					●							意味不明	報:線刻時期不詳棟木の陰刻あり
68	千代丸・力丸横穴墓群	36号	長生郡長柄町	―	単室	玄室(右天井)	線刻	―												意味不明	報:線刻時期不詳棟木の陰刻あり
69	押日横穴墓群	3号	茂原市	―	単室	玄室	線刻													人面?	
70	渋谷横穴墓群中の1基		茂原市				線刻															
71	山崎横穴墓群	1号	茂原市	―	単室	玄室	彫刻	―												家?	陽刻のみか?
72	山崎横穴墓群	12号	茂原市	―	単室	玄室	彫刻	―												家?	陽刻のみか?
73	南条横穴墓群	11号	館山市	―	単室	玄室	線刻	―					●								
74	外郎田横穴墓群	1号	市原市	―	単室	玄室(奥・左右壁)	線刻	―					●		●					魚?	甲・乙の甲か?乙にも人物・鳥?の線刻ありか?
75	大和田横穴墓群中の2基?		市原市	―	単室	玄室	線刻						●									1号と3号墓か?
76	池和田横穴墓群中の1基		市原市	―	単室	玄室	線刻						●									
77	浅間台横穴墓群	3号	市原市	―	単室	玄室	線刻						●									
78	鹿島(内田)横穴墓群中の1基		富津市	―	単室	玄室(奥壁?)	線刻										●			意味不明	舟?
79	岩坂大満横穴墓群	I群1号	富津市	―	単室	羨道(左右壁)	線刻	―									●			網?	構造船帆船
80	岩坂大満横穴墓群	I群2号	富津市	―	単室	玄室(奥壁・天井)	線刻	―									●				構造船
81	岩坂大満横穴墓群	III群3号	富津市	―	単室	玄室	線刻	―							●					五輪塔	
82	亀田大作谷横穴墓群	1号	富津市	―	単室	玄室	線刻	―					●	●	●						

143

第Ⅲ章 後・終末期の喪葬観念

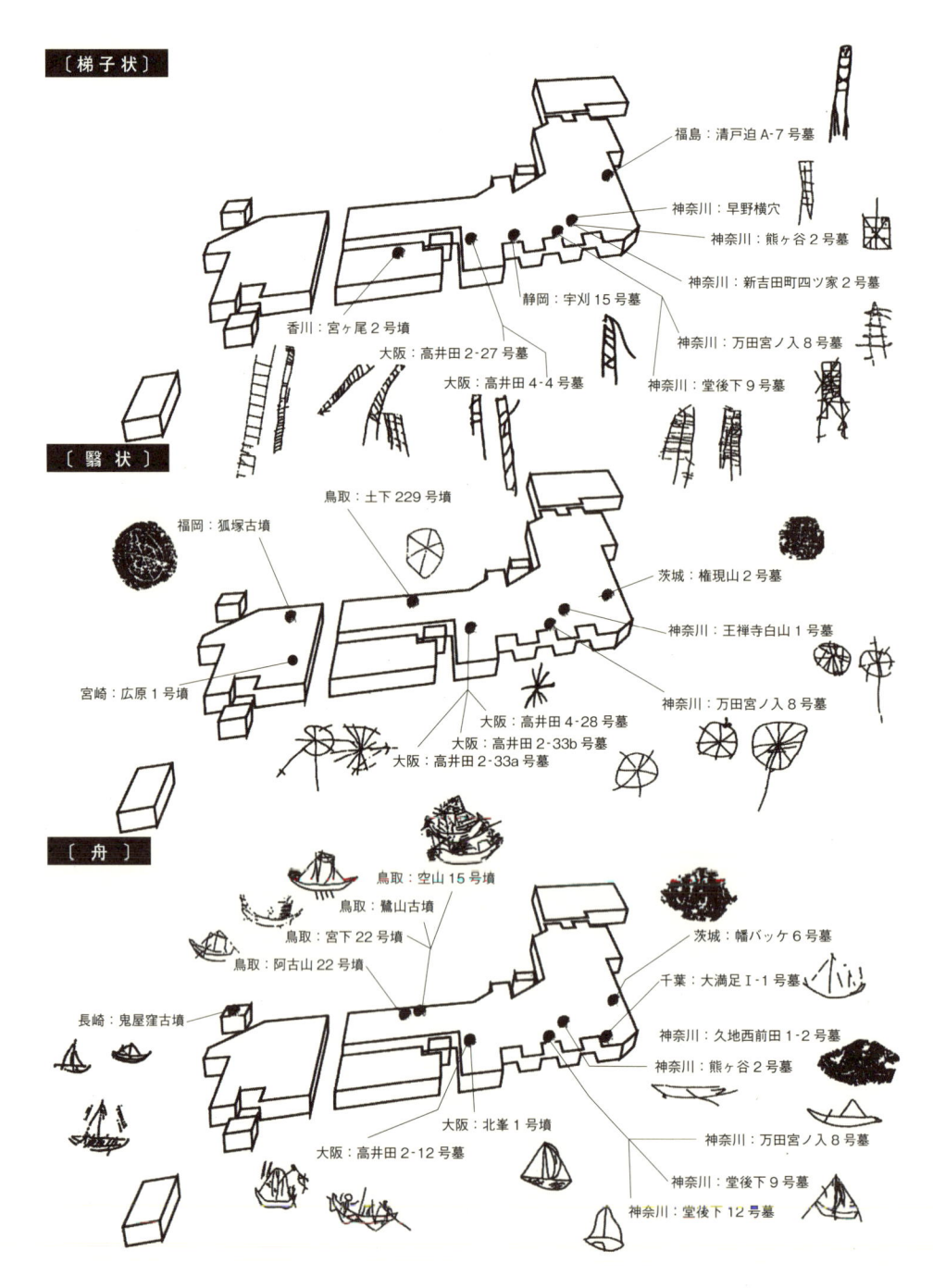

第Ⅲ-24図 各地域の意匠

たかもゲートのように並立する。

　翳状は、円形の区画内に放射状の線が引かれるもので2例ある。円形の区画内は複数に分割されて一律ではなく、二つで1セットのように描画される。この意匠は、宮崎県広原1号墓（森貞1993）[註34]、福岡県狐塚古墳（二重の円内を8分割）、鳥取県土下229号墳（円内を6分割）、大阪府高井田2群33a号墓（円内8・10以上に分割）・33b号墓（円内7分割？）などがある（第Ⅲ-24図）。梯子状と同様に、仏教との関連のなかで推察することも可能で、それは正倉院南倉に現存する「八角天蓋」に求められるであろう。万田宮ノ入8号墓や高井田2群33b号墓などは、玄室及び羨道の天井に描かれている。類似するものとしては、縁取りの円形がなく放射状の線刻だけというものがある。福岡県日明一本松塚古墳（彩色による10分割）、佐賀県天山1号墳（10分割以上）、高井田2群11号墓（6分割など）や4群28号墓（8分割）、茨城県権現山2号墓（6分割）などである。これらは、福岡県や佐賀県、大阪府のものが6世紀後半～末という時期で、その他地域では7世紀代までみられる。日明一本松塚古墳は石室奥壁に描かれており、同じく遠賀川流域に存在する損ヶ熊古墳奥壁の彩色による方形の意匠（方形の内部を縦横に分割し、対角を結ぶ斜線が描かれる）なども、6世紀後半～末であり、仏教との関連のなかで推察すれば「方形天蓋」と理解することが可能であろう。そうなると次項の方形意匠についても、なかには類似するものが含まれる可能性がある。

　幾何学のうち山形の意匠は側壁にあるものが多いが、王禅寺白山1号墓では左右側壁に対の表現として存在し、熊ヶ谷2号墓や堂後下9号墓なども同様である。これは頂点間を結ぶラインに規制されれば、まさに連続三角文ともみなしうる。樹木状は幹状の中心線から、枝もしくは葉のように描画される線が上もしくは下に開くという二種がある。各地域でも多くの類例が挙げられるが[註35]、このモチーフに類似するいわゆる木の葉文は九州や山陰地方に多いものの、相模・南武蔵地域では認められていない。

　武器の代表的な意匠は弓矢で[註36]、矢をつがえられながら、弦がひかれていない状態が普通で、鏃身部は雁又状か鏃身の表現の無いものが多い。王禅寺白山1号墓は弓の大半に矢がつがえられて玄室右壁に描画され、どの弓も鏃を玄門方向に向ける。鏃身は雁又の意匠が多く、鏑矢としての表現もみられる。

(2) 描画の類型と特徴

　個別意匠が複合した線刻画の総体は、抽象的な情景（A類）と断片的な描画（B類）、具体的な情景（C類）という類型に分けられる。A類の抽象的な情景はあたかも喪葬観念を意識したような、各意匠が複雑に交錯するものであり、B類の断片的な描画は墓室内の1～3ヶ所程度に断片的に描画がされるもので、線刻が施される横穴墓の大半を占める。C類の具体的な情景は、被葬者の生前の闊達な姿を描写したような比較的簡素なものである（第Ⅲ-25～30図）。以下に各類型の代表例を提示する。

第Ⅲ章　後・終末期の喪葬観念

王禅寺白山横穴墓群第1号墓　●人物・舟・樹木状・三角文・楕円文・弓・矢・翳状・馬・鳥・魚・建物状の意匠
【黄泉国への道程】

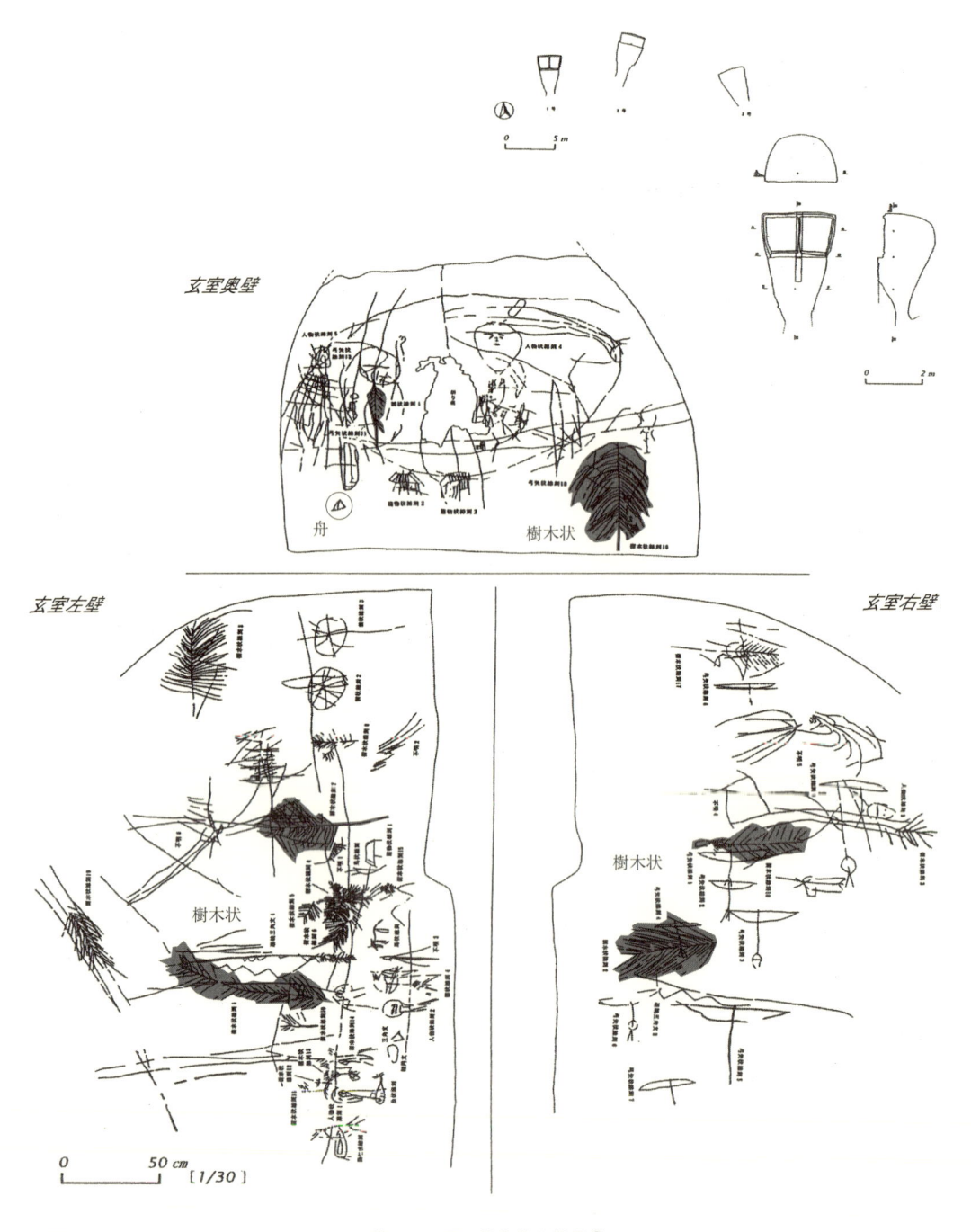

第Ⅲ-25図　抽象的な情景①

第 2 節　線刻画からみた死生観

堂後下横穴墓群第 9 号墓　●人物・舟・梯子（櫓）状・連続山形（三角）の意匠
【黄泉国への道程】

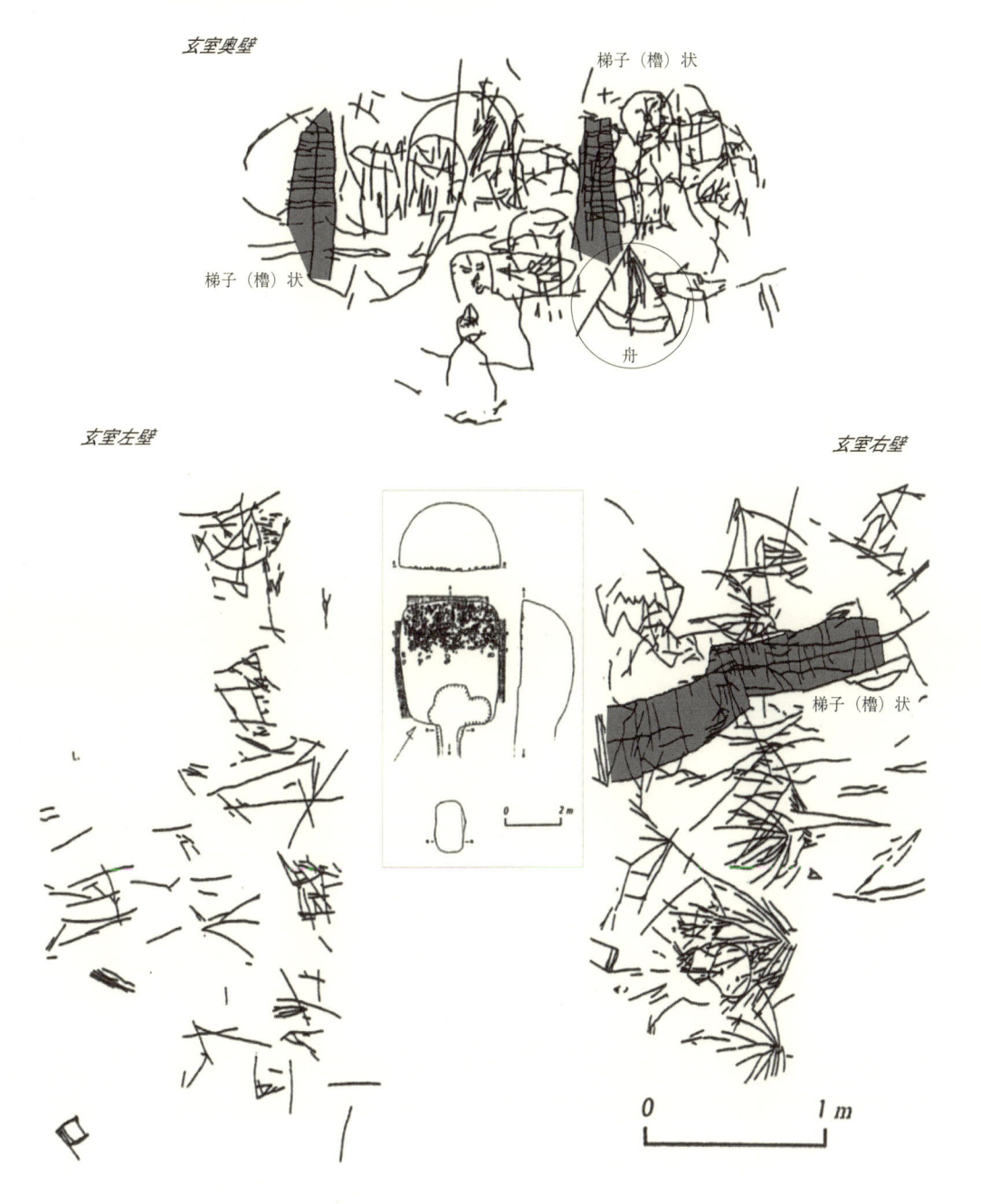

玄室奥壁　　　　　　　梯子（櫓）状

梯子（櫓）状

舟

玄室左壁　　　　　　　　　　　　　　　　　　玄室右壁

梯子（櫓）状

0　　　1 m

第Ⅲ-26 図　抽象的な情景②

147

第Ⅲ章 後・終末期の喪葬観念

熊ヶ谷横穴墓群第2号墓　●人物・人物〔仏像を意図〕・舟・梯子（櫓）状・格子目状・連続山形（三角）の意匠
【黄泉国への道程】

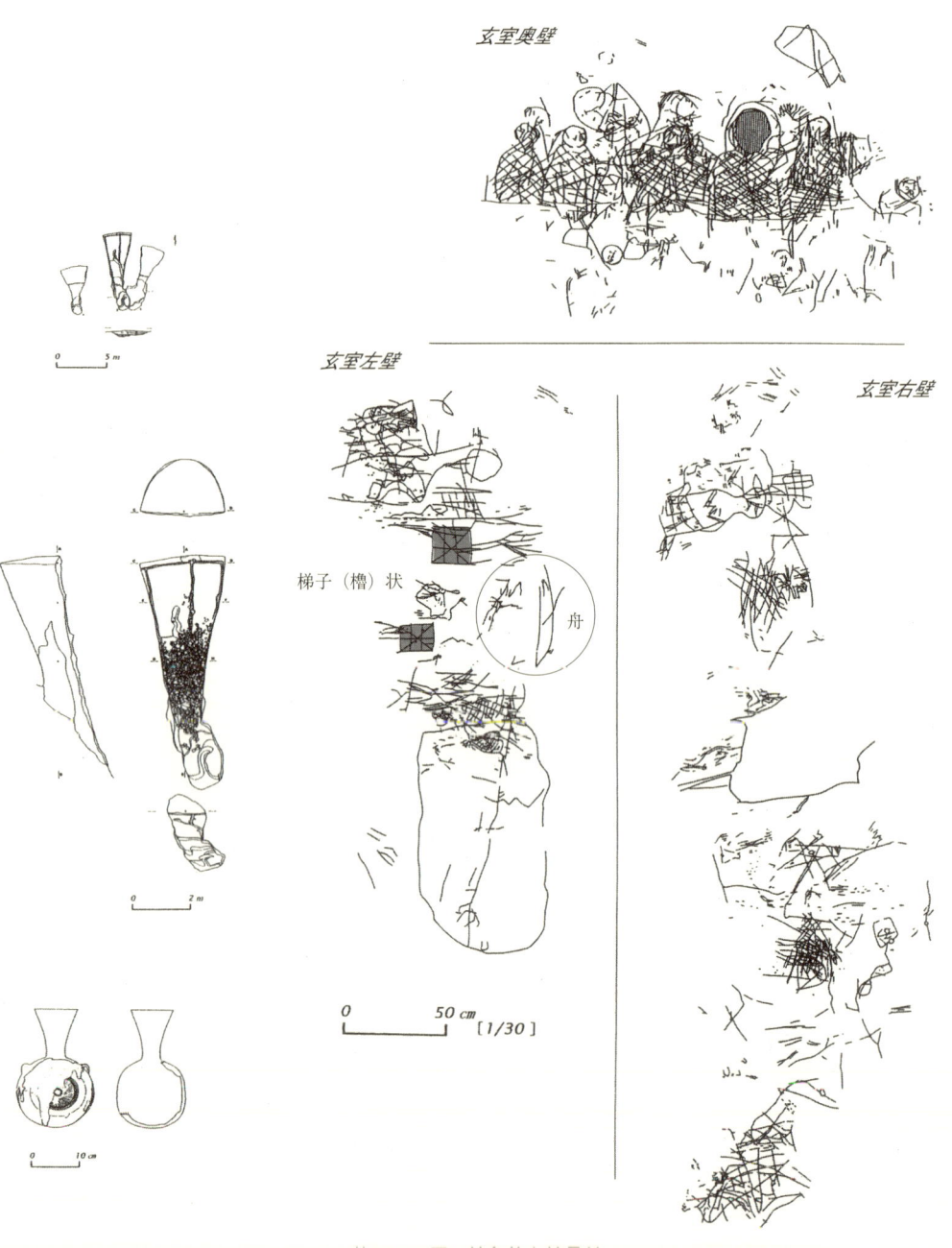

玄室奥壁

玄室左壁　　　　　　　玄室右壁

梯子（櫓）状　　舟

第Ⅲ 27 図　抽象的な情景⑴

148

第2節　線刻画からみた死生観

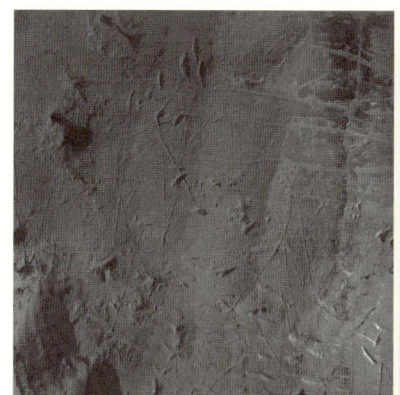

奥壁　人物顔面像

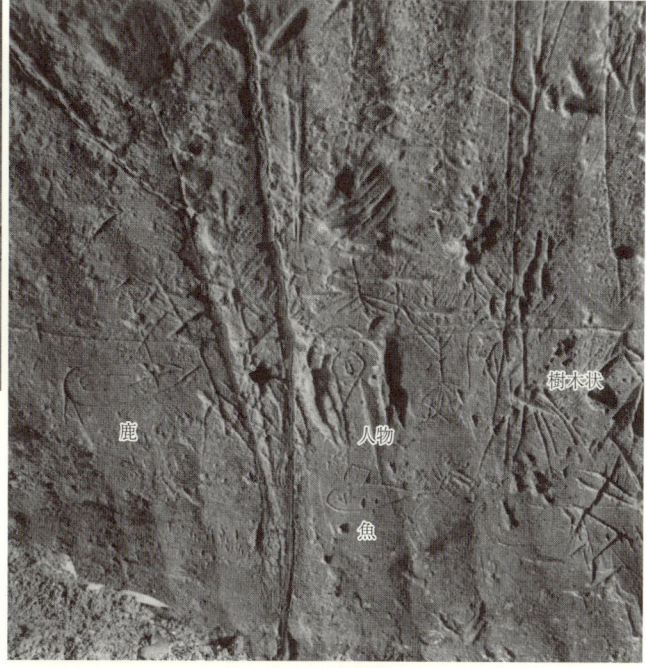

鹿　人物　魚　樹木状

左壁

写真（上）　王禅寺白山横穴墓群第1号墓（2点とも小池　汪氏撮影）

奥壁　人物像群

写真（下）　熊ヶ谷横穴墓群第2号墓（神奈川県埋蔵文化財センター提供）

第Ⅲ章　後・終末期の喪葬観念

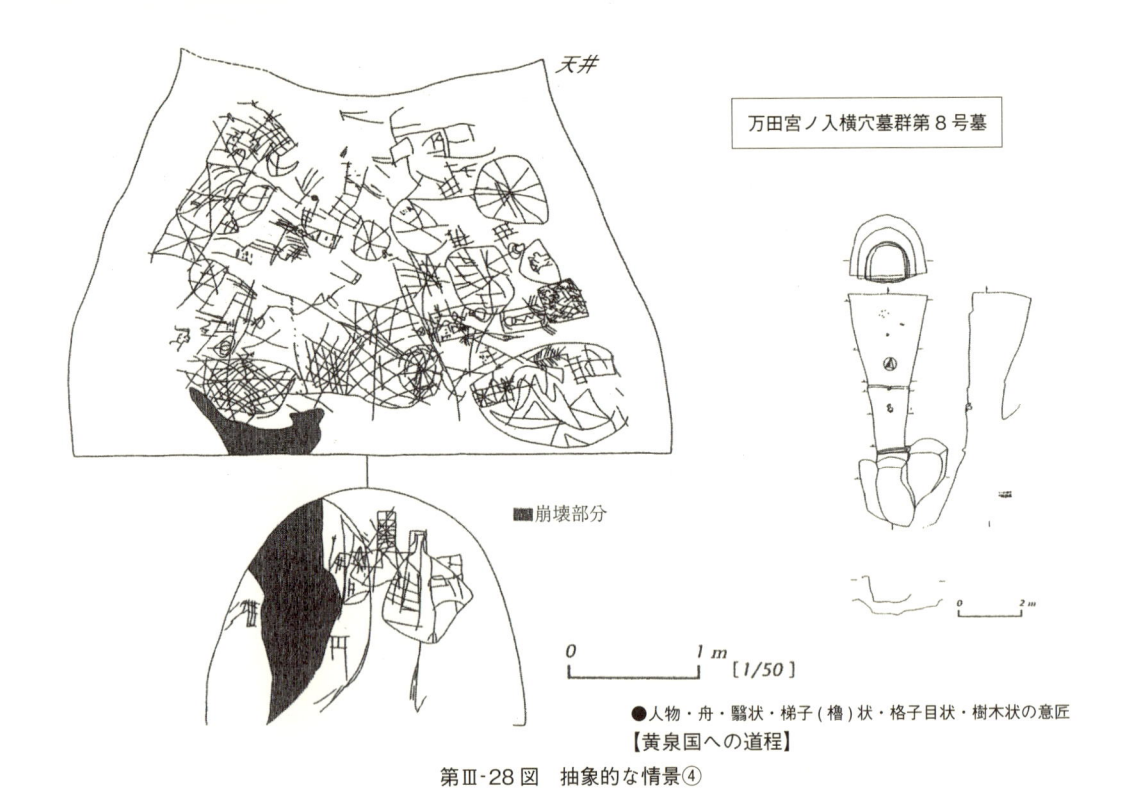

第Ⅲ-28図　抽象的な情景④

●人物・舟・翳状・梯子（櫓）状・格子目状・樹木状の意匠
【黄泉国への道程】

万田宮ノ入横穴墓群第8号墓

① A類：抽象的な情景

　万田宮ノ入8号墓、堂後下9号墓、熊ヶ谷2号墓、王禅寺白山1号墓などがあり、死後に辿る道程が描かれたともみなされる。これまで抽象的な情景としたものは、全体を見通した解釈がなされてこなかった。たとえば堂後下9号墓で、線刻画は被葬者の生前の叙事詩的な様相を示すと解釈され（神澤・川口1992）、王禅寺白山1号墓では連続山形（三角）文は両側壁に描かれ、連続山形（三角）文を通らなければ屍床に辿り着けないとして、虎塚古墳など他の装飾古墳との類似性が指摘されている（村田・浜田1994）。熊ヶ谷2号墓は、5回の追葬があったとされるが、3ヶ所程にある直線及び曲線の無秩序な線刻の集合状態は、遺族や近親者が死者を葬った直後、あるいは追葬の時に、死者に対する供養的な意識で壁面に線刻を施したと推測する。また、奥壁寄りにみられた人物図文は、顔・胴・四肢が具体的に描画され、合掌するような両手の状態などから哀悼の表現とし、鎮魂の意味を持つとも考えられている（池上ほか1985）。このように、全体を叙事詩的と解釈するものや、個別意匠からそれに関わった人々の心象を推測したものはあるが、全体構成を読み解くことはされてなかった。
　王禅寺白山1号墓は、左壁入口側に人物や鹿、魚、馬が、中央にゲート状の樹木、奥側に不規則な線刻と翳状が対にある。右壁は入口側に矢をつがえた弓、中央にゲート状の樹木、奥側に不規則な線刻が描かれる。左右壁入口側には、同じような位置に連続三角文がある。奥壁は舟と建物状、ゲート状の樹木とそれに挟まれた不規則な線刻と人物が描かれる（第Ⅲ-25図・写真上）。

堂後下9号墓は、右壁入口側に樹木状や人物、中央にゲート状の梯子（櫓）状、奥側に不規則な線刻と連続山形（三角）文、建物状の意匠がある（第Ⅲ-26図）。熊ヶ谷2号墓は、左壁入口側に人物、中央にゲート状の梯子（櫓）状と舟、奥側に不規則な線刻が描かれる。奥壁は繊細な描画をかき消すように複数体の人物像がみられる（第Ⅲ-27図・写真下）。万田宮ノ入8号墓は、混在するように翳状や人物、梯子（櫓）状、不規則な線刻などが描かれている（第Ⅲ-28図）。

王禅寺白山1号墓のように樹木状の線刻が多く描画され、その一部があたかも対で居並ぶゲートのように表現されるものや、熊ヶ谷2号墓や万田宮ノ入8号墓のように、梯子状の線刻があたかも対の櫓を表すように描画され、舟がみられるもの、堂後下9号墓のように両者が混在するものがある。万田宮ノ入のみは左壁→天井→右壁への展開が窺えるが、そのほかは玄門から奥壁方向に展開する描画として捉えられる。

王禅寺白山1号墓の弓矢の表現は特徴的といえるが、武器以外の意匠は他と共通する点が多い。熊ヶ谷2号墓とは側壁に山形の意匠を持つこと、堂後下9号墓とは同じく山形の意匠と樹木状の意匠、万田宮ノ入8号墓とは翳状とみられる意匠において共通性を持つ。このような共通性からは、王禅寺白山1号墓がいわば完成された図像として描かれたともみなされる。また、入口側に向けて矢をつがえる意匠や、連続三角文が退化したような山形の意匠からは、描かれた玄室空間が辟邪の対象になっていたことが窺える。

さらにその辟邪対象の空間は、櫓状や樹木状の描画で表現されたゲートにより二つの構成に分けられている。王禅寺白山1号墓の例をみれば、左側壁の入口側には鹿や魚、馬など、生前に生活していたなかで目にしていたものがある。ゲートは奥行きを持って（三次元的に）並列するように描かれ、手前には舟がみられる。それより奥壁側は描画数が極端に少なく、不規則な線刻が無数に描かれる。

堂後下9号墓をみると、こちらも同じ構成であることがわかる（第Ⅲ-26図）。並列する櫓状の線刻がゲートのように表され、右壁では三次元的に並列させている。ゲートの手前には樹木状や人物の線刻画があり、奥に連続山形文がある。奥壁にもゲートが描かれ、その手前には人物や舟があり、奥は雑然と線が刻まれている。

このようにA類の側壁は入口側半分には生前に目にしていた人物や鹿や魚、馬、樹木などが描かれ、中央付近にゲートとその脇には舟があり、奥壁側半分には冥界をイメージしたと思しき無数の不規則な線刻がされている。そして、視線の動きである導線は入口側から奥壁へという向きになる。ゲートを境に入口側は具象的、奥壁側は抽象的と見ることができそうだ。

一つの解釈としては、奥壁側は具体的に描けなかったと推測する。描画が極端に少ないことや、それとは逆に不規則な描画が無数に描かれるという相違からは、個人がそれぞれにイメージが異なる実見したことのないものを具象化した結果とみたほうが無理はなさそうだ。また、堂後下9号墓では連続山形文が描かれ、その無数の不規則な線刻がされた空間も辟邪対象とみられていたことが窺える。さらに、王禅寺白山1号墓では翳状の線刻が二つ併記されており、高貴さを具えた神聖な空間としてイメージされていたことも理解できる。

第Ⅲ章 後・終末期の喪葬観念

　無数に不規則な線刻で表現された空間は、このように辟邪空間で、高貴で神聖な空間であったといえる。そして、個々人が異なるイメージにより具象化したものは冥界であったという理解もなりたつ。

　玄門・側壁・奥壁への視点の流れがあるとすれば、現世から冥界への旅路の行程が表現されていたとみても大過ないであろう。王禅寺白山１号墓では動物や魚の多い豊かな現世から、樹木の鬱蒼と生い茂る冥界へ、熊ヶ谷２号墓では舟による旅を経て辿り着いた櫓状（梯子状）のゲートに分かたれる入口と、さらに奥壁の櫓状のゲートから冥界の深層部へ、という展開が想定される。樹木を中心として描かれる王禅寺白山などは森林に、舟の描かれるものはその到着をあらわす描画から、舟で辿り着く場所に冥界が存在するという理解も可能になる。

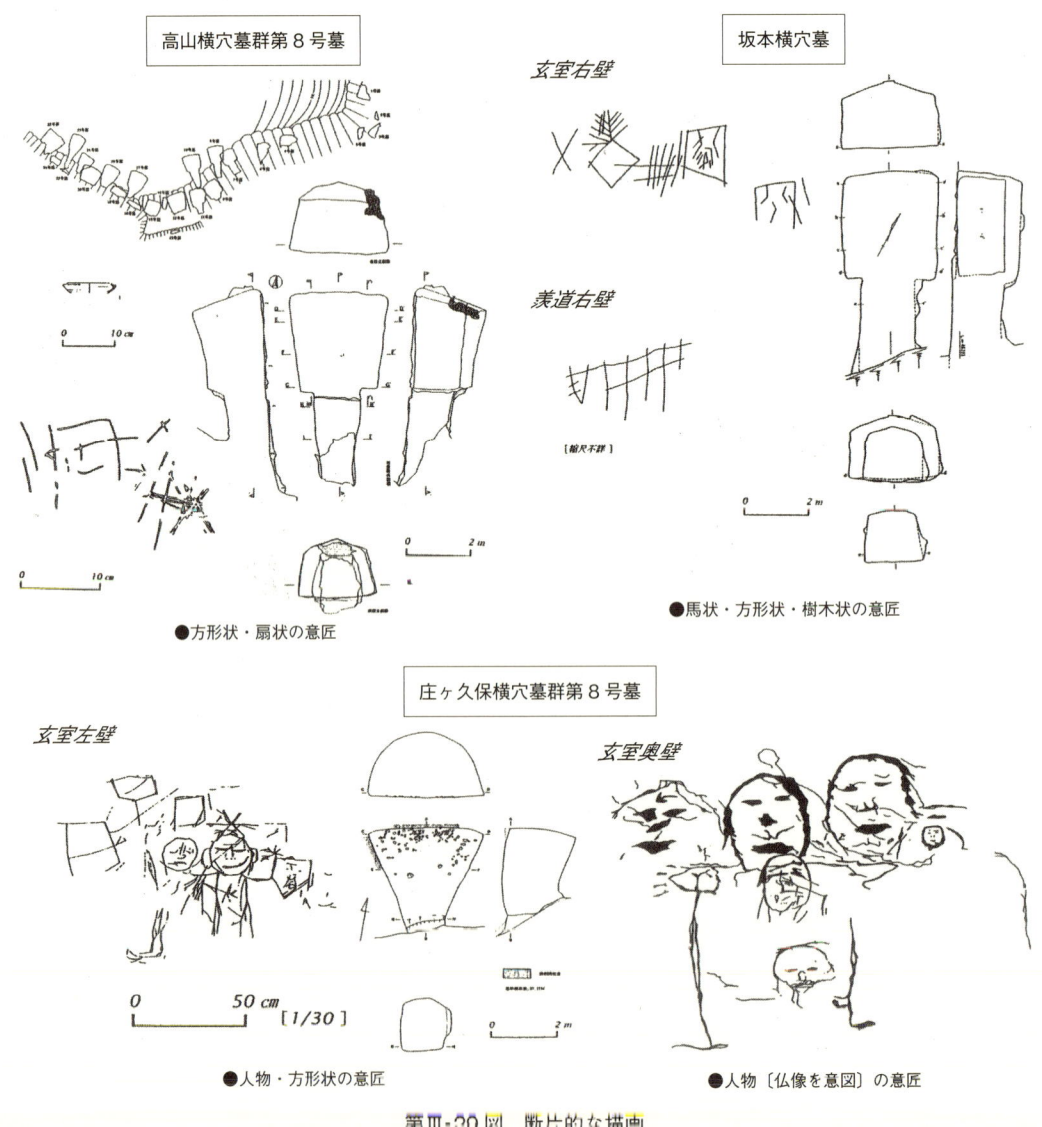

第Ⅲ・20図　断片的な描画

第2節　線刻画からみた死生観

②Ｂ類：断片的な描画

　玄室内の数ヶ所のみに描画されるもので、人物、舟、馬や鹿や鳥、梯子状、格子目状、樹木状などの意匠がある。小田原市つくだ４号墓や大磯町庄ヶ久保８号墓、寒川町越の山２号墓で仏像のような人物が、川崎市久地西前田１次２号墓で舟が描画される。横須賀市坂本横穴墓では簡素

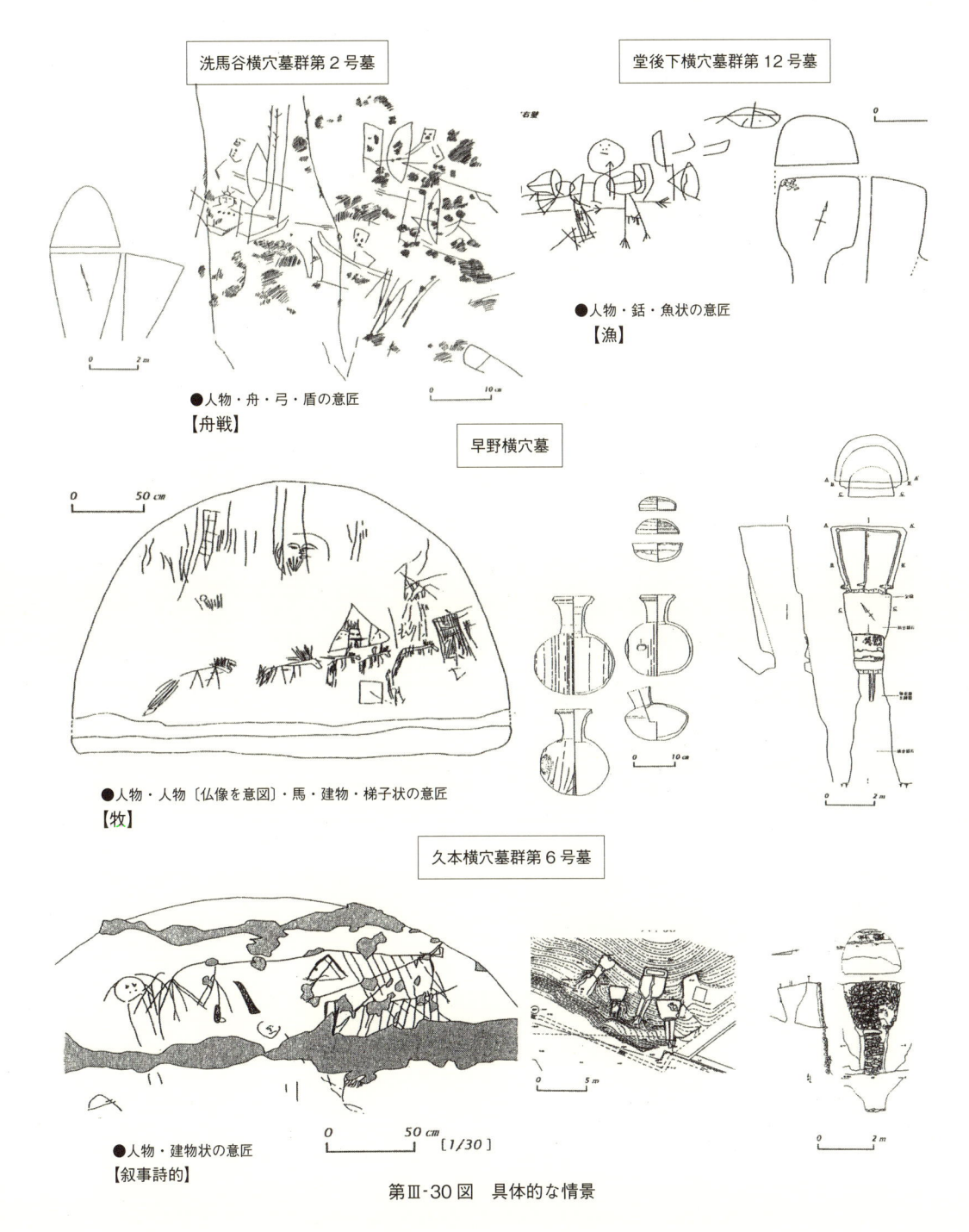

洗馬谷横穴墓群第２号墓

● 人物・舟・弓・盾の意匠
【舟戦】

堂後下横穴墓群第12号墓

● 人物・銛・魚状の意匠
【漁】

早野横穴墓

● 人物・人物〔仏像を意図〕・馬・建物・梯子状の意匠
【牧】

久本横穴墓群第６号墓

● 人物・建物状の意匠
【叙事詩的】

第Ⅲ-30図　具体的な情景

な表現による馬と、方形や樹木状の意匠がある（第Ⅲ-29図）。高山横穴墓群8号墓では方形や樹木状が、新吉田町四ツ家2号墓では鹿と梯子状、万田宮ノ入6号墓で梯子状の意匠が描画される。

B類は、A類やC類にみられるモチーフの集合体に、個々の意匠として採用されており、これらの集合体から間引かれるように描画されたことが窺える。

③ C類：具体的な情景

現在検証不可能な横穴墓もあるが、おそらくは生前の活動を物語るもので、舟戦・牧・漁などの情景と理解されるものがある。

舟戦は洗馬谷2号墓で、赤星氏により冠をかぶった左の人物が被葬者と想定され、舟に乗り弓矢・盾などを用いて攻め立てる情景と理解されている（赤星1948）。しかし意匠の特徴からは、矢羽根や盾の表現が他に類例のない描き方であり問題も残る（第Ⅲ-30図）。

牧は早野横穴墓で、三輪修三・村田文夫氏により鬣と尻尾を風になびかせて草原を疾駆する5頭からなる馬群や、奥壁中央に描かれた人物画などから牧場の情景が連想されている（三輪・村田1975）。奥壁中央に存在感を持って描かれる人物顔面像からは、複数回の描画行為が窺える（第Ⅲ-30図）。

漁は大日ヶ窪1・9号墓、堂後下12号墓などがあり、魚があたかも主役のように、大きく描かれる（第Ⅲ-30図）。堂後下12号墓が最もその情景を特徴的に表し、右上に描画される魚と銛を持つ人物、その左には上下関係が不明瞭ながら舟らしき線刻がある。先行研究では、弓が刺さり仰け反る中央の人物と、両手を広げてそれを遮る人物とみなす想定がある（赤星1970b）。

（3）線刻画の意義

線刻画のモチーフは多彩だが、この地域で見られる意匠と類似するものが、各地でみられる。その意匠は地域的な特徴を備えつつも、同時多発的なあり方を示し注意されるべきである。線刻を持つ横穴墓はいずれも既開口墓であり、直接的な年代の指標は提示できない。副葬品を多く持つものはなく、全く遺物が出土しないものもある。線刻が施される横穴墓のなかで、最も古い遺物を持つものはA類の熊ヶ谷2号墓で、6世紀後半のなかでも古手の土器が出土している。これは、相模・南武蔵地域における横穴墓の出現を考える上でも重要な位置を占めるものである。熊ヶ谷横穴墓群周辺を概観しても、浜田晋介氏はTK43型式期からは横穴墓が確実に存在すると評価するが（浜田1997）、それと同時、もしくは先行しての存在といえる。C類は早野横穴墓で7世紀中頃の土器が出土している。これらの土器も描画時期を考える上で参考となり、大まかには抽象的な情景から具体的な情景へという流れがみてとれる。

A類はいわゆる「黄泉国」への道程を記したとみられ、往時の死生観が窺える。喪葬儀礼にかかる観念を線刻という方法で具象化したことは、集団として葬送儀礼における同一意識を共有していたともみなされる。B類は、A・C類から個々の意匠を断片的に描いたものである。総合的に描かれたものから部分的に採用したとみられ、そこにはB類が後出であるという時間的な変化も窺える。C類は被葬者が主人公とみられる牧や漁の情景を表した具体的な描画であり、A

第2節　線刻画からみた死生観

類でみられた集団としての精神面の表出から、被葬者個人を中心に生前の情景を表現するようなものへと変化したのであろう。

　線刻がなされる横穴墓は、群のなかではどのような位置を占めるか。数量は、総数に比してもごく限られており、一つの横穴墓群にその存在が大きく偏ることもない。また、中核的古墳群とした古墳と横穴墓からなる古墳群では管見の限り知られない。群としての調査がされた、大日ヶ窪横穴墓群では2／33基（6%）、熊ヶ谷横穴墓群でも3／25基（12%）、万田宮ノ入横穴墓群では3／11基（27%）、堂後下横穴墓群では2／13基（15%）に線刻がされるのみである。総数での比率は10.7%となり、この数は群の認識や今後の発見などにより大きく左右されるものの、現在ではこの比率を超えるものは存在しない（第Ⅲ-31図）。一群中に2～3基という数量からは、線刻横穴墓にみる特殊性も看取され、特別な存在であったことが窺える。ただし、副葬品が優れているようなことはなく、規模も通有で、付帯する施設が特徴的というようなこともない。いわ

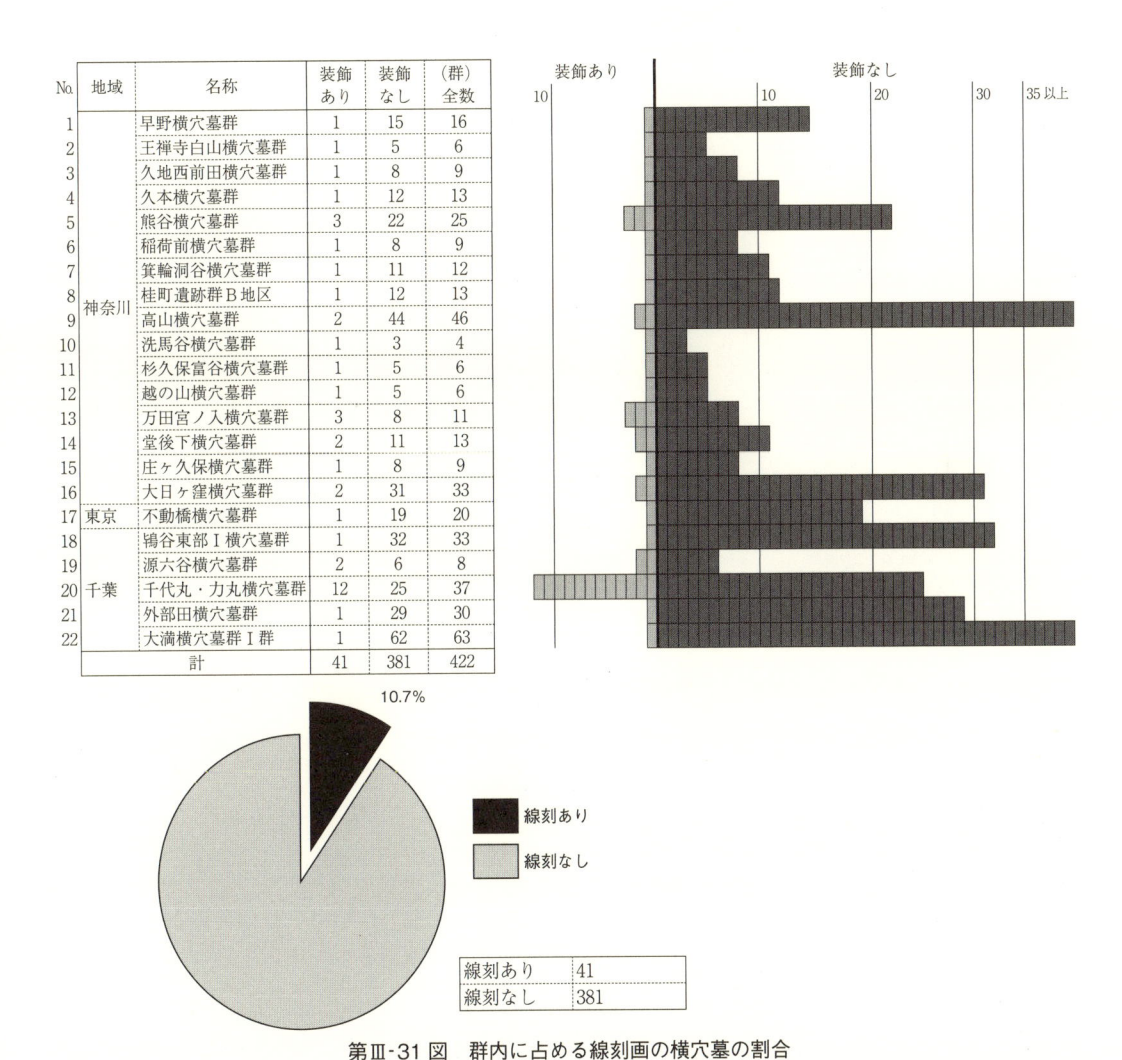

No.	地域	名称	装飾あり	装飾なし	(群)全数
1	神奈川	早野横穴墓群	1	15	16
2		王禅寺白山横穴墓群	1	5	6
3		久地西前田横穴墓群	1	8	9
4		久本横穴墓群	1	12	13
5		熊谷横穴墓群	3	22	25
6		稲荷前横穴墓群	1	8	9
7		箕輪洞谷横穴墓群	1	11	12
8		桂町遺跡群B地区	1	12	13
9		高山横穴墓群	2	44	46
10		洗馬谷横穴墓群	1	3	4
11		杉久保富谷横穴墓群	1	5	6
12		越の山横穴墓群	1	5	6
13		万田宮ノ入横穴墓群	3	8	11
14		堂後下横穴墓群	2	11	13
15		庄ヶ久保横穴墓群	1	8	9
16		大日ヶ窪横穴墓群	2	31	33
17	東京	不動橋横穴墓群	1	19	20
18		鴇谷東部Ⅰ横穴墓群	1	32	33
19		源六谷横穴墓群	2	6	8
20	千葉	千代丸・力丸横穴墓群	12	25	37
21		外部田横穴墓群	1	29	30
22		大満横穴墓群Ⅰ群	1	62	63
		計	41	381	422

10.7%

■ 線刻あり
□ 線刻なし

| 線刻あり | 41 |
| 線刻なし | 381 |

第Ⅲ-31図　群内に占める線刻画の横穴墓の割合

ば、階層構造が読み取れるものではなく、数基のみに描画されるという現象から、A類の線刻画については集団内の精神面を形成しながら、それを支えていたというような被葬者像も推察される。

　A類に関しては一見判読困難な描画も、玄室内の意匠を分解すると、現世の動物たちや人物、到着した舟、櫓などによるゲート、冥界という乱雑な描画の集合体、という4つの構成に分けられる。このうち、到着した舟のモチーフは、線刻画より以前に福岡県鳥船塚古墳、同珍敷塚古墳などに良好な例があり、それは彩色画として描かれている。

　直接的な関係性は、線刻と彩色という違いからも窺い知れないが、死生観を表出したものとしてそれぞれ評価される。たとえば珍敷塚古墳は、奥壁の鏡石に描かれる意匠として次のような特徴が挙げられる。靱や盾持ち人により辟邪される、同心円による太陽と蟾蜍と円文による月が対に描かれる、舳先に鳥がとまった船頭の漕ぐ船が到着する、といったものである。これらから広瀬和雄氏は、船は昼から夜にかけて航行し、到着寸前の情景であり奥壁鏡石を左から右へと時系列で表した一枚の絵画であると解釈し、横穴式石室の玄室が船の到着点であるとした（広瀬2010c）。このような視点から、冥界への道程を記した線刻画と珍敷塚古墳との類似性をみると、時系列を表すという点や、船が到着するという場面、描画により辟邪される、というような共通点が挙げられる。これは古墳時代後・終末期にかかる死生観、死後の道程にみた観念を表現したものと捉えられる。線刻画により、このような高度な観念が表現されたものは、相模・南武蔵地域を除いては確認できない。そのことからは観念表現の豊潤さと共に、観念を具象化する卓越性が窺える。

（4）小　結

　墓に絵を描くという行為が、古墳時代に行われたことは否めない事実である。それは各地の例をみても明らかであるが、そのなかには中世のやぐらに転用されるなど、当初の目的である「墓」という資質から乖離し、新たに手を加えられたものも少なくない。閉塞された状態ではとても暗く、線刻などはその意匠を眼で判然と見極めることは困難であったろう[註37]。

　描画された意匠には、人物・動物・鳥・魚・舟・建物状・梯子状・翳状・幾何学・樹木状・扇状・武器などがみられた。人物は鼻孔の表現からa類とした2点の鼻孔による表現と、b類の鼻筋が強調されるものに分類し、a類からb類への相対的な変化を推察した。魚・舟・梯子状・翳状・樹木状などは各地の意匠を概観し、表現の共通性や同時多発的なあり方から、その多くは古墳時代の描画である可能性が窺えた。また、仏教的な色彩の強い要素として、翳状からは天蓋、梯子状からは先行研究に倣い幡としての存在を推定し、これら描画は後出的な要素を持つと理解した。

　意匠の集合体は、A類の抽象的な情景とB類の断片的な描画、C類の具体的な情景に大別し、A類は喪葬観念を表したもの、C類は生前の活動を物語るものと解釈できる。A類は具体的には、玄室入口側で人物・動物・建物・舟などの描画がみられ、玄室奥壁側は棒線並びに斜線などが密に引かれて空間が充填されるという状況である。判読可能な描画がある入口側から、判読不可能

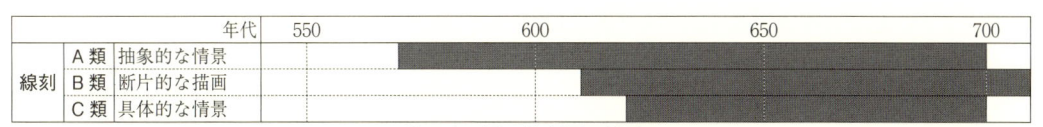

	年代	550	600	650	700
線刻	A類 抽象的な情景				
	B類 断片的な描画				
	C類 具体的な情景				

第Ⅲ-32図　線刻画の消長

な抽象的描画がある奥壁側へと玄室内で変化し、その境目に櫓状のゲートと舟が描かれることから、「黄泉国」への道程を描いたものとみなされる。A類は熊ヶ谷2号墓で6世紀後半の土器が出土し、C類は早野横穴墓で7世紀中頃の土器が出土している。これらの土器も描画時期を考える上で参考となり、大まかには抽象的な情景から具体的な情景へという流れがある（第Ⅲ-32図）。

A類の意匠の集合体を分解すると、現世の動物たちや人物、到着した舟、櫓などによるゲート、「黄泉国」という乱雑な描画の集合体、という4つの構成に分けられる。このうち、線刻画による表現以前に、到着した舟は福岡県鳥船塚古墳、珍敷塚古墳などで彩色画として描かれる。珍敷塚古墳は、奥壁の鏡石に靫や盾持ち人により辟邪された同心円による太陽と、蟾蜍と円文による月が対に描かれる。さらに鳥が舳先にとまる舟は到着の場面とされ、死生観を表出したものとして評価される。この視点から、相模・南武蔵地域にみた「黄泉国」への道程を記した線刻画とは、時系列を表す、船が到着する、辟邪される、という共通点が挙げられる。

相模・南武蔵地域では、古墳には線刻画及び彩色を施すものがごく限られている。線刻された横穴墓は古墳とは共存せず、玄室の規模や副葬品の様相は他と変わらない。しかし、線刻横穴墓は群中でも限られた存在であるという、基数の上でも特殊性がある。線刻された横穴墓では、喪葬に関する「黄泉国」への道程を記すというような、具象化した観念を独自に表現していたことが窺える。

第3節　土器儀礼と墓前域

1. 土器にみる儀礼

太平洋岸のうち駿河地域以西は埋葬に際して土器が多用されるが、伊豆半島以東では土器の出土が少ない。横穴墓で使用される土器は、須恵器が多いながらも坏などでは土師器も一定量出土している。玄室内及び玄室外と出土する場所が区別でき、時期に応じて器種が異なる。

相模・南武蔵地域でも、須恵器提瓶、平瓶、坏、フラスコ形長頸瓶、長頸壺、甕、土師器坏などが玄室内や羨道、墓前域から出土する。それらを器種ごとにみると、時期によりそれぞれ特徴がある。一括して扱われがちな土器だが、それらが何に使用されたか、また、それを通しての喪葬儀礼がどのようであったかについて、三つの段階に分けて次にみていく。

第Ⅲ章　後・終末期の喪葬観念

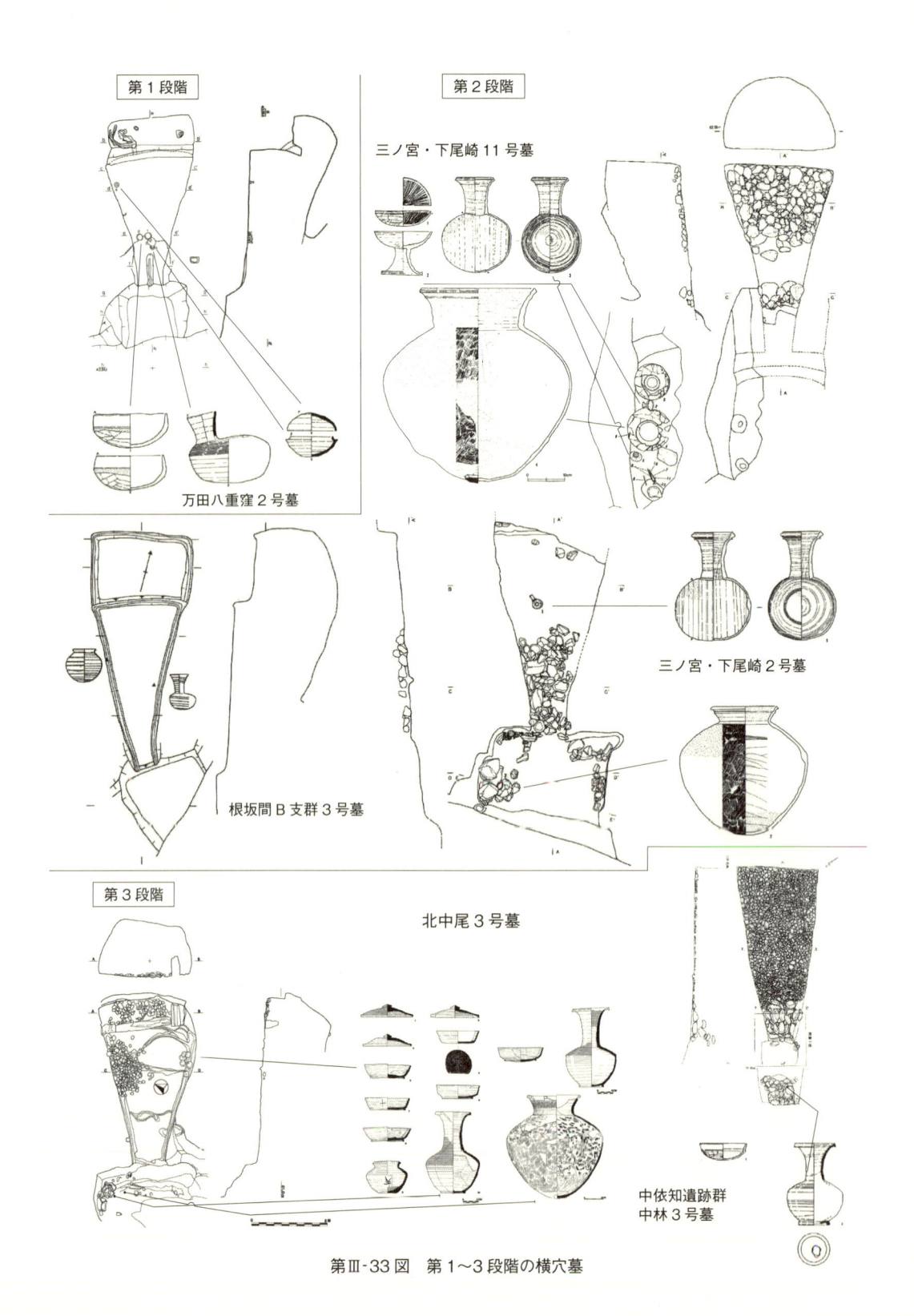

第1段階

万田八重窪2号墓

第2段階

三ノ宮・下尾崎11号墓

三ノ宮・下尾崎2号墓

根坂間B支群3号墓

第3段階

北中尾3号墓

中依知遺跡群
中林3号墓

第Ⅲ-33図　第1〜3段階の横穴墓

第 3 節　土器儀礼と墓前域

(1) 土器の組成と段階

　この地域の横穴墓の出土土器は、玄室内で 3 段階、墓前域で 2 段階に分けられる。これをもとに、第Ⅲ-33 図のように第 1～3 段階まで設定した。

　第 1 段階は、玄室で須恵器平瓶・提瓶・𤭯など、1～3 点程度の出土例が多く、6 世紀後半～7 世紀中葉にかけてみられる。たとえば、万田八重窪 2 号墓は、撥形の玄室玄門寄りに須恵器平瓶や坏、土師器坏が纏め置かれる。ちなみに人骨は棺座上に集積改葬される（第Ⅲ-33 図）。久木 5 丁目 10 号墓では、須恵器平瓶や土師器赤彩壺のほか、複数の土器が出土し、人骨の様相などからは数回の埋葬がみられる。土器は玄室右袖付近に纏め置かれる。また、諏訪脇西支群 201 号墓からは、6 世紀後半の須恵器𤭯と共に、複数の須恵器高台付坏・蓋が出土している。𤭯は片付けられていたが、築造に近い時期に使用された遺物とみられる。

　第 2 段階は、玄室で須恵器フラスコ形長頸瓶や小型甕、墓前域では大型甕が使用される。7 世紀中葉～末にかけて多くみられ、フラスコ形長頸瓶は 1 点程度の出土例が多く、小型甕は平瓶などとセットで使用される。第 1 段階からの器種変更がなされた結果とみられ、湖西窯製品の消費量が増加する。根坂間 B 支群 3 号墓では、撥形の玄室中央付近で、左右壁沿いにやや頸部が変容した須恵器平瓶と小型甕が一つずつ置かれている（第Ⅲ-33 図）。三ノ宮・下尾崎 2 号墓では、撥形の玄室中央付近でフラスコ形長頸瓶が出土しているが、墓前域での大型甕の使用も確認されている（第Ⅲ-33 図）。大型甕は肩部や底部などに打撃（破砕）痕跡が残るものがある。打撃行為に関しては、大型甕に長頸壺などを加えて第 3 段階へと継続する。三ノ宮・下尾崎 11 号墓では、墓前域の左壁沿いで地面を若干掘りくぼめて大型甕 2 個が並べられ、その脇にフラスコ形長頸瓶と高坏があり、鉄鏃も纏め置かれた様相を呈す。墓前域には階段状の段差があり、階段下の平坦面となった場所に纏められる（第Ⅲ-33 図）。

　第 3 段階は、玄室で須恵器高台付坏・蓋、墓前域では長頸壺を主に使用し、7 世紀後葉～8 世紀初頭にかけて多い。坏は第 2 段階まで数点の使用が普通であったが、使用量が増えて、玄室内にて並べ置かれた状態で出土する。北中尾 3 号墓では、撥形の玄室の右壁寄りに纏められるが、高台付坏と蓋が別々に正位で置かれ、片付けた結果のようである。また、この横穴墓では、墓前域での大型甕の使用も確認されている（第Ⅲ-33 図）。長頸壺は羨門脇に立てて置かれるものが多く、中依知遺跡群中林 3 号墓では墓前域の床面直上に正位で置かれ、底部に焼成後の穿孔がある（第Ⅲ-33 図）。4 号墓は、玄門が大半埋没した追葬時に 3 号墓と同じく立て置かれる。埋葬は主軸直交の伸展葬で、並列して 3 体がある。

　このように、第 1 段階から第 3 段階は、玄室から坏・高坏などの食器が出土し、第 2・3 段階以降は墓前域にて、大型甕や長頸壺を用いた儀礼が行われていたようだ（第Ⅲ-33 図）。供膳具のうち、食器を坏・高坏とし、液体容器を平瓶・提瓶・𤭯・フラスコ形長頸瓶などとする。これらは器種を変えながらも各段階を通じて用いられ、液体容器の長頸壺などは 7 世紀後半以降、墓前域で使用される。食器である坏類は玄室内での使用が継続されるが、貯蔵具の甕は、小形のものが 7 世紀前半を中心に玄室で使用されるものの、液体容器の長頸壺などと共に玄室内から墓前域

第Ⅲ章 後・終末期の喪葬観念

第15表 古墳・横穴墓から出土した食物

所在（記述当時）	名称	状態	数量	内容物（食物）	備考
福岡県嘉穂郡桂川町寿命	王塚古墳	蓋坏		蓋も身も共に仰向け 3個の内部に沈殿した泥土の面にホオノキの葉脈が圧痕となっている もとその中にホオノキの葉を敷いてあったことを明示している	
福岡県築上郡新吉富村	群集墳の一つ			ハマグリ	横穴式石室
福岡県朝倉郡夜須町		高坏		ウニの殻	
大分県	上ノ原48号墓		2個	瓜状の炭化物 右膝蓋骨（膝皿骨）を足下へ移動し、その上と顔のそばに瓜を置く	
山口県熊毛郡田布施町宿井	後井3号墳			淡水産のカラスガイ	横穴式石室
山口県周南市	永源山横穴墓			ハマグリやカラス貝、マガキ	
島根県西ノ島	黒木山横穴墓群			貝殻、桃の種子	
岡山県津市剣戸	中宮1号墳	蓋坏		小硬骨魚類であったろうと推測しうる魚骨	横穴式石室
兵庫県竜野市揖保町	中臣印達神社背後の丘陵上の古墳	坏	7個	ハマグリ	
兵庫県尼崎市南清水	大塚山古墳（前方部）	蓋坏		蓋坏はすべて蓋をとって逆さに身の下に敷き重ねてあった 中に盛った供物を自らも眺めて死者への心遣いを知る必要があった	
兵庫県姫路市	太市中4号墳	蓋坏	1個	ハマグリ、赤色顔料塗布	
京都府長岡京市	開田古墳	坏		イワシのような大きさの魚骨	
滋賀県愛知郡湖東町	祇園の八坂神社境内にある	有蓋高坏		魚骨	横穴式石室
滋賀県高島市	二子塚古墳	有蓋高坏	4個？	ハマグリ	
滋賀県栗東市	和田2号墳	有蓋高坏		5種の食物と酒か水が供えられたと推定	
和歌山県東田中町	東国山1号墳	蓋坏	17個	ハマグリ・魚骨のほかに、稲籾の遺存	
三重県上野市喰代高磐	王塚古墳	蓋坏4個		ハマグリ・アワビ・カレイと茸の笠のうらにあるような類のもの	
三重県名張市長屋	七ッ塚	蓋坏	20個（枚？）	ハマグリ・サソリガイ	
石川県加賀市作見町富塚	ジゴ塚古墳	蓋坏	2個	ウニの殻	
岐阜県海津郡南濃町	庭田東山山頂上の古墳	蓋坏	6枚	カラスガイに似た貝殻	横穴式石室の内部床面
岐阜県美濃加茂市古井町	二ツ塚の円墳	蓋坏	11個	ハマグリ	
岐阜県可児郡可児町	渡の円墳				
愛知県犬山市	横穴式石室古墳				
神奈川県横須賀市	沼田城山横穴墓群左横穴			アワビ・ハマグリ・カキなどが纏まりを持って存在。直置き？	玄室
神奈川県三浦市	白山神社横穴墓			玄室中程に礫と貝が出土。直置き？	玄室
神奈川県三浦市	崖がり横穴墓群16号墓		1個	サザエ。直置き？	玄室
千葉県木更津市長須賀	金鈴塚古墳	坏		カラスガイの小片や、ウナギ・フナなどの魚骨	横穴式石室
群馬県高崎市	観音山古墳			ハマグリ出土	横穴式石室

※アミフセの引用は、小林行雄1976「黄泉戸喫」『古墳文化論考』平凡社（『考古学集刊』第二冊 東京考古学会）

での使用へと変化していく。坏類は、第1・2段階では、ごく少量の出土であるが、第3段階の高台付坏などは5～10個が整然と並べ置かれるように変化する。これは被葬者へ供した食物が、充実した内容へ変化したことも推察される。また、大型甕は墓前域での使用が主体であり、古墳や横穴墓の儀礼において、複数人への対応のために用いられたことが推察される。そして最後には、破砕という行為で儀礼終了が告げられる。

　玄室では被葬者のために土器が用いられるが、食器という性格からは飲食儀礼ともみなされる。

墓前域では、儀礼参列者のために土器が用いられている。後にふれるような、大型甕の破砕事例などからは、参列者に向けた儀礼であったことが窺える。破砕行為は参列者に向けた儀礼終了の合図であり、玄室内から出土する食器は破砕されていないことから、被葬者に手向けたままであり、両者の取り扱いは異なるといえる。

坏や高坏の内部には、食物の痕跡が発見されているものがある（第15表）。内容物として、ハマグリやカラスガイ、マガキ、ウニのほか、魚骨（ウナギやフナなども含む）が知られる。和歌山県東国山1号墓では、複数の高坏内部から17個のハマグリが出土したとされる。このような事例は九州地方〜関東地方まであり、6〜7世紀代の古墳・横穴墓でみられる。神奈川県でも三浦半島の横穴墓で出土があり、沼田城山左横穴墓や白山神社横穴墓、窪がり16号墓などからアワビやハマグリ、カキなどが出土している。三浦半島の事例は坏などに入れられていた状況ではなく、玄室床面から出土しているため、木製容器などが使用されていたことも視野に入れる必要があろう。

フラスコ形長頸瓶は主に横穴墓などの墓域から出土し、集落などからの出土は少ない。相模・南武蔵地域の搬入須恵器の推移にかかる鶴間正昭氏の検討をみると、概ね7世紀初頭まで主体となる陶邑窯からの搬入、7世紀後半まで続く猿投窯、7世紀中葉から増大する湖西窯からの搬入という様相がある（鶴間2005：第Ⅲ-34図）。陶邑窯から湖西窯へと変更される時期と、墓前域で使用され始める時期はほぼ一致する。この段階で儀礼に使用された器種の均一化があり、フラスコ形長頸瓶の多用へと変化したとみられる。

墓域で使用する土器は、集落使用器種と併用されながら墓域専用器種が用いられる。主に墓域から出土するフラスコ形長頸瓶は、墓域専用器種としての位置づけができよう。このような位置づけは、一例を挙げれば、大阪府高井田横穴墓群における土師器赤色精製土器の高坏・長頸壺・把手付き盌などがある。このような例からは、各地において集落使用器種との区別がなされていたことも窺える。

日常生活と同じものを使用することからは、他界が現世の延長線上にあるという側面も読みとれ、墓域専用器種の存在からは儀礼の形骸化という一面もみえてこよう。東日本の墓域専用器種として捉えられるフラスコ形長頸瓶は、湖西窯などで生産され、東海〜東北地方南部までの流通が知られる。この墓域専用器種の広域的な流通からは、各地において同じ器種を用いるという儀礼内容の共通性も窺える。

次に、古墳時代に築造された横穴墓が、8世紀まで継続使用されているものの土器儀礼について少しふれておく。鶴巻大椿H1号墓は、墓前域にて土師器鉢（甕の下半部のみで成形）と、いわゆる相模型坏が出土している（第Ⅲ-35図）。鉢は、墓前域の左コーナーから出土し、その場所は万田八重窪2号墓、北中尾3号墓、三ノ宮・下尾崎2号墓などの古墳時代後期・終末期の事例と共通する。土師器坏は、鉢から少し離れるが、同様に墓前域から出土し、8世紀第2四半期が該当する。

松田町河南沢横穴墓群は、7世紀後半以降、単葬墓として築造される小振りな玄室からなる横

第Ⅲ章　後・終末期の喪葬観念

穴墓群で、7号墓の奥壁際中央には、肩の張る長頸壺が正位に立て置かれていた。同墓から出土した土師器坏とは少し時期差を持ち、8世紀中葉に編年される。液体容器としての長頸壺は、7世紀後半〜8世紀初頭に墓前域の羨門脇で使用される例が増えるが、8世紀中葉には玄室内で使用されている[註38]。このように墓前域での土器の出土位置は、8世紀に入っても同じ場所であり、類似する器種が出土することからは、古墳時代終末期と似た儀礼が行われていたとみなされる。

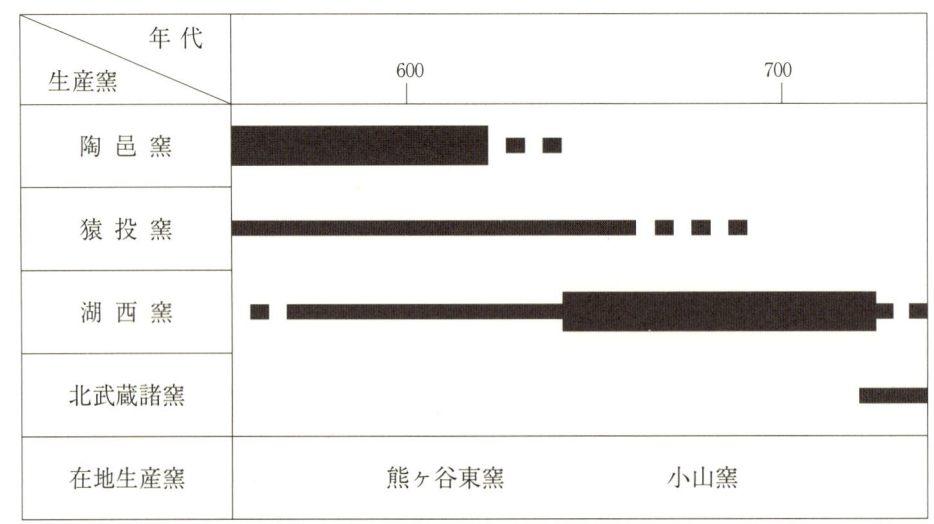

第Ⅲ-34図　搬入須恵器の様相（鶴間2005より）

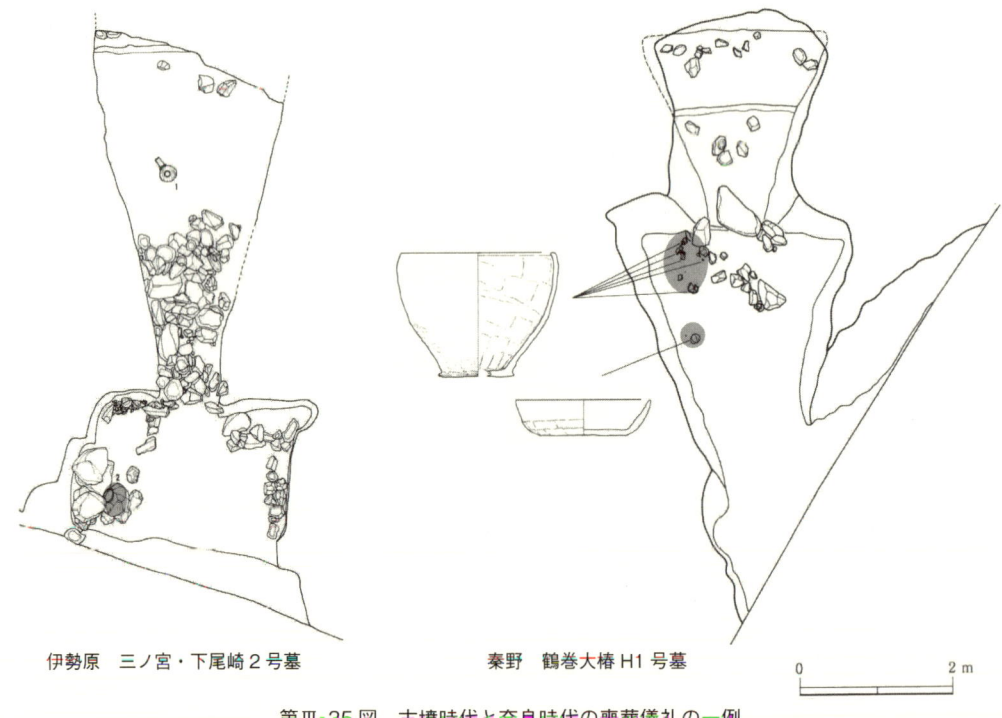

伊勢原　三ノ宮・下尾崎2号墓　　　秦野　鶴巻大椿H1号墓

第Ⅲ-35図　古墳時代と奈良時代の喪葬儀礼の一例

第3節　土器儀礼と墓前域

　総じて少量の土器しか出土しないこの地域でも、玄室から出土する土器は、食器である坏類などの供膳具が多い。坏の内部に遺存していた貝や魚などの食物の痕跡からは、死者のために供したという用途が窺える。玄室でのこのような儀礼は継続されながら、その後に、墓前域からも甕や長頸壺が多く出土するようになる。そこでは貯蔵具の大型甕などが多用されており、それは参列者のために使用されたともみなされる。玄室内の食器は破砕されず、墓前域の大型甕などは破砕されるという傾向がある。儀礼に使用された土器の変化にかかる画期は、一つには7世紀中葉にあり、提瓶やフラスコ形長頸瓶などの液体容器が玄室内で使用されなくなり、墓前域で使用されるように変化し、そこでは破砕等による儀礼終了行為がみられ出す。今一つは7世紀後葉にあり、玄室から出土する器種は高台付坏に特化し、墓前域では主に長頸壺が多用されるという状況が挙げられる。

(2) 破砕土器の様相

　甕が破砕して出土した横穴墓には次のようなものがある。三ノ宮・上栗原4号墓や北中尾3号墓は、墓前域で甕の肩部を打撃して破砕する（第Ⅲ-36図）。三ノ宮・下尾崎10号墓や根坂間B支群5号墓、川名新林右西斜面2号墓では甕の底部が打撃されている。城山3・4号墓出土の甕は胴部と肩部に打撃痕がある。このように墓前域で出土する須恵器の大型甕は、打撃による破砕行為が行われている。その使用場所は墓前域の左コーナー付近であり、相模地域の各地で共通してこの場所からの出土が多い。

　打撃による破砕に類似するものとして、口縁部の打ち欠きという行為がある。打撃による破砕の場合は、復元個体に放射状の割れ口があることから判明されるが、打ち欠きは経年変化や埋没時に割れてしまったのか、判断することは難しい。しかし、三ノ宮・上栗原1号墓などでは長頸壺の口縁部が打ち欠かれ、根坂間B支群5号墓では長頸壺の高台を意図的に打ち欠き、中依知

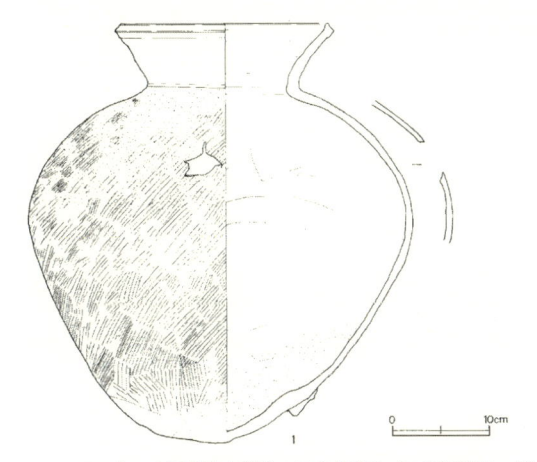

三ノ宮・上栗原横穴墓群4号出土遺物（7世紀後半〜末）　　　　　　　　　　　　　　　　　（伊勢原市教育委員会提供）

第Ⅲ-36図　須恵器甕に残された打撃痕跡

遺跡群中林3号墓では長頸壺、熊ヶ谷20号墓の平瓶は底部に焼成後の穿孔が判明している。梨の木坂1号墓では、フラスコ形長頸瓶の底部に打撃痕があり破砕されている。少し変わったものとして、久地西前田2次2号墓では高坏が意図的に割られ、墓前域と玄室内にそれぞれ散布したと推測されている。

甕などの破砕行為は、横穴墓だけに限ったものではない。古墳では、桜土手古墳群で類例がある。1号墳は墳頂と墓道で甕を破砕しているとされ、肩部の打撃痕と底部の打撃痕跡が確認されている。吉田章一郎氏は土器の出土状況から、須恵器大型甕は墳丘上で破砕され、提瓶や小型甕は石室内で破砕後、墓道や墳丘で播いた可能性を指摘している（吉田2000）。このほか、久野2号墳でも甕を割って散布したとされ、尾根山1号墳も甕を墳丘上で破砕、上依知1号墳も甕が故意に砕かれたとする。赤田1号墳の甕も同様である。

古墳出土の土器で、甕以外のものに意図的な痕跡があるものとして、辻ノ上2号墳の提瓶、桜土手古墳群10号墳の横瓶や14号墳の小型甕が底部に打撃痕があり、13号墳のフラスコ形長頸瓶は破砕とされている。上依知1号墳のフラスコ形長頸瓶も、胴部に意図的な打撃がある。

このように土器の破砕行為は古墳と横穴墓で行われたが、桜土手1号墳は墓前域側の閉塞石脇に長頸壺が置かれていた。先に挙げた中林横穴墓群を好例として、墓前域の羨門脇から長頸壺が出土する事例は多い。土器の出土する様相や使用状況などをみると、7世紀前半以降、墓前域使用の大型甕や長頸壺などは肩部や底部などに打撃（破砕）痕跡があり、その場で破砕された事例が複数ある。これは墓前で使用した容器を破砕するという、儀礼終了時の行為と推察される。

ここで多量の埴輪と土器が出土して儀礼の様相が窺える例として、6世紀後半のしもつけ古墳群甲塚古墳を詳しくみていきたい（国分寺町教育委員会2005）。多種多様な土器が出土する古墳は、相模・南武蔵地域では確認されていないため、首長墓における儀礼の事例として取り上げる。基壇面の中央に埴輪列が廻り前方部西側では多量の土器が出土しており、喪葬の痕跡として理解されている。土器は、土師器高坏、須恵器坏・蓋、有蓋高坏、大甕、脚付長頸壺などの器種が知られ、およそ2.5m四方から纏まって出土している。

土師器高坏は1列に5～7個を並べ、それが8列程度確認されている。多くは正位の状態である。その北側と東側の列に沿って須恵器高坏が並べられる。多くは有蓋で、高坏の横に蓋が置かれたものもあったという。坏類は高坏などに比して細片であり、破片も拡散していて意図的な破砕も想定されている。高坏や坏類は150点前後、高坏と蓋がそれぞれ50点ずつの出土である。須恵器大甕は底部片が高坏群の南東1mから出土し、口縁部と胴部片は土器群を越えて埴輪列付近から出土している。甕は浅く掘り窪められた地面に設置されていたようで、据え置いたまま底部を割ったため、掘り込み中に底部片が遺存し、底を抜いた大甕は、埴輪列付近に投げて破砕されたと推測される。

このような6世紀後半の甲塚古墳における土器の出土状況から、次のような儀礼の一端が推測できる。高坏は蓋が被せられていたものや蓋が脇に置かれていたものがあることから、供物等を入れて供えたようだ。または、儀礼参列者が土師器高坏一つを使用するというような場面も想像

できるかもしれない。甕が儀礼終了にあわせ破砕されたという事態は、7世紀代の関東地方南部と同じ現象として捉えられる。

亀田博氏は、大甕を破損させることの意味は何か同列の呪術の存在を窺わせ、大甕の中に坏を詰め込んだような実例のあることからは、大甕を据える行為の中に饗膳の儀礼が含まれていたとする（亀田1977）。また、墳丘などの土器としては兵庫県神戸市西神ニュータウン内遺跡第33-2号墳等を例示し、円墳の北西裾部平坦面に二群30個の土器が置かれ、一方は、蓋を閉めた坏が整然と並べられ、もう一方は坏の蓋すべてを開け、雑然と置かれるとした状況から、意味の違った二つの祭祀に同時に用いられた可能性を示唆している。

このような検討の一端をみても、甕や高坏及び坏に関しては儀礼に用いられていた地域が広域に確認されていることがわかる。そのことからは、ある程度普遍的に実施された儀礼であったことが窺える。破砕という行為は後期に首長層に取り入れられ、順次それ以下の層へと広がっていったようである。また関東地方南部では、横穴墓のなかにもいわゆる見せる儀礼を執行する必要性が生じ、横穴墓の墓前域でも7世紀中葉には打撃による破砕儀礼が執行されたとみなされる。

古墳と横穴墓で、喪葬儀礼に共通的な土器が用いられ、使用方法も似ていたことがわかる。このことからは、古墳・横穴墓の土器からみた儀礼の共通化が窺える。それまでの首長墓で行われていた見せる儀礼という要素が、首長墓から横穴墓などへも拡大・普及し、首長墓以外の古墳・横穴墓にも採用されていったものとみなされる。

(3) 灯火行為

横穴墓の玄室から出土する土器には煤の付着しているものもあり、一部では灯火という行為が行われていたとみられる。

三浦市江奈2号墓では6世紀末の土師器高坏・土師器坏が出土し、煤が付着していたことからは、灯明皿としての機能が窺える。つごう6点の高坏と1点の坏に黒色付着物や煤が確認されている。玄室は無袖式であるが、少しの段差により袖が痕跡として表現される。左壁奥側から伏せられて砕けていた高坏と、これに並ぶように計3個の高坏が並んでいた。また、奥半部分右側からも3点の出土があり、いずれも縁から内側にかけて光沢ある黒色が残り、内面に灯心や油の焼きついた痕もある。また、玄室中央左奥から出土した坏も、煤が焼きついた痕があり、灯明皿とみられている（赤星1976）。

藤沢市川名新林右5号墓でも、土師器坏が玄室内の左壁玄門寄りで出土し、内面に少量の煤が付着していた。人骨は玄室中央から奥側にかけて散乱状態であったとされるが、頭蓋骨は左壁中央付近で検出されている。土器は、6世紀末と7世紀後半という二つの時期があるが、土師器坏は前者の年代とみられる。玄室の側壁は左右で平行だが、玄門側は広角となり袖が痕跡化している（藤沢市公園みどり課・湘南考古学研究所2008）。

藤沢市代官山6号墓では、7世紀前半の横瓶口縁部の一部が故意に砕かれ、それは二次焼成を受けて器面の一部が剥落したとされる。玄室は撥形であるが、側壁の緩やかな屈曲により羨道と

の境が意識される。玄室内の左壁寄りの中央付近から出土し、玄室中央あたりで出土した数片の口縁部破片と接合しているが、破片が不足することからは玄室内とその外と、二度にわたり口縁部が故意に砕かれたとされ、玄室外で砕かれた後に二次的な焼成を受けたと推測されている（上田ほか 1986）。

　大磯町北中尾 4 号墓も、7 世紀後半の煤の付着した土師器坏が出土している。玄室は無袖式で奥壁幅に比して玄室長は短い。玄室内には角柱状の切石があり、造営当初のものとみられている。その切石が何に使われたかは定かではないが、周辺地域の調査事例からは、組合式の石棺やそれに付随する構造物という可能性もある。遺物はすべて墓前域から出土し、片付けの結果とも見受けられる。内面に煤が付着していることから灯明皿であったとされる（鈴木 1992）。

　このように江奈 2 号墓や、川名新林右 5 号墓などでは、玄室内から出土した土師器の内外面に、煤及び黒色付着物などがあり灯明皿とされている。北中尾 4 号墓の土師器坏は、墓前域から出土しているが、それは片付けによる結果とみられる。また、代官山 6 号墓では二次的な焼成がされ、それは玄室外から持ち込まれたという。いずれにしても火が用いられており、使用時のまま据え置かれていた状態であった江奈 2 号墓などの例からは、玄室内において火が灯されていたことが窺える。時期としては江奈 2 号墓が 6 世紀末、代官山 6 号墓が 7 世紀前半、そのほかは 7 世紀後半とみられ、長い期間にわたり灯明皿が使用されていたとみなされる。

　これらから、玄室内が漆黒の空間ではなく、儀礼執行時などは灯りのある空間として機能していたといえる。同じように玄室内で灯火が行われていた地域として、九州地方北部や山陰地方がある。灯明台が設えられる古墳の代表例には、福岡県嘉穂郡桂川町の寿命王塚古墳や島根県出雲市の中村 1 号墳がある。寿命王塚古墳は装飾古墳としても著名であるが、墳丘長 80m の前方後円墳で、横穴式石室は複室構造、後室には石屋形がある。石屋形前面の間口には立石があり、その形状から灯明台として報告されている（梅原・小林 1940）。出土遺物は長脚の高坏や蓋坏、馬具などがあり、それらは 6 世紀中葉という年代が与えられる。

　中村 1 号墳は直径 30m 以上の円墳か前方後円墳とみられ、横穴式石室は全長 9.5m 以上の複室構造で、閉塞石が完全に遺存し、その積み方からは 3 回の埋葬が想定されている。出土遺物には蓋坏や甕、装飾大刀などがあり、横穴式石室の状況からも 6 世紀後半の築造とみられる。後室には組合式箱式石棺（長さ 2m・幅 1m：玄室に向けて開口）が側壁沿いに設置され、その前には灯明台がある。扉石・蓋石は内側に倒れ、前室には蓋石のない石棺（長さ 1.9m・幅 1m）が置かれ、小口側板は角を丸く加工する。玄室床面には円礫が敷かれるが、2 回目の埋葬時に敷設と理解されている。前室から 1 振り、後室から 2 振りの装飾大刀が出土しており、うち二本は片付けにより壁面に立て懸けられた状態で発見されている。

　そのほか、島根県安来市臼コクリ遺跡の F 地区 2 号墓や島田池 1 区 1 号墓などでも、石棺前に灯明台が設えられている。臼コクリ F 地区 2 号墓は、板石閉塞による平入り家形で、家形石棺が設えられ、石棺内の板石に区切られた空間から人骨が検出されている。墓前域には鞍金具などがあり、玄室内からは大刀のほか、装身具がみられる。土器は墓前域と玄室内から出土してい

るが、時期は6世紀後半と8世紀代に分けられる。

　島田池1区1号墓は凝灰岩板状切石による閉塞で、平入り擬似四柱式方形の玄室で家形石棺と須恵器屍床が設えられる。人骨は玄門付近に散在して1体分が検出されているが、玄室内玄門側右隅に土器が集積され、副葬品は馬具や大刀、鉄鏃などと豊富である。灯明台を具える石棺を収める横穴墓は、いずれも群中1基の存在であり、馬具を副葬するなど、群内に占める階層としては高位であることが窺える。

　また、熊本県鹿本郡加茂17号墓や22号墓では、円錐台形状突起が奥側屍床仕切に成形され、灯明台的な機能が推察されている。屍床仕切の一部が突起状に設えられるものには、熊本県山鹿市小原大塚93号墓などがあり、両端が柱状の構造になっているものは大分県大分市飛山横穴墓群にみられる。ちなみに、茨城県尾形山G9号墓、赤羽B1号墓などでも両端が柱状の構造で、この突起及び柱状の構造に関しても、灯明台としての機能が推察される。

　このように玄室からは煤の付着した土器が出土し、九州地方や山陰地方などでは灯明台が設えられる。そしてその時期は6世紀中葉を嚆矢とし、相模・南武蔵地域の横穴墓では6世紀末から灯明皿の使用が窺える。これらからは、埋葬に関係して明かりを灯して死者を確認するという行動も看守される。灯明台を設えるような石棺が出土しない相模地域でも、玄室内で行われた灯火からは、遺骸を確認するという同じ行動が読み取れ、それは、埋葬における儀礼の重要な一側面であったとみなされる。

(4) 土器使用儀礼の変化

　玄室内では坏などが使用され、飲食にかかる儀礼が行われていた。この儀礼について先学の研究による「黄泉戸喫」という解釈も可能であろう（小林1976a）。墓前域では大型甕などが使用されて儀礼が行われ、その甕は儀礼終了と共に破砕される。

　横穴墓での出土地点や器種、時期などを総合的にみれば次のようになる（第Ⅲ-37図）。第1段

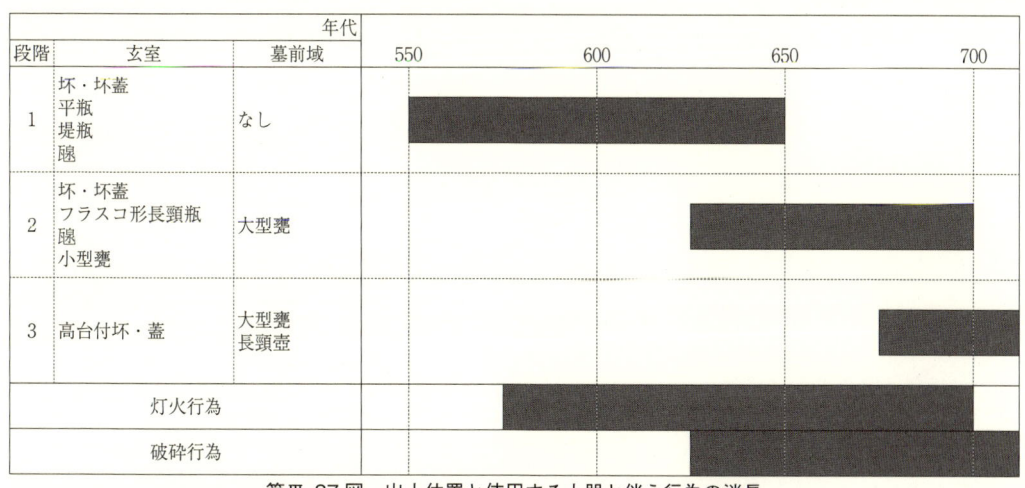

段階	玄室	墓前域	年代 550	600	650	700
1	坏・坏蓋 平瓶 堤瓶 𤭯	なし	▬▬▬▬▬▬▬▬▬▬			
2	坏・坏蓋 フラスコ形長頸瓶 𤭯 小型甕	大型甕			▬▬▬▬▬▬	
3	高台付坏・蓋	大型甕 長頸壺				▬▬▬▬
	灯火行為			▬▬▬▬▬▬▬▬▬▬▬▬▬		
	破砕行為				▬▬▬▬▬▬▬	

第Ⅲ-37図　出土位置と使用する土器と伴う行為の消長

第Ⅲ章　後・終末期の喪葬観念

階は須恵器平瓶・提瓶・𤭯などを玄室で使用するもので、1〜3点程度の出土事例が多い。時期は6世紀後半〜7世紀中葉にみられる。第2段階は須恵器フラスコ形長頸瓶・小型甕・坏などを玄室で用い、墓前域では大型甕が破砕行為を伴って使用される。時期は7世紀中葉〜末にみられる。第3段階は須恵器高台付坏・蓋を玄室で用い、墓前域では長頸壺が立て置かれ、大型甕も使用される。時期は7世紀末〜8世紀初頭にみられる。

　これによると出土地点は墓前域と玄室であり、器種は供膳具の食器である坏・高坏と、液体容器の平瓶・提瓶・𤭯・長頸瓶などと、貯蔵具の甕・鉢に分かれる。そのうち須恵器は陶邑や湖西窯からの搬入品が使用されるが、土師器は在地産が主体となっている。

　玄室で小型の供膳具が出土する段階を経て、7世紀中葉から、供膳具と共に大型の製品である甕が玄室外で使用され、再度玄室で高台付坏などが多用される様相へと変化していく。第1段階から第2段階への変化は、玄室出土土器については器種が変わるのみで、基本的には同様の出土状況である。墓前域では儀礼に大型甕などが使用され、破砕等の行為がみられる。第2段階から第3段階へは、玄室内から出土する器種の主体がフラスコ形長頸瓶等の液体容器から食器である坏類へと変わり、供するものの主体も、液体から固形物[註39]へと変化したとみられる。墓前域では、大型甕から長頸壺へと器種構成が増えるが、儀礼終了時の破砕行為は継続される。

　土器の内部からはハマグリなどの食物が出土することもあり、坏や高坏という食器に乗せられていたことからは、被葬者へ手向けた供物として理解できる。6世紀後半〜7世紀前半の相模・南武蔵地域の横穴墓では、玄室内に土器が散見されるのみで、土器の出土数は少ない。これに比して箱根山以西の東海地方では出土量が多いが、、この多寡は三浦半島での貝の出土状況にみたように、木製容器の使用という相違点も推察される。

　灯明皿の出土からは、玄室内での灯火の必要性が看取され、第1段階から確認されている。他地域における早い例は、福岡県の寿命王塚古墳で6世紀中葉に灯明台が石屋形と共に設えられていた。相模・南武蔵地域では灯明台としての設えは確認されていないものの、玄室内で火を灯す必要性という共通事象と捉えられる。

　相模・南武蔵地域の古墳及び横穴墓で、土器による喪葬儀礼の痕跡からは、大甕の破砕など、甕が多用されている状況がわかった。この事例は小地域の盟主及びそれ以下の階層による墳墓でみられた。同じように甕を多用する地域として、関東地方の北部があるが、そこでは首長墓における甕を多用した儀礼の様相も徐々に知られるところとなってきた。対比する意味からも、栃木県しもつけ古墳群を参考にみてみたい。

　しもつけ古墳群は、栃木県南部の思川・黒川・姿川・田川が近接して流れる8km四方ほどの地域に、6世紀後半〜7世紀中頃の前方後円墳や大型円墳などが21基ある（広瀬2011）。墳丘一段目が低く平坦で幅の広い基壇という面を持つという下野型古墳は、秋元陽光氏、大橋泰夫氏により設定され、前方後円墳においては前方部のみに横穴式石室を敷設し、土に首長層は凝灰岩切石を用いた石棺式石室を採用するという特徴を持つ（秋元・大橋1988）。

　7世紀になると前方後円墳は終焉を迎え、埴輪の使用もみられなくなる。7世紀前半の首長墓

は円墳で、須恵器の大甕が墳丘上から多数出土するようになる。そしてそれらの多くは底部に穴が開けられている。

　6世紀後半では、墳長91mの前方後円墳である、茶臼山古墳の前方部基壇上から須恵器の大甕や坏が出土している。御鷲山古墳も墳長74mの前方後円墳で、甕が出土している。甲塚古墳は墳頂66mの前方後円墳で、先にふれたように多くの須恵器高坏が大甕と共に基壇上から出土している。

　6世紀末～7世紀初頭では、墳長82mの前方後円墳である長塚古墳の周溝内から須恵器大甕が、墳長60mの前方後円墳である牛塚古墳も、後円部上や周溝覆土中から須恵器大甕の破片が出土している。下石橋愛宕塚古墳は突出部を持つ直径82mの円墳で、墳丘上に須恵器甕が配されていたとみられる。山王山古墳は墳長90mの前方後円墳で、場所不明ながら須恵器の甕片が出土している。

　7世紀前半では、直径63mの円墳である桃花原古墳の墳丘から、須恵器大甕の破片が数多く出土している。また、壬生車塚古墳が直径86mの円墳で、墳頂及び周堤上から須恵器大甕の破片が表採されている。そして丸塚古墳は直径74mの円墳で、墳丘上からは須恵器大甕の破片が表採される。7世紀中葉では、多功大塚山が一辺53.8mの方墳で、墳丘北側から須恵器大甕が出土している。

　6世紀後半を中心とする前方後円墳では、茶臼山古墳や甲塚古墳の前方部基壇上からの出土がある。また、周溝内からの出土も多いことから、基壇等を中心に儀礼が行われていたことが窺える。甲塚古墳の調査からは、儀礼に1点の須恵器大甕が用いられていたことが知られ、この段階は甕の数量は多くない。7世紀前半の円墳になると、下石橋愛宕塚古墳や桃花原古墳、壬生車塚古墳など、墳丘上や周堤上から多数の須恵器大甕が出土している。7世紀中葉は、資料が少ないながら甕の数量が限られる。このように6世紀後半と7世紀前半では、甕の使用方法が異なる。

　しもつけ古墳群の7世紀前半を中心としては、須恵器甕を埴輪のように並べ置かれるが、その甕は底部が穿孔され、実用具としての用をなさない。相模地域でも三ノ宮3号墳で須恵器大甕の出土が多く、口縁部における数量ながら8個体以上が知られる。7世紀前半の甕の多用は古墳のみで確認でき、横穴墓ではみられない。このような数量の多さや底部の穿孔からは、容器ではなく、空間遮蔽器材として使用されていたことが窺える。

　相模・南武蔵地域における7世紀前半以降では、墓前域使用の大型甕や長頸壺などが肩部や底部などに打撃（破砕）痕跡があり、その場で破砕された事例が複数ある。首長墓の例としてみた、しもつけ古墳群の甲塚古墳の様相と似て、容器として本来の機能で使用された後、墓前で使用した容器を破砕するという、儀礼終了時の行為であると推察される。その破砕行為は、衆人に向けた儀礼終了の合図であり、被葬者との決別を表すという意識が窺える[註40]。

　6世紀後半～7世紀前半の横穴墓では、玄室内にて食器が多用されている。遺存していた食物の痕跡などからも被葬者主体の儀礼といえよう。しかし、首長墓での儀礼は異なり、例として挙げたしもつけ古墳群中の甲塚古墳をみると、墓前域脇から坏や高坏が多量出土しており、その数

量からは参列者を意識した見せる儀礼という要素が抽出できる。

　そのほか、玄室内からは煤の付着した土師器も出土し、灯火行為が行われていた。6世紀末以降、玄室内での儀礼として埋葬及びその経過観察をするなどに際して、明かりを灯して遺骸の骨化状況などを確認していたことが窺える。

　土器の様相からは、古墳と横穴墓で同じような現象がみられることから、両者の儀礼の共通化が窺える。7世紀前半以降は古墳・横穴墓で、社会構造としての儀礼の重要性から器種と行為の共通化が図られたことが窺える。この段階で儀礼に大きな変化が起こり、7世紀中葉からは墓前域で大型甕を破砕するという行為がみられだし、それは、8世紀初頭まで続くとみられる。

(5) 小　結

　玄室と墓前域という土器の使用場所と、器種による組成から段階を設定した。第1〜3段階を個別にみると、玄室のみで使用されていた様相が、7世紀中葉から墓前域でも使用される様相へ変化したことが窺えた。それは、食器である供膳具が主に用いられた段階から、貯蔵具が墓前域で用いられるように変化する。

　食器からは、各地の事例によるとハマグリなどの貝や魚が供えられていたことも窺え、相模・南武蔵地域の事例では、木製などの有機質の器も想定された。貯蔵具である大型甕などは、破砕された状態で出土するものが多く、儀礼終了時の行為として把握できる。

　儀礼は、食器を用いた被葬者主体のものから、参列者へアピールするような破砕行為を伴うものへと変化した。この変化は、しもつけ古墳群の様相からして、首長墓からそれ以外の古墳や横穴墓に、6世紀後半以降、拡大・普及したものとみなされる。

　横穴墓から出土した土師器坏には、煤が付着しているものがあり、それは灯明皿として使用されていたことが考えられる。玄室内での灯火行為があったとみられ、相模・南武蔵地域でも6世紀末から確認される。九州地方の事例では、寿命王塚古墳で灯明台が設えられ、横穴墓にも円錐台形状突起がある。山陰地方にも灯明台の事例がみられるなど、玄室内での灯火行為は、6世紀中葉以降、様々な地域で形を変えて行われていたことが窺える。

　土器使用儀礼の変化は第Ⅲ-37図に消長を示したが、6世紀末の灯火行為の発生と、7世紀中葉の墓前域における大型甕などの破砕行為という画期が挙げられる。灯火行為は、第1節でみた改葬と同じ頃から始まった事象である。この共通性からは玄室内での骨化の確認行為とも捉えられよう。また、破砕行為は古墳と横穴墓のいずれでも確認できることから、土器からみた儀礼の共通化が窺える。それまでの首長墓で行われていた見せる儀礼という要素が、首長墓以外の古墳・横穴墓にも採用されていったものとみなされる。

2. 墓前域石積

　甕が破砕された場所である墓前域には、単一の玄室に帰属するものと、複数基の玄室で併用されるものがある。このような墓前域について、横穴墓としてのあり方をみて、その次に、変化の

状況が掴みやすい石積の事例を中心に検討する。これは、羨門の周囲に主に河原石を用いて石積を施工して一個の空間を造ったものである。横穴墓群内での数量は少ないが、玄室規模や副葬品の状況をみても、その施工による優位性という状況ではない。しかしながら正面観のみを比較すれば、横穴式石室と同じような視覚的効果が生み出されることで注目すべき事象である。

(1) 墓前域の共有

　墓前域は玄門もしくは羨門前に広がる空間であり、緩斜面に築造されるものは遺存良好なものが多い。儀礼を行ったとみなされる空間で、先に土器の出土状況などをみてきた。まずは、石積の有無にかかわらず、当地域の墓前域がどのような様相であるかを整理したい。

　墓前域は単一の横穴墓に造られるものと、結果的に複数基の横穴墓で共有するものがある。しかし、複数基で共有したものも、横穴墓単位で墓前域の底面標高を違えて、段を形成するものが多く、平坦な広い空間を共有するものは少ない。

　単一の横穴墓に造られる墓前域は、墓道のように長いものと、幅と長さの比が1：1〜1：2程度の規模があるが、この長短は、築造される地形に左右される。たとえば、上粕屋・一ノ郷北横穴墓などは、緩斜面に築造されることから、玄室長3.2mという小規模ながら、墓前域は墓道との明確な境がなく幅4m、長さ15.7mという長大なものである（第Ⅲ-40図）。

　複数基が共有するものは、追加及び拡張と、そのほか連続して施工されるものがある（第16表）。追加施工は、改葬用とみられる小型墓が墓前域側壁脇に造られ、拡張施工は改葬用とみられる小型墓が墓前域を拡張して造られる。連続施工は、平行配置となるように単一の横穴墓が増築され、段差等により横穴墓ごとに空間が造られるものと、主軸方向がⅤ字状になるように横穴墓が増築され、単一の墓前域空間を両者が活用するものがある。

　追加施工は、代官山12号墓墓前域側壁に11号墓が築造され、大日ヶ窪2号墓にも同様に小型の3号墓が造られる（第Ⅲ-38図）。城山A地点4号墓にも墓前域側壁に小型の5号墓が築造され、岩井戸A4号墓にも小横穴が造られる。このうち、代官山では増築された11号墓の奥壁寄りから3本の歯が出土している。

　拡張施工は、羽根尾B1・B2号墓が好例で、墓前域の幅7.0m、長さは斜面側で遺存不良ながら3.0m、玄室入口間の心心距離は5.8mである（第Ⅲ-38図）。広い墓前域の空間を共有するが、遺物は玄室のみでみられ、B1号墓は須恵器蓋、直刀、鉄鏃、装身具類が、B2号墓も直刀や鐔などが出土している。B1号墓は6世紀末〜7世紀初頭の築造で、その後にB2号墓築造に合わせて墓前域が拡張されたといえる。B2号墓は、人体を伸展葬で埋葬する規模はないが、直刀などが出土していることからは、B1号墓から副葬品と共に移動されたともみなされる。唐沢5・8号墓も墓前域を共有する（第Ⅲ-38図）。墓前域の規模は幅4.7m、長さは斜面側で遺存不良ながら5.5m、玄室入口間の心心距離は2.5mである。底面は若干の段差があるが、開口部側でそれは解消される。遺物は8号墓で玄室奥壁付近に少量の人骨が散乱し、大刀、刀子のほか須恵器平瓶が出土している。5号墓は玄室内の北西隅に4体分の人骨が集積され、墓前域の左奥には須恵器高

第Ⅲ章 後・終末期の喪葬観念

第16表 墓前域を複数基が共有する横穴墓

方法	名称	号数	玄室形状	規模 幅	規模 長さ	入口心心距離	石積	出土遺物	備考
拡張施工	唐沢	5	無袖	4.7	(5.5)	2.5	なし	・玄　室／北西隅に集積で4体分 ・墓前域／須恵器高坏、フラスコ形長頸瓶	左奥隅に破砕土器
		8	無袖					・玄　室／奥壁付近に人骨散乱、大刀、刀子(小刀か)、須恵器平瓶	
	羽根尾B群	1	有袖	7.0	(3.0)	5.8	なし	・玄　室／須恵器蓋、直刀、鉄鏃、管玉、丸玉、小玉	
		2	無袖					・玄　室／直刀、鐔	
	三ノ宮・下尾崎	10A	玄室未	5.4	(1.2)	3.3	あり	・墓前域／須恵器坏、甕、刀子	
		10B	玄室未					・墓前域／須恵器平瓶、土師器坏	
	三ノ宮・上栗原	4	無袖	4.5	(2.6)	2.6	あり	・玄　室／棺座上から少量の人骨、耳環（金環：玄室内？） ・墓前域／須恵器甕	左奥隅に破砕土器
		5	無袖					・玄　室／鉄製壺鐙、鉸具、素環鏡板轡、須恵器長頸壺・小型壺	
	上今泉	3	無袖	9.2	(5.2)	7.7	あり	・玄　室／骨片（7点）、鉄鏃？（細片）	
		4	有袖					・玄　室／骨粉、土師器坏（比企型）、小札、鐔？、鉄鏃、耳環（金銅）、ガラス小玉	
追加施工	大日ヶ窪	2	無袖	3.6	(2.8)	1.5	なし	・玄　室／棺座内に人骨散乱	
		3	無袖				なし	なし	
	代官山	11	無袖	3.3	(4.7)	2.3	なし	・玄　室／奥壁寄り歯3本 ・墓前域／耳環（金銅）	
		12	無袖					・玄　室／高棺座の貝床上に2体	
	岩井戸	A4	無袖	2.4	(5.8)	2.3	なし	・玄　室／棺座沿いに少量の人骨（4体） ・墓前域／須恵器甕片、土師器坏	
		−	横長				なし	なし	
連続施工 ※主軸平行	代官山	6	無袖	6.8	(7.8)	3.4	なし	・玄　室／須恵器平瓶、フラスコ形長頸瓶、横瓶、鉄鏃、銀装小刀、大刀、耳環、勾玉、管玉、切子玉、小玉	
		16	有袖					・玄　室／鉄鏃、刀子 ・墓前域／土師器坏	
	城山A地点	2	無袖	6.8	(6.6)	2.4	なし	・玄　室／中世陶器片	
		3	無袖			1.8		・玄　室／人骨（1体分） ・墓前域／須恵器甕、土師器坏、刀子	
		4	無袖			2.0		・墓前域／須恵器甕（ほぼ完形、胴部と底部に穿孔、内部から破片が出土。5号帰属か）	穿孔土器
		5	小型				なし	なし	
	羽根尾C群	1	無袖	12.2	(6.3)	3.5	なし	なし	
		2	無袖			3.0		・玄　室／須恵器臺、高台付坏（破片が墓前域にも散乱）	
		3	無袖			2.8		・玄　室／須恵器平瓶	
		4	無袖					・玄　室／須恵器坏、土師器坏	
	羽根尾C群	5	無袖	8.0	(7.6)	1.8	なし	なし	
		6	無袖					・玄　室／須恵器フラスコ形長頸瓶、坏身、滑石製小玉	
		7	無袖			2.5		・玄　室／耳環、小玉、鉄製品（不明）、歯（2本）	
	羽根尾E群	2	無袖	8.5	4.5	2.5	なし	・玄　室／土師器坏	
		3	無袖					・玄　室／土師器坏	
		4	無袖			3.5		・玄　室／土師器坏	
連続施工 ※主軸V字	熊ヶ谷	2	無袖	3.4	(2.7)	2.3	なし	・玄　室／須恵器提瓶、ガラス小玉、耳環、刀子、鉄鏃、両頭金具	
		3	無袖					・玄　室／鉄鏃 ・墓前域／須恵器フラスコ形長頸瓶、土師器坏、ガラス小玉	
	根坂間B群	3	無袖	(4.5)	(3.1)	3.0	なし	・玄　室／須恵器平瓶、小型甕 ・墓前域／須恵器蓋、坏、壺片、土師器坏、刀子	
		9	小型					なし	
	寺分藤塚	2	無袖	3.8	7.4	2.5	なし	・玄　室／鉄釘 ・墓前域／土師器坏、須恵器甕	
		3	無袖					土師器など微小片	

※（　）値は遺存値

第3節　土器儀礼と墓前域

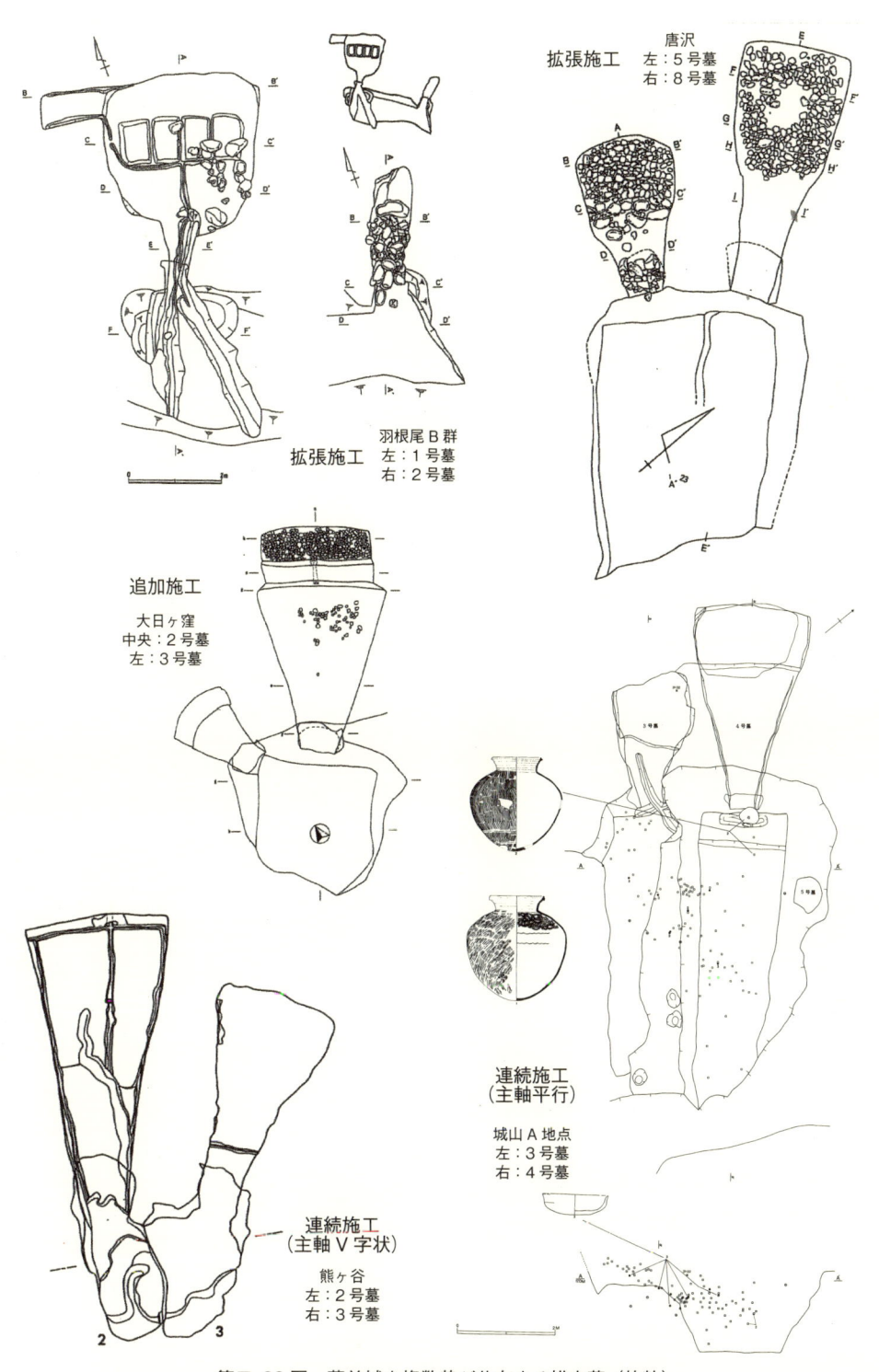

拡張施工
唐沢
左：5号墓
右：8号墓

拡張施工
羽根尾B群
左：1号墓
右：2号墓

追加施工
大日ヶ窪
中央：2号墓
左：3号墓

連続施工
（主軸平行）
城山A地点
左：3号墓
右：4号墓

連続施工
（主軸V字状）
熊ヶ谷
左：2号墓
右：3号墓

第Ⅲ-38図　墓前域を複数基が共有する横穴墓（抜粋）

173

坏とフラスコ形長頸瓶が破砕される。いずれも土器は7世紀後半という時期であるが、小型の5号墓が遅れて造られたとみられる。

　拡張施工としたものには、墓前域に石積を施工するものがある。三ノ宮・上栗原遺跡4・5号墓と三ノ宮・下尾崎遺跡10A・10B号墓で、三ノ宮・上栗原4号墓は、共有する墓前域の主軸に比して外反するような玄室平面形であり、5号墓と連結しないように掘削された結果ともいえる（第Ⅲ-39図）。墓前域は幅4.5m、長さは斜面側で遺存不良ながら2.6m、玄室入口間の心心距離も2.6mである。石積は墓前域奥側及び側面の壁へと、ほぼ同質、同大の礫にて翼状に施工されている。5号墓は玄室から鉄製壺鐙、鉸具、素環状鏡板轡、須恵器長頸壺、小型壺などが出土し、土器は7世紀第4四半期とされる。4号墓は棺座上に少量の人骨があり、金環が出土した。共有される墓前域左奥側では、須恵器甕が破砕されていた。三ノ宮・下尾崎10A・10B号墓の墓前域は幅5.4m、長さは斜面側で遺存不良ながら1.2m、玄室入口間の心心距離は3.3mである。石積は10A号墓築造にあたり拡張部分のみに施工したようで、墓前域全体にはみられない。また、10A号墓の墓前祭祀は10B号墓を含まずに単独で実施したようで、破砕された須恵器甕は、両穴の中間から出土している。玄室は未調査にて不明ながら、墓前域では10A号墓から須恵器坏、甕、刀子が、10B号墓からは須恵器平瓶、土師器坏が出土している。これら土器は7世紀第3四半期とされる。上今泉3・4号墓も、養蚕などによる後世の改変が激しいながら、可能性として、石積の墓前域を共有していたことが窺える。玄室は4号墓が有袖式、3号墓は無袖式と異なっている。墓前域の幅は9.2m、長さは斜面側で遺存不良ながら5.2m、玄室入口間の心心距離は7.7mである。墓前域石積の横穴墓は無袖式が多く、4号墓に遅れて造られた3号墓築造時に、墓前域が拡張され、石積が施工されたとみなされる。4号墓の玄室内からは、骨粉のほか、挂甲小札、鐔、鉄鏃、耳環、ガラス小玉や土師器坏が出土し、5号墓の玄室内からは骨片のほか鉄鏃の細片が出土している。5号墓の土師器坏はいわゆる比企型坏で、7世紀第2四半期とされる。

　連続施工で、平行配置となるように横穴墓が増築され、段差等により単基ごとに空間が造られたものは発見例が多い。そのうち、代官山横穴墓は6・16号墓で墓前域が平行配置となり、墓前域の底面標高は6号墓の方が低い。両穴とも墓前域側壁と玄室の主軸が合っている。16号墓玄室内からは鉄鏃や刀子が、墓前域からは土師器坏が出土し、6世紀末〜7世紀初頭とされる。6号墓の玄室内からは、銀装小刀、大刀、鉄鏃、装身具類、須恵器平瓶、フラスコ形長頸瓶、横瓶が出土し、7世紀前半〜中葉とされる。墓前域は結果として連結されたとみられるが、墓前祭祀の共通性は窺えない。城山A地点2・3・4号墓もそれぞれ無袖式の玄室で、前後関係が定かではないが平行配置となる。3号墓墓前域出土とされる須恵器甕は、4号墓との帰属が不明瞭ながら破砕されていた（第Ⅲ-38図）。羽根尾C群1〜4号も平行配置であるが、墓前域の底面の段差からは、中央に位置する2・3号墓が先行して造られ、後に1・4号墓がそれぞれ追加されたとみられる。各横穴墓の玄室から出土した土器には、須恵器甌や高台付坏、平瓶などがあり、7世紀後半〜8世紀前半とされる。ほか、羽根尾C群5・6・7号墓も平行配置で、6号墓玄室出土土器は7世紀後半とされ、山側で狭隘な墓前域として築造されるなど、7・6・5号墓という順で築造

第3節　土器儀礼と墓前域

されたことが窺える。また、羽根尾E群2・3・4号墓も平行配置で、各玄室から出土した土師器坏は7世紀前半～後半とされる。3・4号墓が先行し、2号墓が遅れて築造されたとみられる。

連続施工で、主軸方向がV字状になるように横穴墓が増築され、単一の墓前域を両者が共有したとみられるものは、熊ヶ谷2・3号墓が好例で、いずれも無袖式の玄室である。2号の玄室内からは鉄鏃、刀子、両頭金具、装身具類、須恵器提瓶が出土し、6世紀中頃～後半、3号墓は玄室内から鉄鏃、墓前域から須恵器フラスコ形長頸瓶、土師器坏、ガラス小玉が出土し、7世紀中頃～後半とされる。2号墓の開口部に合わせるように3号墓が築造され、墓前域から土器が出土している（第Ⅲ-38図）。根坂間B群3・9号墓も単一の墓前域を共有したとみられるが、9号墓は小型横穴墓の追加築造である。3号墓の玄室内からは須恵器平瓶、小型甕、墓前域からは須恵器蓋、坏、壺片、土師器坏、刀子などが出土し、7世紀末～8世紀中葉とされる。寺分藤塚2・3号墓も単一の墓前域を活用したとみられ、玄室はいずれも無袖式である。2号墓の玄室内から鉄釘、墓前域から須恵器甕と土師器坏が出土し、7世紀末～8世紀初頭とされている。3号墓の墓前域を一部壊して2号墓が築造されている。

このように墓前域には、単一の横穴墓に造られるものと、複数基に共有されたものがあり、後者は、追加及び拡張施工と、連続施工があったことがわかる。そのうち、追加施工、連続施工（主軸V字状）は、横穴墓を新たに築造しても墓前域をあまり拡大せずに築造するものである。拡張施工は、複数基の横穴墓が共有空間確保のために拡張されるもので、連続施工（主軸平行配置）は、単一横穴墓築造の連続により結果として墓前域が共有空間のようにみえるものである。

拡張施工は、羽根尾B群1・2号墓のように、共有の墓前域に小型墓を追加築造するというあり方で、唐沢5・8号墓や三ノ宮・上栗原4・5号墓の例など、共有する墓前域の左奥にて、甕を破砕するなどの行為がみられる。出土した土器からは、8世紀初頭頃まで続く喪葬儀礼と理解でき、単一の横穴墓の墓前域に比して、より広い空間が必要とされた結果とみなしうる。また、墓前域共有の横穴墓で石積が施工されるものは、拡張施工とした一群に含まれる。

(2) 石積の立地と類型

墓前域に石積がされる横穴墓は丹沢南麓を中心として分布し、西相模地域から多摩地域まで広範に捉えられる。石積は施工箇所から三つに分類が可能である。A類は長い墓道の側面に石積がされるもの、B類は墓前域奥側の壁のみに施工されるもの、C類は墓前域奥側と側面まで石積が施工されるものである（柏木2001）。C類のうち、1基の横穴墓に伴う単独構築をC-1類、2基以上の横穴墓に共有される墓前域を具える共有構築をC-2類とする（第Ⅲ-39図）。共有される墓前域のあり方は、古墳ではみられない。石積という表示性を具えた横穴墓独自の発展形状という理解ができる。

相模・南武蔵地域にある墓前域石積の横穴墓を、A～C類に則してみていくと次のようなものがある。A類は天神谷戸1号墓、B類は上粕谷・一ノ郷北横穴墓、三ノ宮・下尾崎19号墓、鈴鹿横穴墓、鷹番塚1号墓、落合瀬戸1・3・4・8号墓、C-1類は三ノ宮・下尾崎23号墓、梨ノ

175

第Ⅲ章　後・終末期の喪葬観念

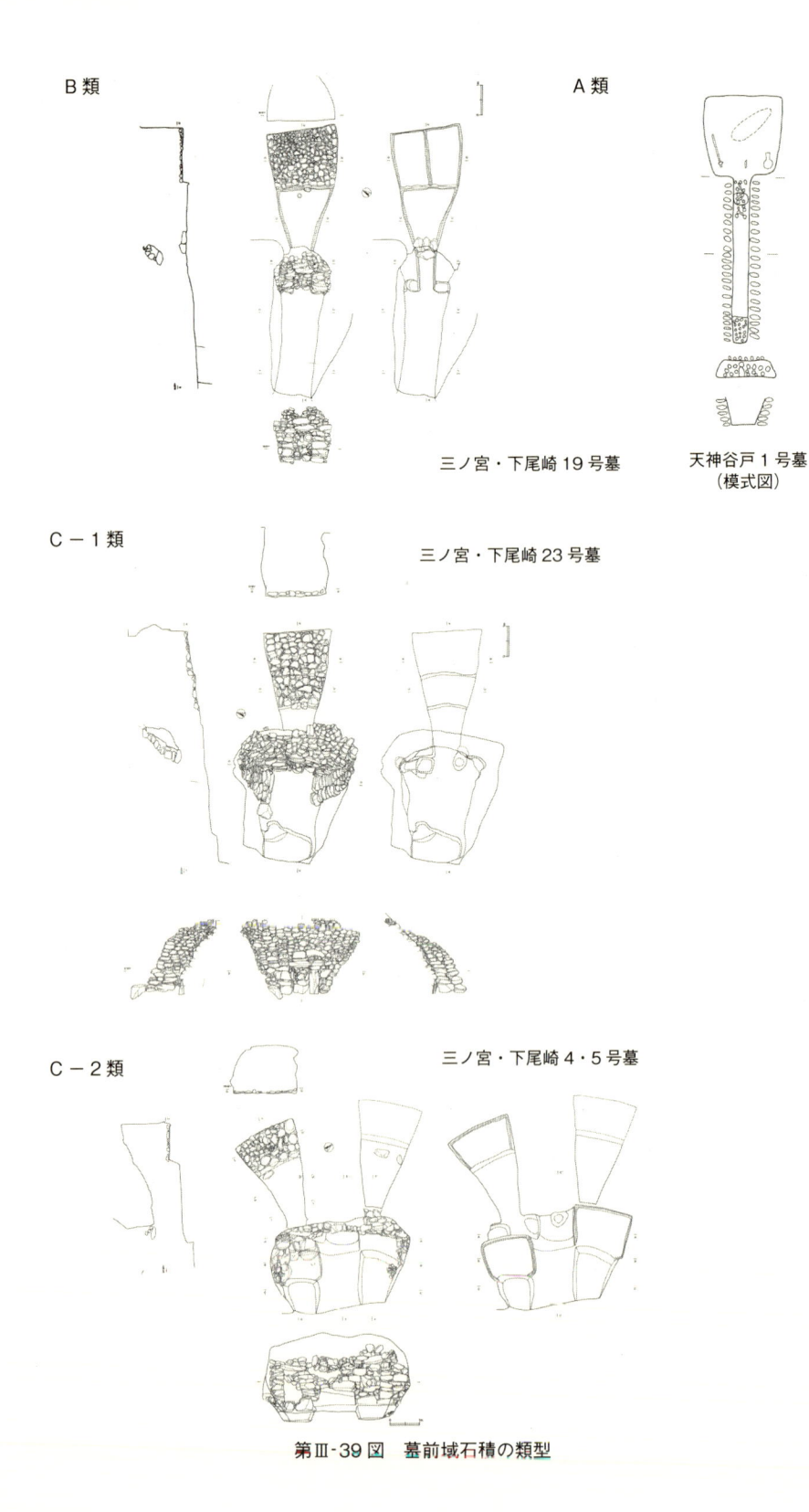

B類　　　　　　　　　　　　　　　A類

三ノ宮・下尾崎19号墓　　　　天神谷戸1号墓
　　　　　　　　　　　　　　　（模式図）

C-1類

三ノ宮・下尾崎23号墓

C-2類

三ノ宮・下尾崎4・5号墓

第Ⅲ-39図　墓前域石積の類型

木坂1号墓、同2号墓、根下2号墓、鷹番塚5号墓、林王子横穴墓、竜鳳寺B号、小山No.313遺跡1号墓、梵天山1・3・4号墓、坂西4号墓、谷ノ上横穴墓、出山8号墓、内藤新田横穴墓、C-2類は、三ノ宮・下尾崎10号墓、三ノ宮・上栗原4・5号墓、上今泉3・4号墓などがある。

　これら墓前域石積に類似するものとして、羨門のみを切石で構築するものがある。東京都大田区の新井宿横穴墓群や、世田谷区の等々力渓谷横穴墓群や下野毛岸横穴墓群などで知られる。分布は多摩川下流域左岸を中心とし、丹沢南麓の墓前域石積横穴墓の分布域まで広がりを持つ。なかでも、新井宿1・2号墓、塚越28号墓は入口部分に複数の石が用いられ、正面観は横穴式石室の入口と類似している。また、鈴鹿横穴墓や小山No.313遺跡1号墓では、切石による羨門構築と、自然石積による墓前域羨門側壁の石積という両者が融合している。

　さらには玄室内部まで切石を使用して、胴張り横穴式石室を模した世田谷区下野毛岸3号墓がある。切石により前室が設えられ、入口部にも切石が多用され、横穴墓と横穴式石室の折衷ともみなされる。このようなものも表示性を具えた横穴墓として理解されるが、ここではより顕著に古墳との共通性が窺える墓前域石積に絞って検討していく。

　相模地域における墓前域石積の羨門は、平石を積み重ねて施工されるものが多いが、石材は厚みのない平石を8段程度積み上げるものから、立柱石のようにある程度面を整えた石材を立てて使用するものまで多彩で、いずれも楣石が架構される。周囲の石は、墓前域の壁面に押しつけるように積み上げられる。この石積の正面観に注目すれば、B類は横穴式石室の入口部に外観が似て、C類はさらに葺石までも含んだ景観に似ており、古墳と類似した視覚的効果がある。さらにC類には、2m以上の石積の壁が目前に広がるというような大規模なものも散見される。

(3) 石積施工の特徴

　墓前域石積は、横穴式石室と同じような視覚的効果を生みだしたとみられるが、7世紀前半の上粕屋・一ノ郷北横穴墓をみるとわかりやすい（第Ⅲ-40図）。横穴墓が集中する三ノ宮古墳群の範囲からは外れ、単独で舌状に迫り出した緩斜面に築造され、扇状地側に開口する。古墳と類似した立地のもとに築造され、羨門を囲むように、墓前域の奥側に重厚な石積が施工される。周囲には鎧塚古墳群があるが、上粕屋・一ノ郷北横穴墓と同じく扇状地を意識して、緩斜面に築造されている。

　ここで注意を要するのは、いずれも扇状地を望む緩斜面上に築造されることである。横穴墓は谷戸内の奥まった場所に築造されることが多いが、上粕屋・一ノ郷北横穴墓は独立した舌状地形の先端に位置し、これは扇状地の平地側から見られることを意識した立地といえる。玄室は袖が痕跡化した形態であるが、周囲の石積横穴墓を見る限りは、他の撥形玄室に先んじて築造されたとみなされる。上粕屋・一ノ郷北横穴墓と鎧塚古墳群は、扇状地側からの視点という同じ意識を持って築造されたことが窺える。

　墓前域石積の築造年代の決め手は多くないが、玄室形態を勘案すると6世紀末～7世紀初頭以降から7世紀第3四半期頃まで、およそA類～C類への変遷が看取される。A類の天神谷戸1

第Ⅲ章　後・終末期の喪葬観念

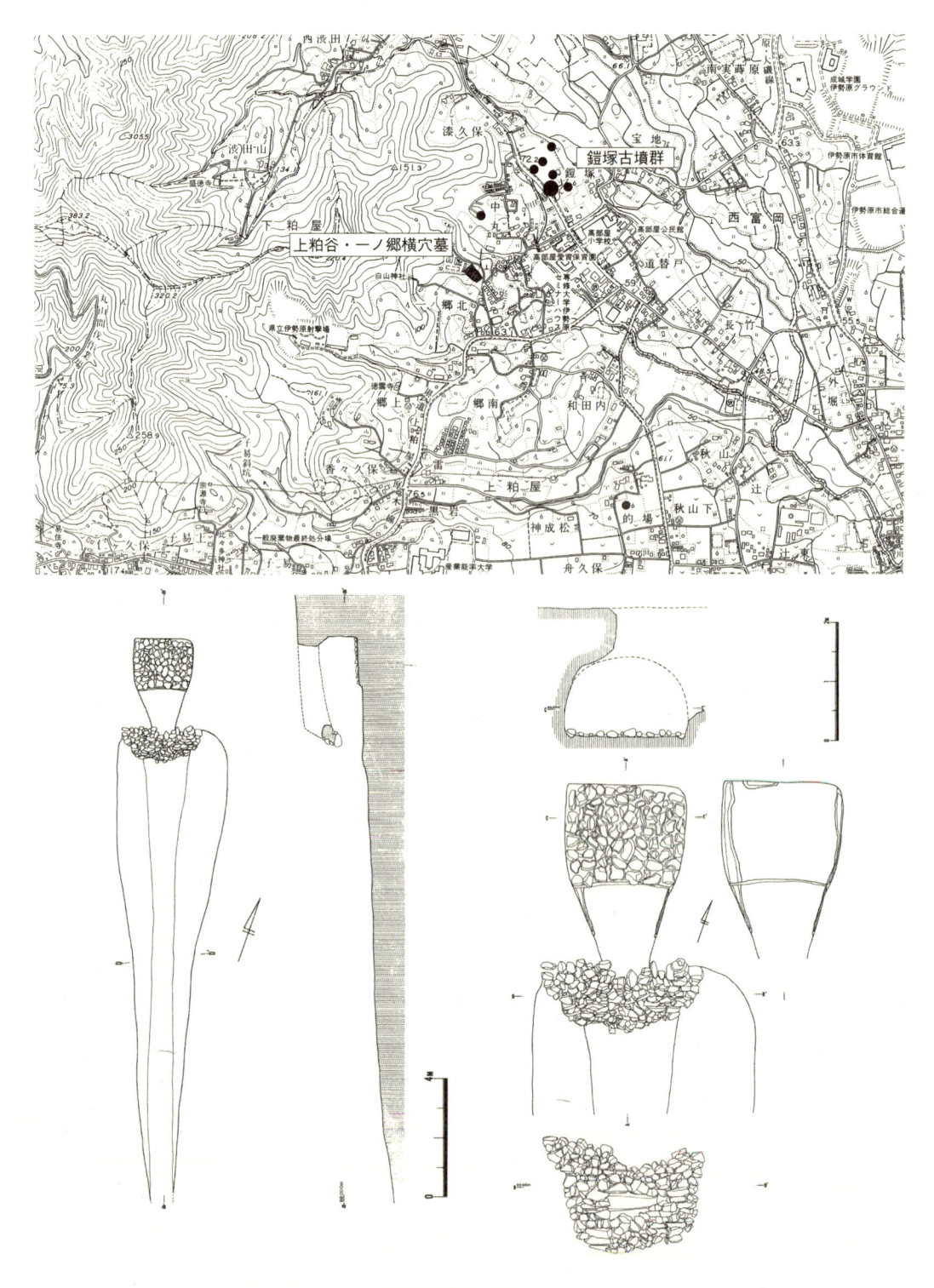

第Ⅲ-40図　上粕屋・一ノ郷北横穴墓とその立地

号墓は玄室が有袖式で、幅狭な墓道部分の石積は横穴式石室を忠実に模している。羨道部に横穴式石室と同様の視覚的効果を持たせる石積があるということは、横穴式石室の模倣ともみなされ、同時に横穴式石室の外観の影響を受けたといえよう。B類は石積という所作から正面観が重要視されたことが窺え、C類に至りその荘厳さを増すことになる。

　墓前域石積のA類は6世紀末以降、横穴式石室の影響を受けて横穴墓に石積がなされる段階である。7世紀前半のB類から7世紀中葉のC-1類へと石積が重厚になり、7世紀中葉以降は墓前域を共有する横穴墓に石積がされるC-2類も共存し、横穴墓の玄室が無袖式である撥形へと収斂し小型化が図られていく[註41]。当初は墓道に石積が施されたが、やがて儀礼空間としての石積による視覚的効果の演出が図られる。さらに複数基での墓前域共有化がおこり、側壁まで施工されるという石積の荘厳さを増しながら、広い空間にまで視覚的効果が求められたとみなされる。

　横穴式石室では玄室・羨道より前面に天井石を架構せず、その壁面に石積を設ける構造がある。その石積からは、古墳と横穴墓の石積における、視覚的共通性がみえてくる。相模地域における無袖式横穴式石室の検討を行った植山英史氏は、墓道形態として次の三つのパターンを挙げている。一つは石室開口部から直線的に延びる構造。二つ目は石室開口部で幅が広がり、上から見て「コ」の字を呈する構造。三つ目は石室入り口から徐々に広がり、上から見て「ハ」の字状に開く構造に大別されている（植山2010）。

　狭長な構造は墓道、幅の広い構造は墓前域と推察される用途からの仕切をすれば、「コ」の字及び「ハ」の字を呈する構造が墓前域であるという位置づけができる[註42]。これに横穴墓の墓前域を準えば、A類が直線的に延びる構造、B・C類が「コ」の字を呈する構造といえる。さらに横穴墓には複数基が共有する墓前域があり、より広い儀礼空間が必要であったことが窺える。

　このような形態の違いがある玄室閉塞部より手前の空間では、狭長な構造は、通路としての墓道、幅が広い構造は、墓前域として儀礼等が行われていた。墓前域における土器の使用は、羨門部に長頸壺が立て置かれるもの、甕が並べ置かれるものなどがある。このような土器の出土状況からは、閉塞を挟んで墓前域では儀礼行為が行われていたと推測される。7世紀中葉以降は、大型甕や長頸壺が破砕されるようになり、墓前域は埋め戻されない祭儀空間として機能していたとみなされる。

　加部二生氏は「前庭」を、横穴式石室の前面に羨道部とは異なる広がりを持つ場であって、天井石を構架しない石積の施設であると定義する。その機能は祭儀的な場とされ、埋め戻されない開放的な空間として捉えている。そして、葬送儀礼を行う場所ではなく、埋葬から時間を経てから行われる、むしろ追善供養に近い祭祀行為を行った場所であるとしている（加部1999）。丹沢南麓地域の共有された墓前域では、唐沢5・8号墓や三ノ宮・上栗原4・5号墓の例など、左奥での破砕土器の出土があり、このことは複数基共同の儀礼ともみなされ、追善供養に近い祭祀行為という性格も頷ける。

　横穴墓の墓前域石積は、古墳時代終末期において丹沢南麓から多摩地域にかけて築造が集中し、玄室は無袖式が多い。横穴墓の盛行と併せて、一部地域では横穴墓にも視覚的効果という必然性

が求められた結果だと考えられ、同じ地域にある三ノ宮古墳群内の横穴墓で、当時の首長墓級の威信財が副葬されることとの関連性も窺える（柏木2010c）。初現期の横穴墓にないことからは、古墳と横穴墓の被葬者に変化がみえ、横穴墓被葬者にも古墳被葬者と同等の儀礼に関する対応と共に、古墳と見紛う視覚的効果が儀礼を執行する側に求められたとみなされる。

(4) 小　結

　墓前域は玄室前に広がる空間で、そこでは破砕された土器が出土することなどから、喪葬儀礼が行われていたとみられる。墓前域をみると、単一の玄室に帰属するものと複数基で併用されるものがあるが、複数基併用のものは、施工状況ごとに追加・拡張・連続という現象があり、連続施工は主軸が平行及びＶ字状になるものに分けられる。

　追加施工と連続施工（主軸Ｖ字状）は墓前域があまり拡大されず、拡張施工は墓前域を拡大するもの、連続施工（主軸平行）は結果として墓前域が共有空間のようになるものである。出土土器から導かれる年代観はどの施工方法も7世紀中葉～末を中心とするものであるが、複数基で用いられるなかで、拡張施工されるものは左奥隅で須恵器大型甕などが破砕されるなど、広い空間で多くの人を対象に儀礼を行ったことが窺える。

　墓前域の石積は、丹沢南麓から多摩地域にかけての横穴墓で多く、その大半が撥形の玄室である。横穴墓の盛行と併せて、一部では首長墓級の威信財が副葬されるなど、横穴墓にも石積という視覚的効果が求められた結果とも受け取れる（第Ⅲ-41図）。石積は、単一の玄室に帰属する墓前域に施工されるものと、複数基併用の墓前域に施工されるものがあるが、後者は拡張施工としたもののみでみられ、次第に、より広い空間が必要とされたことも窺える。

　横穴式石室と横穴墓の墓前域石積は、後者が前者に視覚的に似せるという必要性から生じ、正面観が類似するように築造された。墓前域は開放的な空間であり、そこでの須恵器甕や長頸壺などの出土状況も同じであった。このことから終末期において、古墳と横穴墓の被葬者が共通の喪葬観念を持ち、両者は同一儀礼を執行した。それは、地域の統制において社会制度上同じ立場となったことから、両者の喪葬儀礼と埋葬方法の共通性が生じたのであろう。

　墓前域は儀礼を参列者に見せるための舞台装置であり、横穴墓と古墳の築造主体は当初は違った社会的使命があったが、横穴墓被葬者も古墳被葬者と同じ役割を担うことになり、同じような石積の舞台装置を構築したものとみなされる。

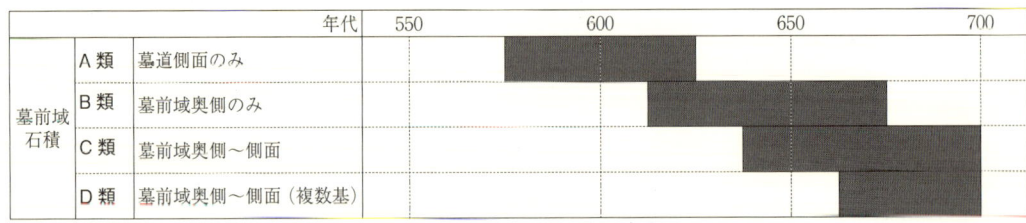

		年代	550	600	650	700
墓前域石積	A類	墓道側面のみ				
	B類	墓前域奥側のみ				
	C類	墓前域奥側～側面				
	D類	墓前域奥側～側面（複数基）				

第Ⅲ-41図　墓前域石積の消長

第4節　文字資料からみた死生観

　正史には喪葬に関することがいくつか書かれている。中国の正史二十八のうち、撰者の生年順に挙げると、『三国志』魏志巻三十東夷伝・倭人（以後、『魏志』倭人伝と記載）や『後漢書』巻一一五東夷伝・倭（以後、『後漢書』倭伝と記載）、『隋書』巻八一東夷伝・倭国（以後、『隋書』倭国伝と記載）があり、日本の歴史書の『古事記』、六国史の『日本書紀』などが著名である。そこに書かれた記述を参考にして文字資料にある死生観についてみていきたい。

(1) 中国正史の記事

　中国の正史二十八のうち、『魏志』倭人伝、『後漢書』倭伝、『隋書』倭国伝について、それぞれに類似する記事をみる。
　『魏志』倭人伝にもわずかながらそれについての記載がある（石原道博編訳1985）。

> その死には棺あるも槨なく、土を封じて冢を作る。始め死するや、停喪十余日、時に当りて肉を食わず、喪主哭泣し、他人就いて歌舞飲酒す。已に葬れば、挙家水中に詣りて澡浴し、以て練沐の如くす。

　『後漢書』倭伝も『魏志』倭人伝に類似した記載がある（石原道博編訳1985）。

> その死には停喪すること十余日、家人哭泣し、酒食を進めず。而して等類就いて歌舞し楽をなす。

とある。古墳時代後期からはかなり遡った記事であるが、埋葬までの期間が存在することや、儀礼の様相に伝統性があろうことが窺える。
　さらに『随書』倭国伝には次のような記載がある（石原道博編訳1985）。

> 死者は斂むるに棺槨を以てし、親賓、屍について歌舞し、妻子兄弟は白布を以て服を製す。貴人は三年外に殯し、庶人は日を卜して瘞む。葬に及んで屍を船上に置き、陸地これを牽くに、あるいは小輿を以てす。

第17表　史書にみられる葬送

	墳墓の様相	殯の期間	埋葬までの行動					
	棺・槨	停喪・殯	肉食わず	喪主・家人哭泣	他人・親賓歌舞飲食	水中澡浴	妻子兄弟白布	その他
『魏志』倭人伝	棺あるも槨なく	10余日	○	○	○	○		
『後漢書』		10余日		○	○			
『隋書』	棺槨を以て	貴人3年庶民日を卜して			○		○	葬に及んで屍を船上に置き陸地これを牽くあるいは小輿をつかう

とある。「親賓、屍について歌舞し、妻子兄弟は白布を以て服を製す」ということからは殯で歌舞をし、参加者の服は白布であったことが知られる。「貴人は三年外に殯し」からは、貴人は三年の間、家の外で殯を行い、「葬に及んで屍を船上に置き、陸地これを牽くに、あるいは小輿を以てす」では、船の上に遺骸を乗せ地上を綱で引く、または輿に乗せることもあるとされ、埋葬は、墓から遠いところから輿などに乗せて遺骸を運搬した行動などが汲み取れる。

喪葬の一端が記されたこれら中国の正史のうち、『魏志』と『後漢書』から『隋書』へは、次のような変化が読みとれる（第17表）。停喪はいわば殯の期間ともみなされるが、「十余日」から「貴人は三年」、「庶民は日を卜して」と、階層による差違と共に、貴人はかなり長い期間へと変化している。また、「棺あるも槨なく」から「棺槨を以てし」となり、棺を覆う空間が備わるように変わる。喪主や家人が「哭泣し」、「肉を食わず」や「酒食を進めず」という具体的な記載がみられなくなる。これに反して、変化が読みとれないものは「他人」の「歌舞飲食」などが、「親賓、殯について歌舞し」と同じような記載であり、「練沐の如くす」は、「白布を以て服を製す」というように、清廉が求められる辟邪思想的な記載も引き続いてみられる。このことからは、殯期間は貴人で延長され、槨が備わり、哭泣などの儀礼が変化したこと、他人や親賓と記される参列者の歌舞飲食や、辟邪の思想は継承されていったことなどが窺える。

(2) 日本の歴史書及び六国史の記載

『古事記』および『日本書紀』のうち、天若日子の死去にかかる記事、伊耶那岐の黄泉国訪問譚、魂祭りのほか、その他の記事などをみて、往時に考えられていた死生観についてみていく。

① 天若日子の死去

喪葬の役割と殯について、『古事記』および『日本書紀』の記載をみる。『古事記』（上巻　忍穂耳命と邇々芸命　二）には、天若日子の死去にあたっての喪葬の様相が記される（倉野ほか1958）。そこには葬儀に関連する役割を担う人材が、鳥に例えられて記載されている。

　　河雁をきさり持と為、鷺を掃持と為、翠鳥を御食人と為、雀を碓女と為、雉を哭女と為、如此行ひ定めて、日八日夜八夜以て、遊びき。

各役割についてみていくと、河雁は雁の一種とされ、「きさり」が葬送の時に死者の食物を持って行く役という説もある。掃持は、喪屋を掃く箒を持つ役、翠鳥はカワセミで、御食人が死者のための調理人、碓女が臼で米をつく女、哭女が葬送儀礼における泣き女とされる。

同じような記載が『日本書紀』にもみられる。『日本書紀』（巻第二　神代下　第九）には、天稚彦の死去にあたっての喪葬の様相が同じように記される（坂本ほか1965・1967）。

　　乃ち川雁を以ちて持傾頭者（かはかり）と持帚者とし、又、雀を以ちて舂女とす。而して八日八夜、啼哭き悲しび歌ふ。

　　（一に云はく、乃ち川雁を以ちて持傾頭者とし、亦持帚者とし、鶏を以ちて尸者とし、雀を以ちて舂女とし、鷦鷯を以ちて哭者とし、鵄を以ちて造綿者とし、烏を以ちて宍人者とし、凡て衆の鳥を以ちて任事すといふ。）

川雁は川に住む雁で、持傾頭者は表記から傾頭を持つ者の意とされ、『釋日本紀』(巻第八　述義四　神代下)に「葬送の時、死者の食を戴きて、片行する人」とある。持帚者は箒を持つ者、鴗はカワセミの異名で、尸者が「かたしろ」(祭礼の時神の身代わりとして祭られる者)、舂女は米をつく女、鷦鷯はみそさざいで、哭者が葬送時に泣くことを専門にした女、造綿者は死者に着せる絹綿(衣服)を作る者、宍人者は鳥獣の肉を調理する人とされる。斎藤忠氏によると、持傾頭者について「私は『日本書紀』のなかにある「持傾頭者」の文字を重要視し、死者の頭を持ち上げる人であり、死者の頭位をかえたり運搬に関係する人と解したい」としている(斎藤1976)。

これらの記載からは、喪葬儀礼に関しては次のような行動が挙げられる。

　　喪屋が存在する
　　死者に食物を持っていく行為
　　死者のために調理を行う
　　米を搗くという行為
　　鳥獣の肉を調理する
　　「かたしろ」が使用される
　　箒を使用する
　　泣く
　　死者に着せる衣服を作る

といったものである。『古事記』および『日本書紀』(以後『記紀』と記載)の記述からは具体的な儀礼での手順や行為、執行者と参加者の関係などは窺えない。しかし、このような喪葬儀礼にかかる記載からは、喪屋の存在、死者に対する調理と死者のための食膳、儀礼での哭泣や飲食などの行動が読みとれる。そして、死者の居住していた家屋、仮葬としてのいわゆる殯の場、墓所及び喪葬儀礼執行の場としての墳墓などが有機的に関連して、喪葬儀礼は執り行われたとみられる。

殯屋に関しては、天若日子の死去にかかる記載があるが、『古事記』(上巻　忍穂耳命と邇々芸命二)、『日本書紀』(巻第二　神代下　第九)をみると次のようにある。

『古事記』
　　是に阿遅志貴高日子根神、大きに怒りて曰わく、「我は、愛しき友に有るが故に、弔ひ来つらくのみ。何とかも吾を穢き死人に比ふる」と、云ひて、御佩かしせる十掬の剣を抜き、其の喪屋を切り伏せ、足を以て蹶ゑ離ち遣りき。

『日本書紀』
　　其の帯ける剣大葉刈を抜きて、喪屋を斫仆せつ。此即ち落ちて山に為る。今し美濃国の藍見川の上に在る喪山、是なり。世人、生を以ちて死に誤つことを悪む、此其の縁なり。

殯にかかる記事からは、それが実際に行われていたであろうことが読み取れた。殯に関しては、仲哀天皇にまつわる記事もある。

灯火を焚かない殯の意として、无火殯斂(ホナシアガリ)の記載が『日本書紀』(巻第八　仲哀天皇　九年)にある。

「熊襲討伐のため筑紫に赴くが住吉大神を非難したため死去。遺体は竹内宿禰により海路穴門を通って豊浦宮で殯された。」とされる（坂本ほか1965・1967）。討伐中の記事で天皇の死を伏せるために無灯火とされたが、反すれば通常は灯火していたことが推測される。

　殯の過程を解説するなら次のようになろう。わが国の古代に行われていた喪葬儀礼で、死者を本葬するまでの期間、棺内に遺骸を仮安置し、その間、死者との別れを惜しみ、その霊魂を畏れながらも慰め、死者の復活（再生）を願いながらも遺骸の腐敗・白骨化といった物理的な変化を観察しながら最終的な死を確認する、といった過程を示す。

　これまでに解釈されてきた殯について、代表的なものを参照すると、折口信夫氏は「死者の魂を呼び戻すための招魂儀礼」（折口1976）とみる。これは死の確認以前の段階（短い殯期間にあてはまる）と考えられる。五来重氏は「死者霊の浮遊を抑えて鎮魂するための予防的措置」（五来1983）とし、死の確認以後の段階（長い殯期間）と考える。これらは、いずれも死者の遺体（または擬屍体）から魂が遊離することが前提とされている。

　久保哲三氏は、死者反生の儀礼、首長権の継承、死霊鎮魂の儀礼としている（久保1967）。西郷信綱氏は、「殯には魂呼ばいの要素があると共に、首長の死の場合には相続の問題が決められる時期」とし、殯という第二次葬を予想させる儀礼が必ずしも骨の収拾を第一義の目的にしていないとする（西郷1967）。和田萃氏は殯の期間が長期にわたるものは政情の問題が絡んだことも視野に入れ、天皇の後継者を決定するための期間という評価をした（和田1969）。山折哲雄氏は「殯儀礼は死の確認を通して死者霊のその後の運命に関与しようとする行為」で、遺体を脱する遊離魂が即時的に問題とされ、後に残された遺骨は問題ではなかったとする。続いて、殯について山折氏は、肉体は生きている扱いでいわば擬屍体であり、殯状態におくことにより王権威が遺体に付着しており、そのことからは生理的な死と社会的な死という二つの概念があったとする（山折2002）。

　殯の期間は岩脇紳氏により提示されるが、それによると仲哀天皇が33ヶ月間、反正天皇は70ヶ月間、欽明天皇は5ヶ月間、敏達天皇が56ヶ月間、推古天皇が6ヶ月間、舒明天皇と孝徳天皇が共に2ヶ月間、斉明天皇が67ヶ月間、天武天皇が27ヶ月間、持統天皇が12ヶ月間、文武天皇が5ヶ月間などとされる。殯は、忌みごもりの建物として殯宮や殯屋があり、配偶者が喪に服して籠もるほか、哀悼儀礼をすることが必要であったため埋葬前でなければならなかったとする（岩脇1979）。

　長い殯の期間は、死者蘇生の期間、骨化を待つ期間、遺骸の移動期間、政情安定の期間、権威継受の期間、後継者選定の期間など、様々な事象が推察できる。後にふれるが、このような肉体変化と政治性という視点以外に、為政者における長期化には、死が認識されるという現象が魂変化の完了までをも含んでいた可能性や、神威継受といったような儀礼としての複雑化および長期化という変化があった可能性があり、殯を遂行する期間には、階層に応じた差違があったことも推察される。

　また、吉野祐子氏は一定期間死者の側で鎮魂歌舞したことから、沖縄などに残る習俗を参考に

殯を「身離れ」と推定している（吉野1995）。また、死者は腐蝕し、血肉は脱落し、それを近親者は見守る義務があったとする。習俗からみた殯の意図には、このような背景もあったようである。故実の天皇の殯期間と沖縄習俗を直結しての解釈はできないが、殯は、それを執行した階層や、時々の情勢などにより、期間も左右されたということがいえよう。本論では、これらを受けて、殯の段階を次のように考えたい。「人体としての機能停止以後、死の認識が遺体の腐敗から始まることを仮定して、腐敗という死の認識がなされるまでの過渡的段階」とする。

② 黄泉国訪問譚

黄泉国訪問譚では、死した伊耶那美のもとへ愛おしさゆえ伊耶那岐が逢いに行く。死後の世界の描写として『古事記』（上巻五）には、次のような記載がある。

　是に、其の妹伊耶那美命を相見むと欲ひて、黄泉国に追ひ往きき。爾くして、殿より戸を滕ぢて出で向へし時に、伊耶那岐命の語りて詔ひしく、「愛しき我がなに妹の命、吾と汝と作れる国、未だ作り竟らず。故、還るべし」とのりたまひき。爾くして、伊耶那美命の答へて白さく、「悔しきかも、速く来ねば、吾は黄泉戸喫を為つ。然れども、愛しき我がなせの命の入り来坐せる事、恐きが故に、還らむと欲す。且く黄泉神と相論はむ。我を視ること莫かれ」と、如此白して、其の殿の内に還り入る間、甚久しくして、待つこと難し。故、左の御みづらに刺せる湯津々間櫛の男柱を一箇取り闕きて、一つ火を燭して入り見し時に、うじたかれころろきて、頭には大雷居り、胸には火雷居り、腹には黒雷居り、陰には析雷居り、左の手には若雷居り、右の手には土雷居り、左の足には鳴雷居り、右の足には伏雷居り、併せて八くさの雷の神、成り居りき。

伊耶那岐は現世と冥界の往還をしている。冥界には「殿」があり、伊耶那美は死後飲食（黄泉戸喫）をしてしまったため、既に現世には戻れない。現世復帰は黄泉神と相談するとされる。時間を要している伊耶那美に痺れを切らし、伊耶那岐は湯津々間櫛を用いて灯火する。それにより「うじたかれ」という伊耶那美の腐敗を見てしまう。ここで注意すべきは、伊耶那岐が湯津々間櫛を用いて火を灯すという、視覚的確認行為が行われていることである。伊耶那岐は伊耶那美の変貌した肢体を見てしまった。これは灯火行為による視覚的な「穢れ」の確認行為といえる。

　是に、伊耶那岐命、見畏みて逃げ還る時に、其の妹伊耶那美命の言はく、「吾に辱を見しめつ」といひて、即ち予母都志許売を遣して、追はしめき。爾くして、伊耶那岐命、黒き御縵（かづら）を取りて投げ棄つるに、乃ち蒲子（えびかづらのみ）生りき。是をひりひ食む間に、逃げ行きき。猶追ひき。亦、其の右の御みづらに刺せる湯津々間櫛を引き闕きて投げ棄つるに、乃ち笋（たかむな）生りき。是を抜き食む間に、逃げ行きき。且、後には、其の八くさの雷の神に、千五百の黄泉軍を副へて追はしめき。爾くして、御佩かしせる十拳の剣を抜きて、後手にふきつつ、逃げ来つ。猶追ひき。黄泉ひら坂の坂本に到りし時に、其の坂本に在る桃子（もものみ）を三箇取りて待ち撃ちしかば、悉く坂を返りき。爾くして、伊耶那岐命、桃子に告らさく、「汝、吾を助けしが如く、葦原中国に所有る、うつしき青人草の、苦しき瀬に落ちて患へ惚む時に、助くべし」と、告らし、名を賜ひて意富加牟豆美命と号けき。最も後に、其の妹伊耶那美命、身自ら追ひ来つ。爾くして、

千引の石を其の黄泉ひら坂に引き塞ぎ、其の石を中に置き、各対き立ちて、事戸を渡す時に、伊耶那美命の言ひしく、「愛しき我がなせの命、如此為ば、汝が国の人草を、一日に千頭絞り殺さむ」といひき。爾くして、伊耶那岐命の詔ひしく、「愛しき我がなに妹の命、汝然為ば、吾一日に千五百の産屋を立てむ」とのりたまひき。是を以て、一日に必ず千人死に、一日に千五百人生るるぞ。故、其の伊耶那美神命を号けて黄泉大神と謂ふ。

伊耶那岐は追手に対して魔除けのツールである黒き御縵＝蒲子、右の御みづらの湯津々間櫛＝笋、坂本に在る桃子などを使用し、現世へと逃げ帰る。千引くの石は玄室閉塞石になぞらえられるが、そこで事戸を渡す（別れの宣言）。

このように具体的に死後世界が描写され、それは死後飲食により現世と切り離されること、黄泉神の世界であること、肉体は変化すること、その変化を火を灯して確認したこと、黄泉ひら坂にて千引の石で塞いだこと、事戸を渡したことなどが挙げられる。

伊耶那美は黄泉戸喫を経て黄泉大神へと「不浄な変化」を遂げてしまう。人外への零落である。これの対比としては清浄な変化が挙げられよう。いわばカミへの昇華である。清浄は「畏怖対象としての魂」、不浄は「忌避対象としての魂」である。カミとは、人智を超えた神秘的能力の発現できる存在で、自然現象から生活上の出来事すべてというようなあらゆる事柄を支配できる。一つには崇拝対象であり、一つには忌避対象という二種に分けられる。まさに人外となった後者が伊耶那美であった。

③ 魂祭り

このような具体的な死後世界の描写以外に、『日本書紀』からは当時の地方の魂祭りの状況を知ることができる。

伊奘冉の死にかかる記事の一つに、「土俗、此の神の魂を祭るには、花の時には亦花を以って祭る。又鼓吹幡旗を用て、歌ひ舞ひて祭る」（『日本書紀』巻第一　神代上　第五段一書第三－第六）。この記述からは魂としてのカミを祀る際に花が活用されていた情景を知ることができる。また、天武天皇の殯の一端を記す記載として、「甲申に、花縵を以って殯宮に進る。これを御蔭と日す」（『日本書紀』巻第三十　持統天皇　元年正月－七月〈3月20日〉）、この花縵には、「薄い金属で天女や花鳥を透き彫りにした花縵をいう。あるいは生花を使って編んだかづらか」という注釈がある。並びに、「三月の己未の朔己卯に、花縵を以って殯宮に進る」（『日本書紀』巻第三十　持統天皇　二年二月－十二月〈3月21日〉）とあるこれら記述からは、殯時に季節を選び定期的に花を用いた祀りがなされたことが窺える。喪葬にかかる生者の行動の一端を知ることができる。

また、神の魂に関する描写の一端として次のようなものがある。『日本書紀』（巻第一　神代上　第八）には大己貴神が「吾と共に天下を理むべき者、蓋し有りや」と言った折、幸魂奇魂が来訪する。後の大三輪の神である。これからは神を通じて、魂というものが存在するということを意識していたことが窺い知れる。また、魂は肉体を持つものではないと考えられていたことも窺えよう。来訪するという魂のあり方は知り得ないが、意識として国を治めるのに必要な魂の存在が注意される。

④ その他の記事

その他注意される記事として、大化の薄葬令が挙げられる。薄葬令については言い尽くされた感も否めないが、一つの研究を例に掘り下げてみたい。

『日本書紀』(巻第二十五 孝徳天皇 大化二年三月)に「薄葬令」の記述がある。田中聡氏は、本詔は天智朝を画期として進んだ薄葬規制を根拠とする二段階の身分制の改変仮定を一括整理したものとみる。成立過程は、王臣、庶民の喪葬に関する禁止規定群(下記のBとしたもの)が策定され、これを前提としつつ王臣内部の差等を明確化する内容(下記のAとしたもの)が遅れて制定され、天武初年(672)までにはこれらがそれぞれ独立して機能するに至ったとする(田中聡1995)。田中氏の分類によれば次のようになる。

Aは「西土の君(魏の文帝・武帝)の言に学び、華美な葬送方式を愚俗とし、これを規制するために身分別の葬制を設ける」と、「王から庶民に至る諸身分の具体的葬送を規制。墳墓の有無・規模、徴用する役民数やその使用日数、公給する葬具を王臣と庶民の身分ごとに明確に細分し、序列化」とする。Bは「王以下小智以上の墓の材料に小石を、帷帳には白布を使用させる。庶民の埋葬は即日行い、麁布を用いさせた」と「王以下が殯の儀式を行うことを禁じた」、「畿内から諸国に至るまで遺体埋葬地を一定地域に集める」、「葬送の旧俗(殉死や財物副葬など)の禁止」である。

殯の儀式が王以下は行えないこととされ、この禁止規定は、天皇と王以下を切り離し、卓絶化することに意義があった。しかしながら、孝徳朝は薄葬の政治的意義を重視した時代であるが、天皇や皇族が薄葬を実際に遺詔・遺令し実践した痕跡はないという。

これに相模・南武蔵地域の様相を準えてみると、大化2(646)年の改新詔で薄葬令が発せられた7世紀中葉は、古墳や横穴墓においても変化が起こっている。相模・南武蔵地域でみれば、土器の玄室内での使用が少なくなり、副葬品の豊富さが一部の階層に偏ることは、これまでに述べたとおりである。薄葬化と改葬は同時代的事象として解釈できず、改葬の開始はずっと以前に遡る。改葬に関しては、中央からの距離感は問題にならず、畿内の地でも先だって行われている。現象として起こっていた事実からは遅れて、整備された法令であるともみなされる。ただし、このような規制を行う必要性については否定できない。副葬品の豊富さが一部の階層に偏ることや、横穴墓の副葬品として古墳を卓越する製品がみられることなど、これまでの規範からいわば逸脱する。このような背景をふまえて、中央独自の規範を再構築する必要も生じ、それが令制定ということになったともみなされる。

また、古代における霊魂安寧のために存した氏族として遊部が参考となる。遊部は仁藤敦史氏の『令集解』(巻第四十 喪葬令 第二十六)親王一品条所引の釈文によると(仁藤2006)、代々天皇の殯宮に供奉、氏人は禰義・余比と称し、禰義は刀を負い戈を持ち、余比は酒食を捧げ刀を佩き、秘事を奏したと伝える。雄略天皇死去の際、七日七夜御食を奉らなかったため、天皇の魂が荒びたともあるが、遊部は邪霊を排除し、殯宮において酒食を奉仕して死魂の荒廃を防ぐことが職掌であった。令制下では葬列の歌舞という儀礼面を中心に掌るようになり、その存在も形骸化していったようである。

新谷尚紀氏によると遊部という氏族は、古くには大和高市郡遊部郷を本貫地として歴代天皇の殯宮儀礼に供奉することを職掌としていたが、令制施行後の天平期の頃になると河内国の野中郷や古市郷の一帯にその一部は居住し、歌舞に巧みな歌垣の集団を形成していた。殯儀礼においては凶癘魂つまり荒魂、死霊の威力への強い恐怖心も存在していたのであり、その不安定な期間こそ鎮魂の歌舞を必要とする期間でもあったという（新谷2009a）。
　これらからは、殯期間は肉体変化のうえで不安定な期間であり、邪霊を排除する遊部という集団が機能していたことが窺える。それは、鎮魂、悪霊鎮め、死魂の荒廃を防ぐという役割であることからは、反して、それら事象が危惧されていたものとみなされる。
　これまでに挙げたような『記紀』の記事は、時期的な側面が掴みづらいものであるが、『古事記』は712年、『日本書紀』は720年の撰とされる。その元は『帝紀』と『旧辞』とされ、『帝紀』は681年に川島皇子と忍壁皇子らが編纂した皇室系譜であり、『古事記』の序文にある先代旧辞や『日本書紀』にある上古諸事は『旧辞』とみられている。このような編纂年代だが、考古事象と対比してみることにより記載内容の時期の一端がみえてくる。天若日子の死去では、死者に食物を持っていく、死者のために調理を行うという行為から、食器を用いた被葬者への儀礼の存在が窺える。また、死者に着せる服を作ることからは、死に装束をまとった被葬者の様相が知れよう。仲哀天皇の無火殯斂についても、殯での灯火行為がみてとれ、黄泉国訪問譚でも湯津爪櫛に火を灯す、および、千引きの石を引き塞ぎということから閉塞という行動が読みとれる。このような古墳時代後・終末期に行われていた事象からは、8世紀初頭に編纂とされる時期から少し遡った時代の現象が、各所にちりばめられていることが窺える。

(3) 仏教説話にみる記事

　中国正史から『古事記』や『日本書紀』まで瞥見したが、前者からは『魏志』から『隋書』までの共通事象が窺え、後者にて、具体的な喪葬儀礼に関与する役割や殯の様相、また、死後の世界である黄泉国の情景や、魂祭りの様相及び魂という意識のあり方などをみてきた。
　ここで、その後に続く『日本霊異記』や『日本往生極楽記』などの仏教的な側面が垣間みられる記事について、比較検討していきたい。

①『日本霊異記』

　唐代の初年に唐臨が編纂した『冥報記』、唐の孟献忠が開元6（718）年に撰した『金剛般若経集験記』などは、仏教的な内容の霊験譚を多数集めた作品とされるが、『日本霊異記』は著者である景戒が、それらに刺激されて自国の説話を集めて記されたものという（李2008）。説話はこれら原典の直接的需用という引用部分があると指摘される（佐藤1943、藤森1971）。また、類話の背後に成立以前の唱導が行われていたことも想定され、そのような唱導材料からの間接的受容という理解もされる（倉野1943など）。しかし、間接的受容に関しては、実際にディテールが明らかに一致した類話の提示から、李銘敬氏により否定されている（李2008）。類話は同氏により中巻第十、下巻第十、同第十三が、それぞれ『冥報記』の下巻第八、上巻第四、同上巻第八など

第4節　文字資料からみた死生観

第18表　日本霊異記の内容分類

巻	説話番号	内容	A	B	C	D	E	F	G	死後世界の名称	死後世界の登場者	死後世界の施設など	死後遺体を留め置く期間	死から生き返りまでの期間
上巻	第五	大部屋栖野古（おおとものやすのこ）、極楽国に往還す	○	×	×	×	×	○	×	極楽国		道	七日	三日
上巻	第三十	膳臣広国、黄泉国に往還す	○	○	○	○	○	○	○	黄泉国（度南の国）	使い（大人と子供）	駅・道・川・橋・宮殿・座席		三日
中巻	第五	富者、閻魔王の王宮に往還す	○	○	○	×	×	○	○	閻魔王宮	七人の鬼	楼閣の宮殿	十九日	九日
中巻	第七	僧智光、地獄の責苦にあふ	○	○	○	○	○	○	○	地獄		楼閣	九日	九日
中巻	第十六	富者、冥界より還る	○	○	○	×	×	○	×	冥界		道・左右に旗・宮殿	七日	七日
中巻	第十九	心経を憶持（おくぢ）せし女の現に閻羅王の闕（みかど）に至り、奇（くす）しき表（しるし）を示しし縁	○	△	○	×	×	○	○	閻魔王宮	閻魔王			三日
中巻	第二十五	閻羅王の使いの鬼の、召さるる人の饗を受けて、恩を報いし縁	×	×	○	×	×	○	○		閻羅王			
下巻	第九	藤原広足、冥界に往還す	○	○	○	×	×	○	○	冥界	看守閻魔大王	道・河・枝の橋・楼閣・簾		三日
下巻	第十六	女人、濫しく嫁ぎて、子を乳に飢ゑしめしが故に、現報を得し縁	×	○	×	○	×	×	○					
下巻	第二十二	他田舎人蝦夷、冥界に至る	○	○	○	○	×	○	○	冥界	閻魔大王	野原・坂・建物・河・橋・宮殿		七日
下巻	第二十三	寺の物を用ゐ、復、大般若を写さむとして、願を建て、以て現に善悪の報を得し縁	○	○	○	○	×	○	○	冥界	使者冥界の大王	道・坂		五日
下巻	第二十六 一	田中真人広虫女、閻羅王の冥界に召さる	×	×	○	×	×	×	×	閻魔王宮	閻羅王		九日	七日
下巻	第二十六 二	広虫女、化して牛となりて生まる												
下巻	第三十五	官の勢を仮りて、非理に政を為し、悪報を得し縁	○	△	○	○	×	○	○	琰魔の国	王			
下巻	第三十六	塔の階を減じ、寺の幢を仆して、悪報を得し縁	×	×	△	○	×	○	○	閻魔王の宮	閻魔王			
下巻	第三十七	因果を顧みずして悪を作し、罪報を受けし縁	○	△	○	○	×	○	○	黄泉	閻魔王			

第19表　日本往生極楽記の内容分類

説話番号	内容	A	B	C	D	E	F	G	死後世界の名称	死後世界の登場者	死後世界の施設など	死後遺体を留め置く期間	死から生き返りまでの期間
二	行基菩薩	○	○	○	○	○	○	○	獄	閻王宮の使	金殿	−	十日
二十六	陸奥国新田郡小松寺の住僧玄海	△	×	×	×	○	○	△	極楽国	聖僧	宝樹楼閣	−	−

189

と、細部及び話全体の運びが一致するとの指摘があり、漢文にかかる比較もされる。しかし類似性は総体ではなく、景戒が唱導を間接的に受容したという可能性も残される。

説話の内容は、仏教的死生観に至るまでの過渡的な状況が記されたとみられるが、上巻は奈良時代初期までとされ、そこには第五の三に「大部屋栖野古、極楽国に往還す」という記事がある。「天皇は七日間遺体を留めるように命じる」、「三日過ぎて生き返った」、「五つの色の雲有り。寛の如くに北に度れり。名香を雑ふるが如し。道の頭に黄金の山有り」、「今から八日目に剣の難」、「光を放っていた道を帰る。ふと気づくと生き返っていた」ということが記される。また、第三十の一には、「死んで三日目、生き返って」「駅を二つばかり過ぎると、道の途中に大きな川あり」「橋は黄金で塗り飾ってある」「橋を渡り対岸で何という国かたずねると度南の国と返答」「国の都に黄金の宮殿、王は黄金の座席に座っている」「汝、罪無し。家に還るべし。然れども、慎、黄泉の事を以て忘て宣べ伝ふること勿れ」とされる。

『日本霊異記』の記事の特徴を挙げると次のようになる。上巻では死後世界の名称が黄泉国などと記述されるが、中・下巻では閻魔王宮・地獄・冥界などの記述が多い。死後の遺体を留め置く期間（埋葬までの期間）は、七日・九日・十九日とされ、上巻以後徐々に期間が長くなり、その後は期間が書かれなくなる。生き返るまでの期間は三日～九日までで、上巻では三日とされるが、それ以降は期間のばらつきがある。また、いずれも使者に導かれる場面が描写され、死後世界の描写は不明確ながら良いイメージで書かれるものから、黄金が多用される具体的描写となり、さらに（黄金がない）具体的描写から汚い川や雑草の茂る道などへと変化する。中巻からは放生功徳や功罪、いわゆる責め苦の場面が書かれ、教義的な色彩が強くなる。

それぞれの説話を行動に伴って分析したものに、藤本誠氏の論考がある（藤本2009）。それによるとA～Gという次のような分類がされている。

　A　主人公が突然亡くなるが、死相がないのでそのままにしておくと蘇生し、冥界譚を語る。
　B　冥界の役人によって「城」に連行される。
　C　冥界の裁判者によって裁きを受け、生前の善悪を述べる。
　D　地獄めぐりをする。
　E　地獄の近くにある極楽的な場に行く。
　F　現世に戻る。
　G　冥界譚を周囲の人々に語り仏道に励む。

この分類をもとに表にしたのが第18表である。これによると、上巻第三十と中巻第七がすべての分類項目に該当する。このほかの説話は、これらから項目が間引かれるように書かれている。記述の無い項目が最も多いのは、Eとした地獄の近くにある極楽的な場に行くというもので12の説話で記述が無い。次いで多いのが、Dの地獄巡りをするで7話、A・B・Fがそれぞれ4話である。

また、説話ごとに分類の記述事項による多寡をみると、死後世界の名称では、度南の国や黄泉、冥界が多く、極楽国、閻魔王宮が少ない。死後世界の登場者では、使いや看取、王が多く、七人

の鬼や閻魔王などが少ない。死後世界の施設などでは、記述数が多いもので複数の施設があり、死後遺体を留め置く期間や死から生き返りまでの期間については短く記述されるという傾向がある。このことからは、分類項目の記述が多いものが古相を示す説話として理解され、文章としての完成形に近いとみなされる。

新しいとみられるものは、いわば地獄と極楽浄土というような、いわゆる仏教的死生観による観念のもとに書かれたものと理解される。しかし、そのような記述でも総体としては、歩いていけるという一体世界であると認識でき、死後世界に度南の国や黄泉国というような記述があるなど、仏教的死生観へ変化する過渡期としての要素も窺える。

②『日本往生極楽記』

平安時代中期に書かれた説話で、初期の往生伝とされ、四十二話が知られる。記事の骨子は一話である聖徳太子の説話に代表されるように、死を意識した後、子などに伝え、新しい衣裳を着て沐浴し入滅する。残された者は悲しみ、その情景が描かれるというようなものである。

これら説話を先の藤本分類にあてはめてみると、二つの説話のみ、分類項目に該当する記述があった（第19表）。それは、二話と二十六話で、前者はすべての分類項目が該当し、先の判断に準えれば古い要素を具えた説話と言えよう。後者は分類項目の記述が少なく、極楽国という記述など、なかでも新しい要素として捉えられる。

『日本往生極楽記』の説話には、それぞれに共通して登場する事象がある。第20表にあるように、表中の登場する事象として記した、音楽〜蓮花までの12項目である。このなかでは音楽が最も多く記され、四話のような「微細の音楽唐院に聞こえ」という、多くは死に直面した者のみにその奏でが聞こえるというものであり、18の説話にみられる。次に多いのは香気で、文中では音楽と同じ使われ方をする。説話はそれぞれ3〜5話と少ないながら、輿や金光、紫雲なども同様である。禅僧や童子、客人、朝服の人は、死に直面した者を迎えに来るという役割であるが、こちらもその当人しか見ることができない。西方は、迎えに来る方向及び死にあたって向く方位として記され、蓮花は、四十一話では、死者が左手に持つというような使われ方をする。

登場する事象が多く盛り込まれる説話には、十二話、十四話がある。それには五つの事象がみえ、病となり死期に到ると音楽が聞こえ、香気がし、禅僧と共に輿が迎えに来て、西面合掌して終わるというもので、事象が多いことにより細かな情景が書かれている。登場した事象を抽出した説話は33話であるが、四つもしくは五つの事象が記述されるのは凡そ1％であり、約半数は一つの事象のみが書かれる。こちらも先の『日本霊異記』にみたように、項目が間引かれるように書かれたことが窺える。しかし、藤本分類が該当した二話と二十六話は、それ以外の説話とは構成が異なる。登場する事象に音楽や香気、禅僧や西方という記述があるものは、その二話に比して、総じて新しい仏教的な説話であるといえよう。

天や空に音楽あり、西方浄土とでもいうべき書かれかたは、それまでの一元的な死生観からは逸脱し、現世と浄土というような二項対立という図式になるという状況で、死生観が変貌していったことが窺える。

第Ⅲ章　後・終末期の喪葬観念

第20表　日本往生極楽記の仏教的な要素

説話番号	登場人物	音楽	夢	香気	輿・車	金光	紫雲	禅僧	童子	客人	朝服の人	西方	蓮花
十二	延暦寺東塔の住僧某甲	○	○	○	○							○	
十四	延暦寺楞厳院の十禅師尋静	○			○	○		○				○	
二十一	大日寺の僧広道	○	○		○			○					
四	延暦寺座主伝燈大法師位円仁	○	○							○			
十七	沙門空也	○		○								○	
六	延暦寺座主僧正増命			○		○	○						
二十	石山寺の僧真頼							○	○				
二十五	沙門増祐		○		○			○					
三十七	女弟子伴氏は、江州の刺史彦真が妻なり。			○			○						○
四十一	伊勢国飯高郡に一の老婦あり。			○		○							○
九	僧都済源	○	○										
三十三	宮内卿従四位下高階真人良臣	○			○								
三十五	源憩は内匠頭適の第七男なり。	○										○	
十五	延暦寺定心院の十禅師春素					○	○						
十六	延暦寺の座主僧正延昌		○								○		
四十	近江国坂田郡の女人、姓は息長氏なり。						○						○
四十二	加賀国に一の婦女あり。											○	○
八	東大寺の戒壇和尚律師明祐	○											
十三	梵釈寺の十禅師兼算	○											
二十三	摂津国豊島の箕面の滝の下　修行の僧	○											
二十四	法広寺の住僧平珍	○											
二十八	沙弥葦蓮は、信濃国高井郡中津村の如法寺に住す。	○											
三十	尼某甲は、光孝天皇の孫なり。	○											
三十二	尼某甲は、伊勢国飯高郡上平郷の人なり。	○											
三十六	伊予国越智郡の土人越智益躬	○											
三十八	女弟子小野氏は、山城守喬木が女、右大弁佐世が姿なり。	○											
三十九	女弟子藤原氏	○											
三	伝燈大法師位善謝		○										
十一	元興寺の智光・頼光両の僧		○										
十八	延暦寺の阿闍梨伝燈大法師位千観											○	
十九	延暦寺の僧明靖											○	
二十七	延暦寺の沙門真覚											○	
一	聖徳太子			○									
三十四	右近衛少将藤原義孝			○									
二十九	沙弥尋祐は、河内国河内郡の人なり。					○							
三十一	尼某甲は、大僧都寛忠の同産の姉なり。				○								

（該当項目の多い順に並べた。）

『日本霊異記』では一体世界としての表現が残り、『日本往生極楽記』では二元的な死後世界が表現される。このことをふまえると古墳時代後期から奈良時代にかけては、仏教思想の浸透もあいまって死生観が大きく変化していく過渡期といえる。

第Ⅳ章

まとめ

第Ⅳ章　まとめ

　埋葬にかかる改葬の様相、玄室に描かれた線刻画、土器儀礼や墓前域での石積のあり方をみてきたが、これら事象から古墳時代後・終末期の喪葬儀礼をみて、相模・南武蔵地域の主として横穴墓を築造した人々の死生観を復元する。

1. 喪葬の事象

(1) 埋　葬

　6世紀以降の埋葬方法としては、伸展葬及び改葬があり、さらに後者は集積改葬と部分改葬である擬伸展改葬に分けられる。相模・南武蔵地域では、古墳は伸展葬が主体であるものの改葬も一部で行われ、横穴墓は伸展葬と共に改葬が普遍的に行われていた。改葬は、6世紀末〜7世紀初めに開始され、7世紀中葉前後に方法が多様化し盛行する。

　伸展葬は初現期に主軸平行型の埋葬が多く、展開期・盛行期にかけて主軸直交型の埋葬が多くなる。この初現期の頭位方向は、山陰地方における初期の方向性と同一であることは特筆される。棺内複数埋葬は同一石棺内に11人という被葬者数も知られるが、改葬をせず同一棺に順次埋葬した結果として人骨が集積しているようだ。前葬者を何処まで意識していたかは定かではないが、上に積み重ねて埋葬していることからは、肉体に対する執着観念が薄いということがいえる。

　伸展葬に比して手間のかかる葬法である改葬は、一次葬である骨化と二次葬である集積や、骨の部分移動という行動に分けられる。改葬は一度から数度にわたり、改めて肉体及び骨に接するということから、遺体に対する執着観念が厚いということがいえる。骨が捨てられずに大切に扱われることからも、改葬には浄化や神格化という一つの意識が作業の根底にあったとみなされる。

　沖縄県における現代の民俗学的な検討では、水で骨を洗うことは清める手段とし、チュラクナスン（美しくする）という概念のなかで、骨を清めることによって死霊を浄化し、その神格化を助ける目的を持つと解される。

　改葬は、羨道の機能喪失と被葬者層拡大という下位階層までの横穴墓築造という社会背景の中から生じた葬法といえ、6世紀末以降一般化する。7世紀前半の横穴墓は、玄室面積が拡大する傾向も指摘できることから、改葬の盛行と併せ、玄室内での作業スペース確保の結果として、空間拡大が図られたことも窺える。

　被葬者の肉体は、改葬により骨化終了後に集積や部分移動などが行われて変化が完了する。改葬は、死、骨化、移動というプロセスを経て終了するといえよう。伸展葬には骨化の確認という工程がないが、骨は捨てられず、大切に扱われていたことに変わりはない。このことは、肉体は骨で代置されるという意識があったことも窺え、玄室は肉体をそなえた死者の空間だけでなく、骨化後の骸と魂の空間であったとみなされる。

(2) 線刻画

　横穴墓にみられた線刻画から、矢のつがえられた弓などの画を埋葬施設に描くことで、邪の侵入から魂が不浄なモノへ変化することを避けたことが窺える。線刻画には辟邪以外にも「黄泉国」

への道程が記されていることが窺えた。

　意匠の集合体は、A類の抽象的な情景とB類の断片的な描画、C類の具体的な情景に大別した。A類は喪葬観念を表したもの、C類は生前の活動を物語るものと解釈できる。

　A類は具体的には、玄室入側で人物・動物・建物・舟などの描画がみられ、玄室奥壁側は、棒線並びに斜線などが密に引かれて空間が充填されるという状況である。判読可能な描画がある入口側から、判読不可能な抽象的描画がある奥壁側へと玄室内で変化し、その境目に櫓状や樹木状のゲートと舟が描かれることから、「黄泉国」への道程を描いたものとみなされる。A類は熊ヶ谷2号墓で6世紀後半の土器が出土し、C類は早野横穴墓で7世紀中頃の土器が出土している。

　A類の意匠の集合体を分解すると、現世の動物たちや人物、到着した舟、櫓などによるゲート、「黄泉国」という乱雑な描画の集合体、という4つの構成に分けられる。福岡県の珍敷塚古墳と、相模・南武蔵地域にみた「黄泉国」への道程を記した線刻画とは、時系列を表す、船が到着する、辟邪される、という共通点が挙げられる。

　相模・南武蔵地域では、古墳には線刻画及び彩色を施すものがごく限られている。線刻された横穴墓は古墳とは共存せず、玄室の規模や副葬品の様相は他と変わらない。しかし、線刻横穴墓は基数からも特殊性があり、喪葬に関する「黄泉国」への道程を記すというような、具象化した観念を独自に表現していたことが窺える。

(3) 土器儀礼と墓前域石積

　儀礼に用いられた土器は、器種と組成から3段階に設定できた。6世紀後半以降、玄室で小型の供膳具が出土し、7世紀中葉以降は供膳具と共に大型製品である甕が墓前域で使用され、玄室では高台付坏などが多用される様相へと変化する。儀礼は、玄室にて食器が主に用いられた段階から、貯蔵具が墓前域で用いられるように変化する。それは、食器を用いた被葬者主体のものから、参列者へアピールするような破砕行為を伴うものへと変化したといえる。この変化は、首長墓からそれ以外の古墳や横穴墓に、6世紀後半以降、拡大・普及したものとみなされる。

　須恵器甕などを打撃により破砕する行為を儀礼終了の表現とみて、6世紀後半以降首長墓では見せる儀礼が行われ、その後に、首長墓以外の古墳や横穴墓にも採用された。それに合わせ破砕行為も盛行し、さらに同一器種が古墳と横穴墓で共に使用され、両者で儀礼が共通していたことが窺えた。その後、7世紀末になると墓前域からの出土が少なくなり、見せる儀礼は行われなくなる。7世紀中葉以降はフラスコ形長頸瓶の使用が増え、湖西製品の消費量が増加する。東海地方から東北地方南部という広い地域で、共通した土器を用いて同じような儀礼が行われていた。

　横穴墓から出土した土師器坏には、煤が付着しているものがあり、それは灯明皿として使用されていたものとみなされる。玄室内で灯火行為が行われていたとみられ、相模・南武蔵地域でも6世紀末から確認されている。他地域の事例からも玄室内での灯火行為は、6世紀中葉以降、様々な地域で形を変えて行われていたことが窺える。

　土器の使用にかかる儀礼の変化は、6世紀末の灯火行為の発生と、7世紀中葉の墓前域におけ

第Ⅳ章　まとめ

る大型甕などの破砕行為という画期がある。灯火行為は改葬の開始と同じ時期から始まった事象である。破砕行為は古墳と横穴墓のいずれでも確認できることから、両者における土器からみた儀礼の共通性として捉えられる。

　丹沢南麓から多摩地域にかけての横穴墓の墓前域石積は、横穴墓にも視覚的効果という必然性が求められた結果だと考えられる。三ノ宮古墳群内の横穴墓で、当時の首長墓級の威信財が副葬されることとの関連性も窺え（柏木2011）、初現期の横穴墓にみられないことからすれば、古墳と横穴墓の被葬者に変化が生じ、横穴墓被葬者にも古墳被葬者と同等の儀礼に関する対応と共に、古墳と見紛う視覚的効果が求められたといえる。

　墓前域は儀礼を参列者に見せるための舞台装置であり、横穴墓と古墳の築造主体は当初は違った社会的使命があったが、それが変化して両者の使命が近似するようになった。社会的使命とは、墓前を活用した儀礼の執行であり、地域内での紐帯を表現する場でもあったことが推察される。相模・南武蔵地域では、古墳よりも横穴墓の築造数が卓越しており、基数の比較からは、古墳はより限られた階層のみが築造できたといえる。築造終焉まで、横穴墓の比率が漸次高くなることが窺え、それぞれの墓制は、築造にかかる位相が制限されていたものの、横穴墓被葬者も古墳被葬者と同じ役割を担うことから、同じような石積の舞台装置を構築したとみなされる。

（4）画　期

　埋葬、線刻画、土器儀礼、墓前域石積の様相という四項について、喪葬観念にかかる消長をみると第Ⅳ-1図のようになる。この消長にみる現象としては、次のことが挙げられる。

　第一に、横穴墓は6世紀中葉以降築造が開始され、初期は主軸平行玄門側頭位の伸展葬が多い。玄室内には一部で抽象的な線刻画で、冥界への道程などが描かれて、儀礼にかかる土器は平瓶・提瓶・甑などが被葬者の飲食のために玄室内に置かれる。

　第二に、7世紀に入ると改葬が盛行するが、内陸部への横穴墓築造拡大と併せ、無袖式に主軸直交による伸展葬も多くみられるようになり、玄室内の抽象的な描画は、断片的なものと被葬者の生前の様子を記す具体的な情景へ変わる。さらに、横穴墓の前面に石積が施工され、墓前域において土器の使用が始まる。ここでの儀礼が重視されだしたようである。

　第三に、7世紀中葉には擬伸展改葬など、埋葬方法がさらに多様化し、墓前域で甕や壺などを破砕するという行為が盛行し、横穴墓前面は翼状に石積がされるなど荘厳さを増す。

　このような現象のなかで、画期としてはそれぞれの開始と終焉のほかに、改葬及び灯火行為の開始と、抽象的な情景が描画されるという6世紀末と、墓前域の石積が荘厳さを供え、そこでの儀礼が参列者を意識したものに変わるという7世紀中葉が挙げられよう。

　このように相模・南武蔵地域では、埋葬方法には伸展葬や改葬があったが、改葬では肉体の変化を確認し、人骨は捨てられずに大事に玄室に納められ、肉体は骨で代置されるという意識があったことが窺える。一部の玄室には線刻画がみられ、具体的に被葬者の生前の状況を描き、抽象的な線刻画では、玄室を辟邪しながら冥界への道程を示す。喪葬儀礼は、供膳具を用いた被葬者

1. 喪葬の事象

主体のものから、墓前域で大甕を用い、破砕行為を伴うものへ変化した。墓前域に石積の施工された横穴墓は、喪葬儀礼執行の舞台装置として次第に荘厳さを増していった。

　この一連の様相からは、古墳と横穴墓の被葬者が共通の喪葬観念を持ち、両者の喪葬儀礼と埋

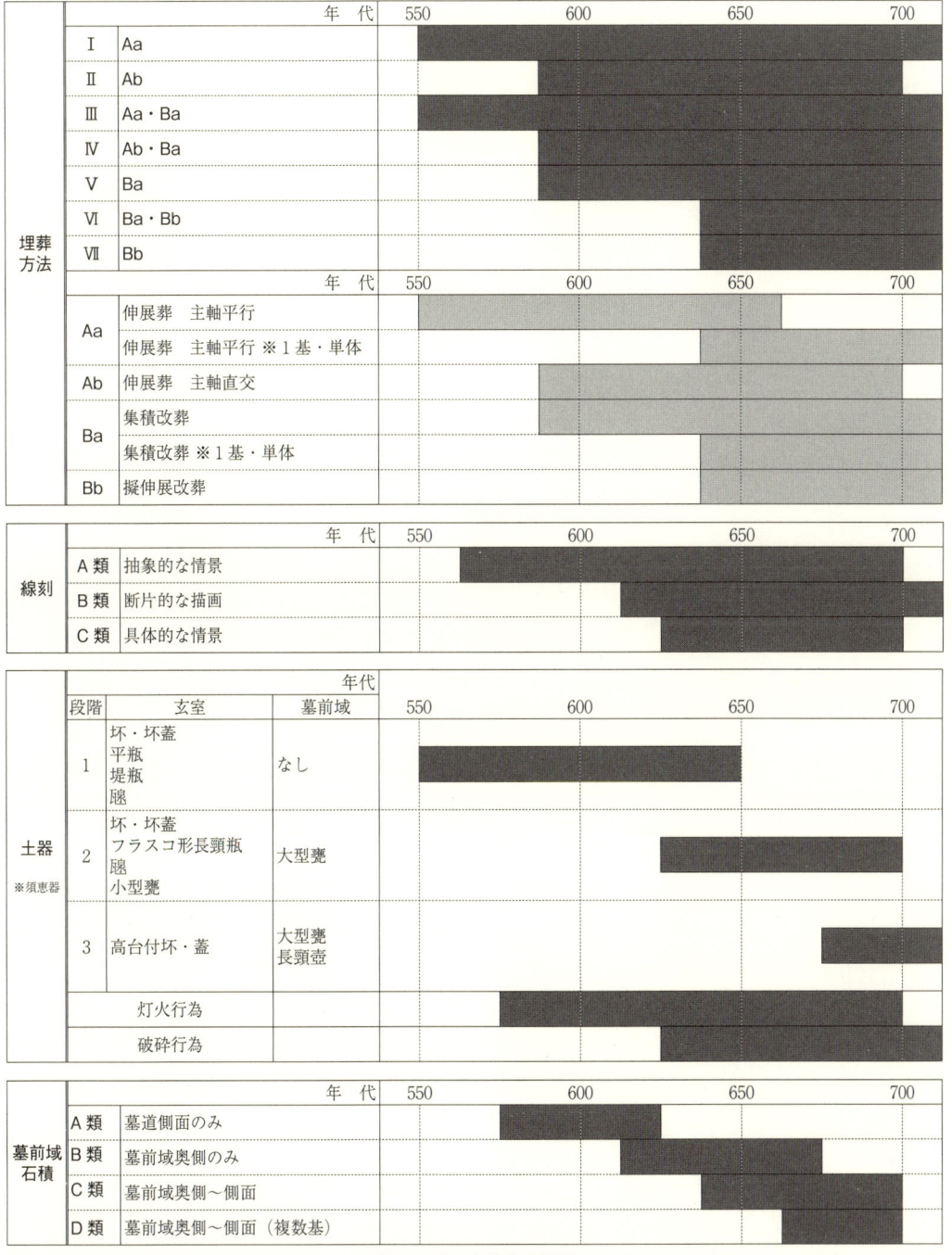

第Ⅳ-1図　各事象の消長

第Ⅳ章　まとめ

葬方法の共通性が生じたという構造があった。そこからは、喪葬儀礼で同一集団としての一体感を表出しようとした観念の動きが読みとれる。

2. 死生観の概念

(1) 死生観の諸段階

　考古学的手法を用いて改葬等の人骨出土状況をみてきたが、そこから古墳時代後・終末期における死生観の概念としては三つの段階が設定できる。第一段階は「機能停止」。これは息を引き取った段階で、肉体としての機能の停止を意味する。第二段階は「死の認識」。これは肉体の腐敗が始まる段階で、肉体変化の開始期である。第三段階は「肉体消滅」。肉体の腐敗進行から骨化が終了した段階で、肉体変化の完了期である（第Ⅳ-2図）。

　この第一段階と第二段階の過渡期に、いわゆる殯が執行されたのであろう。この間はいわば生と死の過渡的な期間とみなされる。第二段階で、残された生者に死の認識が生じ、死者としては、死を受けて肉体と魂の分離が開始される。第二段階から第三段階に至る過程は、死後に肉体が変化し消滅する間で、その変化は浄化作用という意識の元、清浄もしくは不浄の変化を遂げるものとして把握される。

　本論では、殯を人体としての機能停止以後、死の認識が遺体の腐敗から始まることを仮定して、腐敗という死の認識がなされるまでの過渡的段階としている。二つの概念は、この間にのみ機能していたものとみなしたい。

　後にふれる埋葬の諸相からは、開放的及び密閉的な死生観が読み取れるが、横穴墓では改葬が多用され、それは開放的な死生観に基づいた埋葬施設とみなされる。死後に肉体消滅へ経過していくと、魂は清浄あるいは不浄の変化を遂げ、清浄な変化により魂は畏怖対象として扱われ、それは喪葬儀礼において意識されていたと推察される。

　このように、古墳時代後・終末期における死後の肉体変化の概念としては、第一段階「機能停止」、第二段階「死の認識」、第三段階「肉体消滅」という三つの段階が挙げられる。これは、息を引き取った直後で肉体としての機能の停止を意味する段階、肉体の腐敗が始まる頃で肉体変化の開始段階、肉体の腐敗が進行して骨化が終了した時で肉体変化の完了段階である。第二段階から第三段階に至る過程を、魂の清浄あるいは不浄の変化期と捉え、清浄は「畏怖対象としての魂」という存在、不浄は「忌避対象としての魂」という二種に分けることができる。

　本論でみてきた文献からは、『魏志』倭人伝と同じように記される『隋書』倭国伝の歌舞飲食などのことと、『記紀』による殯の様相や、死後世界の描写、魂のあり方などから死生観を垣間見た。また、仏教説話集としての『日本霊異記』の説話を内容により細分し、往生伝としての『日本往生極楽記』に登場する事象の分析などから、仏教的死生観を差し引いた死生観の抽出をした。

　『日本霊異記』に記されていた説話と、ここに挙げた段階を対比してみると（第Ⅳ-2図）、第一段階の機能停止以降、仮葬として冥界への往還が記載される。第二段階の死の認識では、腐敗の始まりが契機となって火葬がされる。火葬は魂の浄化と肉体の強制的な消滅を意図し、第二段階

以前は黄泉帰りを目指して魂振りが、以後は清浄に向けた魂鎮めが行われる。死者は冥界・極楽国・度南の国と称される世界で新たな生活をする。

このように、観念に3つの段階があったものが、2つの段階へ変化していく。古墳時代後・終末期的死生観では、過渡期・変化期・完了期があるが、『日本霊異記』にみる死生観では、過渡期・完了期のみとなる。骸に関しては、執着観念が厚いものから薄いものへと変わり、魂は清浄および不浄という二分化される状況から、一律死後世界での生活となり、昇天への要素として功徳や功罪が説かれるものとなる。魂は分化がみられなくなり、畏怖や忌避の対象という属人を超越した存在であったものが、属人性を具えるように変化した。

死生観については、これまでも民俗学的視点をもって語られてきた。山折哲雄氏によれば、死と死後の時空間を考察する概念として、三つの位相が示される。一つ目は霊（魂）のみが有意味とされる時空間、二つ目は霊（魂）と肉（体）の相対認識から浮上する時空間、三つ目が霊と肉と骨の三元構造が意識される時空間である。二つ目の位相にみる具体的作業としては、洗骨や改葬が挙げられている（山折1990）。これに時間的観念を結びつけるべく、『万葉集』の遺骨に対する尊重や崇拝の観念をみて、死者に対する痛哭や哀悼の気持ちが死者の遺骨を媒介にしていない

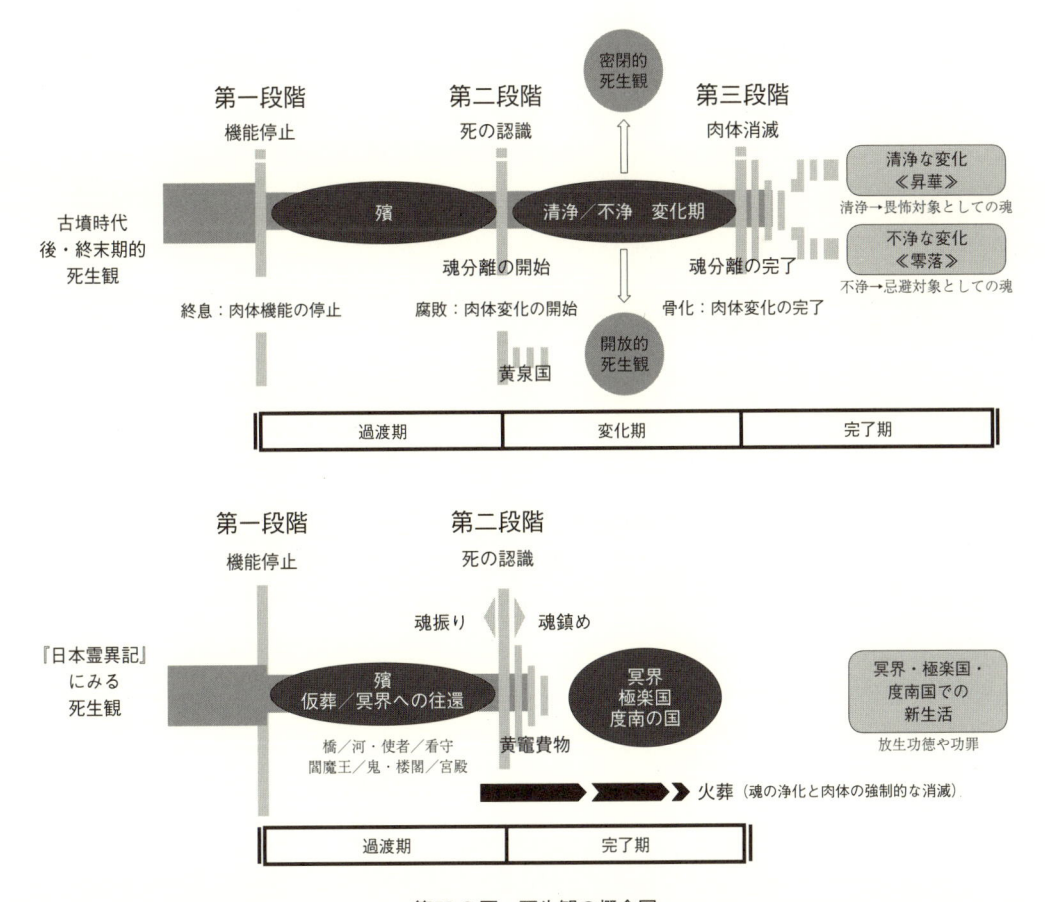

第Ⅳ-2図　死生観の概念図

第Ⅳ章　まとめ

とし、現代との遺骨に対する径庭をみる。

　人骨の検討からは、遺骨を媒介にした哀悼などの気持ちはみえないが、大切にされたという様相は窺えた。また、魂が変化することは、山折氏の言う二つ目の位相にかかる空間概念が近いものとみなされる。

　埋葬からみた古墳時代後・終末期の死生観にかかる現象と観念は、一つには死の確認行為による肉体の消滅に合わせた魂の変化が認識されて、同一集団としての一体感を表出した喪葬儀礼が執行されたことであり、今一つは、魂の辿り着く最終地である意識としての冥界観念の萌芽であるといえよう。

(2) 改葬と魂
　改葬というような、いわば骨を大切に取り扱う行為は、肉体消滅の確認行為を重要視している。機能停止から死の認識までの期間は、いわば殯期間と同義であろう。死の認識から肉体消滅までの間に緩やかに肉体と魂の分離が起こり、最終的には清浄・不浄な変化を遂げる。

　伸展葬や改葬というような埋葬の方法に、差異が生じた理由としては次のことが挙げられる。一つには玄室内のスペース確保であり、主にこの要因の解消には改葬が挙げられよう。造付石棺などの据え付けられた棺への埋葬行為の連続性による物理的な限界から、改葬への流れが生じたことも考えられる。または、家長との順列によることも挙げられる。市宿横穴墓群や三ノ宮・下尾崎26号墓でのあり方からみると、家長の構築した墓に入る資格を備えた人員が、家長より先に死した場合などは、玄室外で待機させられたかもしれない[註43]。そうだとすれば、家長はより空間を占有する伸展葬であったことも想定されよう。

　6世紀後半以降、古墳・横穴墓共に棺内複数埋葬等、同じような埋葬が行われる。この時点では古墳と横穴墓も他界観念は同一的であったようだ。7世紀代の横穴墓における改葬の盛行で、他界観念は複雑化し、死の認識から肉体消滅までが重視され、霊魂の抜け殻としての骨という意識へ変わっていく。また、骨化の空間が確保できない、改葬骨が増加して置ききれなくなるなどの要因から片付けが行われるが、骨を捨てるような行為はみられずに、玄室内に大事に残される。

　具体的な喪葬の流れとしては次のようなプロセスが推測される。横穴墓が骨化の空間として活用されていた場合は、機能停止→殯→死の認識→葬送（野辺送り）→喪葬（埋葬施設へ納入）→肉体消滅（骨化）→改葬→配列→時間を空けて片付けへという経過である。

　横穴墓の玄室以外に骨化の場所が存在していた場合は、機能停止→葬送→喪葬（埋葬施設以外の場所へ）→殯→死の認識→肉体消滅（骨化）→改葬→葬送→喪葬（埋葬施設へ納入）→配列→時間を空けて片付けへとなる。このような二例から、埋葬施設への遺骸の納入が骨化前から行われていた場合と、骨化後に行われた場合とが考えられる。魂の最終的な行き場となる埋葬施設へは、様々な過程で持ち込まれたといえる。

　魂魄という中国の「たましい」の概念が儒家教典などに記されている。いわゆる四書五経の『礼記』や、『春秋』の注釈書『春秋左氏伝』にある。白飛雲氏の引用をみると、『礼記』礼運篇に「君

と夫人と交も献ず、以て魂魄を嘉ばしむ、是を合莫と謂う」とあり、魂魄は死者の魂魄と説明される。また、『春秋左氏伝』昭公七年は、「匹夫匹婦強死すれば、其の魂魄猶お能く人に憑依し、以て淫厲を為す」とあり、死者の魂魄が人に憑依する場合が挙げられる（白 2011）。

石川三佐男氏は『楚辞新研究』のなかで、「漢代盛行の魂魄観（魂魄二元論）では、基本的に人は死ぬと精神を司っていた魂は天に昇り、肉體を司っていた魄は地に帰す、あるいは魄は魂に従って昇天する場合がある」と述べている（石川 2002）。しかし、白氏が唐代の成玄英の解釈を用いて指摘するように、唐の学者ですら魂魄という概念を二元的に扱わず、魂魄に対比されるのは身であるとされる。そのほか、『説文解字』では魂を陽気、魄を陰神と、陰陽により説明するという（白 2011）。

石川氏の言う後段、「魄は魂に従って昇天する場合がある」という考えが、白氏の意見と合致する。本論の検討でも、魂の変化期は『日本霊異記』にはみられず、魂そのものを捉える意識が変化している。死後世界での魂の生活に基づく現世での戒めが説かれることが重要視され、その意識が強い間は身を取扱う意識が弱くなるというような、世相に応じた強弱があるのであろう。この意味でも、身の変化が重視された古墳時代後・終末期との差違がある。

このような魂（魂魄）と身、陰と陽という考えを本論に準えれば、魂は畏怖対象と忌避対象という清浄・不浄の変化により生者への対象が変わる。身は骸であり、肉体変化の完了を以って一部では改葬が施され、奥津城となる埋葬施設に魂と骸を相入れる形で埋葬したのではないか。生者にとって、遺骸に対する執着観念が骨化後は薄いが、それは肉体変化の完了を改葬により表したためといえよう。

このような魂の概念は、折口信夫氏が 1930（昭和 5）年に完結させた、『古代研究』にみられる「天皇霊」という理解にも近づけるであろう。津田博幸氏の解説では、天皇霊論は「天皇霊を代表とする外来魂が天皇の肉体に付着・内在していることで、古代の天皇の支配能力や聖性は保証されていたとするもの」とされる（津田 1986）。

その内容は、天皇の肉体には生死があるが天皇霊は唯一不変であり、天皇は信仰上同一人であること。天皇霊を身に受けるためには、一定期間身体がからになる必要があり、その間天皇は真床襲衾にくるまれて物忌みをしたこと。天皇の系統のみに存し、天皇霊は大嘗祭で天皇に憑依することなどである。『日本書紀』（巻第七　景行天皇　四十年七月）の日本武尊説話などでは、皇霊の威と神（ここでは天神・国神）とが対句で著されており、皇祖の霊と神祇の霊が同じとされる。

『日本書紀』にみた幸魂奇魂の来訪も、神へ昇華する神威として活用されている。万物に宿る神威を活用し、為政者としての能力を発揮するという超越的存在の求めに応じて編み出された（編纂された）背景には、相伝にかかる仕組みとして実際にそのような観念があったことも窺える。このような亡き天皇を神とみなす発想は、被葬者を喪葬するにあたり活かされていたことも推察される。天皇に推察されるこのような概念が、どこまで古墳時代の各階層の喪葬観念に見出せるかは、今後の課題としたい。

R. エルツは「死は人間の肉体的・可視的な存在に終止符を打つばかりではない。同時にこの

第Ⅳ章　まとめ

物理的個人に接木された、社会的存在をも破壊してしまう」という（Robert Herts 1980）。彼のチモール島での研究によると、首長を失うと、一時道徳や政治のルールが棚上げとなり、普段は社会秩序によって抑えられていた感情がむき出しになることが珍しくないとする。また、死者たちを合わせる（合葬する）ことで、いろいろな血縁集団や地縁集団がより高次の統一を形成し、連帯感を意識して相互扶助を行い、死者の社会をつくることで、生者の社会が規則的に再生されていくとする。

このような死者を紐帯とした秩序維持は、人間集団における一つの知恵といえ、この地に限らない人間集団が抱える負債の解消方法の一例といえよう。被葬者をこのような扱いとして捉えていたとみなせば、清浄な変化を遂げた魂は畏怖対象としての存在となり、儀礼執行に活用されたことも推察される。

また、墓前域を活用した喪葬儀礼執行の背景としては、伊藤信博氏の研究も参考となる。伊藤氏は、岡田重精氏の「大祓祝詞」が罪と災（禍）を記し分けること、死穢について全くふれていないという説（岡田 1982）を受け、天武天皇以降の思想が大きく影響しているとして次のように考察する。「自然と社会の均衡が崩れる出来事は「ケガレ」と考えられ、その「ケガレ」を祓い清める行為である「禊ぎ」は、秩序の回復と正常な生活の再生への道を開くための機能であったと思われる」という（伊藤 2002）。

死者を紐帯とした秩序維持や、「ケガレ」を清める行為としての「禊ぎ」は、社会秩序や社会均衡を維持するうえで重要視された要素であったことが推察される。地方が担った重要な儀礼であったとみなされ、被葬者の霊威を活用することにより、継承の正当性なども表現されたのであろう。

不浄な変化を避けるため、穢れた肉体を完全消滅させるための浄化手段として改葬が行われた。魂は骨化までの間に肉体から分離し、昇華したものは畏怖対象に、零落したものは忌避対象に変化したと仮定し、改葬は、肉体を滅して魂を浄化し、不浄な変化を防ぐという目的のもとに行われた。肉体消滅へ経過していくと、魂は清浄・不浄への変化を同時に遂げ、畏怖対象としての魂は、当時の地方秩序維持にかかる儀礼執行装置としての古墳や横穴墓を舞台に、同一集団としての一体感を表出するための儀礼に活用されたともみなされる。このような属人を超越した霊魂観は、前方後円墳が築造されなくなる古墳時代終末期においても、儀礼の規模を変化させながら地方へと分化して継承されるが、律令期に至り、徐々に属人性を具えるものに変化していった。

3. 埋葬と死生観

改葬による埋葬については、一次葬が執行された場所を特定することは困難であるが、それから完全な肉体消滅までの期間においては、一部で灯火行為が行われていた。湘南東部地域や三浦半島を中心に、灯明皿としての土師器坏が出土しており、玄室内での灯火行為が窺える。玄室内である程度の輝度が必要であったことは、そこで行われていた作業は、明るさも条件に入っていたといえる。玄室内での灯火からは、遺骸を確認するという行動も読み取れ、それは、埋葬儀礼

の重要な一側面であったとみなされる。

　そのことからは、横穴墓では灯明皿などで火を灯し、腐敗していく肉体を消滅まで確認した後、改葬行為へと移行していたという手順であったことが窺え、それは火を灯して確認するという肉体消滅の確認行為といえる。開放的な死生観とも言えるこの確認作業をふまえた棺の世界では、ここまでの厳密な肉体の消滅に対する行為が求められていたのではないか。

　横穴墓は開放的な死生観により表出された空間として存在し、久地西前田2号墓の例をみても、棺は個人の所有物ではないといえ、そこには死者が次から次へと埋葬される。この埋葬の手順においては、暗い玄室内での確認という行為が一つの不可欠な儀礼として存在していたのであろう。

　反して、重厚な家形石棺を具える首長墓として、瀬戸内や畿内、東海などの地域が挙げられるが、側面等への開口が知られず、石棺の蓋もその重厚さゆえに手軽に開け閉めできるものではない。このような構造の家形石棺などを持った地域の首長墓は、密閉的な死生観を共有していたことが指摘され、古くは割竹形木棺や、開閉されたとしても数回のみという、竪穴系の埋葬施設との共通性も窺える。いわば伝統的な観念が継承されていたともみなされる。このような重厚な家形石棺を具える古墳は、いわば一握りの階層であり、多数派である木棺に埋葬された被葬者は、この限りではない可能性も残す。

　開放的な死生観では、玄室に埋葬後何度か入っており、そこでは遺体の経過状況が確認されていた。灯火行為は、死の確認行為に基づく儀礼として理解でき、腐朽した肉体を観察して、骨化という肉体の消滅を骨の移動で表現したものが改葬であろう。改葬に限らず、埋葬した後に骨を捨てずに大切に取り扱うことは、肉体消滅の確認行為を重要視しているためと考える。この段階となれば骨化してしまった遺体への執着は薄れ、骨は霊魂の抜け殻としての存在となる。

　玄室では死後の変化において、外部からの邪の侵入により不浄な変化を避けるという意識から、描画による辟邪がされた。川崎市王禅寺白山1号墓では、玄室側壁に線刻画として複数の弓矢が描かれる。いずれの弓も矢がつがえられた状態で、玄門方向に矢が向けられていることからは、邪の侵入を防ぐという辟邪思想に基づくとみられる。

　辟邪と併せて、横穴墓には「黄泉国」への道程が記される。これは相模・南武蔵地域特有の文化で、他地域の墳墓ではここまで詳細に道程が描画されたものは知られない。王禅寺白山横穴墓群1号墓や、堂後下横穴墓群9号墓などでは、線刻画にてゲートに区切られた冥界が描かれるが、それは雑然と線が重複して描かれている。これは、熊本・福岡県などの九州地方北西部に展開する装飾古墳に描かれた、埋葬の地への到着風景という描画の発展形として捉えられる。

　儀礼としては、食器を用いた被葬者主体のものから、参列者へアピールするような破砕行為を伴うものへと変わっていった。被葬者へ向けた儀礼は継続し、死者へ向けた意識は変わらないことから、背景としては対外的な意識が儀式として要求されたという、社会構造の変化が窺える。

　このような相模・南武蔵地域の状況に対して、他地域ではどのような様相であったか。灯火行為は、開放的な死生観が開口している石棺や石屋形から生じ、特に山陰地方では石棺前に灯明台がみられるなど、玄室内で灯火を伴う儀礼が行われていたことは確実である。

第Ⅳ章　まとめ

　九州や山陰地方の家形石棺は妻側や桁側に開口しているものが多く、棺内を確認できる仕組みとなっている。開放されていることで遺骸が実見でき、埋葬に関係して明かりを灯して死者を確認するという行動がみてとれる。このような棺構造を持つ方法は、開放的とも言える死生観を共有していたことが考えられる。開放的とは棺を一部開口させるものや、棺蓋を開閉可能とする、または板などに乗せるだけの構造から、遺骸は開放的に処せられ、火を灯し遺骸の変化の過程を確認する行動を伴うものといえよう。灯明台が横穴墓と横穴式石室いずれからも確認されていることは、横穴墓であれ、横穴式石室であれ違う使用方法でありながらも、共通の死生観のもとに改葬が執行されていたことが窺える。

　密閉的な死生観と開放的な死生観が、古墳と横穴墓において同じ地域内にみられるものは、改葬という行為を結節点として、遺体を密閉し封じ込める意識の発達から、より完全に肉体を滅する行為へと発展するからであろうか。それは、一次、二次と最終埋葬までの段階が増えること、肉体が滅することの確認行為としての改葬へと繋がっていくことからもみてとれる。殯という数日間にわたる死の確認行為に代わるものとして、首長層と共に、それ以外の古墳・横穴墓の手法として体系づけられたのが改葬であるといえよう。

　相模・南武蔵地域における古墳時代後・終末期は、被葬者主体の飲食儀礼などが継続して行われ、併せて社会構造の変化から、儀礼においては墓前域を活用した対外的な面も重視された。埋葬は伸展葬と共に改葬も多用され、開放的な死生観のもとに、灯火儀礼により肉体の変化が観察され、骨化には清浄な変化が望まれていた。そのために、線刻画などによる辟邪がなされ、一元的世界観であった他界については、併せて道程などが描かれた。

　埋葬からみた死生観にかかる現象と観念は、一つには死の確認行為による肉体の消滅に合わせた魂の変化と、清浄な変化を遂げた魂の継承による同一集団としての一体感を表出した喪葬儀礼執行であり、いま一つは、魂の辿り着く最終地である意識としての冥界観念の萌芽である。死後に肉体消滅へ進行すると、魂は清浄／不浄の変化を同時に遂げ、清浄な変化の後に昇華した魂は、畏怖されるべき対象として意識されていた。

　古墳時代後・終末期においては、この現象と観念が根底にあり、古墳や横穴墓で喪葬儀礼が執行されていたものとみなされる。

註

註1（Ⅱ-1-1）神奈川県の地域区分　　神奈川県の律令期の地域区分を確認する。現在の川崎・横浜市域は南武蔵に属し、郡域は3郡で、橘樹郡・都筑郡・久良郡となる（第Ⅱ-1図・Ⅱ-24図Ⓔ地域）。県内のそれ以外の地は相模となり、郡域は8郡で、御浦郡・鎌倉郡（同図Ⓓ地域）、高座郡（同図Ⓒ地域）、愛甲郡・大住郡（同図Ⓑ地域）、余綾郡・足上郡・足下郡（同図Ⓐ地域）となる。また、本論では便宜的に現在の市区町村で地域分けを行っているが、金目川西岸の地域となる大磯丘陵に関しては、ここでは丘陵全域を余綾郡に含めて扱っている。相模における律令期以前のいわゆる国造域は、Ⓐが師長国造域、Ⓑ・Ⓒが相武国造域、Ⓓが鎌倉別の領域として扱っている。

註2（Ⅱ-1-1）相模と武蔵の境界　　相模と武蔵の境界さえも、いまだ確定しているとはいえない状況である。先学の研究によると、横浜市域のうち戸塚や瀬谷など一部は相模とされている。今回は当該地にかかる古墳・横穴の数量等を加味し、地域分けの簡略化から便宜的に武蔵に分離して進めていく。

　郷はその帰属が変わることもあり、このことが郡境の問題となる。一例ながら、大住郡と余綾郡の境は大磯丘陵の南東に位置づけられるが、彼の地は横穴墓の密集地域である。後の検討に詳しいが、金目川下流域の横穴墓は両郡の影響を受け合う地域として把握され、これら現象からもここでは便宜的に水系を郡境として捉えている。

　また、別の視点として埴輪の出土をみると、およそ大住以東は埴輪を持つものの、余綾以西では現在のところ出土例がなく、国造域を重ね合わせてみると相武と師長の境となる。

　律令期にかかる「相模化」が顕現するのは8世紀始めとされ（田尾1999）、その直前に師長と相武の境に終末期の古墳として釜口古墳（切石石室・山寄せ式）が築かれる。後期高塚古墳群の伝統を汲まず、沿岸部に突如出現することと併せても興味深い現象である。

註3（Ⅱ-1-1）下大槻欠上遺跡　　下大槻で調査された古墳は円墳が1基で、1999（平成11）年に実施されている。石室の構築に使用している礫は河原石で、奥壁にはいわゆる鏡石が使われていない。外護列石の存在も示唆され、出土遺物には耳環・切子玉・管玉・ガラス小玉などが出土している。

註4（Ⅱ-1-1）久野2号墳出土の金銅装圭頭大刀　　金銅装圭頭大刀については「木質と柄頭金具の一部が遺存する。本体は一木から削り出したもので、柄頭金具の文様に合わせて圭頭のスタイルを極めて丁寧に彫刻している。柄頭金具は左側縁の一部であるが、中央部は窓が開いているようで、頭部は頭椎状に放射状の模様が打ち出されている」とされる（山内・野﨑ほか1996）。圭頭と頭椎の折衷型とも言うべき形態である。埼玉県小見真観寺古墳出土の横畦目式の頭椎大刀把頭を細身にしたようである。

註5（Ⅱ-1-1）三ノ宮古墳群の内容　　小石室は、相模地域では古墳群内に群在するものと、小石室のみが群在するものとが存在している。

　三ノ宮古墳群には他にも次のような古墳がある。

　三ノ宮3号墳御陵原支群中の円墳とされ、1964（昭和39）年に調査されている。横穴式石室は無袖式で、全長6.7m、幅1.4mである。奥壁には石室幅を占める大振りな石が一段遺存し、墓前域にも石積がみられ、入口側に広がりを持って開いている。この横穴式石室は全長において、相模地域でも最大級の規模を持つ。出土遺物は馬具（鉄地金貼雲珠・鉄製環状鏡板付轡）、鉾、直刀、銅製責金具、攝子、刀子、鏃、ガラス丸玉、土師器坏、須恵器坏・蓋、フラスコ形長頸瓶、甕などがあるが、甕は墓前域にて破片で出土したとされる。7世紀前半の築造とみられる。

註

　　　　御領原支群　三ノ宮比々多神社東方の鈴川左岸、竹の内から神明にわたる約1500mの間に分布する古墳群集地であったが、戦後に開墾されてほとんどが消滅した。1900（明治33）年に調査された。県内における三輪玉の出土例としては、群中の「大塚」と呼ばれた古墳からの資料が知られるのみである。後にもふれるが、穴沢咊光・馬目順一・中山清隆氏によりこの支群の資料とされる双龍環頭大刀が紹介されている（穴沢ほか1974）。

　　　　尾根山支群　自然石積の横穴式石室を持つ4基からなる円墳群である。1961（昭和36）年に開墾による破壊直前に調査されたが、いずれも盗掘を受けていた。

　　　　第1号墳は調査前の直径が13mで、横穴式石室は幅狭な無袖式である。全長6.4m、幅1.6m、奥壁は石室幅を占める一段の石が遺存していた。玄室は、床面での大振りな石列により奥側と手前側に仕切られていた。第2号墳は長楕円形の塚状に残存していた。横穴式石室は幅狭な無袖式、玄室長3.8m、幅1.95m、奥壁は石室幅を占める鏡石が遺存している。羨道5.4m、幅1mとされるが、1号墳同様に玄室は仕切られていた。墳形は円墳で直径15m規模と推定されている。第3号墳は墳丘が失われ、横穴式石室は幅狭な無袖式、入口側は半壊している。残存していた全長3.4m、幅1.15m、奥壁は石室幅を占める一段の石が遺存している。第4号墳も墳丘が失われ、横穴式石室は玄室南西壁より羨道の壁が20cm程度迫り出しており、片袖式のようにも見えるものである。玄室長2.3m、幅0.95m、羨道長1.7m、幅0.55mで、奥壁は石室幅を占める一段の石が遺存している。いずれも小規模な円墳とみられるが、出土遺物は直刀、鐔、鉄鏃、刀子、耳環、切子玉、臼玉、丸玉、小玉、須恵器提瓶などの出土が知られている。

註6（Ⅱ-1-1）下谷戸H7号墳周溝内の馬　　周溝内出土の馬は鑑定の結果から、歯による年齢推定は2.5才、体高は125.69±2.72cmとされ、成長期の馬であることが示されている。

註7（Ⅱ-1-1）前方後円墳のあり方　　広瀬和雄氏は前方後円墳のあり方として、複数系譜型古墳群・単一系譜型古墳群・輪番型古墳群と三つの類型を挙げる（広瀬2003b）。「複数系譜型古墳群」は複数の首長たちが一定期間、同一の墓域で古墳造営をつづけたものとし、佐紀・馬見・古市・百舌鳥などの大型古墳群は、大和政権の中枢を担った有力首長層の共同墓域とされている。そこには地方首長の政治的実力と、大和政権中枢の地方支配の二重性が表出されているとする。

　　　　ここで三ノ宮古墳群をみていくと、登尾山古墳のほか、地域内では最大級の円墳である埒免古墳、三輪玉や双龍環頭大刀を出土した御領原支群など、直径2.5kmの範囲に優れた副葬品を持つ古墳が築造され続けるという状況が挙げられる。このように、いわゆる優品の副葬品が限られた地域内に継続しながら集中して出土するという様相は他ではみられず、前方後円墳だけによる首長墓の構成という点は異なるものの、地域を代表する三ノ宮古墳群のこのあり方は、「複数系譜型古墳群」として捉えられるであろう。

註8（Ⅱ-1-1）播磨における領域研究　　後期前半の小型前方後円墳はこのクラスの首長が自己の領域に築造する播磨の例から、その現象を小規模首長墓の乱立として捉える岸本道昭氏の見解を例示している（岸本2000）。

註9（Ⅱ-1-1）埋葬数　　千葉県　金鈴塚古墳（TK43～TK209）　4～5体ほど／千葉県　城山1号墳（TK43～TK209）　石室内3ヶ所から耳環出土／千葉県　内裏塚古墳群　三条塚（TK209）　3体（成人男1・小児1・幼児1）／西原古墳（TK43～TK209）8体※石室入口に首位、縦に並んでいた／姫塚5体／蕨塚（TK209～TK217）12体以上／新割古墳20体以上／丸塚約10体／古山古墳8体以上／西谷古墳13体以上

註10（Ⅱ-1-1）多数埋葬　　大阪・聖神社2号墳　11体／大阪・富木車塚古墳　11体以上／大阪・大藪古墳　11体以上／岐阜・花岡山1号墳　16体／岐阜・花岡山5号墳　24体／熊本・年の神1

208

号墳　13体以上／栃木・足利公園2号墳　14体／神奈川・第六天古墳　11体／福島・勿来金冠塚古墳　13体／千葉・西谷古墳　13体／千葉・蕨塚古墳　12体以上／千葉・丸塚古墳　約10体／千葉・新割古墳　20体以上／千葉・向原古墳　14体／愛媛・権現原2号墳　10体以上／愛媛・権現原3号墳　10体以上　※聖2号墳と富木車塚古墳については人骨が遺存しておらず痕跡等により判断されている。

註11（Ⅱ-1-2）観音山古墳と東アジア世界　1999（平成11）年、群馬県立博物館で庫狄廻洛墓（562年頃）と韓国の武寧王陵（525年8月まで殯）の出土品が公開され、観音山古墳出土品との関係が改めて注目された。

　1989年のシンポジウムで6世紀の古代東国の豪族たちが、日、中、韓三国の文献史上、交流の記録が全く存在しない北魏、北斉など中国の北朝の歴代国家と極めて濃厚な文物の交流を続けていたことが明らかになった。観音山の銅製水瓶や蒙古鉢型の鉄製異形冑など、日本や朝鮮半島での製作とは見られないものや、百済・武寧王陵のものと同型の獣帯鏡（銅製）などの副葬品を取り上げ大陸文化との繋がりを探ろうというものであった。王克林・山西省考古研究所長は水瓶について、「北斉貴族庫狄廻洛（506～562年）墓の金銅瓶と同様、もともと道教の練丹術に使うもの」と指摘。また、冑も「実物はないが、北魏、北斉の壁画や陶俑によく似たものがある」と、初めて北朝との繋がりを具体的に示した。

註12（Ⅱ-1-2）桑原西古墳群の年代観（小川2009a）　桑原西古墳の副葬土器の器種構成を時期ごとに見ると次のようになる。Ⅱ期で提瓶と𤭯は消失、Ⅲ期からの土師器出現、平瓶は7世紀のほぼ全期間において使用される。7世紀末に向けて個人用供膳具が多用される。

　　Ⅰ期以前　7世紀初頭　　　　　　須恵器甕・壺・坏・埦
　　Ⅰ期　　　7世紀第1四半期～第2四半期　　須恵器提瓶・平瓶・脚付壺・𤭯・高坏（長脚二段透）・坏身・坏蓋（合子状）
　　Ⅱ期　　　7世紀第2四半期　　　須恵器提瓶・平瓶・脚付壺・𤭯・高坏・坏H・坏G
　　Ⅲ期　　　7世紀第3四半期　　　須恵器脚付壺・平瓶・高坏・坏H・坏G、土師器羽釜・甕・畿内産坏
　　Ⅳ期　　　7世紀第3四半期～第4四半期　　須恵器脚付壺・平瓶・高坏・坏H・坏G、土師器甕・脚付壺・短頸壺・高坏・坏G模倣
　　Ⅴ期　　　7世紀第4四半期　　　須恵器短頸壺・平瓶・高坏・坏H・坏G・高台付坏、土師器甕・短頸壺・坏
　　Ⅴ期以降　7世紀末　　　　　　　須恵器高坏・坏G、土師器坏

註13（Ⅱ-1-2）6世紀中頃～7世紀中頃　朝鮮半島諸国から渡来した知識人の関係記事
　　532　仏教公伝　百済聖明王仏像などを伝える（『上宮聖徳法王帝説』）※552年説もある
　　534　この頃（～541）、百済、梁から経義・毛詩博士・工匠などを迎える
　　540　渡来人の戸籍を作る
　　550　百済、高句麗の奴と捕虜を倭に贈る（『日本書紀』）
　　553　百済に医・易・暦博士の上番を求める
　　554　百済、僧曇慧と五経・易・暦・医博士らを交替派遣
　　570　高句麗の使人、越国に漂着する（『日本書紀』）
　　574　高句麗の使人、越に来着し、上京
　　577　百済の威徳王、経論と律師・禅師・比丘尼・呪禁師・造寺工の6人を贈る（『日本書紀』）
　　579　新羅、調と仏像を贈る（『日本書紀』）

註

588　百済、仏舎利・鑪盤博士・瓦博士・画工を献ず。法興寺（飛鳥寺）着工
　　　蘇我馬子、善信尼らを百済に留学させる（『日本書紀』）
594　仏教興隆の詔
595　高句麗僧慧慈渡来、聖徳太子これに師事。この年、百済僧慧聡来る（『日本書紀』）
599　百済、駱駝・羊を貢進する（『日本書紀』）
602　百済僧勧勒来朝。暦本・天文地理書を献上
607　小野妹子を隋に派遣
608　妹子帰朝、隋使裴世清来朝。妹子再び入隋。留学生・学問僧ら随行
609　妹子帰朝
610　高句麗僧曇徴来朝、紙・墨・絵具の製法を伝える
612　百済人味摩之、伎楽舞を伝える
614　犬上御田鍬らを隋に派遣
615　御田鍬、百済使を伴って帰朝。慧慈、高句麗に帰る
616　新羅、仏像を貢進する
618　高句麗、方物を貢進し、隋の滅亡を伝える
620　天皇記・国記・臣連伴造国造百八十部并公民等本記を選録
625　高句麗王、僧恵灌を貢進する
630　遣唐使　犬上御田鍬らを派遣（第一次遣唐使派遣）
632　御田鍬、唐使高表仁とともに帰朝。留学僧旻ら帰朝
640　高向玄理・南淵請安ら留学生帰朝
643　筑紫太宰、追放された百済国王の子翹岐らの入国を知らせる
　　　筑紫太宰、高句麗使の入国と高句麗の内乱を報ずる
645　乙巳の変、孝徳天皇即位、皇太子中大兄皇子、左大臣阿倍内麻呂、右大臣蘇我倉山田石川麻呂、
　　　内臣中臣鎌足、国博士僧旻・高向玄理。年号の初め。東国等の国司に戸口調査・校田を命ずる。
　　　難波豊碕宮に遷都。天皇記・国記など焼失
653　遣唐使（第二次遣唐使）
654　遣唐使（第三次遣唐使）
659　遣唐使（第四次遣唐使）
663　白村江の戦い　日本・百済軍、唐・新羅軍に大敗。日本軍、百済の遺民とともに帰国する
666　百済人2千人余を東国に移す
672　壬申の乱

註14（Ⅱ-1-2）墳丘内列石について　西日本では次のような例がある。
　　兵庫県芦屋市　旭塚古墳　八角形墳　7世紀代／福岡県甘木市柿原　柿原古墳群　円墳　7～8世紀／福岡県大野城市　唐山遺跡　第3号墳　円墳（群は）6世紀後半～7世紀後半／佐賀県みやき町　高柳大塚古墳　前方後円墳　6世紀後半～末

註15（Ⅱ-1-2）小石室と改葬墓（河上1988）
　　改葬墓の普遍性を指摘し、その葬法の施政者による採用からの歴史的意義が示される。石光山22号墳の例を挙げ、墳丘の一部が削られる形で構築された箱式石棺被葬者の再埋葬の痕跡を好例とし、7世紀前半から中頃にかかる時期の改葬を指摘。また、これらの埋葬施設が古墳の中心埋葬になる例はほとんどなく、改葬墓は古墳本来の被葬者の死以前に亡くなった人の施設と想定した。また、龍王山古墳群の小石室群を例示し、石光山は単独で造られたものはなく、主たる古墳

に追葬されたものであったが、龍王山はそれぞれ単独墳で、それが集まって一定の墓地を形成と指摘。このような状況の墓は小児墓とは考えにくく、改葬墓としての妥当性を説く。また、龍王山の改葬も7世紀前半〜後半にかけてが多く、7世紀代には普遍的に改葬が行われていたと指摘。文献に現れた改葬を例示し、天皇の改葬は6世紀末〜7世紀にかけて行われ、寿陵を築かなかったこと、つまり薄葬化という点を考慮し、新しい墓制が生まれていたことを示すとしている。また、大和最大の群集墳である龍王山における改葬は、天皇等の薄葬化にすぐ対応できた人物、あるいは対応せざるを得なかった人物達の墓地とし、継続して伝統的に群集墳を築造するものとの地位的な隔たりを指摘している。火葬は改葬を経験したからこそ自然に受け入れられたとし、改葬にかかる一次葬の期間を短くすること、それが火葬であるとし、改葬と同じ階層からの採用であると想定する。改葬墓を厚葬から薄葬へと変化する社会における土葬から火葬への過渡的現象として捉えている。

註16（Ⅱ-2-1）撥形の変容形　本稿では、撥形のうち方形志向の玄室からの変容形として理解したものは幅狭な撥形と呼称した。そのなかには玄室床面に框石が置かれるなど、玄室と羨道の区分を意図した構造を持つものもある。しかし、それら構造を備えるものでも、使用方法として玄室・羨道を区別して使用している状況が明確なものは少ない。

註17（Ⅱ-2-1）副軸について　主軸に直行する第2軸をここでは副軸と表記する

註18（Ⅱ-2-2）撥形横穴墓　撥形という呼称は、それまでの研究史をふまえ県内の資料を網羅的に検討した、1991年上田他により使用される。本論でもこの呼称を使用した。他地域では、無袖の玄室、狭長な逆台形、羽子板状、半裁徳利形などと呼称されている。

註19（Ⅱ-2-2）群集墳総体での変容　奈良県龍王山古墳群のあり方などがこのタイプといえよう。

註20（Ⅱ-2-2）撥形への変容　撥形へと変容した横穴墓を含む複合型とした群としては次のようなものが挙げられる。東遠江地域（大谷、谷口、八幡山、地蔵ヶ谷、志味堂）、上総地域（西山、西本谷、岩澄、長楽寺、瑞穂）、会津地域（駒板新田）、石背地域（治部池）、石城地域（白穴、餓鬼堂、小申田）

註21（Ⅱ-3-1）装飾大刀の分析　古墳時代に大刀が被葬者への副葬品とされる例は、相模地域でも多くの古墳・横穴墓で認められている。過去にこれらの副葬品を対象として、「神奈川県内における古墳出土鉄製品の形態的検討」と題し、大刀・鉄鏃を中心とした検討を行ったことがある。県内出土の刀類70点、刀装具2点、鉄鏃193点についてX線透過撮影を行ったが、結果、象嵌資料の新発見もでき、それまで刀身及び鐔のみの出土例として知られていたものも、一部は装飾大刀としての存在が把握された。数量的に古墳の少ない県として風評されていた神奈川県でも、X線透過と鵐目等の刀装具の集成により、90例以上が知られることとなっている。

註22（Ⅱ-3-1）古墳以外から出土した装飾大刀　湘南新道関連遺跡では、鵐目が9世紀後半以降の大型鍛冶工房覆土から発見されている。この遺跡は古代相模国府域に位置し、大型鍛冶工房は官営工房としての位置づけがされる。同遺跡では包含層ながら須恵器（フラスコ形）瓶の出土もあり、国府造営により破壊されてしまった古墳群が存在していたことも考えられる。また、古代にて高座郡の拠点集落として位置づけられる本郷遺跡でも、包含層から環頭大刀の鳳凰部分が断欠ながら発見されている。

註23（Ⅱ-3-1）装飾大刀の集成　2005年以降現在まで発見された事例を追加したが、増加事例を加味しても趨勢は変わらないため、図・グラフと共に、2005年に行った集成の数字を使用している。

註24（Ⅱ-3-1）木製柄頭の例　木装柄頭などの刀装具は、楔状・鹿角装状が奈良県布留遺跡、南郷大東遺跡、薬王寺・十六面遺跡、三重県六大A遺跡、静岡県恒武遺跡、下藪田遺跡で、鞘尻・

註

　　把口が南郷大東、六大A、恒武で出土している。頭椎は島根県前田遺跡、三重県河田宮ノ北遺跡、布留、恒武、圭頭が宮城県市川橋遺跡で出土している例が知られる。

註25（Ⅱ-3-1）間際根横穴墓群の圭頭大刀　　川崎・横浜市域を中心に活動した研究者である岡道孝氏のコレクションとして、川崎市教育委員会により1995年に報告された資料である。収蔵資料は、1959（昭和34）年の土取作業中に開口した横穴墓から採集されたもののようで、その後横穴墓は消滅している。
　　川崎市の報告にて、「既に穴沢氏により報告がされている」と記されている（穴沢1965）。

註26（Ⅱ-3-1）武器の収公　　『日本書紀』における「武器の収公」等の記述からも、このことは政治情勢の変化としても捉えられるものである。

註27（Ⅱ-3-1）郡域等の境界　　郡域や郷域が明確に地図上で線引きできないため、資料（神奈川県県民部県史編集室1981、藤沢市教育委員会1997）の情報を重ね合わせて便宜的に配置したものである。

註28（Ⅱ-3-2）鏟の様相　　7世紀代のいわゆる鏟の出土は、岡山県定東塚古墳（7世紀前半）、兵庫県竹ノ内古墳群第3号墳（7世紀前半）・東山古墳群10号墳（7世紀中葉）、大阪府檜尾塚原古墳群8号墳（6世紀後半〜末）、栃木県桃花原古墳（7世紀前半）、神奈川県かろうと山古墳（7世紀中葉）がある。
　　通常の鉄斧との形状差については、ソケットが刃部より長い、刃部の幅が広い（刃部長：刃部幅が1：1.5以上の比率）、木製の柄は長いものが装着されることが想定される。岡山県・兵庫県・大阪府・栃木県と分布は広範に見られるが、相模地域のかろうと山古墳が三浦半島という横穴墓が卓越する密集地域である以外は、いずれも横穴墓の分布が希薄、もしくは地域内で存在しない場所として理解できるところが興味深い。かろうと山古墳は、いわゆる山寄せ式の古墳であり、独立点在するかの印象であり、小谷戸ごとに小規模ながら横穴墓が群在する地域の中に突如として築造されたという印象を受けるものである。

註29（Ⅱ-3-2）墓前域石積の分布　　7世紀前半は沿岸部に限らない分布となり、福島県［白河］笊内古墳群（横穴墓群）、静岡県［遠江］観音寺本堂Ⅰ群1号横穴墓、三浦半島［相模］江奈2号横穴墓や、福島県［石城］小中田北18号横穴墓で豊富な威信財が出土している。いわゆる山道も中継中核地域として位置づけられ、白河地域の笊内は、その後、墓前域を共有するという九州地方北部に盛行するタイプが多く築造され、これは東日本では白河地域のみに所在する。会津地域や石背地域の墓前域石積もこのような動向に関係が見出せる可能性もある。

註30（Ⅱ-3-2）斉明天皇の移動経路　　661年には斉明天皇みずから中大兄皇子以下、朝廷を引き連れて筑紫へ向かった。飛鳥→難波→舟で瀬戸内海を渡り、備中までは中国地方を、そこから先は四国を通り、兵を整えながら約3ヶ月かけて筑紫の娜大津に到着し、磐瀬宮に入ったとする。

註31（Ⅲ-2-1）横穴系（小林1964）

註32（Ⅲ-2-1）線刻画のある古墳　　相模・南武蔵地域では、横穴式石室内に線刻画の描画されているものは知られていない。関東地方南部では、埼玉県地蔵山古墳（左右側壁と奥壁：水鳥・人物・馬など）、千葉県成東不動塚古墳（前室右壁持送り部分：人物・馬）がある。

註33（Ⅲ-2-1）墨書・刻書の人物顔面像　　神奈川県内出土の奈良〜平安時代の墨書・刻書による人物顔面像は、明石新氏により9点について詳細な見解が示されている（明石2001）。

註34（Ⅲ-2-1）宮崎県広原1号墓　　西壁のモチーフを翳としているが、報告の挿図では人物のようにも見受けられる線刻となっている。

註35（Ⅲ-2-1）樹木状線刻画の類例　　福岡県穴ヶ葉山古墳群1号、佐賀県東福寺古墳群STO14号、

熊本県原横穴墓群3号、同県石川山古墳群4号、鳥取県空山古墳群2・10・15号、同県米岡古墳群2号、同県福本古墳群4号、同県上神古墳群48号、大阪府高井田横穴墓群3群10号などが挙げられる。

註36（Ⅲ-2-1）**武器の意匠について**　東京都不動橋横穴墓群11号では、奥壁人物像に付随するものとして大刀との理解もされている。しかし、関東地方北部の茨城県虎塚古墳・花園古墳群3号・吉田古墳など（6世紀末〜7世紀前半）に描かれる大刀とは印象が違い、使用の意味も異なることが窺える。

註37（Ⅲ-2-1）**閉塞後の線刻画の可視**　福岡県の五郎山古墳館では原寸大の石室模型内をランタン片手に見学可能で、内部で明かりを消すと羨道をつうじて射し込む明かりのみで彩色壁画を観察することができる。薄明かりのなかでは、意匠をイメージしてから初めてそこにあるものが認識できる程度である。

註38（Ⅲ-3-1）**Ⅳ期（7世紀末〜8世紀中葉）における土器の様相**　依田亮一氏によると、「出尻」の有台坏身－扁平丸底坏を主に、相模型成立期〜a段階（8c第2〜第3四半期）までの供伴例が確認できるとする（依田ほか2009）。これは、相模国府域の竪穴住居出土資料の検証例であるが、同じく横穴墓で出土するいわゆる出尻の有台坏身は、相模型を伴う例もみられるものの、およそいちどきに使用された様相も窺え、時期が比較的下らないという事例が多いように見受けられる。このことは、一度使用して終了する墓前での所作と、日常生活雑器として使用している集落でのあり方の様相の相違を示していることも窺える。

註39（Ⅲ-3-1）**固形物の内容**　固形物には貝などの土器内での遺存が知られる。小林行雄氏の論によれば、食物を入れた証拠のある遺例として16例ほどが紹介されるが、南関東では千葉県金鈴塚古墳の坏内にカラスガイの小片やウナギ・フナなどの魚骨があったとされる（小林1976a）。神奈川県下では沼田城山左横穴、白山神社横穴墓、窪がり16号墓などでアワビ・ハマグリ・カキなどが出土している。土器を伴っていないことからは、木製容器などの有機質の器が使用されていたことも推測される。

註40（Ⅲ-3-1）**打撃痕などのみられる神奈川県内の須恵器**
小田原市　久野2号墳　甕を割って散布とされる
　　秦野市　　桜土手10号墳　横瓶　底部打撃痕／桜土手13号墳　フラスコ　破砕／桜土手14号墳　小型甕　底部打撃痕／桜土手1号墳　甕　肩部打撃痕　墳頂で破砕して出土
　　伊勢原市　三ノ宮・下谷戸遺跡7号墳　底部ひび割れ／尾根山1号墳　甕　墳丘上で破砕／三ノ宮・下尾崎10号墓　甕　底部打撃痕／三ノ宮・上栗原1号墓　長頸瓶　口縁部打ち欠き／三ノ宮・上栗原4号墓　甕　胴部上位に打撃痕
　　厚木市　　上依知1号墳　甕　故意に砕かれた／上依知1号墳　フラスコ　胴部意図的に打撃／中依知中林横穴墓3号墓　長頸壺　底部穿孔
　　中井町　　比奈窪中屋敷1号墓　提瓶　破砕
　　大磯町　　北中尾3号墓　甕　肩部打撃痕
　　平塚市　　根坂間B支群5号墓　長頸壺　高台を意図的に打ち欠く／根坂間B支群5号墓　甕　底部打撃痕／根坂間第3地点1号墓　フラスコ　口縁部意図的に欠損／根坂間第3地点4号墓　甕　破砕／根坂間第3地点8号墓　広口壺　破砕／城山横穴墓群3号墓　甕　破砕／城山横穴墓群3号墓　土師器坏　破砕／城山横穴墓群4号墓　甕　胴部と肩部打撃痕
　　座間市　　梨の木坂横穴墓群1号墓　フラスコ　底部打撃痕
　　藤沢市　　代官山7号墓　フラスコ　口縁部一部故意に割る／代官山8号墓　長頸瓶　口縁部を

註

	故意に割る／川名新林右西斜面2号墓　甕　底部打撃痕
逗子市	久木横穴群3号墓　土師器甕　口縁部に穿孔
横須賀市	蓼原古墳　甕　タイル状に敷き詰められる
横浜市	赤田1号墳　甕　破砕／市ヵ尾横穴墓群B-17号墓　破砕／大場横穴墓A-8号墓　短頸壺胴部に1ヶ所穴／熊ヶ谷横穴墓2号墓　提瓶　破砕／熊ヶ谷横穴墓18号墓　土師器甕　破砕／熊ヶ谷横穴墓20号墓　平瓶　底部穿孔／熊ヶ谷横穴墓21号墓　破砕
川崎市	久地西前田（一次）2号墓　土師器坏　底部穿孔／久地西前田（二次）2号墓　高坏　割って散布

註41（Ⅲ-3-2）石積横穴墓の分布　　墓前域に石積がされる横穴墓の分布に関して東日本に目を転じても、やはり横穴墓が多く築造される東京都の多摩地域と、福島県の会津や石背地域で散見されるのみであり、墓前域石積の存在と用途を考えていく上でも、これらは興味深い地として認識される。会津の駒板新田横穴墓群1・5・11号墓は前壁を有する玄室形態の横穴墓で、やや幅狭な印象となる墓前域の側壁に密な石積がされる。石背の治部池8号墓は玄室平面形が円形にも近いような形状の宝形造で、やはり墓前域側壁を中心として石積がされるものである。

註42（Ⅲ-3-2）相模における古墳にみる墓前域の石積　　相模地域においては両袖式・片袖式・無袖式・L字状と、石室の平面形は複数の形状があるが、数量的に最も多いものは無袖式の横穴式石室である。先の植山英史氏によると玄門部の変化の指標としては無袖式石室の大半が床面幅の変化、床面の変化、仕切石の設置、側壁の変化などがあり、その部分に礫を積み上げて閉塞しているとされる。従って、墓道の石積部分は、埋葬に際して閉じられた閉塞から外側のスペースということになる。このように相模地域の古墳では、終末期に際しても墓道を埋め立てた状況は確認されていないことから、埋葬スペース前面は解放された空間として理解される。桜土手第7号墳などでは、この墓道部分中央付近に、石室構築以前に掘られて、直後に埋め立てられている大振りな土坑が発見されている。この土坑からの出土遺物はなく、その用途については不明であるが、儀礼に際しての墓道及び墓前域の扱いを考える上で興味深い。

　無袖式横穴式石室で入り口のみに門柱石が施工されるものを除き、墓道に礫が積まれるものは植山氏の集成によると次のようなものがあり、直線状から、コの字・ハの字状に変化する様相が窺える。

　［直線状に石積が施される］秦野市　桜土手古墳群　5基／秦野市　金目原1号墳／厚木市　中依知2号墳（両脇に小礫を配した痕跡あり）／厚木市　中依知3号墳

　［コの字状に石積が施される］秦野市　桜土手古墳群　3基／伊勢原市　日向・渋田遺跡2号墳

　［ハの字状に石積が施される］秦野市　桜土手古墳群　6基（精緻な石積みでないもの3基）／秦野市　下大月欠上遺跡1号墳／伊勢原市　北高森1号墳／伊勢原市　日向・洗水遺跡古墳／厚木市　金井2号墳／厚木市　岡津古久古墳

　［礫を持たない］厚木市　中原古墳／厚木市　上依知2号墳／厚木市　中依知4・5号墳

註43（Ⅳ-2）市宿横穴墓群の検討（小高1997）　　小糸川上流左岸の丘陵東側斜面に展開する横穴墓群。20基以上からなる横穴墓群と考えられ、出土遺物からは6世紀後葉〜8世紀前半までの使用が想定される。4基の横穴墓における人骨の出土状況や、人骨の同定にかかる情報から、埋葬の組み合わせ、親族構成、改葬の導入などが検討される。被葬者中に幼児の占める割合はかなり高く、年齢の判明した142体のうち、その約半数が16歳以下。男女の比率はほぼ同様、年齢や性別による横穴墓埋葬の格差は窺えないとする。遺骸の骨化期間は半年〜1年との分析結果で、埋葬間隔の復元も試みられる。

田中氏（1995）の研究結果を引用し、一つの横穴墓或いは木棺内には親族のみを埋葬していたとする。横穴墓の初葬者は男性、副葬品もすべて男性のみに副葬され、家長より先に死亡した妻は改葬により埋葬されるとし、改葬出現の理由とする。東北南部の事例からも、市宿の導入期には既に改葬が行われていたと考えられている。

　墳墓形態として改葬墓（小型横穴墓）が築造されるのは7世紀中葉以降とし、それ以前は通常埋葬と改葬が同じ横穴墓で行われる。埋葬は西日本と同様に、父親（家長）と子供と父親のキョウダイといった家長制的世帯共同体原理に基づくと考えられていたが、市宿横穴墓群では妻やキョウダイの子供等の傍系親族まで埋葬されていたとされ、埋葬の規制が緩やかであったとする。改葬は世帯共同体ごと行われていたのではなく、横穴墓群を構築した集団全体で統括していたと推定。横穴墓築造集団内における世帯共同体としての単位は未分化状態とされる。

引用・参考文献

【論考等】

〔あ〕

青木敬 2005「後・終末期古墳の土木技術と横穴式石室」『東国史論』20　群馬県考古学研究会

青木敬 2009「多摩地区における7世紀の古墳」『東京考古』27　東京考古談話会

青柳泰介 2008「古代東アジアにおける横穴系主体部の閉塞方法」『橿原考古学研究所論集』15　吉川弘文館

明石新 1999「大住郡域の横穴墓の様相」『湘南考古学同好会々報』77　湘南考古学同好会

明石新ほか 2001『相武国の古墳―相模川流域の古墳時代―』平塚市博物館

明石新 2001「かながわの人面墨書土器について」『かながわの原始の顔・古代の顔 発表要旨』（財）かながわ考古学財団

赤司善彦 2005「第5章　古代の山城とその背景」小林昌二・小嶋芳孝編『日本海域歴史大系』第1巻 古代篇Ⅰ

赤星直忠 1924「鴨居洞窟の発掘」『考古学雑誌』第14巻第12号　日本考古学会

赤星直忠 1924「其後の鴨居洞窟発掘遺物」『考古学雑誌』第14巻第13号　日本考古学会

赤星直忠 1925「相州鴨居の横穴（一）」『考古学雑誌』第15巻第8号　日本考古学会

赤星直忠 1925「相州鴨居の横穴（二）」『考古学雑誌』第15巻第9号　日本考古学会

赤星直忠 1927「骨製品を発見す」『考古学雑誌』第17巻第1号　日本考古学会

赤星直忠 1934a「矢倉内壁の彫刻に就いて」『考古学雑誌』第24巻第3号　日本考古学会

赤星直忠 1934b「浦賀町吉井横穴」『考古学雑誌』第24巻第5号　日本考古学会

赤星直忠 1936「鎌倉の考古学的研究（四）長楽寺山横穴」『鎌倉』第2巻第3号　鎌倉文化研究会

赤星直忠 1948「相模洗馬谷横穴群について」『考古学雑誌』第35巻1・2合併号　日本考古学会

赤星直忠 1956『岡田越の山横穴古墳群』寒川町郷土会

赤星直忠 1964「茅ヶ崎の古墳と横穴」『茅ヶ崎市文化財資料集』第3集

赤星直忠 1967「三浦半島の洞穴遺跡」日本考古学協会洞穴調査特別委員会編『日本の洞穴遺跡』平凡社

赤星直忠 1970a『穴の考古学』学生社

赤星直忠 1970b「神奈川県における横穴古墳の線刻壁画」『考古学ジャーナル』No.48

秋元陽光・大橋泰夫 1988「栃木県南部の古墳時代後期の首長墓の動向」『栃木県考古学会誌』第9集

秋本吉郎 1993『風土記』（日本古典文学大系新装版）岩波書店

秋山日出雄 1979「檜隈大内陵の石室構造」『橿原考古学研究所論集』5　吉川弘文館

浅田芳朗 1934a「小さな石棺」『ドルメン』3-5

浅田芳朗 1934b「船史の墓誌に見える紀年銘に就て」『考古学雑誌』第4巻第8号　日本考古学会

飛鳥資料館 1981『飛鳥時代の古墳』同朋社

麻生優 2001『日本における洞穴遺跡研究』〈千葉大学・愛知学院大学講義録〉

穴沢咊光 1965「川崎市新作出土の金銅圭頭柄頭」『あるかいあ』第6号

穴沢咊光 2008「韓半島南部出土と伝えられる列島系双龍環頭大刀について」『王権と武器と信仰』同成社

穴沢咊光・馬目順一 1977「頭椎大刀試論」『福島考古』第18号　福島県考古学会　89-106頁

穴沢咊光・馬目順一 1986「単龍・単鳳環頭大刀の編年と系列」『福島考古』第27号　福島県考古学会

穴沢咊光・馬目順一 1986「日本における龍鳳環頭大刀の製作と配布」『考古学ジャーナル』No.266

穴沢咊光・馬目順一・中山清隆 1979「相模出土の環頭大刀の諸問題」『神奈川考古』第6号　神奈川

【論考等】

　　考古同人会
　阿部猛・義江明子・槇達雄・相曽貴志 1995『日本古代史研究事典』東京堂出版
　阿部黎子 1966「横穴墓被葬者に関する一考察―神奈川県下の例を中心として―」『考古学雑誌』第 52
　　巻第 2 号　日本考古学会
　網干善教 1981「終末期古墳に関する問題」『考古学ジャーナル』№ 194
　網干善教 2006『壁画古墳の研究』学生社
　甘粕健 1957「横浜市市ヶ尾遺跡群調査の概況」『私たちの考古学』第 3 巻第 4 号
　甘粕健 1964「前方後円墳の性格についての一考察」『日本考古学の諸問題』考古学研究会 10 周年記念論
　　文集
　尼子奈美枝 2008「金銅装馬具の保有」『元興寺文化財研究所年報』2008
　網野善彦・森浩一 1992『馬・船・常民―東西交流史の日本列島史』河合出版
　荒井敏夫 1999『可能性としての女帝』青木書店
　五十嵐聡江 2004「『末期古墳』の展開とその社会的背景（下）」『筑波大学先史学・考古学研究』(16)
〔い〕
　池上悟 1975「横浜市矢倉地横穴墓群の調査」『考古学ジャーナル』№ 103
　池上悟 1980「横穴墓の地域的様相　八　九州地方」『横穴墓』（考古学ライブラリー六）ニュー・サイ
　　エンス社
　池上悟 1980「積み石塚の地域相―関東・東北地方」『考古学ジャーナル』№ 180
　池上悟 1981「北部九州のフラスコ形提瓶」『立正史学』第 75 号
　池上悟 1982「東国横穴墓の一様相」『立正史学』第 52 号
　池上悟 1985「東国横口式石槨考」『宗教社会史研究Ⅱ』（立正大学史学会）
　池上悟 1991「東国横穴墓の型式と伝播」『おおいた考古』第 4 集　大分県考古学会　特集 日本の横穴墓
　池上悟 1992「南武蔵における古墳終末期の様相」『国立歴史民俗博物館研究報告』第 44 集　東国にお
　　ける古墳の終末
　池上悟 1993「いわき横穴墓の埋葬様式と群構成」『史峰』第 19 号　新進考古学同人会
　池上悟 1993「東北横穴墓の埋葬様式」『立正考古』第 32 号（細口喜則先輩追悼号）立正大学考古学研
　　究会
　池上悟 1994「東国横穴墓の型式と交流」『日本古代史叢考―高嶋正人先生古稀祝賀論文集―』
　池上悟 2000『日本の横穴墓』雄山閣
　池上悟 2004『日本横穴墓の形成と展開』雄山閣
　池上悟 2006「東北横穴墓研究の問題点」『坂詰秀一先生古希記念論文集　考古学の諸相』Ⅱ
　池上悟 2007「横穴墓群」『大磯町史』10 別編考古
　池上悟 2007「北陸横穴墓研究の視点」『金大考古』58
　池上悟 2008「上円下方墳の名称と築造企画」『白門考古論叢Ⅱ』中央考古会・中央大学考古学研究会
　池上悟 2009「東北地方における横穴墓形式の展開」『立正大学大学院紀要』第 25 集
　池上悟 2010『古墳文化論攷』六一書房
　池上悟・鈴木一男 1994「大磯町の横穴墓群」『資料館資料』5
　池上悟・松崎元樹 1991「東京都内の横穴墓群」『関東横穴墓遺跡検討会資料』茨城県考古学協会シン
　　ポジウム
　池上良正・川村邦光訳 1985『死の儀礼―葬送習俗の人類学的研究』未来社（Richard Huntington・Peter
　　Metcalf1979『Celebrations of Death The Anthropology of Mortuary Ritual』Copyright C Cambridge
　　University Press 1979）
　池田次郎 1993「2 古墳人」石野博信・岩崎卓也・河上邦彦・白石太一郎編『古墳時代の研究』1　雄山閣

池田次郎 1994「法貴B一号墳および堀切六号横穴の改葬人骨と近畿におけるその類例」『橿原考古学研究所論集』12　吉川弘文館

池邊千太郎 1990「豊前・豊後の横穴墓形態変遷論」『おおいた考古』第3集　大分県考古学会

池淵俊一 2003「出雲型子持壺の変遷とその背景」『考古論集』

石井昌國 1995「古代刀の変遷」『古代刀と鉄の科学』雄山閣

石川三佐男 2002『新楚辞研究』汲古書院

石原道博編訳 1985『新訂　魏志倭人伝・後漢書倭伝・宋書倭国伝・隋書倭国伝』岩波文庫

石部正志 1980「群集墳の発生と古墳文化の変質」『東アジアにおける日本古代史講座』4

石母田正 2000『神話と文学』岩波現代文庫 学術5

泉森皎 1983「古墳と周辺施設—古墳の墓域と喪屋遺構について—」『関西大学考古学研究室開設参拾周年記念　考古学論叢』

出雲横穴墓研究会 1997『出雲の横穴墓』

出雲路修校注 1996『日本霊異記』(新日本古典文学大系30) 岩波書店

一瀬和夫 1988「終末期古墳の墳丘」『網干善教先生華甲記念考古学論集』網干善教先生華甲記念会

伊藤寿夫 2001「静岡市伊庄谷横穴群とその周辺の古墳群」『静岡県考古学研究』33号

伊藤信博 2002「穢れと結界に関する一考察「ケガレ」と「ケ」」『言語文化論集』第XXIV巻第1号

伊藤雅文 2007「北陸における横穴墓の諸問題」『金大考古』58

稲田健一 2010「茨城県ひたちなか市十五郎穴横穴墓群について」『考古学論究』第13号　立正大学考古学会

稲田孝司 1978「忌と竈の王権」『考古学研究』第25巻第1号　考古学研究会

井鍋誉之 2005「組合式箱形石棺をもつ横穴式石室」『静岡県埋蔵文化財調査研究所　研究紀要』11

伊波普猷 1927「南島古代の葬儀」『民俗』2-5・6

稲村繁 1997「三浦半島の古墳III—出現期横穴墓の様相」『横須賀市博物館研究報告』第42号

稲村繁 2004「神奈川県の古墳III—神奈川県古墳地名表(1)」『横須賀市博物館研究報告』第48号

稲村繁 2005「神奈川県の古墳IV—神奈川県古墳地名表(2)」『横須賀市博物館研究報告』第50号

稲村繁 2008「横須賀市 大津古墳群」『第31回 神奈川県遺跡調査・研究発表会 発表要旨』

井上主税 2007「倭系遺物からみた金官加耶勢力の動向」『九州考古学』82　九州考古学会

井上光貞 2004『飛鳥の朝廷』講談社

井上光貞・佐伯有清ほか 1967「日本の登場」『大世界史』5　文藝春秋

井上光貞・関晃・土田直鎮・青木和夫校注 1976『日本思想大系3　律令』岩波書店

井之口章次 1977『民俗学の方法』講談社学術文庫

今尾文昭 1989「2 後期古墳の棺内副葬品配列と藤の木古墳」『斑鳩　藤ノ木古墳　概報』奈良県立橿原考古学研究所

今尾文昭 2005「八角墳の出現と展開」白石太一郎編『古代を考える　終末期古墳と古代国家』吉川弘文館

岩井顕彦 2006「有孔鉄鏃からみた古墳副葬鉄鏃の系譜」『考古学研究』第53巻第2号　考古学研究会

岩松保 2005「黄泉国への通路」『待兼山考古学論集』大阪大学考古学研究室

岩松保 2006「黄泉国への儀礼—骨を動かす行為」『京都府埋蔵文化財論集』第5集

岩松保 2006「古墳時代後期における葬送儀礼の実際」『京都府埋蔵文化財情報』第99号

岩松保 2007「竪穴系埋葬施設における追葬と儀礼—横穴系埋葬施設を準備した時代」『京都府埋蔵文化財論集』第6集

岩松保 2010「横穴系埋葬施設における閉塞・開口方法の系譜」『待兼山考古学論集』II　大阪大学考古学研究室

【論考等】

　岩本崇 2006「古墳出土鉄剣の外装とその変遷」『考古学雑誌』第 90 巻第 4 号　日本考古学会
　岩脇紳 1979「殯」井之口章次編『葬送墓制研究集成』第 2 巻　名著出版（1973『近畿民俗』57 号　再録）
〔う〕
　上田三平 1934「泉崎横穴」『考古学雑誌』第 24 巻第 6 号　日本考古学会
　上田正昭 1976「葬送儀礼と他界観念」斎藤忠編『現代のエスプリ　葬送儀礼』古代日本人の死の思想　№ 111
　上田薫 1989「高棺座について―相模における終末期横穴墓の一形態―」『神奈川考古』第 25 号　神奈川考古同人会
　上田薫 1994「横穴墓用語解説」『入門考古学講座―横穴墓とは何か―』神奈川県考古学会・川崎市民ミュージアム
　上田薫・長谷川厚・近野正幸 1991「神奈川県の横穴墓群」『関東横穴墓遺跡検討会資料』茨城県考古学協会シンポジウム
　上田宏範 1950「前方後円墳築造の計画性」『古代学研究』第 2 号
　上田宏範 1963「前方後円墳における築造企画の展開」『近畿古文化論攷』吉川弘文館
　上野辰男 1978「熊本市浦山横穴群」『考古学雑誌』第 53 巻第 3 号　日本考古学会
　上野精志 1985『遠賀川流域の考古学（感田栗林横穴墓群）』上野精志遺稿集刊行会
　植山英史 2010「相模」土生田純之編『東日本の無袖横穴式石室』雄山閣
　魚津知克 2002「曲刃鎌と U 字型鍬鋤先―『農具の画期』の再検討―」『帝京大学山梨文化財研究所研究報告』11
　宇垣匡雅 2001「吉備南部における古墳時代前半期小墳の埋葬頭位」『古代吉備』23 号　古代吉備研究会
　臼杵勲 1984「古墳時代の鉄刀について」『日本古代文化研究』創刊号　PHALANX 古墳文化研究会
　内山敏行 2006「古墳時代後期の甲冑」『古代武器研究』第 7 号
　宇野隆夫 2003「船の考古学」『新世紀の考古学』大塚初重先生喜寿記念論文集　纂修堂
　宇野愼敏 2007「浮彫装飾横穴墓とその被葬者―ユキと盾を中心に―」『王権と武器と信仰』
　梅澤重昭 1997「東日本の八角形墳丘古墳の性格と出現の画期」『考古学ジャーナル』№ 414　特集 東日本の八角形墳
　梅原末治 1921『佐味田及新山古墳の研究』岩波書店
〔え〕
　恵原義盛 1979「奄美の葬送・墓制」名嘉真宜勝・恵原義盛編『沖縄・奄美の葬送・墓制』
　遠藤嘉基・春日和男校注 1972『日本霊異記』（日本古典文学大系 70）岩波書店
　遠藤元男編 1974『日本古代史事典』朝倉書店
　遠藤周作 1987『死について考える』光文社
〔お〕
　大上周三 1994「集落・墳墓分布における秦野の古代社会」『神奈川考古』第 30 号　神奈川考古同人会
　大岡由記子 2006「赤色顔料精製具の出土について」『淡海文化財論集』第 1 輯
　大形透 2000『魂のありか』角川書店
　大久保徹也 2002「〈民族〉形成のメカニズムと前方後円墳の論理」『考古学研究』第 49 巻第 3 号　考古学研究会
　大久保徹也 2006「古墳論―王を複製する試み―」『日本史の方法』Ⅲ
　大倉潤 2002「墓前祭祀に関する一考察」『秦野市立桜土手古墳展示館研究紀要』第 3 号
　大島慎一ほか 1988『東日本の弥生墓制』第 9 回三県シンポジウム資料
　太田博之 2008「古墳時代中期東日本の埴輪製作技術と渡来工人」『日本考古学』25
　大竹憲治 1984「東国の横穴墓発見・幡に関する資料」『考古学ジャーナル』№ 240

大竹憲治 1988「古墳時代後期から終末期における墓前祭祀の様相」『東北考古学論攷』第一　纂修堂
大谷宏治ほか 2000「文殊堂古墳群」『研究所報』No.84　（財）静岡県埋蔵文化財調査研究所
大谷宏治 2001「遠江における横穴墓研究ノート②―太田川流域―」『静岡県考古学研究』33 号
大谷宏治 2005「無茎式銅鏃の特質」『静岡県埋蔵文化財調査研究所　研究紀要』11
大谷晃二 2001「西日本の横穴墓―型式・地域性の研究視点―」『東海の横穴墓』静岡県考古学会 2000 年度シンポジウム
大谷晃二 2005「龍鳳文環頭大刀研究の覚書」『2004 年度共同研究成果報告書』（財）大阪府文化財センター、日本民家集落博物館、大阪府立弥生文化博物館、大阪府立近つ飛鳥博物館
大谷晃二 2006「龍鳳文環頭大刀研究の覚え書き」『財団法人大阪府文化財センター・日本民家集落博物館・大阪府立弥生文化博物館・大阪府立近つ飛鳥博物館 2004 年度共同研究成果報告書』
大谷晃二・松山智弘 1999「横穴墓の形式と上限」『田中義昭先生退官記念論集』
太田宏明 2003「畿内形石室の変遷と伝播」『日本考古学』15
太田宏明 2005「終末期古墳の変遷と古墳薄葬化の過程」『古代学研究』第 172 号
太田宏明 2006「古墳時代後期における物質と情報の分配」『日本考古学』22
太田宏明 2007「近畿地方における九州系横穴式石室の変遷と分布について」『2007 年度熊本大会研究発表資料集』日本考古学協会
大津一男 1976「七石山北部横穴古墳群にみられる漆喰と線刻画」『調査研究集録』第 1 冊　港北ニュータウン埋蔵文化財調査団
大塚初重 1977「大阪府芝山古墳の出土遺物をめぐる諸問題」『考古論集』
大塚初重・小林三郎・熊野正也 1989『日本古墳大辞典』
大西雅也 2004a「羨門部に石積施設をもつ横穴墓について」『時空をこえた対話―三田の考古学―』
大西雅也 2004b「羨門部に切石組構造をもつ横穴墓について」『古代』第 117 号　早稲田大学考古学会
大野延太郎 1899「武蔵北埼玉郡小見ノ古墳」『東京人類學會雜誌』第 14 巻第 156 号　東京人類學會
大場磐雄 1943『神道考古学論攷』葦牙書房
大場磐雄 1977「考古学上からみたわが上代人の他界観念」『大場磐雄著作集　第三巻原始文化論考』雄山閣
大橋泰夫 1990「下野における古墳時代後期の動向」『古代』第 89 号　早稲田大学考古学会
大林太良 1977『葬制の起源』角川選書 92
大平聡 2000「古代石巻地域研究の現状と課題」『石巻地方研究』第 5 号　ヤマト屋書店
大平聡 2002「世襲王権の成立」鈴木靖民編『倭国と東アジア』日本の時代史 2　吉川弘文館
大森金五郎 1937『史籍解説』昭和 54 年復刻版　村田書店
大森信英 1963「古墳文化と那賀国造」『水戸市史』上巻
岡田清子 1957「古代東国の一村落―横浜市港北区市ヶ尾遺跡の発掘」『歴史地理教育』23 号
岡田重精 1982『古代の斎忌（イミ）』国書刊行会
小川裕見子 2009a「茨木市桑原西古墳群と亀岡市国分古墳群の八角墳」『京都府の群集墳』第 16 回京都府埋蔵文化財研究集会
小川裕見子 2009b「終末期群集墳内における八角墳と大型八角墳の関係」『古代学研究』第 184 号
小熊誠 2009「風葬から火葬へ―沖縄における葬儀の変遷」諏訪春雄企画『東アジアの死者の行方と葬儀』勉誠出版
小栗梓 2007「初期横穴式石室の被葬者」『横穴式石室誕生―黄泉国の成立―』大阪府立近つ飛鳥博物館図録 45
小沢洋 2008『房総古墳文化の研究』六一書房
小高幸男 1997「千葉県君津市市宿横穴墓群における親族構造の復元」『多知波奈考古』第 3 号　橘考

【論考等】

　　古学会
小田富士雄 2007「環有明海地域の線刻壁画」『花立山穴観音古墳』　小郡市教育委員会
小田富士雄 2007「八女古墳群における石人―その変遷と葬祭とのかかわり―」『鶴見山古墳』3　八女市教育委員会
小田富士雄 1957「福岡県瀬戸装飾横穴調査概報（瀬戸横穴墓群）」『史淵』74
小野本敦 2008「流通路から見た武蔵の後・終末期古墳」『東京考古』26　東京考古談話会
小原一成 2007「縄文時代の埋葬姿勢に関する一考察」『日中交流の考古学』同成社
小山田宏一 1995「副葬品」『季刊考古学』52　雄山閣
及川良彦 2003「多摩ニュータウン（T.N.T.）遺跡群の方形周溝墓」『青山考古』第20号
折口信夫 1976「上代葬儀の精神」斎藤忠編『現代のエスプリ　葬送儀礼』古代日本人の死の思想　No.111
折口信夫著・岡野弘彦解説 2002『古代研究Ⅰ―祭りの発生』中公クラシックス　中央公論新社
折口信夫著・岡野弘彦解説 2003『古代研究Ⅱ―祝詞の発生』中公クラシックス　中央公論新社
折口信夫著・岡野弘彦解説 2003『古代研究Ⅲ―国文学の発生』中公クラシックス　中央公論新社
折原覚 2007「関東地方の古墳出土の特殊鉄鏃について―6世紀を中心に―」『駒澤考古』32　駒澤大学考古学研究室

〔か〕

鏡山猛ほか 1958『沖ノ島』吉川弘文館
鏡山猛ほか 1961『続沖ノ島』吉川弘文館
賀来孝代 2004「鵜飼い・鷹狩を表す埴輪」『古代』第117号　早稲田大学考古学会
角南聡一郎 2006「土師器使用土器棺について」『元興寺文化財研究所創立40周年記念論文集』
笠井新也 1918「陸奥国発見の石器時代墳墓に就て」『考古学雑誌』第9巻第3号　日本考古学会
梶ヶ山真里 1989「出土人骨からみた武蔵・相模地域の横穴墓の様相」『立正考古』第29号
柏木善治 1996「酒匂川流域の横穴式石室」『神奈川考古』第32号　神奈川考古同人会
柏木善治 2001「横穴墓の研究（7）県央地域」古墳時代研究プロジェクトチーム編『研究紀要』6　（財）かながわ考古学財団
柏木善治 2003「横穴墓の線刻画について」『新世紀の考古学』大塚初重先生喜寿記念論文集　纂修堂
柏木善治 2004「神奈川県内における古墳出土鉄製品の形態的検討」『研究紀要』9　（財）かながわ考古学財団
柏木善治 2005「神奈川県における前方後円墳以後と古墳の終末」『第10回 東北・関東前方後円墳研究会大会 発表要旨』
柏木善治 2006「現代にみる黄泉国という感覚」『東風史筆』Report Vol.6
柏木善治 2008「副葬大刀から見た相模の地域像」『神奈川考古』第44号　神奈川考古同人会
柏木善治 2009「葬送に見る横穴墓の機能と構造変化―神奈川県における改葬の事例を中心として―」『古代』第122号　早稲田大学考古学会
柏木善治 2010a「古墳時代の遺跡」『掘り進められた神奈川の遺跡』有隣堂・（財）かながわ考古学財団
柏木善治 2010b「古墳時代後期～終末期の横穴墓と古墳」『横穴墓と古墳』第15回東北・関東前方後円墳研究会大会発表要旨資料
柏木善治 2010c「神奈川県」広瀬和雄・太田博之編『前方後円墳の終焉』雄山閣　182-199頁
柏木善治 2011「6・7世紀における相模地域の動態」『総研大文化科学研究』第7号
柏木善治 2011「相模の横穴墓」『考古学ジャーナル』No.620　特集 横穴墓
柏木善治 2013「古墳時代後・終末期の喪葬観念」『考古学研究』第60巻第1号　考古学研究会
柏木善治・植山英史 2002「関東南部の装飾された古墳（横穴墓）」『第51回 埋蔵文化財研究集会 装飾古墳の展開』

神奈川県県民部県史編集室 1981『神奈川県史』通史編 1　原始・古代・中世
神奈川県考古学会 2001『かながわの古代寺院』1999 年度考古学講座
金井塚良一 1975『吉見百穴横穴墓群の研究』校倉書房
金井塚良一 1980「北武蔵の横穴墓と胴張りのある横穴式石室」『えとのす＜古代東国の横穴墓＞』第 13 号
金子真土・関義則 1989「日本の装飾付大刀」『特別展 古墳―かざり大刀の世界―』埼玉県立博物館
加部二生 1999「横穴式石室の前庭について　その起源と系譜」『国立歴史民俗博物館研究報告』第 82 集
亀田博 1977「後期古墳に埋納された土器」『考古学研究』第 23 巻第 4 号　考古学研究会
亀田修一 1993「考古学から見た渡来人」『古文化談叢』第 30 集（中）
鴨志田篤二 2006「関東・東北地方の装飾古墳」『婆良岐考古』28　婆良岐考古同人会
河合英夫・田尾誠敏 1997「遺物から見た律令国家と蝦夷（神奈川県）」『第 6 回東日本埋蔵文化財研究会』資料集 第Ⅱ分冊
川江秀孝 1978「馬具」『静岡県史』資料編 3　考古三
河上邦彦 1988「終末期古墳に於ける改葬墓」『網干善教先生華甲記念考古学論集』網干善教先生華甲記念会
河上邦彦 2005『大和の古墳』Ⅱ　人文書院
河上邦彦 2005『大和の終末期古墳』学生社
河上邦彦 2006「葬送の曳き船の発見」『季刊考古学』96　雄山閣
河上邦彦 2008「巣山古墳出土の船形木製品の復元と意義」『橿原考古学研究所論集』15　吉川弘文館
川西宏幸 1978・1979「円筒埴輪総論」『考古学雑誌』第 64 巻第 2・4 号　日本考古学会
川西宏幸 2008『倭の比較考古学』
川西宏幸・辻村純代 1991「古墳時代の巫女」『博古研究』第 2 号　博古研究会
河村好光 1980「後期古墳の編成秩序とその展開」『考古学研究』第 27 巻第 1 号　考古学研究会
河村好光 1983「須恵器在地窯の成立をめぐって―和田山 23 号墳出土須恵器群の検討―」『北陸の考古学』石川県考古学研究会会誌　第 26 号

〔き〕
菊池義次 1955「南武地方横穴群について」『古代』第 14・15 合併号　早稲田大学考古学会
菊地芳朗 1993「東北地方における横穴の出現年代」『福島県立博物館紀要』第 7 号
菊地芳朗 1996「前期古墳出土刀剣の系譜」『雪野山古墳の研究　考察編』八日市市教育委員会
菊地芳朗 2004「古墳時代刀剣類研究の諸問題」『鉄器文化の多角的研究』鉄器文化研究集会第 10 回記念大会資料集
菊地芳朗 2010a「経僧塚古墳出土圭頭大刀の検討と圭頭大刀の系譜」田中新史編『武射 経僧塚古墳 石棺篇 報告』
菊地芳朗 2010b『古墳時代史の展開と東北社会』大阪大学出版会
岸本道昭 2000『播磨学紀要』6
北康宏 1999「律令陵墓祭祀の研究」『史學雑誌』第 108 編（11 号）　公益財団法人史学会
喜田貞吉 1914a「古墳墓の槨棺の呼称に就て」『人類学雑誌』29 巻 8 号
喜田貞吉 1914b「古墳墓の年代に就いて」『考古学雑誌』第 4 巻第 8 号　日本考古学会
喜田貞吉 1915「古墳墓の研究」『歴史地理』25-5
喜田貞吉 1917「本邦古代の葬式に於ける骨洗」『歴史地理』
喜田貞吉 1920「火葬と大蔵―焼屍―洗骨―散骨の風俗」『民俗と歴史』3-7
喜田貞吉 1920「青森県出土の洗骨入土器」『歴史地理』63-6
木對和紀 1987「房総における改葬系区画墓の出現期―方形（円形）区画改葬墓の提唱」『市原市文化

【論考等】

　　財センター研究紀要』Ⅰ
　木下忠・山村宏 1962「後期古墳群の諸問題」『考古学研究』第9巻第1号　考古学研究会
　木下亘 1984「古墳出土の初期須恵器をめぐって」『原始古代社会研究』六　校倉書房
　木下良・荒井秀規ほか 1997『神奈川の古代道』藤沢市教育委員会
　木村幾多郎 1990「古墳出土の動物遺存体（上）―食物供献―」『九州文化史研究所紀要』第35号
　　九州大学九州文化史研究施設
　来村多加史 2004『風水と天皇陵』講談社
　来村多加史 2007『高松塚とキトラ―古墳壁画の謎―』講談社
　木許守 2009「群集墳被葬者層における須恵器の流通について」『考古学研究』第56巻第3号　考古学
　　研究会
　九州前方後円墳研究会 2001『九州の横穴墓と地下式横穴墓』第4回九州前方後円墳研究会大会
　桐原健 1969「頭椎大刀佩用者の性格」『古代學研究』第56号　28-36頁
　桐原健 1989「積石塚と渡来人」『UP考古学選書』東京大学出版会
　金城朝永 1936「琉球に於ける洗骨について」『沖縄教育』2月号（1979「琉球に於ける洗骨の風習」『葬
　　送墓制研究集成』第1巻　名著出版再録を参照）

〔く〕
　日下八光 1998『東国の装飾古墳』雄山閣
　草野潤平 2008「千葉県龍角寺岩屋古墳の石室系譜」『地域の文化と考古学』Ⅱ
　草野潤平「下野における後期・終末期の地域設定と動向」『古代学研究所紀要』第2号
　楠元哲夫 1982「改葬のこと」『同志社大学考古学シリーズ』Ⅰ
　久保哲三 1967「古代前期における二重葬制について」『史観』第75冊　早稲田大学史学会
　久保哲三・遠藤秀樹・後藤喜八郎 1983「古墳測量調査報告」『専修史学』15
　熊谷公男 1996「古代東北豪族の祖先伝承」『別冊歴史読本』21-5　新人物往来社
　熊本古墳研究会 2000「継体大王と6世紀の九州」『熊本古墳研究会10周年記念シンポジウム資料集』
　倉野憲司 1943『日本文学史』第3巻　三省堂
　倉野憲司・武田祐吉 1958『古事記 祝詞』（日本古典文学大系1）岩波書店
　藏富士寛 2002「石棚考―九州における横穴式石室内石棚状施設の成立と展開―」『日本考古学』14
　栗原文蔵 1963「古墳壁画の新資料」『上代文化』33　（※埼玉県地蔵塚古墳）
　栗原誠治 2001「『阿波式石棺』再考」『論集徳島の考古学』
　黒板勝美編輯 1992・1994『新訂増補国史大系 続日本紀前篇・後篇』吉川弘文館
　黒板勝美編輯 1993『新訂増補国史大系 日本後記』吉川弘文館
　黒板勝美編輯 1995『新訂増補国史大系 日本紀略前篇下』吉川弘文館
　黒坂周平 2003「「海道」と「山道（仙道）」」『日本歴史』第661号
　黒田一充 1996「冠位十二階と律令位階制」『金の大刀と銀の大刀』大阪府立近つ飛鳥博物館特別展図録
　桑原憲彰 1994「古墳時代（田中城下横穴墓群）」『三加和町史』通史編

〔け〕
　慶州文化財研究所編 1994『皇南大塚（南墳）発掘調査報告書』大韓民国文化財管理局文化財研究所

〔こ〕
　黄暁芬 1994「漢墓の変容」『史林』第77巻第5号　史学研究会
　河野一隆 2001「刺激伝播と国際秩序―倭王権形成過程2つの画期―」『考古学研究』第48巻第2号
　　考古学研究会
　河野一隆 2003「多視点のカンバス」『立命館大学考古学論集』Ⅲ-2　立命館大学考古学論集刊行会
　河野一隆 2007「国家形成のモニュメントとしての古墳」『史林』第91巻第1号　史学研究会

交野市文化財調査事業団 2008『北河内の古墳』
國史大系編集会編 1965「日本書紀私記・釋日本紀・日本逸史」『改訂新補 國史大系』第8巻　吉川弘文館
國史大系編集会編 1966「令集解 後篇」『改訂新補 國史大系』第24巻　吉川弘文館
国分直一 1963「日本及びわが南島における葬儀上の諸問題」『民族学研究』27巻3号
国分直一 1981「葬制の沿革—葬法と思想をめぐって」財団法人元興寺文化財研究所編『東アジアにおける民俗と宗教』
小嶋篤 2008「鉄滓出土古墳の研究」『古文化談叢』第61集
後藤守一 1937「上古時代の弓」『民族学研究』3巻2号
後藤守一 1939「上古時代鉄鏃の年代研究」『人類学雑誌』54巻4号
後藤守一・相川竜雄 1936「多野郡平井村白石稲荷山古墳」『群馬県史蹟名勝天然紀念物調査報告』第3輯
許斐麻衣 2007「九州装飾付大刀集成」『福岡大学考古資料集成』1　福岡大学人文学部考古学研究室
小浜成 2005「埴輪による儀礼の場の変遷過程と王権」『王権と儀礼』大阪府立近つ飛鳥博物館展示図録
小林孝秀 2005「常陸高崎山西2号墳の横穴式石室に関する再検討」『茨城県考古学協会誌』17　茨城県考古学協会
小林孝秀 2005「刳り抜き玄門を有する横穴式石室の比較検討」『専修考古学』11　専修大学考古学会
小林晴治郎 1952「上野箕輪天の宮古墳出土の蝿の蛹について」『古代学研究』第6号
小林行雄 1944「舟葬説批判」『西宮』第3号（昭和19年6月）掲載、昭和37年1月改稿（1976『古墳文化論考』平凡社再録を参照）
小林行雄 1953「横穴式石室における合葬」『大阪府文化財調査報告書』第二輯　大阪府教育委員会
小林行雄 1955「古墳発生の歴史的意義」『史林』第38巻第1号　史学研究会
小林行雄 1959『古墳の話』岩波新書342
小林行雄 1964『装飾古墳（京ヶ峰横穴墓群）』平凡社
小林行雄 1976a「黄泉戸喫」『古墳文化論考』平凡社（『考古学集刊』第二冊　東京考古学会）
小林行雄 1976b「阿豆那比考」『古墳文化論考』平凡社（初載 1952『古文化』第1巻第1号　日本古文化研究会）
小林行雄 1986「特集・装飾付大刀の系譜」『考古学ジャーナル』No.266
小林行雄 1986「古墳時代の大刀（講演録）」『研究紀要』第3号　埼玉県埋蔵文化財調査事業団
古墳時代研究PJ 1995～2003「横穴墓の研究(1)～(9)」『神奈川の考古学』第5集～『研究紀要』8　(財)かながわ考古学財団
高麗正 2010「三鷹市・天文台構内古墳の〈かたち〉」『多摩のあゆみ』137
小松和彦 1992「世捨てと山中他界」『神々の精神史』福武書店
小松和彦 1995「死の標章—物部村の葬送儀礼の解読」『日本古代の葬制と社会関係の基礎的研究』大阪大学文学部
小松真一 1922「横穴に就いて　上」『人類学雑誌』37巻6号
小森紀男・齋藤恒夫 1992「大型前方後円墳の築造企画(1)」『研究紀要』第1号　(財)栃木県文化振興事業団埋蔵文化財センター
五来重 1983『仏教と民俗』角川選書74
近藤義郎 1952『佐良山古墳群の研究』岡山大学
近藤義郎 1986「前方後円墳の誕生」『岩波講座日本考古学』6　岩波書店
近藤義郎編 1994『前方後円墳集成　東北・関東編』
〔さ〕
西郷信綱 1967『古事記の世界』岩波新書E-23

【論考等】

埼玉県立さきたま史跡の博物館 2007『特別展　吉見の百穴と東日本の横穴墓〜埼玉考古学の幕開け』
財団法人静岡県埋蔵文化財調査研究所 1999『文殊堂古墳群　宇藤横穴群・天王ヶ谷横穴群』現地説明
　会資料
斎藤忠 1952「長岩横穴墓群」『装飾古墳の研究』吉川弘文館
斎藤忠 1961「第六章　埋葬の儀礼　二　遺骸の収め方と副葬品の配置」『日本古墳の研究』吉川弘文館
斎藤忠 1975「鳥取県伊福吉郎徳足比売の墓について」『仏教史研究』10
斎藤忠 1976「葬送の原始的儀礼」斎藤忠編『現代のエスプリ　葬送儀礼』古代日本人の死の思想　No.111
斎藤忠 1977「大蔵考」『日本歴史』第345号
斎藤忠 1978『墳墓』近藤出版社
斎藤忠 1987『東アジア葬・墓制の研究』第一書房
斎藤忠 1990「墳墓」『日本史小百科』4　近藤出版社
齋藤恒夫 2000「栃木県の前方後円墳ノート2―御鷲山古墳の外形復元―」『栃木県考古学会誌』第21集
斉藤優 1960「二体合葬例についての一仮説」『足羽山の古墳』福井県郷土史懇談会
酒井重洋 2005「横穴のなかは黄泉の国」『埋文とやま』vol.90　富山県埋蔵文化財センター
坂詰秀一 1978「横穴墓研究の諸問題」『都内横穴墓緊急調査集録』（東京都埋蔵文化財調査報告第五集）
　東京都教育委員会
坂本太郎・井上光貞・家永三郎・大野晋 1965『日本書紀』下（日本古典文学大系68）岩波書店
坂本太郎・井上光貞・家永三郎・大野晋 1967『日本書紀』上（日本古典文学大系67）岩波書店
櫻井久之 2007「直弧文の『基本配列』に関する予察―奈良県小立古墳の盾形木製品の文様から―」『大
　阪歴史博物館研究紀要』6
佐古和枝 1992「6 壁画古墳論」石野博信・岩崎卓也・河上邦彦・白石太一郎編『古墳時代の研究』12
　雄山閣
佐々木信綱編 1989『新訓万葉集上巻』岩波書店
佐々木憲一 2004「古代国家論の現状」『歴史評論』655
笹栗拓 2010「横穴式石室の展開過程と地域社会の構造―吉備の分析を中心に―」『古代学研究』第
　188号
笹山晴生 2004『古代国家と軍隊』講談社
佐田茂 1970「群集墳の形成とその被葬者について」『考古学雑誌』第58巻第2号　日本考古学会
佐田茂 1972「出土人骨からみた後半期古墳の被葬者―九州の場合」『九州考古学』46　九州考古学会
佐田茂 1975「九州横穴の形式と時期」『考古学雑誌』第61巻第1号　日本考古学会
佐田茂 2001「九州における横穴墓研究の現状と課題」『九州の横穴墓と地下式横穴墓』九州前方後円
　墳研究会
佐田茂 2006「三輪山周辺と沖ノ島出土の子持勾玉」『喜谷美宣先生古希記念論集』
佐藤謙三 1943『校本日本霊異記』明世堂書店
澤田吾一 1927『奈良朝時代民政経済の数的研究』冨山房（1972『同』復刻　柏書房を参照）
沢田むつ代 2008「古墳出土の鉄刀・鉄剣の把巻きと鞘巻き」『MUSEUM』617
山陰横穴墓研究会 1995『出雲の横穴墓』

〔し〕
宍戸信悟 2001「横穴式石室からみた古墳時代の秦野盆地」『秦野市立桜土手古墳展示館研究紀要』第2号
静岡県考古学会 2001『東海の横穴墓』
志田諄一 1973「伊福部神とかんぶり穴」『郷土ひたち』24
下江健太 2001「方頭大刀の編年」『定東塚・西塚古墳』岡山県北房町教育委員会
下江健太 2001「方頭大刀の編年」『定東塚・西塚古墳』岡山大学考古学研究室

225

設楽博己 2004「再葬の背景」『国立歴史民俗博物館研究報告』第 112 集
設楽博己編 2006『原始絵画の研究　論考編』六一書房
嶋根克己 2009「葬送儀礼と墳墓の社会的変容」川崎市市民ミュージアム編『墓から探る社会』雄山閣
下出積與 1971『道教―その行動と思想』
下垣仁志 2002「前方部埋葬論」『古代学研究』第 158 号
下原幸裕 2005『西日本の終末期古墳』中国書店
正倉院事務所 1977『正倉院の大刀外装』小学館（1974　正倉院事務所『正倉院の刀剣』日本経済新聞社）
正倉院事務所編集 1997『正倉院宝物 10　南倉Ⅳ』毎日新聞
白井久美子 2002「古墳から見た列島東縁世界の形成」『千葉大学考古学研究叢書』2
白井久美子 2007「関東における古墳形成の特性」『考古学研究』第 54 巻第 3 号　考古学研究会
白石太一郎 1966「畿内の後期大型群集墳に関する一試考」『古代学研究』第 42・43 合併号
白石太一郎 1975「ことどわたし考」橿原考古学研究所編『橿原考古学研究所論集創立三十五周年』吉川弘文館
白石太一郎 1980「神話と考古学―古墳における儀礼と祭祀をめぐって」『歴史公論』60　雄山閣
白石太一郎 1982「畿内における古墳の終末」『国立歴史民俗博物館研究報告』第 1 集
白石太一郎 1991「常陸の後期・終末期古墳と風土記建評記事」『国立歴史民俗博物館研究報告』第 35 集
白石太一郎 1993「5 古墳時代研究史」石野博信・岩崎卓也・河上邦彦・白石太一郎編『古墳時代の研究』1　雄山閣
新谷尚紀 1992『日本人の葬儀』紀伊國屋書店
新谷尚紀 2003『「お葬式」の日本史』青春出版社
新谷尚紀 2009a「墓の民俗学」川崎市市民ミュージアム編『墓から探る社会』雄山閣
新谷尚紀 2009b『お葬式―死と慰霊の日本史』吉川弘文館
進藤敏夫 1990「栃木県の群集墳の一様相」『古代』第 89 号　早稲田大学考古学会　187-207 頁
進藤敏夫 2001「栃木県の初現期の群集墳」『研究紀要』第 9 号　（財）とちぎ生涯学習文化財団　111-128 頁

〔す〕

末永敏 1959「ハエ類の生態学的研究」『長崎大学風土病紀要』第 1 巻第 3 号
末永雅雄 1969『古墳』学生社
末永雅雄 1991『日本の武器〈大刀と外装〉』末永雅雄著作集 4　雄山閣
菅原文也 1987「横穴墓群における副室の性格」『標葉・西宮下横穴墓群』（双葉町埋蔵文化財調査報告　第四冊）福島県双葉町
杉原荘介 1939「南関東を中心とせる土師器・祝部土器の諸問題」『考古学』10 巻 4 号
杉本宏 2006「考古学の黄昏」『喜谷美宣先生古稀記念論集』
杉山晋作 2005「関東 6 世紀古墳の死者空間」『考古学ジャーナル』№535　特集 関東 6 世紀古墳の埋葬空間
杉山秀宏 1988「古墳時代の鉄鏃について」『橿原考古学研究所論集』8　吉川弘文館
逗子市教育委員会・葉山町教育委員会 2004『シンポジウム　前期古墳を考える～長柄・桜山の地から～』
鈴木敏弘 1995「東国古墳の終焉と横穴墓（Ⅰ）」『和考研究』Ⅲ
鈴木靖民 2002「倭国と東アジア」鈴木編『倭国と東アジア』吉川弘文館
鈴木裕明 2006「古墳周溝から出土する木製品」『日中交流の考古学』
鈴木一男 2007「神奈川県における横穴墓付帯施設としての組合せ式石棺の一例」『考古学の深層』瓦吹堅先生還暦記念論文集
鈴木一有 2006「静岡県の古墳時代にみる東西交流」『地方史研究』56-4

鈴木敏則 2001「湖西窯古墳時代須恵器編年の再構築」『須恵器生産の出現から消滅』第5分冊　東海土器研究会

〔せ〕

清家章 1996「副葬品と被葬者の性別」福永伸哉・杉井健編『雪野山古墳の研究』考察編

清家章 2001a「吉備における同棺複数埋葬とその親族関係」『古代吉備』23号　古代吉備研究会

清家章 2001b『古墳時代前・中期における埋葬人骨と親族関係』1999年度～2000年度科学研究費補助金（奨励A）研究成果報告書

清家章 2002a「近畿古墳時代の埋葬原理」『考古学研究』第49巻第1号　考古学研究会

清家章 2002b「折り曲げ鉄器の副葬とその意義」『待兼山論叢』第36号　大阪大学大学院文学研究科

清家章 2005「後円部と前方部の被葬者」『井ノ内稲荷塚古墳の研究』

清家章 2010a「古墳時代集団墓における木棺と石棺」『待兼山考古学論集』Ⅱ　大阪大学考古学研究室

清家章 2010b『古墳時代の埋葬原理と親族構造』大阪大学出版会

瀬川貴文 2005「釘結合式木棺の受容と展開」『待兼山考古学論集』大阪大学考古学研究室

関敬吾訳 1940『民俗学方法論』(Kaarle Krohn 1926 DIE FORKLORISTISCHE ARBEITSMETHODE)

関川尚功 1978「大和の群集墳について」『桜井市外鎌山北麓古墳群』（奈良県史跡名勝天然記念物調査報告書第34冊）

関口裕子 2004『日本古代家族史の研究』下巻　塙書房（改訂収録　2000「田中良之著『古墳時代親族構造の研究―人骨が語る古代社会―』批判」『宮城学院女子大学キリスト教文化研究所年報』34号）（改訂収録　2001「日本古代における夫婦合葬の一般的不在―6世紀前半から9世紀初頭を中心に」『清泉女子大学人文科学研究所紀要』22号）

関根孝夫 1999「伊勢原の古墳（講演資料）」『第23回神奈川県遺跡調査・研究発表会 発表要旨』

関根孝夫 2001「桜土手古墳群の構成とその性格」『秦野市立桜土手古墳展示館研究紀要』第2号

〔た〕

田尾誠敏・河合英夫 1997「神奈川県の状況」『遺物からみた律令国家と蝦夷』資料編第Ⅱ分冊　第6回東日本埋蔵文化財研究会

田尾誠敏 1999「遺物から見た「相模」の形成」『相模国の成立と地域社会』東海大学記念フォーラム

高木恭二 2002「九州の装飾古墳」『東アジアと日本の考古学』Ⅱ墓制②

高木正文 1982「古墳時代の再葬」『森貞次郎博士古稀記念古文化論集』下巻　森貞次郎博士古稀記念論文集刊行会

高木正文 2004「死者の記念」『肥後考古』13

高橋健自 1919『古墳発見石製模造器具の研究』帝室博物館学報第1冊

高橋照彦 2004「阿武山古墳小考―鎌足墓の比定をめぐって―」『待兼山論叢』第38号史学編　大阪大学大学院文学研究科

高橋照彦 2008「律令期葬制の成立過程」『日本史研究』559

瀧瀬芳之 1986「円頭大刀・圭頭大刀の編年と佩用者の性格」『考古学ジャーナル』No.266

瀧瀬芳之 1991「埼玉県の拵付大刀」『研究紀要』第8号　埼玉県埋蔵文化財調査事業団

瀧瀬芳之・野中仁 1995「埼玉県内出土象嵌遺物の研究―埼玉県の象嵌装大刀―」『研究紀要』第12号　埼玉県埋蔵文化財事業団

瀧音能之 1991「『風土記』と葬制・墓制」山岸良二編『原始・古代日本の墓制』同成社

瀧野巧 1997「三津屋古墳の八角形墳丘」『考古学ジャーナル』No.414

竹中正巳・東憲章ほか 2007「地下式横穴墓から出土した古墳時代人骨に認められた陥没骨折」『南九州地域科学研究所所報』第23号

竹中正巳・土井直美 2010「南九州古墳時代人骨に認められた腰仙移行椎と変形性関節症」『南九州地

域学研究所所報』第 26 号
田嶋明人 1976「珠洲地域の横穴墓群と構造」『珠洲市史』1 巻　珠洲市
田代健二 2005「横穴墓の成立過程」『古文化談叢』第 53 集
立花実 2002「土器から見る古墳時代のはじまり」『墳丘墓から古墳へ―秋葉山古墳群の築造―』　海老名市教育委員会
立花実 2005「神奈川県西部地域における古墳の成立過程」『東海史学』第 39 号
立花実・手島真美 1998「伊勢原市登尾山古墳再考―その再整理に向けて―」『東海史学』第 33 号
辰巳和弘 1992『埴輪と絵画の古代学』白水社
辰巳和弘 1996『「黄泉の国」の考古学』講談社現代新書 1330
辰巳和弘 2006『新古代学の視点』小学館
辰巳和弘 2007「宝塚一号墳例からみた船形埴輪の実景」『考古学に学ぶ』Ⅲ
田中彩太 1978「古墳時代木棺に用いられた緊結金具」『考古学研究』第 25 巻第 2 号　考古学研究会
田中聡 1995「「陵墓」にみる「天皇」の形成と変質―古代から中世へ」日本史研究会編『「陵墓」からみた日本史』青木書店
田中晋作 1982・1983「古墳群の構造変遷からみた古墳被葬者の性格（上）（下）」『古代学研究』第 98・99 号
田中晋作 1983「埋納遺物からみた古墳被葬者の性格」『関西大学考古学研究室開設参拾周年記念　考古学論叢』
田中俊明 2009「古代の日本と加耶」『日本史リブレット』70　山川出版社
田中久夫 1983「他界観」谷川健一編『日本民俗文化大系』2　小学館
田中広明・大谷徹 1989「東国における後・終末期古墳の基礎的研究（1）」『研究紀要』第 5 号　埼玉県埋蔵文化財調査事業団
田中広明 1994「「国造」の経済圏と流通―「武蔵」の「クニ」を形作るもの―」『古代東国の民衆と社会』
田中裕 2006「いわゆる「首長墓系譜研究」小考」『墓場の考古学』第 13 回東海考古学フォーラム実行委員会
田中裕 2010「千葉県」広瀬和雄・太田博之編『前方後円墳の終焉』雄山閣
田中良之 1992「親族関係の分析調査」『大垣市埋蔵文化財調査報告書』第 1 集　岐阜県大垣市教育委員会
田中良之 1995『古墳時代親族構造の研究―人骨が語る古代社会―』柏書房
田中良之 2003「古墳時代の家族／親族／集団」『古墳時代の日本列島』
田中良之 2003「人骨および付着ハエ囲蛹殻からみた殯について」『葉佐池古墳』松山市教育委員会
田中良之 2004「殯再考」『福岡大学考古学論集　小田富士雄先生退官記念』
田中良之 2005「考古学からみた古代家族」『社会集団と政治組織』列島の古代史 3
田中良之 2006「国家形成下の倭人たち」田中良之・川本芳昭編『東アジア古代国家論』すいれん舎
田中良之 2008「断体儀礼考」『九州と東アジアの考古学』
田中良之・村上久和 1994「墓室内飲食物供献と死の認定」『九州文化史研究所紀要』第 39 号　九州大学九州文化史研究施設
田辺昭三 1981「須恵器の変遷」『須恵器大成』角川書店
田辺昭三 1986『陶邑窯址群』Ⅰ　平安学園考古学クラブ
谷川健一 1976「祭場と葬所」『展望』
谷川健一 1983a「古代人のカミ観念」谷川健一編『日本民俗文化大系』2　小学館
谷川健一 1983b「序章　古代人の宇宙創造」谷川健一編『日本民俗文化大系』2　小学館
田端佐和子 1992「やぐらの研究（1）」『中世都市研究』第 1 号　中世都市研究会

【論考等】

  田村良照ほか 1986『川崎市内における横穴墓群の調査』
  田村良照 2002a「古代鎌倉郡の横穴墓様相」『東国歴史考古学研究所調査研究報告』第30集
  田村良照 2002b「南武蔵南部の横穴墓―横浜・川崎地域―」『考古論争神奈河』第10集
〔ち〕
  近野正幸 1996a「後期古墳石室内における多数埋葬」『考古学の諸相』坂詰秀一先生還暦記念
  近野正幸 1996b「東国における一石室内多数埋葬について」『神奈川考古』第32号　神奈川考古同人会
  近野正幸 1998「2. 遺物の出土状況」古墳時代研究PJ編『小田原市総世寺裏古墳』神奈川県埋蔵文化財調査報告 40
  近野正幸 2006「西湘における横穴系埋葬構造の一様相」『考古学の諸相』Ⅱ　坂詰秀一先生古稀記念論文集
  近野正幸 2007「桜土手古墳群」広瀬和雄・池上悟編『武蔵と相模の古墳』季刊考古学・別冊15　雄山閣
  財団法人千葉県文化財センター 1990『房総考古学ライブラリー』5　古墳時代（1）
  財団法人千葉県文化財センター 1992『房総考古学ライブラリー』6　古墳時代（2）
〔つ〕
  塚田良道 2002「関東地方における後期古墳の特質」『古代学研究』第157号
  塚原次郎 2004「武蔵の上円下方墳 東京都武蔵府中熊野神社古墳」『季刊考古学』88　雄山閣
  辻田淳一郎 2006「威信材システムの成立・変容とアイデンティティ」田中良之・川本芳昭編『東アジア古代国家論』すいれん舎
  辻村純代 1983「東中国地方における箱式石棺の同棺複数埋葬」『季刊人類学』第14巻第2号　講談社
  辻村純代 1988「古墳時代の親族構造について」『考古学研究』第35巻第1号　考古学研究会
  辻村純代 1989「箱式石棺に葬られた人々―『同棺複数埋葬』と『二次葬』をめぐって―」『考古学ジャーナル』No. 307
  津田博幸 1986「天皇霊の考察　その1―折口名彙研究を主軸として」『三田国文』第5号
  津田博幸 1987「天皇霊の考察　その2―記紀・続紀をめぐって」『三田国文』第6号
  都出比呂志 1970「横穴式石室と群集墳の発生」『古代の日本』五　近畿　角川書店
  都出比呂志 1977「前方後円墳出現期の社会」『考古学研究』第26巻第3号　考古学研究会
  都出比呂志 1986「墳墓」『岩波講座日本考古学』4　岩波書店
  都出比呂志 1988「古墳時代首長系譜の継続と断絶」『待兼山論叢』第22号史学篇　大阪大学大学院文学研究科
  都出比呂志 1989『日本農耕社会の成立過程』岩波書店
  都出比呂志 1991「日本古代の国家形成論序説」『日本史研究』343
  都出比呂志 1998『古代国家の胎動』日本放送出版協会
  津野仁 2000「八幡横穴14号墓の甲冑」『福島考古』第41号　福島県考古学会
  坪井正五郎 1888「足利古墳発掘報告」『東京人類學會雜誌』第3巻第3号　東京人類學會
  坪井正五郎 1900「日本の「積ミ石塚」」『東京人類學會雜誌』第15巻第169号　東京人類學會
  鶴間正昭 2005「横穴墓出土の土器」『神奈川の横穴墓』神奈川県考古学会
  鶴間正昭 2012「日野台地の横穴墓」『研究論集ⅩⅩⅥ』東京都埋蔵文化財センター
  津波古勝子　歌集「黄金森」所収　折々の歌（大岡信）
〔て〕
  寺沢薫 1988「纒向型前方後円墳の構造」『考古学と技術』同志社大学考古学シリーズⅣ
  寺沢薫 2002「首長霊観念の創出と前方後円墳祭祀の本質―日本的王権の原像―」『古代王権の誕生Ⅰ　東アジア編』
  寺前直人 2005「後期古墳における土器使用の階層性」『井ノ内稲荷塚古墳の研究』大阪大学文学研究

科考古学研究報告第 3 冊
寺前直人 2006「ヨモツヘグイ再考 ―古墳における飲食と調理の表象としての土器―」『待兼山論叢』第 40 号史学篇　大阪大学大学院文学研究科

〔と〕

土井卓治・佐藤米司 1979「葬法　総論」『葬送墓制研究集成』第 1 巻　名著出版
土井卓治 1983a「霊魂の諸相」谷川健一編『日本民俗文化大系』2　小学館
土井卓治 1983b「葬りの源流」谷川健一編『日本民俗文化大系』2　小学館
土肥直美ほか 1986「歯冠計測値による血縁者推定法と古人骨への応用」『人類学雑誌』94 巻 2 号
東海大学文学部考古学研究室 1989「相模における古墳の測量調査」『東海史学』第 24 号
東海古墳文化研究会 2006『東海の馬具と飾大刀』
東京都大田区史編さん委員会 1974「古墳時代集落址の復元の問題」『大田区史』(資料編) 考古 I
東京国立博物館 1986『東京国立博物館図版目録・古墳遺物篇 (関東Ⅲ)』
東京国立文化財研究所 1998『東京国立文化財研究所所蔵 X 線フィルム目録 I ―考古資料編―』
第 15 回東北関東前方後円墳研究会 2010『横穴墓と古墳』シンポジウム発表要旨資料
栃木県下野市教育委員会 2008『古墳　下野市周辺の古墳群』
富山直人 2004「横穴式石室の初段階とその地域性」『古代文化』56-9・10
富山直人 2005「芝山古墳の再検討―大英博物館所蔵品を中心として―」『考古学論集』第 6 集
富山直人 2009「芝山古墳の遺物出土状況からみた横穴式石室の利用実態」『古代学研究』第 184 号
豊島直博 2000「古墳時代中期の畿内における軍事組織の変革」『考古学雑誌』第 85 巻第 2 号　日本考古学会
豊島直博 2001「古墳時代後期における直刀の生産と流通」『考古学研究』第 48 巻第 2 号　考古学研究会

〔な〕

中田祝夫訳注 1978『日本霊異記』(上)　講談社学術文庫
中田祝夫訳注 1979『日本霊異記』(中)　講談社学術文庫
中田祝夫訳注 1980『日本霊異記』(下)　講談社学術文庫
長田須磨 1971「奄美大島における葬礼及び誕生」大藤時彦・小川徹編『沖縄文化論叢』民俗編 I
長田須磨 1979「奄美大島の洗骨と風葬」『葬送墓制研究集成』第 1 巻　名著出版 (再録：1978『奄美女性誌』)
永原慶二監修 1999『岩波日本史辞典』岩波書店
名嘉真宜勝 1971「沖縄の洗骨習俗―その二三の儀礼について」大藤時彦・小川徹編『沖縄文化論叢』2 民俗編 I
名嘉真宜勝 1979a「沖縄県の葬送・墓制」名嘉真宜勝・恵原義盛編『沖縄・奄美の葬送・墓制』
名嘉真宜勝 1979b「沖縄の洗骨儀礼」『葬送墓制研究集成』第 1 巻　名著出版 (再録：『沖縄県史』民俗編)
中丸和伯 1974『神奈川県の歴史』県史シリーズ 14　山川出版社
中村哲 1976「祖先崇拝」『柳田国男の思想』法政大学出版局
中村浩 1978「和泉陶邑窯出土遺物の時期編年」『陶邑』Ⅲ　大阪府教育委員会
中村浩 1993「摂津海北塚古墳出土須恵器の再検討」『考古学雑誌』第 78 巻第 3 号　日本考古学会
中村浩 1999『古墳時代須恵器の生産と流通』雄山閣出版
中村修 2005「低い石棚の考察」『立命館大学考古学論集』Ⅳ　立命館大学考古学論集刊行会
中山太郎 1962「葬法」『万葉集の民俗学的研究』

〔に〕

新納泉 1982「単龍・単鳳環頭大刀の編年」『史林』第 65 巻第 4 号　史学研究会
新納泉 1983「装飾付大刀と古墳時代後期の兵制」『考古学研究』第 30 巻第 3 号　考古学研究会　50-70 頁
新納泉 1984「関東地方における前方後円墳の終末問題」『日本古代文化研究』創刊号　PHALANX 古

【論考等】

　墳文化研究会
新納泉 1987「戊辰年銘大刀と装飾付大刀の編年」『考古学研究』第 34 巻第 3 号　考古学研究会
新納泉 1995「巨石墳と終末期古墳の編年」『展望考古学』考古学研究会
新納泉 2002「古墳時代の社会統合」『倭国と東アジア』
新納泉 2005「経済モデルからみた前方後円墳の分布」『考古学研究』第 52 巻第 1 号　考古学研究会
仁木聡 2007「王権祭祀と沖ノ島―古墳副葬品の出土状況からみた沖ノ島祭祀遺跡について―」『神々の至宝　祈りのこころと美のかたち』島根県立古代出雲歴史博物館
西岡千絵 2005「古墳時代の矢入れ具―靫―」『七隈史学』7
西岡千絵・武末純一 2006「胡籙資料集成Ⅰ」『福岡大学考古資料集成』1　福岡大学人文学部考古学研究室
西川修一 1994「神奈川県 [共同研究「日本出土鏡データ集成」2]」『国立歴史民俗博物館研究報告』第 56 集
西川修一 2007「相模の首長墓系列」広瀬和雄・池上悟編『武蔵と相模の古墳』季刊考古学・別冊 15　雄山閣
西嶋定生 1961「古墳と大和政権」『岡山史学』10
西田親史 2006「前方後円墳と墓前祭祀」『古文化談叢』第 56 集
西原崇浩 2008「千葉県横穴墓の受容と展開」『多知波奈の考古学』橘考古学会
西原崇浩 2010a「千葉県に西上総における横穴墓の展開」『考古学論究』第 13 号　立正大学考古学会
西原崇浩 2010b「千葉県の横穴墓と古墳」『横穴墓と古墳』第 15 回東北・関東前方後円墳研究会大会発表要旨資料
西本豊弘・松村博文 1996「中妻貝塚出土多数合葬人骨の歯冠計測にもとづく血縁関係」『動物考古学』第 6 号
西山要一 1986「古墳時代の象嵌―刀装具について―」『考古学雑誌』第 72 巻第 1 号　日本考古学会
仁藤敦史 2006「古代の葬送と飲食」『歴博』No.138
仁藤敦史 2009「古代王権と「後期ミヤケ」」『国立歴史民俗博物館研究報告』第 152 集
日本歴史大辞典編集委員会 1999『日本史年表第 4 版』河出書房新社
日本国語大辞典第二版編集委員会・小学館国語辞典編集部 2001『日本国語大辞典 第二版』第八巻

〔ね〕

襴宜田佳男 2005「弥生時代北部九州における葬送儀礼とその思想的背景」『待兼山考古学論集』大阪大学考古学研究室

〔は〕

白雲飛 2011「「魂魄」について―『荘子』と『楚辞』を中心に―」『人間社会学研究集録』6
橋本博文 1986「金銀象嵌装飾円頭大刀の編年」『考古学ジャーナル』No.266
橋本博文 1993「亀甲繋鳳凰文象嵌大刀再考」『翔古論聚』久保先生追悼論文集
橋本英将 2004「伝統的装飾大刀の製作系譜」『元興寺文化財研究』85
橋本英将 2006「『折衷系』装飾大刀考」『古代武器研究』第 7 号
橋本達也・藤井大祐 2007『古墳以外の墓制による古墳時代墓制の研究』鹿児島大学総合研究博物館
長谷川達 2001「剣を折る・鏡を割る」『北近畿の考古学』
長谷川厚 2002「鶴見川流域」『研究紀要』7　（財）かながわ考古学財団
服部伊久男 1988「終末期群集墳の諸相」『橿原考古学研究所論集』9　吉川弘文館
服部伊久男 2007「大和の装飾大刀」『王権と武器と信仰』
花田勝広 1990「畿内横穴墓の特質」『古文化談叢』第 22 集
花田勝広 2001「横穴墓の成立と展開」『九州の横穴墓と地下式横穴墓』九州前方後円墳研究会

土生田純之 1985「古墳出土の須恵器（一）」『末永先生米寿記念献呈論文集』乾、末永先生米寿記念献呈論文集記念会
土生田純之 1991「古墳における儀礼の研究―木柱をめぐって―」『九州文化史研究所紀要』第 36 号 九州大学九州文化史研究施設
土生田純之 1991『日本横穴式石室の系譜』学生社
土生田純之 1993「古墳出土の須恵器（二）」『関西大学考古学研究室開設四拾周年記念考古学論叢』関西大学
土生田純之 1994「畿内型石室の成立と伝播」『古代王権と交流』5　名著出版
土生田純之 1995「古墳構築過程における儀礼―墳丘を中心として―」『古墳文化とその伝統』勉誠出版
土生田純之 1998『黄泉国の成立』学生社
土生田純之 2006「国家形成と王墓」『考古学研究』第 54 巻第 4 号　考古学研究会
浜田晋介ほか 1995『川崎市市民ミュージアム収蔵品目録　考古資料第 1 集 岡道孝コレクション』
林部均 1998「大和・河内における横口式石槨の成立と展開」『網干善教先生古稀記念考古学論集』
林部均 2004「初期群集墳と大型群集墳―とくに大和を中心として」『畿内の巨大古墳とその時代』季刊考古学・別冊 14　雄山閣
原秀三郎 1986「静岡県伊豆長岡町大北横穴墓群出土石櫃の若舎人銘について」『静岡県史研究』第二号
原田敏明 1959「両墓制の問題」『社会と伝承』3-3
原田敏明 1970「罪穢の諸相」『日本古代宗教』
播磨考古学研究集会実行委員会 2001『第 2 回　播磨学研究集会　横穴式石室からみた播磨』
播磨考古学研究集会事務局編 2006『石棺からみた古墳時代の播磨』
坂靖 2005「韓国の前方後円墳と埴輪」『古代学研究』第 170 号
坂靖 2007「筒型土製品からみた百済地域と日本列島」『考古学論究』真陽社

〔ひ〕

比嘉政夫 1999「調査研究活動報告　門中墓と洗骨儀礼」『国立歴史民俗博物館研究報告』第 82 集
東憲章ほか 2007「西都原 173 号墳 西都原 4 号地下式横穴墓 西都原 111 号墳」『西都原古墳群発掘調査報告書』第 6 集
東憲章ほか 2011「第四章 地下式横穴墓を探る」『生目古墳群と日向古代史』鉱脈社
東憲章「蛆の蛹」『西都原考古博物館　東奔西走日記』
樋上昇 2007「関東地方における儀仗形木製品の展開」『王権と武器と信仰』
日高慎 2003「北海道大川遺跡出土資料の再検討」『考古学に学ぶ』Ⅱ
日高慎 2007「後期古墳における刀類立てかけ副葬について」『王権と武器と信仰』
日高慎 2008「人物埴輪の東西比較」『埴輪研究会誌』12
平塚市文化財保護委員会 1961『平塚市における古墳（古塚）の現況調査』
平塚市博物館 1985『相模川流域の横穴墓』夏期特別展図録
平塚市博物館市史編さん担当 1990『平塚市史』9 通史編
平塚市博物館 2004『秋期特別展　掘り起こされた平塚Ⅲ　遺跡が語る地域の歴史』
平野進一 1997「いわゆる武井廃寺心礎とされる八角形墳墓」『考古学ジャーナル』No. 414
平野卓治ほか 2001『企画展 横浜の古墳と副葬品』横浜市歴史博物館
廣坂美穂 2008「鏡の面数・大きさと古墳の規模」『古文化談叢』第 60 集
広瀬和雄 1978「群集墳論序説」『古代研究』15 号　元興寺文化財研究所考古学研究室
広瀬和雄 1992「前方後円墳の畿内編年」近藤義郎編『前方後円墳集成』近畿編　山川出版社
広瀬和雄 1995a「横口式石槨の編年と系譜」『考古学雑誌』第 80 巻第 4 号　日本考古学会
広瀬和雄 1995b「七世紀の大王墓試論―畿内終末期古墳の変遷とその背景」日本史研究会編『「陵墓」

【論考等】

　からみた日本史』青木書店
広瀬和雄 2001「7世紀の畿内首長層の動向」『東海の後期古墳を考える　第8回東海考古学フォーラム三河大会』
広瀬和雄 2002「前方後円墳と大和政権―非文字資料からの古代王権へのアプローチ―」『日本古代王権の成立』
広瀬和雄 2003a「住居と集落」『古墳時代の日本列島』
広瀬和雄 2003b『前方後円墳国家』角川選書355
広瀬和雄 2003c『日本考古学の通説を疑う』洋泉社
広瀬和雄 2004「巨石墳と横口式石槨」『畿内の巨大古墳とその時代』季刊考古学・別冊14　雄山閣
広瀬和雄 2004『古墳時代の政治構造』青木書店
広瀬和雄 2006「横穴式石室築造の思想―古墳時代の霊魂観をめぐって―」『記念的建造物の成立』東京大学出版会
広瀬和雄 2007『古墳時代政治構造の研究』塙書房
広瀬和雄 2008「古墳時代像再構築のための考察」『国立歴史民俗博物館研究報告』第150集
広瀬和雄 2009「装飾古墳の変遷と意義」『国立歴史民俗博物館研究報告』第152集
広瀬和雄 2010a「＜附章1＞　日韓の古墳は同質か」『カミ観念と古代国家』角川叢書49　角川学芸出版
広瀬和雄 2010b「壱岐島の後・終末期古墳の歴史的意義」『国立歴史民俗博物館研究報告』第158集
広瀬和雄 2010c『カミ観念と古代国家』角川叢書49　角川学芸出版
広瀬和雄 2010d『前方後円墳の世界』岩波新書1264
広瀬和雄 2011「しもつけ古墳群の歴史的意義」『しもつけ古墳群』壬生町歴史民俗資料館企画展
広瀬和雄・池上悟編 2007『武蔵と相模の古墳』季刊考古学・別冊15　雄山閣
広瀬和雄・仁藤敦史 2007『支配の古代史』学生社
廣田清治 1927「茅ヶ崎に於て発見せられた古墳」『考古学雑誌』第17巻第1号　日本考古学会

〔ふ〕

深澤敦仁 2007「「喪屋」の可能性をもつ竪穴」『考古学に学ぶ（Ⅲ）』同志社大学考古学シリーズⅨ
深澤靖幸 1996「熊野神社裏の塚は古墳だった」『あるむぜお』No.36
福島県立博物館 1988『日本刀の起源展―直刀から彎刀へ―』福島県立博物館展示図録
福島雅儀 2005「古代金属装鉄刀の年代」『考古学雑誌』第89巻第2号　日本考古学会
福島雅儀 2008「古代装飾付大刀の政治的役割」『考古学雑誌』第92巻第2号　日本考古学会
福永光司 1973「道教における鏡と剣」『東方学報』第45冊京都大学人文科学研究所
福永伸哉 1999「古墳の出現と中央政権の儀礼管理」『考古学研究』第46巻第2号　考古学研究会
福永伸哉 2000「古墳における副葬品配置の変化とその意義―鏡と剣を中心にして」『待兼山論叢』第34号　大阪大学大学院文学研究科
福永伸哉 2004「近畿北部地域における前方後円墳の展開と消滅過程」『西日本における前方後円墳消滅過程の比較研究』
福永伸哉 2007「継体王権と韓半島の前方後円墳」『勝福寺古墳の研究』
福永伸哉 2007『原始古代埋葬姿勢の比較考古学的研究―日本及び旧世界の事例を中心に―』大阪大学大学院文学研究科
福原潜次郎 1920「小石棺に二躯の遺骸―洗骨の葬を立証すべき好資料」『民俗と歴史』4-1
藤沢敦 2001「倭の周縁における境界と相互関係」『考古学研究』第48巻第3号　考古学研究会
藤沢敦 2007「列島の古代史における阿光坊古墳群」『阿光坊古墳群発掘調査報告書』おいらせ町教育委員会
藤沢敦 2009「墳墓から見た古代の本州島北部と北海道」『国立歴史民俗博物館研究報告』第152集

藤沢市教育委員会 1997『神奈川の古代道』
藤本誠 2009「『日本霊異記』における冥界説話の構造と特質―六朝隋唐期の仏教説話集との比較を中心として」『水門』第 21 号
藤森賢一 1971「霊異記と冥報記」『高野山大学論叢』第六巻
古川一明 1987「色麻古墳群の諸問題」『北奥古代文化』第 18 集
古川一明 1996「北辺に分布する横穴墓について」『考古学と遺跡の保護―甘粕健先生退官記念論集―』
古屋毅 2007『日本古代手工業史における埴生産構造の変遷と技術移転からみた古墳時代政治史の研究』東京国立博物館
古屋紀之 2002「古墳出現前後の葬送祭祀―土器・埴輪配置から把握される葬送祭祀の系譜整理―」『日本考古学』14
古屋紀之 2006「考古学講座「古代人の精神世界」」『北区飛鳥山博物館研究報告』第 8 号
古屋紀之 2007「赤羽台横穴墓群の再検討」『北区飛鳥山博物館研究報告』第 9 号
古屋紀之 2007『古墳の成立と葬送祭祀』雄山閣
古屋紀之ほか 2004『古代人と葬送習俗―赤羽台の横穴墓』北区飛鳥山博物館

〔ほ〕
北條芳隆 2007「首長から人身御供へ―始祖誕生祭としての前方後円墳祭祀―」『日本史の方法』Ⅴ
朴天秀 2002「栄山江流域における前方後円墳の被葬者の出自とその性格」『考古学研究』第 49 巻第 2 号　考古学研究会
朴天秀 2007『加耶と倭―韓半島と日本列島の考古学―』講談社選書メチエ
穂積裕昌 2003「伊勢湾西岸域における古墳時代港津の成立」『考古学に学ぶ』Ⅱ
穂積裕昌 2004「いわゆる導水施設の性格について―殯所としての可能性の提起―」『古代学研究』第 166 号
穂積裕昌 2007「封じ込める力―辟邪発現の方向とその意味―」『考古学に学ぶ』Ⅲ
穂積裕昌 2008「古墳被葬者とカミ」『信濃』60-4
堀田啓一 1981「横口式石棺の機能論への展開」『考古学ジャーナル』No.194

〔ま〕
増田一裕 2003「家型石棺の基礎的分析（上・下）」『古代学研究』第 162～164 号
町田章 1976「環頭の系譜」『研究論集』Ⅲ　奈良国立文化財研究所
町田章 1987「第 6 章第 1 節　岡田山 1 号墳の儀仗刀についての検討」『出雲岡田山古墳』島根県教育委員会
松井一明 2001「遠江における横穴墓の伝播と展開―北部九州横穴墓との形態と墓前域の比較を中心として―」『静岡県考古学研究』33 号
松尾光晶 2005『装飾大刀と後期古墳』島根県古代文化センター
松崎元樹・大西雅也 1994「境川流域の横穴墓について」『研究論集』ⅩⅢ　東京都埋蔵文化財センター
松崎元樹 2006「古墳時代の終末期の地域構造―多摩川流域の石室墳および横穴墓の検討―」『考古学論究』第 11 号　立正大学考古学会
松崎元樹 2006「多摩川下流域における横穴墓の特質について」『横穴墓のなぞ』大田区立郷土博物館企画展図録
松崎元樹 2007「後・終末期古墳の威信財」広瀬和雄・池上悟編『武蔵と相模の古墳』季刊考古学・別冊 15　雄山閣
松崎元樹 2009「横穴墓埋葬論の課題―『日野市神明上遺跡』の調査成果から―」『東京の遺跡』No.90　東京考古談話会
松崎元樹 2010「多摩の終末期古墳と横穴墓の性格」『多摩のあゆみ』137

【論考等】

松本浩一 1976「群馬県における横穴式石室の前庭について」『古代学研究』第 80 号
松本裕一 1981「関東地方の終末期古墳」『考古学ジャーナル』№ 194
黛弘道 1976「衣服令第十九」『律令　日本思想体系』3　岩波書店
〔み〕
三浦俊明 2006「加賀における古墳編年」『北陸の古墳編年の再検討』富山大学人文学部考古学研究室
三木文夫 1936「上総国二宮本郷村押日横穴群の研究」『考古学雑誌』第 26 巻第 1・2 合併号　日本考古学会
右島和夫 2007「横穴式石室の空間構造」『王権と武器と信仰』
水野正好 1962「群集墳の構造と性格」『古代史発掘』6
水野正好 1970a「滋賀県所住の渡来系帰化氏族とその墓制」『滋賀県文化財調査報告書』第 4 冊　滋賀県教育委員会
水野正好 1970b「群集墳と古墳の終焉」『古代の日本』五　近畿　角川書店
水野正好 1974「群集墳の群構造とその性格」『高山古墳群調査報告書』付載　兵庫県小野市教育委員会
水野正好 1990「島国の原像―文明の土壌」『日本文明史』二　角川書店
水野正好・佐田茂 1972「群集墳の形成とその被葬者について」『考古学雑誌』第 9 巻第 1 号　日本考古学会
光本順 2001「古墳の副葬品配置における物と身体の分類及びその論理」『考古学研究』第 48 巻第 1 号　考古学研究会
光本順 2001「陶棺の装飾位置と儀礼的効果に関する一考察」『古代吉備』23 号　古代吉備研究会
光本順 2002「弥生から古墳時代における副葬品配置の展開」『環瀬戸内海の考古学』
壬生町歴史民俗資料館 2011『しもつけ古墳群―下毛野の覇王吾妻の岩屋から車塚へ―』壬生町歴史民俗資料館企画展
宮田登 1988「ハレとケの民俗Ⅱ」大和市教育委員会編『民俗学への招待』
宮元香織 2001「若狭地域の横穴式石室―古墳時代政治構造への試み―」『寧楽史苑』47
三輪修三・村田文夫 1975「川崎市多摩区早野横穴古墳線刻画の一考察」『三浦古文化』第 18 号
〔む〕
武蔵大学人類・考古学研究会 1980「神奈川県における横穴墓の分布」『えとのす』第 13 号〈古代東国の横穴墓〉
村上恭通 1999『倭人と鉄の考古学』青木書店
村上隆 2003「金工技術」『日本の美術』443
村田文夫 1993『古代の南武蔵』有隣新書
〔も〕
望月幹夫 1988「古墳時代における地域社会の一様相」『東京国立博物館紀要』第 22 号
望月幹夫・立木修 1983「相模川流域の古式古墳―伊勢原市小金塚古墳を中心として―」『考古学雑誌』第 68 巻第 3 号　日本考古学会
本村豪章 1991「古墳時代の基礎研究稿―資料篇（2）―」『東京国立博物館紀要』第 26 号
桃崎祐輔 2002「笎内 37 号横穴墓出土馬具から復元される馬装について」『福島県文化財センター白河館　研究紀要 2001』
桃崎祐輔 2006「金属器模倣須恵器の出現とその意義」『筑波大学 先史学・考古学研究』17　筑波大学考古学フォーラム
森浩一 1959a「窯槨を主体施設とした火葬古墳の新例」『日本考古学協会第 23 回総会研究発表要旨』日本考古学協会
森浩一 1959b「古墳出土の鉄廷について」『古代学研究』第 21・22 合併号

森浩一 1962「日本の古代文化―古墳文化の成立と発展の諸段階」『古代史講座』3　学生社
森浩一 1967「葬法の変遷よりみた古墳の終末」『末永先生古稀記念古代学論叢』
森浩一 1973「古墳時代後期以降の埋葬地と葬地」『論集　終末期古墳』塙書房（『古代学研究』第57号　1970年に初載のものを加筆補訂後に再録）
森岡秀人 1983「追葬と棺体配置」『関西大学考古学研究室開設参拾周年記念　考古学論叢』
森主一・柳島静江 1959「ショウジョウバエの変異と環境Ⅶ―（1）・（2）」『遺伝学雑誌』第34巻第5・6号
森慎一 1993a「平塚・平野の地形」『ガイドブック』13　平塚市博物館
森慎一 1993b「平塚市域における相模沖積平野の微地形」『自然と文化』No.16　平塚市博物館研究報告
森田克行 2003「今城塚古墳と埴輪祭祀」『東アジアの古代文化』第117号
森貞次郎 1993「自由画風線刻壁画人物像にみる六朝分化類型」『考古学雑誌』第79巻第1号　日本考古学会
森本六爾・谷木光之助 1927「武蔵南部における特色ある横穴」『中央史壇』第13巻第5・11号
森本徹 2007「横穴式石室と葬送儀礼」『近畿の横穴式石室』横穴式石室研究会
森本徹 2007「日本列島における火葬墓の始まりをめぐって」『郵政考古紀要』40号　郵政考古学会
森本徹 2007「墓室内への土器副葬の意味」『横穴式石室誕生―黄泉国の成立―』大阪府立近つ飛鳥博物館図録45
森勇一 2000「三内丸山遺跡から得られた昆虫化石群集とその意義」『考古学と自然科学』38
森勇一 2001「先史～歴史時代の地層中より産出した都市型昆虫について」『家屋害虫』Vol.23

〔や〕

八木奘三郎 1916「横穴は壙に非ず―横穴式及縦穴式石槨名の可否を論ず」『人類学雑誌』31巻5号
安村俊史 2006「河内の終末期古墳再検討」『喜谷美宣先生古希記念論集』
柳田国男 1962「祖先の話」『定本柳田国男集』第10巻
柳田国男 1959「葬制の沿革に就て」『人類学雑誌』44巻6号
山折哲雄 1990『死の民俗学』岩波書店（2002『同』岩波現代文庫学術82再録を参照）
山折哲雄ほか 1986「現代と民俗―伝統の変容と再生―」谷川健一編『日本民俗文化大系』12　小学館
山田邦和 1998『須恵器生産の研究』学生社
山田明和 2001「淳和天皇陵と嵯峨天皇陵」佐藤實編『歴史検証天皇陵』新人物往来社
山田康弘 2003「頭位方向は社会組織を表すのか―縄文時代の人骨出土例による再検討―」『立命館大学考古学論集』Ⅲ　立命館大学考古学論集刊行会
山田康弘 2004「墓制から見た山地域と沿岸域」『日本考古学協会2004年度広島大会研究発表資料集』
山田康弘 2008『生と死の考古学―縄文時代の死生観―』（東洋書店刊）
山根千佳・佐田茂 2007「肥前・筑前・筑後の舟形石棺と家形石棺」『佐賀大学文化教育学部研究論文集』第11巻第2号
山本三郎 1983「畿内地域における前期古墳の複数埋葬について」『関西大学考古学研究室開設参拾周年記念　考古学論叢』
山本彰 2006『終末期古墳と横口式石槨』吉川弘文館
山本彰 2007「松井塚古墳と出土土器」『終末期古墳と横口式石槨』吉川弘文館

〔ゆ〕

湯浅泰雄 1980『古代人の精神世界』ミネルヴァ書房

〔よ〕

横田義章 1985「古墳時代の象嵌文様」『九州歴史資料館研究論集』10
横田真吾 2010「横口式石槨墳の再検討」『待兼山考古学論集』Ⅱ　大阪大学考古学研究室
吉井秀夫 2008「墓制からみた百済と倭」『百済と倭国』

吉田章一郎 2000「桜土手古墳群小考」『秦野市立桜土手古墳展示館研究紀要』第 1 号
吉野修 2008「古墳時代後期のある葬送に対する一試考―特に「火葬墳」の二三の疑問点―」『古代学研究』第 180 号
吉野祐子 1995『日本人の死生観』人文書院
吉水眞彦 2001「古墳時代後期の鉄釘使用木棺に関する一考察」『近江の考古と歴史』西田弘先生米寿記念論集
吉村靖徳 2001「石棚の系譜と伝播背景に関する試考」『古文化談叢』第 47 集
米川仁一 1993「多摩川流域における横穴の構造と社会背景」『東京考古』11　東京考古談話会
米川仁一 2004「大和横穴考」『國學院大學考古学資料館紀要』12

〔り〕
李銘敬 2008「『日本霊異記』の漢文をめぐって―原典を目指しての研究提起」『日本漢文学研究』3

〔ろ〕
Robert Hertz 1980 Contribution a une etude sur la representation collective de la mort（内藤莞爾訳 2001『死の宗教社会学』）

〔わ〕
若狭徹 2007『古墳時代水利社会研究』学生社
和歌森太郎 1969「大化前代の喪葬制について」『歴史研究と民俗学』
脇坂光彦 2008「広島の終末期古墳研究その後」『古代学研究』第 180 号
和田萃 1969「殯の基礎的考察」『史林』第 52 巻第 5 号　史学研究会
和田萃 1973「殯の基礎的研究」『論集　終末期古墳』塙書房
和田萃 1992「7 日本の神々―宗教と思想」石野博信・岩崎卓也・河上邦彦・白石太一郎編『古墳時代の研究』12　雄山閣
和田萃 1996「古代の葬送儀礼」『天皇陵古墳』大功社
和田萃＋橋本博文（対談）1999「古代における喪葬儀礼―殯の世界―」『歴博』No.94　第 24 回対談
和田一之輔 2006「石見型埴輪の分布と樹立古墳の様相」『考古学研究』第 53 巻第 3 号　考古学研究会
和田晴吾 1995「棺と古墳祭祀―据え付ける棺と持ちはこぶ棺」『立命館文学』542　立命館大学
和田晴吾 2003「棺と古墳祭祀（2）『閉ざされた棺』と『開かれた棺』」『立命館大学考古学論集』Ⅲ　立命館大学考古学論集刊行会
和田晴吾 2006『渡来系遺物からみた古代日韓交流の考古学的研究』立命館大学文学部
和田晴吾 2007「東アジアの『開かれた棺』」『渡来遺物からみた古代日韓交流の考古学的研究』立命館大学文学部
和田晴吾 2008「黄泉の国と横穴式石室」『吾々の考古学』和田晴吾先生還暦記念論集刊行会
渡辺一雄 1975「横穴墓の地域性　―東北」『考古学ジャーナル』No.110
渡邊邦雄 2001a「横穴式石室施設考―墳丘内暗渠と墳丘内列石を中心として―」『古代文化』53-8
渡邊邦雄 2001b「横穴式石室前庭部における祭祀施設」『古代文化』54-2
渡邊邦雄 2003「天武・持統朝の墓制」『古代学研究』第 161 号
渡邊芳貴 2007「鉄製農耕具から見た古墳祭祀の変容」『地域・文化の考古学』
渡辺貞幸 1986「時代別文献解題―古墳時代」『岩波講座日本考古学』別巻 1　岩波書店
渡辺康弘 1983「石室空間論序説」『駿河山 2 号墳発掘調査報告書』金谷町教育委員会

【報告書等】

〔あ〕
相田薫 1992「下草柳九番耕地横穴墓群遺跡」『大和市文化財調査報告書』第 49 集

引用・参考文献

青木健二・四本和行 1984『神奈川県横浜市三保杉沢遺跡群』日本窯業史研究所
青木健二・三輪孝幸 1997『横浜市鶴見区　馬場3丁目横穴墓群』日本窯業史研究所
明石新 1990「根坂間横穴墓B支群」『平塚市埋蔵文化財シリーズ』14
明石新 1994「岡崎城跡A・城山横穴墓群」『平塚市埋蔵文化財緊急調査報告』7　平塚市教育委員会
明石新 1995「岡崎城跡A・城山横穴墓群」『平塚市埋蔵文化財緊急調査報告』8　平塚市教育委員会
赤星直忠 1933「三浦郡浦賀町鴨居鳥ヶ崎横穴群」『神奈川県史蹟名勝天然記念物調査報告書』第1輯
赤星直忠 1950「三浦郡切妻造妻入家形横穴」『神奈川県史跡名勝天然記念物調査報告書』第17輯
赤星直忠 1964「神奈川県大磯町の横穴」『大磯町文化財調査報告』第1冊　大磯町教育委員会
赤星直忠 1972「山野根谷奥横穴群」『逗子市文化財調査報告書』第3集
赤星直忠 1973「神奈川県諏訪脇横穴墓群（西半部）」『神奈川県埋蔵文化財発掘調査報告』4　神奈川県教育委員会
赤星直忠 1975「茅ヶ崎市篠谷横穴群調査概報」『神奈川県埋蔵文化財発掘調査報告』8　神奈川県教育委員会
赤星直忠 1976「三浦市江奈横穴群」『神奈川県埋蔵文化財発掘調査報告書』10　神奈川県教育委員会
赤星直忠ほか 1997「大浦山洞穴」『三浦市埋蔵文化財調査報告書』第4集
秋元陽光・大橋泰夫・水沼良浩 1989「国分寺町甲塚古墳調査報告」『栃木県考古学会誌』第11集
秋元陽光・齋藤恒夫 1994『上神主浅間塚古墳・多功大塚山古墳』上三川町教育委員会
明日香村教育委員会 1975『史跡中尾山古墳環境整備事業報告書』
明日香村教育委員会 1977『史跡牽牛子塚古墳』
足立克己・丹羽野裕 1984『高広遺跡発掘調査報告書』島根県教育委員会
厚木市秘書部市史編さん室 1993『厚木市史』古代資料編（1）
厚木市秘書部市史編さん室 1998『厚木市史』古代資料編（2）
新井清 1962『川崎市下作延中之橋横穴群発掘調査報告』
新井清 1988「平瀬川隧道際横穴墓群」『川崎市史』資料編1

〔い〕

飯塚武司 1995「多摩ニュータウンNo.916・917遺跡『多摩ニュータウン遺跡』平成4年度　第19集　東京都埋蔵文化財センター
池上悟 1975「横浜市矢倉地横穴墓群の調査」『考古学ジャーナル』No.103
池上悟ほか 1985『武蔵・熊ヶ谷横穴墓群』立正大学考古学研究室
池田治・村上始ほか 1989『からさわ・かなんざわ遺跡発掘調査報告書』東海自動車道改築松田町内遺跡調査会　他
伊豆長岡町教育委員会 1981『大北横穴群』
井出智之ほか 2001「日向・渋田遺跡」「高森・赤坂遺跡」『いせはらの遺跡』Ⅰ
伊藤秀吉・高橋和 1992「川崎市多摩区東生田横穴墓発掘調査報告書」『川崎市文化財調査集録』第28集
伊東信雄 1976「仙台市根岸町宗禅寺横穴群発掘調査報告書」『仙台市文化財調査報告書』第9集
伊藤雅文 1999「塚崎横穴墓群」『金沢市史』資料編19　考古
稲村繁 2004「横須賀市かろうと山古墳」『第28回神奈川県遺跡調査・研究発表会』発表要旨
井上洋一 1987『春林横穴墓群の分布調査および発掘調査概報』
今岡一三・寺尾令 1994『臼コクリ遺跡　大原遺跡』島根県教育委員会・建設省松江国道工事事務所
今治市教育委員会 2008『高橋山岸山古墳』
岩中淳之 1993『昼河古墳群』三重県伊勢市教育委員会
岩永哲夫・北郷泰道 1981「日守地下式古墳群発掘調査（55-1～4号）」『宮崎県文化財調査報告書』第

【報告書等】

　　23集　宮崎県教育委員会
岩永哲夫・茂山護 1981「上ノ原地下式古墳群発掘調査」『宮崎県文化財調査報告書』第23集　宮崎県教育委員会
岩沼市教育委員会 2000「引込横穴墓群」『岩沼市文化財調査報告書』第1集
岩渕康治 1974「仙台市向山愛宕山横穴群発掘調査報告書」『仙台市文化財報告書』第8集

〔う〕
上田薫ほか 1986「代官山遺跡」『神奈川県立埋蔵文化財センター調査報告』第11集
上田薫・三瓶裕司 2002「比奈窪中屋敷横穴墓群」『かながわ考古学財団調査報告』136
上原正人 1995『根坂間横穴群第3地点』平塚市遺跡調査会
上原正人 1996「平成6年度発掘調査　万田八重窪横穴群」『平塚市埋蔵文化財緊急調査報告書』9　平塚市教育委員会
植山英史・小林泰文 1997「池子遺跡群Ⅴ─No.8・9・10・13・14地点─」『かながわ考古学財団調査報告』27
植山英史ほか 2007「中依知遺跡群」『かながわ考古学財団調査報告』205
氏家和典ほか 1962「宮城県岩沼町丸山横穴古墳群」『東北考古学』第3輯
氏家和典ほか 1968『善応寺横穴古墳群調査報告書』仙台市教育委員会
氏家和典ほか 1970『宮城県玉造郡岩出山町川北横穴墓群発掘調査報告書（第1次）』岩出山町教育委員会
氏家和典ほか 1973「追戸・中野横穴群」『宮城県遠田郡涌谷町文化財調査報告書』
牛島英俊 1971「古墳時代の直方（感田栗林横穴墓群）」『直方市史』上巻
梅澤重昭ほか 1961「多摩丘陵地域における古墳及び横穴の調査」『南多摩文化財総合調査報告』1　東京都教育委員会
梅原末治・小林行雄 1940「筑前国嘉穂郡王塚古墳」『京都帝国大学文学部考古学研究報告』第15冊

〔え〕
海老名市 1998『海老名市史』1　資料編　原始・古代
遠藤正樹 2003「上塩冶横穴墓群第8支群」『出雲市埋蔵文化財発掘調査報告書』第13集　出雲市教育委員会
遠藤正樹 2007『西谷横穴墓群第2支群発掘調査報告書』出雲市教育委員会

〔お〕
及川淳一 1982『茂原市山崎横穴群』千葉県文化財センター
及川司・鈴木良孝ほか 1986「駿河・伊豆の横穴群（静岡県内横穴群分布調査報告書Ⅱ）」『静岡県文化財調査報告書』第35集　静岡県教育委員会
大磯町文化史編纂委員会 1956「釜口下横穴群」「大磯駅前横穴群」『大磯文化史』所収
大磯町郷土資料館 1994「大磯町の横穴墓群」『資料館資料』5
大分県教育委員会 1991『上ノ原横穴墓群』
大国晴雄 1982『大田市松田谷横穴群』島根県教育委員会
大阪府 1936「摂津阿武山古墳調査報告」『大阪府史跡名勝天然紀念物調査報告書』第7輯
大阪府教育委員会 2008「桑原遺跡」『大阪府埋蔵文化財調査報告』2007-4
大阪市立大学日本史研究室 2010『奈良県広陵町　牧野古墳の石室』
大田区 1974『大田区史』資料編・考古1
大竹憲治ほか 1984「稲荷迫横穴墓群・岩井迫横穴墓群・浪岩12号横穴墓」『標葉における横穴墓群の研究』双葉町教育委員会
大立横穴群発掘調査団 1966『宮城県栗原郡若柳町上畑大立横穴群発掘調査報告』若柳町
大谷純二・山下晃 1968「掛川市岡津横穴墳B群発掘調査概報」『東名高速道路関係埋蔵文化財発掘調

査概報』
大西智和・竹中正巳 1999「島内地下式横穴墓群Ⅰ—69・70・71・72・73・74・75号墓—」『人類史研究』11
大西雅也 2003「多摩ニュータウン遺跡—№313遺跡—」『東京都埋蔵文化財センター調査報告』第129集　東京都埋蔵文化財センター
岡田晃治 1987「昭和61年度発掘調査概要（大田鼻横穴墓群）」『京都府埋蔵文化財発掘調査概報』京都府教育委員会
小倉正五ほか 1988『宇佐地区遺跡群発掘調査概報（加賀山装飾横穴墓）』宇佐市教育委員会
小高幸男 1996「市宿横穴墓群発掘調査報告書」『財団法人君津郡市文化財センター発掘調査報告書』第107集
小田富士雄ほか 1975『鶴見古墳』宇佐市教育委員会
小田原市教育委員会 1994『殿窪遺跡』小田原市文化財調査報告書第52集
小田原市 1995『小田原市史』資料編
乙益重隆・高木正文 1984「古城横穴墓群」隈本古城史　熊本県立第一高等学校
小野精一 1931『大宇佐郡史論（貴舟平・下の裏山横穴墓群）』宇佐郡史談会
及川良彦ほか 2002『多摩ニュータウン遺跡　No.200遺跡』第108集　東京都埋蔵文化財センター

〔か〕
掛川市 2000「茶屋辻横穴群」『掛川市史』資料編
影山和雅 1989「鳥取県日野郡日南町 内ノ倉山横穴群Ⅱ」『日南町教育委員会文化財報告書』3
笠野毅 1995「舒明天皇押坂陵の墳丘遺構」『書陵部紀要』第46号
笠野毅 1987「天智天皇山科陵の墳丘遺構」『書陵部紀要』第39号
橿原考古学研究所 2008『釜窪大谷東原古墳』
鹿島保宏ほか 1986『横浜市神奈川区菅田町 日向根横穴墓発掘調査報告』横浜市教育委員会
鹿島保宏ほか 1992『平成3年度 神奈川県指定史跡 市ヶ尾横穴古墳群（B）』横浜市教育委員会
鹿島保宏ほか 1993「綱崎山横穴墓群」『平成4年度 横浜市文化財年報』
鹿島保宏・山田光洋 1998『市ヶ尾第二地区18街区（大場第二地区21街区）横穴墓群』（財）横浜市ふるさと歴史財団
柏木善治 1998「伊勢原市北高森古墳群と出土遺物」西川修一編『かながわ考古学財団調査報告』33
柏木善治ほか 1998「不弓引遺跡（№21・22）鶴巻大椿遺跡（№23）ほか」『かながわ考古学財団調査報告』32
柏木善治ほか 2000「笠窪・谷戸遺跡」『かながわ考古学財団調査報告』67
柏木善治・大上周三 2003「三ツ俣遺跡（H地区）」『かながわ考古学財団調査報告』158
柏木善治ほか 2007「湘南新道関連遺跡Ⅲ」『かながわ考古学財団調査報告』210
柏木善治ほか 2009「湘南新道関連遺跡Ⅳ」『かながわ考古学財団調査報告』243
柏原市教育委員会 1996「高井田山古墳」『柏原市文化財概報』1995-Ⅱ
勝田市 1979『勝田市史』別編2・考古資料
加藤孝ほか 1978「菅谷道安寺横穴群」『利府町文化財調査報告書』第2集
神奈川県教育委員会 1953『文化財調査報告』第19集
神奈川県県民部県史編集室 1979『神奈川県史』20　考古資料編
神奈川県教育委員会編 1995「秦野市金目原古墳群」『神奈川埋蔵文化財調査報告』37
金目郵便局建設用地内遺跡発掘調査団 1998『神奈川県平塚市沢狭遺跡発掘調査報告書』
可児市 1985『羽崎古墳群』可児市教育委員会
金井塚良一 1975「吉見の百穴」『吉見町史』資料編

【報告書等】

　金井塚良一 1980 『柏崎古墳群』
　金子皓彦 1977 「鷹番塚横穴」『座間市文化財調査報告』第 3
　金子裕之 1979 「石のカラト古墳の調査」『奈良山』Ⅲ　京都府教育委員会
　金子進 1982 『橋の作遺跡・北の台横穴墓』日立市教育委員会
　金成町史編纂委員会 1973 『金成町史』
　鎌倉市史編纂委員会 1959 『鎌倉市史』考古編
　亀井明徳ほか 1998 『東京都指定史跡宝莱山古墳』東京都指定史跡宝莱山遺跡調査会
　河合英夫・野本孝明ほか 2001 『扇塚古墳発掘調査報告書』扇塚古墳調査団
　河上邦彦 1987 「史跡　牧野古墳」『広陵町文化財調査報告』第 1 冊
　河上邦彦・松本百合子 1993 「龍王山古墳群」『奈良県史蹟名勝天然記念物調査報告』第 68 冊奈良県立橿原考古学研究所
　川上昭一 2006 「岩屋口横穴墓群」『松江市文化財調査報告書』第 108 集　島根県松江市教育委員会
　　※調査は S58 年に八雲村が主体に実施
　川崎市 1988 『川崎市史』資料編 1
　川端真治・金関恕 1955 「摂津豊川村南塚古墳調査概報」『史林』第 38 巻第 5 号　史学研究会
　神沢勇一 1971 「森中学校敷地内横穴墓」『神奈川県立博物館発掘調査報告』5
　神澤勇一・川口徳治朗 1992 「大磯丘陵横穴墳墓群（2）」『神奈川県立博物館発掘調査報告書』第 19 号

〔き〕
　菊川町教育委員会 1996 『宇藤遺跡群』
　菊地芳朗ほか 1990 「大年寺山横穴群」『宮城県文化財調査報告書』第 136 集
　北郷泰道・田尻隆介 1981 「南平横穴墓群発掘調査（55-1 ～ 2 号）」『宮崎県文化財調査報告書』第 23 集　宮崎県教育委員会
　岐阜県 1972 「山田横穴墓」『岐阜県史』通史編・原始
　生房茂行ほか 1979 『西山横穴群調査報告書』西山横穴群発掘調査団
　岐阜市 1972 「羽崎中洞横穴墓」『岐阜市史』通史編・原始
　君島利行 1993 「牛塚古墳」『栃木県埋蔵文化財保護行政年報平成 3 年度版』栃木県教育委員会
　君島利行 2002 『長塚古墳』壬生町教育委員会
　君島利行 2006 『桃花原古墳』壬生町教育委員会
　君島利行 2010 『車塚古墳』壬生町教育委員会
　木村勇 1989 「大（応）神塚古墳の発掘」『寒川町史研究』2

〔く〕
　楠元哲夫ほか 1986 「能峠遺跡群Ⅰ」『奈良県史跡名勝天然記念物調査報告』第 48 冊
　國見徹 1994 「金久保北横穴墓群」『大磯町における発掘調査の記録』Ⅲ
　久野下馬道上遺跡調査団 2002 『久野下馬道上遺跡発掘調査報告書』
　久保常晴 1976 『日野市坂西横穴墓』日野市教育委員会
　久保常晴 1976 『武蔵坂西横穴墓群』雄山閣
　久保哲三編 1985 「伊勢原市小金塚古墳調査報告」『専修考古学』2　専修大学考古学会
　隈昭志 1979 「付城横穴群・五ツ穴横穴群」『熊本県文化財調査報告』34
　熊谷市教育委員会 2005 「籠原裏古墳群」『熊谷都市計画事業籠原中央第一土地区画整理事業地内遺跡発掘調査報告書』Ⅱ
　群馬県北群馬郡子持村教育委員会 1991 『黒井峯遺跡発掘調査報告書』

〔け〕
　気仙沼市教育委員会 1976 『塚沢横穴古墳群』

〔こ〕
　小井川和夫 1978「白地横穴古墳群」『中田町文化財報告書』第 1 集　中田町教育委員会
　小池聡ほか 1997『川崎市高津区久本桃之園横穴墓群』桃之園横穴墓群発掘調査団
　小出義治・久保哲三 1974「秦野下大槻」『秦野の文化財』第 9・10 集　秦野市教育委員会
　小出義治ほか 1992「台の坂遺跡」『横須賀市文化財調査報告書』第 24 集
　小出義治ほか 1999『長沢 1 号墳・熊野神社下遺跡』長沢 1 号墳・熊野神社下遺跡調査団
　国府町教育委員会 1997「鳥取県岩美郡国府町史跡梶山古墳保存修理事業報告書」『国府町文化財報告書』12
　国府田良樹・樫村友延 1988『小申田横穴群』いわき市
　国分寺町教育委員会 2005『栃木県国分寺町　甲塚古墳―平成 16 年度規模確認調査―』
　小寺春人・立花実 1996「三ノ宮・下尾崎遺跡　三ノ宮上栗原遺跡の横穴墓出土人骨について」『文化財ノート』第 4 集　伊勢原市教育委員会
　後藤喜八郎 1996『久本横穴墓群発掘調査報告書』久本横穴墓群発掘調査団
　後藤喜八郎 1998『秦野市岩井戸横穴墓群発掘調査報告書』岩井戸横穴墓群発掘調査団
　後藤守一 1961「多摩丘陵地域における古墳及び横穴の調査」『東京都文化財調査報告書』10 号
　小林行雄・楢崎彰一 1953「金山古墳および大藪古墳の調査」『大阪府文化財調査報告書』第二輯　大阪府教育委員会
　古墳時代研究 PJ1998「小田原市久野・総世寺裏古墳の調査」『神奈川県埋蔵文化財調査報告』40
　古墳時代研究 PJ1999「小田原市久野・総世寺裏古墳の調査（2）」『神奈川県埋蔵文化財調査報告』41
　小宮・坂上 1995「ジンザブ横穴墓群」『平成 6 年度 横浜市文化財年報』
　小森紀男 1991〜93「国分寺町丸塚古墳第一次〜三次調査報告」『栃木県立しもつけ風土記の丘資料館年報』第 5〜7 号
　近藤義郎 1952『佐良山古墳群の研究』津山市教育委員会
〔さ〕
　斉木秀雄ほか 1998『神奈川県逗子市久木 5 丁目横穴群の調査』久木 5 丁目横穴群調査団
　財団法人京都市埋蔵文化財研究所 1985『御堂ヶ池古墳群　音戸山古墳群発掘調査概報』
　財団法人京都府埋蔵文化財センター 2008『京都府遺跡調査報告書』第 129 冊　亀岡地区関係遺跡・蔵垣内遺跡第 4 次・国分古墳群
　財団法人群馬県埋蔵文化財調査事業団 2004『多田山古墳群』
　埼玉県 1982『新編埼玉県史』資料編 2
　斎藤忠 1974「かんぶり穴横穴群」『茨城県史』資料・考古資料編・古墳時代
　斎藤忠・平野吾郎・佐藤達雄 1976「大師山横穴群」『静岡県文化財調査報告書』第 14 集　静岡県教育委員会
　斎藤忠ほか 1981『大北横穴群』伊豆長岡町教育委員会
　酒井重洋ほか 1984『頭川城ヶ平横穴墓群第Ⅱ次発掘調査報告』高岡市教育委員会
　坂詰秀一 1974『武蔵梵天山横穴墓』雄山閣
　坂詰秀一ほか 1976「東京都多摩市中和田横穴墓の調査」『考古学ジャーナル』No.130
　坂本・倉沢 1990「矢崎山横穴墓群」『港北ニュータウン埋蔵文化財調査報告』Ⅹ
　桜井清彦 1959「東京都世田谷区岡本町横穴古墳調査報告」『古代』第 32 号　早稲田大学考古学会
　桜井清彦・大川清 1959「東京都世田谷区岡本町横穴古墳調査報告」『古代』第 32 号　早稲田大学考古学会
　佐々木茂楨 1971『坂本館山横穴群第二次調査報告書』三本木町教育委員会
　佐々木安彦ほか 1983「朽木橋横穴古墳群・宮前遺跡」『宮城県文化財調査報告書』第 96 集

【報告書等】

佐藤安平 1988『本牧箕輪横穴墓群調査報告書』同調査団
佐藤敏幸・依田恵美子・瀧川渉 2008「矢本横穴墓群Ⅰ」『東松島市文化財調査報告書』第5集
佐藤敏幸・依田恵美子・瀧川渉 2010「矢本横穴墓群Ⅱ」『東松島市文化財調査報告書』第7集
真田幸成 1971『花岡山古墳群発掘調査報告書』岐阜県大垣市教育委員会
寒川町 1996「越の山横穴墓群」「(仮称)湘風園下横穴墓」「大塚横穴墓群」「法蓮寺坂横穴墓群」「(仮称)行安寺境内横穴墓」「寒川町内の横穴墓(※通史的な文章)」『寒川町史』8 別編考古
三本木町教育委員会 1972「坂本館山横穴群第二次調査報告書」『三本木町文化財報告書』第2集
三本木町教育委員会 1976「青山横穴古墳群　混内山横穴古墳群」『宮城県三本木町文化財調査報告書』第3集

〔し〕

塩釜市教育委員会 1975「塩釜市清水沢横穴群調査報告書」『塩釜市文化財調査報告書』第1集
宍戸信悟ほか 2000「三ノ宮・下谷戸遺跡(No.14)Ⅱ」『かながわ考古学財団調査報告』76
静岡県教育委員会 1975『伊豆柏谷百穴』
静岡県教育委員会 1983「伊庄谷横穴群」『県立静岡南高等学校建設用地内埋蔵文化財調査概報』
静岡市教育委員会 1984「駿河・伊庄谷横穴墳」『南谷支群第四次発掘調査』
柴田常恵ほか 1953『日吉加瀬古墳―白山古墳・第六天古墳調査報告―』三田史学会
柴田町教育委員会 1976「森合横穴群　土合横穴群」『柴田町文化財報告書』第8集　船迫ニュータウン地内遺跡調査報告
柴田町史編さん委員会 1983「宮城県四日市場炭窯横穴古墳群C地区発掘調査報告」『柴田町史』資料編1
志間泰治 1975『亘理の古墳』亘理町
志間泰治 1977『大迫横穴群』鹿島台町教育委員会
志間泰治 1981「桜小路横穴墓群」『亘理町文化財調査報告書』第2集
志間泰治 1982『篠崎横穴墓群・西矢ノ目古井戸の調査』丸森町教育委員会
霜出俊浩 1997「3　鶴巻大椿横穴墓群」『秦野の文化財』第33集
霜出俊弘 2010「秦野市神奈川県指定史跡二子塚古墳」『第34回神奈川県遺跡調査・研究発表会発表要旨』神奈川県考古学会
下曽我遺跡発掘調査団 2002『下曽我遺跡 永塚下り畑遺跡第Ⅳ地点』
四本和行・青木健二 1984『神奈川県横浜市三保杉沢遺跡群』日本窯業史研究所
白石太一郎・白井久美子ほか 2002『印旛郡栄町浅間山古墳発掘調査報告書』千葉県史編さん資料　(財)千葉県史料研究財団
城山町企画課町史編さん係 1992「春林横穴群」『城山町史』1 資料編 考古・古代・中世　所収
新市町文化財協会 1985『尾市1号古墳発掘調査概報』
新開基史ほか 2008「森浅間山横穴墓群」『かながわ考古学財団調査報告』226
新開基史・吉田政行 2006「矢ノ津坂遺跡・高尾横穴墓群」『かながわ考古学財団調査報告』198
新吉田町四ツ家地区急傾斜地崩壊防止工事にかかる横穴墓発掘調査団 1990『新吉田町四ツ家横穴墓群』

〔す〕

須賀川市 1979「梅田横穴墓群・神成横穴墓群」『須賀川市史』自然・原始・古代
杉山晋作ほか 1972『西国吉横穴群』西国吉横穴群発掘調査団
杉山博久 1981『万田・宮の入横穴墓群の調査概報』
杉山博久 1985「尾尻沢の山横穴墓群」『尾尻八幡山』
杉山博久 1990『二宮倉上横穴墓群』二宮倉上横穴墓群発掘調査団
鈴木一有 2013「7世紀における地域拠点の形成過程」『国立歴史民俗博物館研究報告』第179集

鈴木一男 1992「北中尾横穴墓群」『大磯町文化財調査報告書』第39集　大磯町教育委員会
鈴木重信・安藤広道 1989『綱島古墳』横浜市埋蔵文化財調査委員会
鈴木敏弘ほか 1989『赤羽台遺跡―赤羽台横穴墓群―』東北新幹線赤羽地区遺跡調査会
須山幸雄 1987「日向根横穴墓」『昭和61年度　横浜市文化財年報』
須山・廣瀬 1998「金剛寺横穴墓発掘調査報告」『平成8年度　横浜市文化財年報』

〔せ〕
関根忠邦ほか 1972『身隠山横穴群調査報告』常陸太田市教育委員会
関根孝夫・大島慎一・立花実ほか 1999『王子ノ台遺跡』第Ⅲ巻 弥生・古墳時代編　東海大学
世田谷区 1975「等々力渓谷3号横穴墓」『世田谷区資料』8・考古編　世田谷区
世田谷区遺跡調査会 1982「中明神遺跡・横穴墓群　下野毛岸横穴墓群　瀬田貝塚遺跡」『世田谷区遺跡調査報告』3
世田谷区遺跡調査会 1983「廣元寺1号墳・陣屋前遺跡　奥沢台遺跡他」『世田谷区遺跡調査報告』4
仙台市教育委員会 1969『仙台市燕沢善応寺横穴古墳群調査報告書』
仙台市教育委員会 1989「仙台市茂ヶ崎横穴墓群―発掘調査報告書」『仙台市文化財調査報告書』第130集
仙台市教育委員会 1992「土手内」『仙台市文化財調査報告書』第165集
仙台市教育委員会 1994「仙台市愛宕山横穴墓群―第3次発掘調査報告書」『仙台市文化財調査報告書』第187集
仙台市教育委員会 2007「大念寺山横穴墓群平成18年度調査」『仙台市文化財調査報告書』第311集

〔そ〕
曽根博明 1978a「浅間神社西側横穴古墳群発掘調査報告書」『大和市文化財調査報告書』第1集
曽根博明 1978b『浅間神社西側横穴古墳群第9号墳調査報告書』大和市教育委員会

〔た〕
高木正文 1984「熊本県装飾古墳総合調査報告書」『熊本県文化財調査報告』68　熊本県教育委員会
高倉敏明・石本敬 1985『大代横穴古墳群』多賀城市教育委員会
多賀城市教育委員会 1995「大代横穴古墳群―発掘調査概報」『多賀城市文化財調査報告書』第7集
高杉博章ほか 2000『神奈川県平塚市　上吉沢市場地区遺跡群発掘調査報告書』
高瀬重雄ほか 1957『高岡市江道横穴古墳群調査報告書』
高田北之前遺跡第Ⅱ地点発掘調査団 2001『高田北之前遺跡第Ⅱ地点』
高月町教育委員会 2006『高月の主要古墳Ⅱ―後・終末期古墳の調査』（滋賀県）
高津図書館友の会 1957「津田山久地横穴古墳群清掃調査」『たちばな』第18号
高橋守克 1971「宮城県玉造郡岩出山町川北横穴墓群B地区発掘調査報告書（第3次）」『宮城考古』2
高橋信一 1980「治部池横穴墓群」『東北新幹線関連遺跡発掘調査報告書』1　福島県教育委員会
高山・佐々木 1972『桧入横穴古墳発掘概報（事業報告）』
宝塚市教育委員会 1985「中山荘園古墳発掘調査報告書」『宝塚市文化財調査報告書』第19集
宝塚市教育委員会 2007『中山荘園古墳―保存整備事業報告書』
滝沢誠 2010「井田松江古墳群」『戸田村文化財調査報告書』第5集
滝沢亮ほか 2007『横浜市緑区北門古墳群』Ⅰ
瀧野巧 1993「群馬県北群馬郡吉岡町三津屋古墳」『日本考古学年報』46　日本考古学協会
竹石健二・沢田大多郎ほか 1983「井田中原遺跡（2次）発掘調査報告」『川崎市文化財調査収録』21
竹石健二ほか 1998『久地西前田横穴墓群―第1次調査―』久地西前田横穴墓群発掘調査団
竹石健二ほか 1998『久地西前田横穴墓群―第2次調査―』久地西前田横穴墓群発掘調査団
武井勝ほか 2000『神奈川県秦野市桜土手古墳群の調査（第2次）』桜土手古墳群第2次発掘調査団
竹内幸夫 1990「鳥取県江府町　北谷ヒナ横穴群　発掘調査報告書」『江府町埋蔵文化財発掘調査報告書』

【報告書等】

　1　江府町教育委員会
竹中正巳・大西智和 1998「宮崎県えびの市島内地下式横穴墓群 69・70 号墓発掘調査概報」『人類史研究』10
竹並遺跡調査会 1979『竹並遺跡』東出版寧楽社
田嶋明人 1971「補論」『法皇山横穴古墳群』加賀市教育委員会
田代健二 1999『経塚横穴墓群・古墳群』田川市文化財調査報告書 9
立花実 1994「三ノ宮・上栗原遺跡」『文化財ノート』第 3 集　（『文化財ノート』2・3 の三ノ宮・下尾崎遺跡、三ノ宮・上栗原遺跡は 1995 に報告書刊行）
立花実ほか 1995「三ノ宮・下尾崎遺跡　三ノ宮・上栗原遺跡発掘調査報告書」『伊勢原市文化財調査報告書』第 17 集
立花実 2008「伊勢原市 日向・洗水遺跡」『第 31 回 神奈川県遺跡調査・研究発表会 発表要旨』
田中満雄 1990『大迫横穴墓群 A1 号横穴墓』神郷町教育委員会
谷原遺跡調査団 1972『谷原』神奈川県相模原市谷原遺跡の調査
玉口時雄・大坪宜雄ほか 1997『横須賀市吉井・池田地区遺跡群Ⅱ』横須賀市吉井・池田地区埋蔵文化財発掘調査団
多摩市教育委員会 1996『稲荷塚古墳―墳丘部確認にともなう調査』
田村悟 1997『水町遺跡群』直方市文化財調査報告書 20
田村良照 1993「中里横穴墓」『平成 4 年度 横浜市文化財年報』
田村良照 1994『横浜市南区中里横穴墓発掘調査報告書』同調査団
田村良照ほか 1998『横浜市観福寺北遺跡群　関耕地遺跡発掘調査報告書』観福寺北遺跡発掘調査団

〔ち〕
忠清文化財研究院 2006『公州丹芝里遺跡』

〔つ〕
塚原次郎ほか 2004「3. 府中市 武蔵府中熊野神社古墳」『東京都遺跡調査・研究発表会』29　発表要旨
継実 2002「鎌倉の横穴墓　岩瀬上耕地遺跡」『東国歴史考古学研究所調査研究報告』第 30 集
津田憲司・西野吉論 2002「4. 新林右横穴墓群（藤沢市№ 14）遺跡」『湘南考古学同好会々報』86　湘南考古学同好会
土屋浩美・継実 2002「鎌倉の横穴墓　寺分藤塚遺跡」『東国歴史考古学研究所調査研究報告』第 30 集
筒井崇史 2009「亀岡市国分古墳群の発掘調査」『京都府の群集墳』第 16 回京都府埋蔵文化財研究集会
常川秀夫 1974「下石橋愛宕塚古墳」『東北新幹線埋蔵文化財調査報告書』栃木県教育委員会
鶴間正昭 2012「日野台地の横穴墓」『研究紀要』XXVI　東京都埋蔵文化財センター

〔て〕
寺村光晴・西川修一・立花実・柏木善治 1998「伊勢原市北高森古墳群と出土遺物」『かながわ考古学財団調査報告』33

〔と〕
東京都大田区史編さん委員会 1974『大田区史』資料編　考古Ⅰ
東京都世田谷区 1975『世田谷区史料』第 8 集　考古編
東北学院大学考古学研究部 1971「鳥矢崎古墳群発掘調査概報」『温故』第 7 号
東北学院大学考古学研究部 1976「別所横穴墓群発掘調査概報」『温故』第 10 号
東北新幹線赤羽地区遺跡調査会 1984『八幡原遺跡の発掘―八幡神社地区の調査概要』
東北新幹線赤羽地区遺跡調査会 1986『東北新幹線建設工事に伴う遺跡発掘調査概要　赤羽台・袋低地・船渡』
戸倉茂行ほか 1986『岩井作横穴墓群』君津郡市文化財センター
都市計画道路小田原早川線改良工事遺跡発掘調査団 2001『御組長屋遺跡第Ⅰ・Ⅱ・Ⅲ・Ⅳ地点発掘調

引用・参考文献

査報告書』
戸田哲也ほか 1985『横浜市緑区東方横穴墓群発掘調査報告書』東方横穴墓群発掘調査団
栃木県国分寺町教育委員会 2005『栃木県国分寺町　甲塚古墳　―平成16年度規模確認調査―』
富永富士雄・大村浩二 1983「香川篠山横穴墓調査報告」『茅ヶ崎市文化財資料集』第9集
富長源十郎 1986『内ノ倉山横穴群　発掘調査報告書』鳥取県日野郡日南町教育委員会
富山県 1972「城が平横穴墓群」『富山県史』考古編

〔な〕
中井正幸 1992「花岡山古墳群」『大垣市埋蔵文化財調査報告書』第1集　岐阜県大垣市教育委員会
中川成夫 1955「相模大磯町愛宕山横穴調査報告」『史苑』第16巻第1号
中川潤次 1986『陣原古墳群』北九州市陣原横穴墓群発掘調査会
仲野正美 1977「上依知古墳群」『神奈川県埋蔵文化財調査報告』12　神奈川県教育委員会
中橋彰吾 1972『白石市郡山横穴古墳群』白石市教育委員会
中原斉 1987「大垰山横穴墓群」『鳥取県教育文化財団報告書』23（井上貴央氏による人骨鑑定）
中間市史編纂委員会 1978「垣生羅漢山横穴墓群」『中間市史』
永峯光一・鈴木敏弘・松崎元樹ほか 1989『赤羽台遺跡―赤羽台横穴墓群―』東北新幹線赤羽台地区遺跡調査会・東日本旅客鉄道株式会社
中村幸史郎 1986・88『湯の口横穴群』『湯の口横穴群Ⅱ』山鹿市教育委員会
中村幸史郎 1987『城横穴群―菊池川中流域古墳・横穴群総合調査報告書』2　山鹿市教育委員会
名取市教育委員会 1995「名取熊野三山周辺遺跡群発掘調査報告書―熊野堂横穴墓群」『名取市文化財調査報告書』第35集
奈良県教育委員会 1976『石光山古墳群』
奈良県立橿原考古学研究所編 1972『壁画古墳高松塚　調査中間報告』
奈良県教育委員会 1976「黒石東古墳」『奈良県古墳発掘調査集報Ⅰ』奈良県文化財調査報告書第28集
奈良県立橿原考古学研究所編 1990『斑鳩　藤ノ木古墳　第一次調査報告書』
奈良県立橿原考古学研究所 1993『斑鳩藤ノ木古墳　第2次調査報告書』奈良県斑鳩町教育委員会（関川尚功）
奈良国立文化財研究所 1978「飛鳥・藤原宮発掘調査報告Ⅱ」『奈良国立文化財研究所学報』第31冊
成田市史編さん委員会 1980『成田市史』通史原始古代編

〔に〕
西川修一ほか 1999「三ノ宮・下御領原遺跡（No.12西）」『かながわ考古学財団調査報告』52
西川修一編 2004『神奈川県厚木市吾妻坂古墳　出土資料調査報告』厚木市教育委員会
二宮町 1990「倉上横穴墓群」『二宮町史』資料編1 原始・古代・中世・近世　所収
日本楽器株式会社 1979『観音堂横穴墓群発掘調査報告書』
丹羽茂 1981『青山横穴古墳群第二次調査報告書』三木町教育委員会
丹羽野裕・田中史生・東森晋 1997『岩屋口北遺跡　臼コクリ遺跡（F区）』島根県教育委員会・建設省松江国道工事事務所

〔ぬ〕
沼津市教育委員会 1988「清水柳北遺跡」『静岡の原像をさぐる』静岡県埋蔵文化財調査研究所
温水高坪遺跡調査団 1996『神奈川県厚木市温水高坪遺跡群』

〔ね〕
寝屋川市教育委員会 1990「石宝殿古墳」『寝屋川市文化財資料』Ⅰ

〔の〕
野中徹ほか 1972『君津市花里山横穴群発掘調査概報』君津市教育委員会

【報告書等】

　野中和夫ほか 2000『溝口西耕地横穴墓群発掘調査略報』同調査団
〔は〕
　長谷川厚ほか 1999「新宮台横穴墓」『かながわ考古学財団調査報告』82
　長谷川厚 2000「谷津町北地区横穴墓」『平成10年度 横浜市文化財年報』
　秦野市教育委員会 1974『秦野下大槻』
　秦野市 1985『秦野市史』別巻考古編
　秦野市教育委員会 2001「6　下大槻欠上遺跡」『秦野の文化財』第37集
　秦野市内埋蔵文化財調査会 2001『金目原古墳群2001発掘調査概要報告書』秦野市教育委員会監修
　浜田信也 1978『池田横穴墓群』飯塚市教育委員会
　浜田晋介 1996・1997「加瀬台古墳群の研究Ⅰ・Ⅱ」『川崎市市民ミュージアム考古学叢書』2・3
　浜田耕作・梅原末治 1917「肥後における装飾ある古墳及び横穴」『京都帝国大学文学部考古学研究報告』
　　第1冊
　浜田耕作・梅原末治・島田貞彦 1919「九州における装飾ある古墳」『京都帝国大学文学部考古学研究報告』
　　第3冊
　浜田耕作・梅原末治 1924「近江国高島郡水尾村の古墳」『京都帝国大学文学部考古学研究報告』第8冊
　早坂春一 1981「(3) 日向前横穴古墳群」『宮城県文化財調査報告書』第77集　東北新幹線関係遺跡調
　　査報告書5
　林原利明 1992『神奈川県横浜市港北区 新吉田町俵地区横穴墓』同調査団
　原口長之 1974『熊本県の装飾古墳白書 (岩原横穴墓群)』熊本県教育委員会
　原田敏照・丹羽野裕ほか 1997『島田池遺跡　鵜貫遺跡』島根県教育委員会・建設省松江国道工事事務所
〔ひ〕
　東原信行 1983「川崎市西北部谷本川流域の横穴古墳群」『川崎市文化財調査集録』第20集
　樋口清之・金子皓彦 1973「川崎市高津区馬絹古墳発掘調査概報」『川崎市文化財調査集録』第8集
　樋口清之・金子皓彦 1974「神奈川県早野横穴の調査」『考古学ジャーナル』No.91
　斐太高等学校郷土研究クラブ 1960『杉が洞横穴調査概報』1960
　日立一高史学部 1957『日立市相田第1号横穴墓調査報告』
　常陸太田市教育委員会 1983『常陸太田市真弓町釜田古墳調査報告』
　常陸太田市 1984『常陸太田市史』通史編上巻
　常陸太田市文化財調査会 1972『身隠山横穴群調査報告』
　日立市教育委員会 1977『日立市赤羽横穴墓群発掘調査報告書』
　日立市教育委員会・千福寺下横穴群発掘調査会 1985『久慈千福寺下横穴墓群』
　日立市教育委員会・日立市埋蔵文化財発掘調査会 1986『千福寺下横穴墓群』
　日立市教育委員会 1987『赤羽横穴墓群B支丘1号墓の調査』
　日野一郎 1960「北金目塚越古墳」『平塚市文化財調査報告書』1
　日野一郎 1962「真土・大塚山古墳」『平塚市文化財調査報告書』3
　平子順一・鹿島保宏 1989『観福寺北遺跡・新羽貝塚報告書』横浜市埋蔵文化財調査委員会
　平塚市教育委員会 1978『平塚市文化財調査報告書』第13集―昭和52年度―
　平塚市 1999『平塚市史』11 上 別編考古 (1)
　平塚市 2003『平塚市史』11 下 別編考古 (2)
　平野吾郎・山田成洋ほか 1983『遠江の横穴墓 (静岡県内横穴群分布調査報告書Ⅰ)』静岡県教育委員会
　平林将信 1990「157 東平第1号墳」『静岡県史』資料編2　考古二
　平本嘉助 1982「Ⅴ章　横穴内出土人骨」『茂原市山崎横穴群』財団法人千葉県文化財センター
　廣濱貴子 2005「菅田横穴墓群　薦沢砦跡」『松江市文化財調査報告書』第98集　松江市教育委員会

〔ふ〕

福岡町 1969「城が平横穴墓群」『福岡町史』
福島県 1964「江垂横穴墓群・表西山横穴墓群」『福島県史』6　考古資料
福島雅儀 1983「七軒横穴群」『福島県矢吹町文化財調査報告書』第 6 集
福田良 1998『上今泉横穴墓群発掘調査報告書』上今泉横穴墓群発掘調査団
福山市教育委員会 2008『尾市 1 号古墳発掘調査報告書』
釜山大学校博物館 1990「東莱福泉洞古墳群Ⅱ」『釜山大学校博物館遺跡調査報告』第 14 輯
藤井秀男 1987『下依知仲道遺跡』下依知横穴墓遺跡調査団
藤沢市 1980「藤沢市川名新林横穴群調査概報」『藤沢市文化財調査報告書』第 15 集
藤沢市 1984「藤沢市川名新林右西斜面の第 2 号横穴墓出土環頭大刀について」『藤沢市文化財調査報告書』第 19 集
藤沢市公園みどり課・湘南考古学研究所 2008『藤沢市川名新林右横穴墓群発掘調査報告書』
藤沢市史編さん委員会 1970「代官山横穴群」「折戸横穴群」『藤沢市史』第 1 巻資料編　所収
藤原裕子 1994「鳥取県米子市福市四ツ塚谷横穴墓」『(財) 米子市教育文化事業団文化財発掘調査報告書』8
双葉町教育委員会 1973『装飾壁画のある清戸迫古墳群』双葉町教育委員会
双葉町 1987『楢葉・西宮下横穴墓群』双葉町教育委員会
府中市教育委員会 2005『武蔵府中熊野神社古墳』府中市埋蔵文化財発掘調査報告第 37 集
古江亮仁・渡部久喜 1956『川崎市井田伊勢宮金堀横穴群第 7 号穴調査書』
古川市史編さん委員会 2006「第 4 章古墳時代　小野横穴墓群」『古川市史』第 6 巻　資料Ⅰ考古

〔ほ〕

堀江門也 1969『柏原市玉手山横穴群発掘調査概報』大阪府教育委員会

〔ま〕

松井新一 1960「国分寺町内藤新田横穴古墳発掘報告」『多摩考古』1
松田光太郎・井辺一徳・田村裕司 1999「臼久保遺跡」『かながわ考古学財団調査報告』60
松葉崇 2011「榎戸横穴群」『かながわ考古学財団調査報告』274
松山町史編纂委員会 1980「第 2 章第 2 節 2　亀井囲横穴古墳群」『松山町史』
真野和夫ほか 1973『飛山』大分県教育委員会
馬目順一ほか 1971「中田装飾横穴」『いわき市史』別巻
馬目順一 1977『白穴横穴群調査報告』いわき市教育委員会
馬目順一ほか 1981『弾正作横穴群の概要』いわき市教育文化事業団
丸森町教育委員会 1982『篠崎横穴墓群　西矢ノ目古井戸の調査』

〔み〕

三重県埋蔵文化財センター 1990「垣内田古墳群 第 2 分冊」『三重県埋蔵文化財発掘調査報告』87-4
三上次男・大井晴男 1972「神奈川県諏訪脇横穴墓群（東半部）」『神奈川県埋蔵文化財発掘調査報告』3　神奈川県教育委員会
瑞浪市 1974「戸狩横穴墓群」『瑞浪市史』
水沼良浩 1987「茶臼山古墳」『壬生町史』原始古代・中世編
水野正好ほか 1973『玉手山安福寺横穴群発掘調査概要』大阪府教育委員会
水野正好 1976『蒲生郡日野町小御門古墳群調査概要』滋賀県教育委員会
南足柄市 1989「沼田城山横穴墓群」『南足柄市史』1 資料編 自然 原始 古代中世
美濃口雅朗 1994・95『つつじヶ丘横穴群発掘調査概報』Ⅰ・Ⅱ　熊本市教育委員会
美濃口雅朗 2002『つつじヶ丘横穴墓群』熊本市教育委員会

【報告書等】

　　宮城県教育委員会 1967「枡形横穴古墳群調査概報」『宮城県文化財調査報告書』第 12 集
　　宮城県教育大学歴史研究会 1968「宮城県岩沼町長谷寺横穴古墳群」『仙台湾周辺の考古学的研究』
　　宮城県教育大学考古学研究会 1972「宮城県玉造郡岩出山町川北横穴古墳群 B 地区発掘調査報告（第 3
　　　　次）」『宮教考古』第 2 号
　　宮城県教育委員会 1973「山畑装飾横穴古墳群発掘調査概報」『宮城県文化財調査報告書』第 32 集
　　宮城県教育委員会 1976「砂山横穴古墳群調査報告書」『宮城県文化財調査報告書』第 44 集
　　宮城県教育委員会 1977「(3) 長谷寺横穴古墳群」『宮城県文化財調査報告書』第 48 集
　　宮城県教育委員会 1979「(7) 夷穴横穴古墳群」『宮城県文化財調査報告書』第 57 集
　　宮城県教育委員会 1985「色麻古墳群」『宮城県文化財調査報告書』第 103 集
　　宮城県教育委員会 1990「大念寺横穴群」『宮城県文化財調査報告書』第 136 集
　　宮坂光昭 1983「コウモリ塚古墳」『長野県史』考古資料編全 1 巻　主要遺跡（中・南信）
　　宮坂淳一 2005「社家宇治山遺跡発掘調査概要」『えびなの歴史』海老名市史研究第 16 号
　　宮崎町教育委員会 1972「米泉館山横穴群」『宮城県加美郡宮崎町文化財調査報告』第 1 集
　　宮島操 1964「川崎市下作延津田山坂下横穴古墳群発掘調査報告」『高津郷土資料集』第 2 篇
〔む〕
　　向坂鋼二ほか 1971「掛川市宇洞ヶ谷横穴墳発掘調査報告」『静岡県文化財調査報告書』第 10 集　静岡
　　　　県教育委員会
　　村上久和 1992『上ノ原横穴墓群Ⅰ～Ⅲ』大分県教育委員会
　　村田文夫・浜田晋介 1994「線刻画 王禅寺白山横穴墓群の調査」『川崎市市民ミュージアム考古学叢書』1
〔も〕
　　持田春吉・村田文夫 1987『久地伊屋之免遺跡』高津図書館友の会郷土史研究部
　　望月薫弘・手島四郎 1963「駿河伊庄谷横穴墳」『静岡考古館研究報告』2　静岡市教育委員会
〔や〕
　　安村俊史ほか 1986『高井田横穴墓群』1　柏原市古文化研究会
　　安村俊史 1996『高井田山古墳』柏原市教育委員会
　　山口辰一ほか 1998『江道横穴墓群調査報告』高岡市教育委員会
　　大和市 1986『大和市史』7 資料編考古
　　山梨県教育委員会 1995『経塚古墳』
　　山ノ井清人・水沼良浩 1992「御鷲山古墳」『南河南町史』史料編 1 考古
　　山内昭二・野﨑欽五ほか 1996「久野第 2 号墳」『小田原市文化財調査報告書』第 58 集
〔ゆ〕
　　結城慎一 1985「宮城県仙台市愛宕山装飾横穴古墳発掘調査報告」『仙台市文化財調査報告書』第 85 集
〔よ〕
　　横須賀市人文博物館 1989「H601 大塚 1 号墳」『考古資料図録Ⅳ』
　　横須賀市人文博物館 1993「H721 吉井城山横穴群」『考古資料集録Ⅷ』
　　横須賀市 2010「かろうと山古墳」『新横須賀市史』別編考古
　　横浜市 1982「第 2 編 市ヵ尾古墳群の発掘」『横浜市史』資料編 21
　　横浜市教育委員会 1988「赤田横穴墓群」『昭和 62 年度 横浜市文化財年報』
　　財団法人横浜市ふるさと歴史財団 1992『稲荷ヶ原 A 地点発掘調査報告書』
　　吉岡町教育委員会 1996『三津屋古墳—八角形墳の調査』（群馬県北群馬郡）
　　吉田章一郎ほか 1989『神奈川県秦野市桜土手古墳群の調査』桜土手古墳群発掘調査団
　　吉田格ほか 1997「出山横穴墓群 8 号墓Ⅱ」『三鷹市埋蔵文化財調査報告』第 19 集
　　吉見村教育委員会 1969『黒岩横穴墓群』

引用・参考文献

　　依田亮一ほか 2007「湘南新道関連遺跡Ⅰ」『かながわ考古学財団調査報告』208
　　依田亮一ほか 2009「湘南新道関連遺跡Ⅱ」『かながわ考古学財団調査報告』242
〔り〕
　　六勝寺研究会 1973『御堂ヶ池群集墳 20 号墳発掘調査報告書』
〔わ〕
　　涌谷町教育委員会 1999「迫戸横穴墓群 A 地区―整備事業に伴う調査報告書」『涌谷町埋蔵文化財調査報告書』第 4 集
　　和島誠一 1961「神奈川県横浜市港北区市カ尾遺跡群」『日本考古学年報』第 9 号
　　輪島市 1974「稲舟横穴古墳群・稲舟第 8 号墳の調査『輪島市史』資料編 3
　　和田千吉 1909「武蔵国駒岡の古墳発掘」『考古界』第 8 編第 6 号
　　渡辺外ほか 2004「宮山中里遺跡　宮山台畑遺跡」『かながわ考古学財団調査報告』170
　　渡辺一雄ほか 1974『羽山装飾横穴発掘調査概報』原町市教育委員会

あとがき

　本書は、平成 24（2012）年度に総合研究大学院大学文化科学研究科日本歴史研究専攻として、同大学に提出した学位論文『埋葬技法からみた古代死生観―6～8世紀の相模・南武蔵地域を中心として―』を原型にして少しの加筆をし、付表の修正を一部施したものである。本書に関係するこれまでの論考の発表年月、題名および掲載誌とその頁は次のとおりである。

　2013.6「古墳時代後・終末期の喪葬観念―相模・南武蔵地域における横穴墓の様相を中心として―」『考古学研究』第 60 巻第 1 号　考古学研究会　34-54 頁

　2011.3「6・7 世紀における相模地域の動態―三ノ宮古墳群を手掛かりとして―」『総研大文化科学研究』第 7 号　総合研究大学院大学文化科学研究科　83-110 頁

　2010.10「神奈川県」広瀬和雄・太田博之編『前方後円墳の終焉』雄山閣　182-199 頁

　2009.3「葬送に見る横穴墓の機能と構造変化―神奈川県における改葬の事例を中心として―」『古代』第 122 号　早稲田大学考古学会　53-77 頁

　2008.5「副葬大刀から見た相模の地域像―後期・終末期の古墳・横穴墓出土遺物からみた地域性の予察―」『神奈川考古』44　神奈川考古同人会　96-108 頁

　2003.5「横穴墓の線刻画について―相模・南武蔵を中心として―」『新世紀の考古学』大塚初重先生喜寿記念論文集　纂修堂　513-528 頁

　総合研究大学院大学文化科学研究科（当時）の広瀬和雄先生、仁藤敦史先生には、指導教員としてご指導いただいた。併せて上野祥史先生には広瀬先生、仁藤先生と共に博士課程の履修にあたって、在学していた平成 21 年度の 4 月から平成 24 年度の 5 月の予備審査、11 月の本審査に至るまで、重ねてご指導をいただいたおかげで、なんとか学位取得が叶った。また、新谷尚紀先生から入学初年度に指導を受けたことも、民俗学にかかる理解の助けとなった。

　審査と試問については、立正大学文学部の池上悟先生、茨城大学人文学部の田中裕先生にも受け持っていただいた。審査時に指導を受けた内容は、本書において必ずしも反映できなかったが、今後の研究においての課題と認識している。

　学位取得後、広瀬先生のご配慮から、株式会社雄山閣の編集部桑門智亜紀さんを紹介いただいた。出版にあたっては、こちらの原稿提出が遅れたことや手のかかる挿図の作製などについて多くのご迷惑をおかけした。それにもかかわらず、桑門さんは編集と校正など丁寧な仕事をされ、出版まで尽力いただきました。ここに記して感謝申し上げます。

　広瀬先生の授業においては多くの教示を受けたが、型式学を基礎として考えを構築していくその研究姿勢には改めて共感するとともに、編年表なども視覚的効果を優先させてしまいがちであった自らを再考する機会を与えられた。また、魂の最終到達地としての玄室、この解釈については議論を重ね、それにより概念を構築していった。このような論文の根幹となる部分については、

あとがき

時間をかけて度々双方向の議論に応対していただいた。

ほかにも広瀬先生の丁寧な指導はあらゆる場面で発揮されたが、初回の予備審査において先生から頂いた、ほぼ全頁にわたる"赤文字指導"は忘れることができない。

大学を受験することについて、職場であるかながわ考古学財団には、当時の丸山一郎事務局長（故人）、中田英調査研究部長の諒解を受け、在学の許可を頂いた。また在学中の、特に平成21・22年度は授業も重なり大学に多くの時間を割いたが、当時同じ企画調整課の職員であった鈴木次郎調査研究副部長兼企画調整課長、栗原伸好さん、小川岳人さん、飯塚美保さん、作田美由貴さん、橋本康子さん、川原くに子さん、岩本一喜さん、間島康雄さんには、迷惑をおかけしたにもかかわらず多大な協力を頂いた。このような職場における協力なくしては完遂できなかったと思っている。

また、在学中に広瀬先生の研究旅行にも一部同行させていただいた。宮城県の大崎平野、栃木県、群馬県、茨城県、千葉県、神奈川県、静岡県の伊豆地域、滋賀県、京都府、兵庫県、岡山県、広島県、香川県、徳島県、沖縄県のほか、中国の集安市などに行き、各地で研究者の方々による案内を賜った。広瀬先生の石室内での講義や、地元の研究者の方々とのディスカッションなどにより多くの知見を得ることができた。そのほか個人的に巡見した先でも同様で、特に鎌倉市を訪れた際は、やぐらにみえる死生観について教示頂いたことも、一例としてあげることができる。

大学や職場、巡見先などでお世話になった諸先生と諸氏のご指導・ご支援に対して、心から御礼を申し上げたい。

社会人として職業を持ちながら、神奈川県から千葉県への通学は負担もあったが、職業で接する考古学とは違う学問の場として大学生活を送れたことは幸運であり、財産となった。今後は、広瀬先生をはじめ、先生方から受けた教えを活かして、さらに研究を深化させたいと考えている。

最後に、身勝手にも勉学の道に進ませてくれた両親、日々の仕事と研究で迷惑をかけている家族にも感謝の言葉を記して結びたい。

2014年7月

柏木　善治

付　表

付表1　各地域における横穴墓の人骨出土状態
　　横穴墓の分布する九州地方北部、山陰地方、関西地方、北陸地方、東海地方、関東地方、東北地方南部を中心に人骨出土横穴墓を集成。

付表2　神奈川県における横穴墓の人骨出土状態（詳細）
　　関東地方のうち、神奈川県で検出されている横穴墓について詳細に掲載。
　　神奈川県は人骨が遺存している横穴墓が多く検出されている。

付表

付表1　各地域における横穴墓の人骨出土状態

No.	地域	所在	名称	号数	玄室平面形態	埋葬人骨数	埋葬の状態	特記事項
1	九州	大分	上ノ原	1	平入り隅丸逆台形状	0		
2	九州	大分	上ノ原	2	略隅丸方形状	0		
3	九州	大分	上ノ原	3	略隅丸長方形	4	伸展葬か？	玄室左側(北)に頭や上肢、右側には下肢骨という傾向。閉塞板石内部側の面にはベンガラ塗布。成人男性1、成人女性2、未成人1
4	九州	大分	上ノ原	4	略台形			玄室内の甕・瓲・土坏片は前底部内出土土器と接合する
5	九州	大分	上ノ原	5	略卵形	1	仰臥伸展葬	左(北西)に頭位をとる。成人男性1。墓前域埋め戻し後一定期間の後に埋置(須恵器は有蓋高坏・蓋坏・土師器直口壺・坏)。
6	九州	大分	上ノ原	6	略隅丸方形	2	後続の埋葬にあたり片付けられたか？	玄室奥壁寄りに四肢骨散在。不明2。礫床の羨道から玄室に敷かれた板石には裏面にベンガラが塗布、追葬時に再利用(底面より浮いている)、最終埋葬時には焼土・炭化材とともに葬送儀礼に使用
7	九州	大分	上ノ原	7	略隅丸方形	0		
8	九州	大分	上ノ原	8	略卵形	0		鋤先刃先周辺にはベンガラの集中が見られ、柄部は装着されていない。初葬者の副葬品か
9	九州	大分	上ノ原	9	略隅丸長方形	1		玄室右半を中心に散在。不明1
10	九州	大分	上ノ原	10	略卵形	1	改葬か？	玄室中央左壁際に頭蓋骨のみ出土。未成人1
11	九州	大分	上ノ原	11	略卵形	4	伸展葬か？(骨の乱れは片付けと解釈される)	右(東南)頭位の熟年男性・左肩関節はほぼ頭位位置ながら左右大腿骨には乱れがある。左(北西)頭位の成年～熟年男性・大腿骨は頭位を左に向けるが右頭骨は逆方向、左の頭骨と腓骨は玄室右奥にあり動かされている。右(東南)に頭位をとる成年女性・頭と上腕骨と寛骨、左右大腿骨が遺存。頭蓋骨のみの熟年女性。墳丘あり。玄室と羨道全面ベンガラ塗布。鋤は矢筒に入れられて副葬か。閉塞石先端から径1mの範囲に灰層。甕は他所で割られた後、人為的に置かれたと推定
12	九州	大分	上ノ原	12	逆台形状	2	不明	玄室左奥に散在(原位置を保たない)、右側には小児頭蓋骨。成人男性、未成人1
13	九州	大分	上ノ原	13	略卵形	0		
14	九州	大分	上ノ原	14	隅丸方形	0		
15	九州	大分	上ノ原	15	略卵形	2？	不明	北側奥壁寄りに頭蓋骨片、南側中央寄りに頭蓋骨、追葬時墓前域で坏を配列埋置。性別など不明
16	九州	大分	上ノ原	16	不整台形	3？	不明	玄室右側2ヶ所で頭蓋骨、羨道側には上顎があり、頭蓋骨とは別個体と判断。玄室左側では大腿骨などあり。大腿骨などの四肢骨の間に頭蓋骨があり、全部で6？体分か。成人男性1、他は不明形
17	九州	大分	上ノ原	17	略隅丸方形	3	屍床上は伸展葬か。通路奥は片付けか。	玄室左側屍床上に、玄門側の石枕上に頭蓋骨1(男性)と、奥壁側に頭蓋骨1(未成年)。玄室中央通路の奥壁際に土器と共に頭蓋骨1(女性)が置かれる。成人男性1、成人女性1
18	九州	大分	上ノ原	18	胴張り略隅丸方形			カラス貝片6は2次加工され短頚壺に納められたと考えられると報告。甕片の接合から、18・20・22号墓の共同墓前祭祀を推察
19	九州	大分	上ノ原	19	略長方形	2	奥側片付け？羨門側伸展葬	玄室内屍床上に2体。羨門寄りは左側に頭蓋骨がある女性。奥壁側は男性で大腿骨は交叉している頭蓋骨側に直刀の切先が向くことから頭蓋骨と大腿骨は別人物の片付けと想定。土師器甕付着の煤や焼土塊、炭化物の出土から、墓前域の南で煮炊きの後、玄室内での食物煮炊きを推察(食物供献儀礼)。成人男性1(2？)、成人女性1
20	九州	大分	上ノ原	20	胴張気味隅丸方形	1	不明	敷石間埋土の水洗作業中に検出。微細な破片。板石の羨門側に赤色顔料塗布
21	九州	大分	上ノ原	21	略台形	4	左女性は改葬か	玄室側壁沿い左右に礫床による屍床があり、右に1体、左に2体、中央に1体。左屍床上の奥壁側頭位(女性)は、右寛骨・大腿骨が本来とは逆方向、肋骨は頭蓋骨脇。左屍床上の玄門側頭位(女性)は、左右大腿骨が原位置から大きく動いている。右男性→左奥壁頭位女性→左玄門頭位女性→中央男性の順で埋葬を想定。成人男性2、成人女性2
22	九州	大分	上ノ原	22	胴張り略隅丸方形	2	玄門寄りの男性は原位置を保つと報告	玄門寄りに左頭位の男性、奥壁寄りに大腿骨。成人男性1、不明1
23	九州	大分	上ノ原	23	長方形	0		墓前域の坏は完形に復元されたことから初葬時のものが追葬時に細片化したと推定。墓前域に土壙墓？検出
24	九州	大分	上ノ原	24	略隅丸方形	不明		中央奥壁際に下肢骨が出土したが、粉状にて詳細不明奥壁コーナー付近の鉄鋤は壁に立て掛けられていた。墓前域右の有蓋高坏の中からハマグリ4個が閉じたままの状態で出土
25	九州	大分	上ノ原	25	略方形	3	伸展葬	左屍床上に2体、玄室右側に1体。左屍床上玄門側頭位の男性はほぼ原位置、左屍床上奥壁側頭位もほぼ原位置。玄室右半奥壁頭位の女性は大腿骨が本来とは逆方向。成人男性1、成人女性1、未成人1。墳丘あり。埋葬は、左屍床上玄門側頭位→左屍床上奥壁側頭位→玄室右半と報告鍬の先端付近を中心として直径20cmの範囲に赤色顔料が分布
26	九州	大分	上ノ原	26	略隅丸方形	0	―	板石の羨門側に赤色顔料塗布
27	九州	大分	上ノ原	27	略台形状	3	伸展葬	いずれも奥壁に頭位。左人骨は熟年男性で、各関節部分はすべて外れ、全体的に左壁際に押し遣られた印象。中人骨は成年男性で、ほぼ原位置を保つ。右人骨は成年女性で、ほぼ原位置を保つ。成人男性2、成人女性1
28	九州	大分	上ノ原	28	略方形	0		
29	九州	大分	上ノ原	29	円形	2	不明	骨片を玄室中央で検出。男性1、不明1
30	九州	大分	上ノ原	30	略方形	4	伸展葬(左大腿骨は反転される)	玄室主軸平行で4体埋葬。左から1番目の人骨は成年～熟年の男性。玄門頭位で、追葬時左奥壁際に押し遣られる。左から2番目の人骨は奥壁頭位の若年、大腿骨は反転。左から4番目の人骨は奥壁頭位の成年女性で、左大腿骨は反転。左から3番目の人骨は玄門頭位の熟年男性。成人男性2、成人女性1、未成人1
31	九州	大分	上ノ原	31	略方形	1	不明	玄室左半のほぼ中央部で2ヶ所にわたり検出。破片のため部位不明。男性？1

254

No.	地域	所在	名称	号数	玄室平面形態	埋葬人骨数	埋葬の状態	特記事項
32	九州	大分	上ノ原	32	略隅丸方形	0		
33	九州	大分	上ノ原	33	略方形	0		
34	九州	大分	上ノ原	34	略卵形	1?	伸展葬?	左側壁の奥壁寄りから頭蓋骨片、礫床上左側壁寄りに上腕骨、右側壁寄りに左大腿骨と左右脛骨があったが、取り上げ中に細片になった。天井にベンガラ塗布。板石の羨門側にベンガラ塗布。性別など不明。
35	九州	大分	上ノ原	35	方形	7	伸展葬・片付け	右から1人目は成年男性で奥壁頭位、壁際に押し遣られる。右から2人目は熟年男性で、頭蓋骨と大腿骨が異常に近く、原位置は保たない。左から1人目は奥壁頭位の熟年男性で、脛骨を大腿骨と一緒めにされるが、頭蓋骨・下顎骨・上腕骨・前腕骨・大腿骨の位置関係は大きな乱れがない。左壁に押し遣られる。左から2人目は奥壁頭位の小児で、四肢骨は片付けられる。左から3人目は奥壁頭位の熟年男性だが、玄室中央付近に位置するが、体部の骨はない。左半にある体部骨の一部が該当する。左から4人目は玄門頭位とみられるが、玄室中央付近で大腿骨のみが検出される。他に玄室中央部で四肢骨片が検出される。成人男性6、未成人1
36	九州	大分	上ノ原	36	略方形	不明		
37	九州	大分	上ノ原	37	略長方形	0		
38	九州	大分	上ノ原	38	略方形	0		
39	九州	大分	上ノ原	39	略長方形	0		
40	九州	大分	上ノ原	40	隅丸方形	不明		玄室中央付近で骨片が検出されたが原位置は保っていない
41	九州	大分	上ノ原	41	平入り隅丸台形状	4	散在	奥壁右コーナー付近・奥壁中央石枕下方・奥壁左コーナー付近
42	九州	大分	上ノ原	42	略方形	1?	不明	中央奥壁際に大腿骨があったが取り上げ不能。性別など不明
43	九州	大分	上ノ原	43	方形	0		
44	九州	大分	上ノ原	44	隅丸方形	0		板石の羨門側に赤色顔料塗布
45	九州	大分	上ノ原	45	隅丸方形	0		最終埋葬は木蓋等による閉塞と記載
46	九州	大分	上ノ原	46	隅丸長方形	0		
47	九州	大分	上ノ原	47	隅丸台形	0		板石の羨門側に赤色顔料塗布。墓前域坏内からアサリの貝殻が出土
48	九州	大分	上ノ原	48	楕円形	1	仰臥伸展葬	主軸直交状態で熟年男性。胸部の骨の移動は人為的と示唆。また、右膝蓋骨が関節部ではなく左足脇の瓜状炭化物の下に置かれる。板石の羨門側に赤色顔料塗布。玄室内赤色顔料全面塗布。右膝蓋骨の移動は、瓜状炭化物の供献と同時に実施とされる。成人男性1
49	九州	大分	上ノ原	49	不整楕円形	0		
50	九州	大分	上ノ原	50	隅丸方形	1	仰臥伸展葬	奥壁並行で右壁側に頭位をとる成年男性の単体埋葬。板石の羨門側に赤色顔料塗布
51	九州	大分	上ノ原	51	隅丸方形	0		墓前域中層で折り曲げられた鉄鏃
52	九州	大分	上ノ原	52	隅丸長方形	1	仰臥伸展葬	奥壁並行で右壁側に頭位をとる成年男性の単体埋葬。成人男性1
53	九州	大分	上ノ原	53	隅丸長方形	0		
54	九州	大分	上ノ原	54	隅丸長方形	1		詳細不明(成人?)1
55	九州	大分	上ノ原	55A	片袖長方形	0		群中唯一墓前域共有。
56	九州	大分	上ノ原	55B	隅丸長方形	1?		中央奥壁寄りに大腿骨片。群中唯一墓前域共有。性別など不明
57	九州	大分	上ノ原	56	隅丸長方形	0		
58	九州	大分	上ノ原	57	隅丸長方形	0		
59	九州	大分	上ノ原	58	長方形	2?		礫床の奥壁側を中心に頭蓋骨片・上肢骨片・下肢骨片・歯などが出土。詳細不明ながら2体以上の埋葬を想定。
60	九州	大分	上ノ原	59	隅丸方形	0		閉塞板石は最終時に倒壊。墓前域にテラス状掘りこみあり
61	九州	大分	上ノ原	60	楕円形	0		
62	九州	大分	上ノ原	61	隅丸方形	1?		右側壁中央付近から大腿骨片。性別など不明
63	九州	大分	上ノ原	62	長方形	0		
64	九州	大分	上ノ原	63	隅丸方形	3	伸展葬	3体共に玄門頭位。左壁際の人骨は成年前半の男性。右側の2体は小児。成人男性1
65	九州	大分	上ノ原	64	楕円形	4	伸展葬(奥側3人は片付けられる)	4体共に右壁側に頭位。奥壁側コーナー付近の人骨は熟年男性、奥壁側に押し遣られる。奥壁中央付近の人骨は成人女性とみられ、奥壁コーナー付近の人骨と共に奥側に押し遣られている。右側の人骨は熟年女性。羨門寄りに位置する成人女性は原位置を保つ。右側の人骨の頭蓋骨左には二枚貝(もしくはその製品)あり。成人男性1、成人女性3
66	九州	大分	上ノ原	65	隅丸長方形	1?		玄室中央に人骨片が分布するが詳細不明。性別など不明。性別など不明
67	九州	大分	上ノ原	66	胴張隅丸方形	0		
68	九州	大分	上ノ原	67	隅丸方形	1?		玄室左側で細片を確認。墓前域脇にテラス状掘りこみあり。性別など不明
69	九州	大分	上ノ原	68	略長方形	0		埋葬は1度で、墓前域左側の配列埋置は埋葬に関わらないと推察
70	九州	大分	上ノ原	69	長方形	0		
71	九州	大分	上ノ原	70	卵倒形	0		
72	九州	大分	上ノ原	71	長方形	0		
73	九州	大分	上ノ原	72	卵倒形	0		礫床に赤色顔料部分的付着(壁からの崩落か)
74	九州	大分	上ノ原	73	長方形	0		
75	九州	大分	上ノ原	74	隅丸長方形	0		
76	九州	大分	上ノ原	75	卵倒形	0		
77	九州	大分	上ノ原	76	長楕円形	0		
78	九州	大分	上ノ原	77	隅丸長方形	0		
79	九州	大分	上ノ原	78	隅丸長方形	0		
80	九州	大分	上ノ原	79	隅丸長方形	0		
81	九州	大分	上ノ原	80	不明	0		土師器甕内には高坏・坏身・坏蓋・平瓶が入れられていた
82	九州	大分	上ノ原	81	隅丸方形	0		横穴墓再利用の時期(瓦器の頃)に人骨片出土。中世(13c)に再利用

付表

No.	地域	所在	名称	号数	玄室平面形態	埋葬人骨数	埋葬の状態	特記事項
83	九州	熊本	つつじヶ丘	B-1	逆台形	2	改葬	玄室中央左半・コの字状の配置を意識。墓前域奥壁右側に線刻文(斜位の平行線)。性別など不明
84	九州	熊本	つつじヶ丘	B-2	不整形(小型)	なし		
85	九州	熊本	つつじヶ丘	C-2	片袖状	複数	玄室内で骨化させ、改葬	羨道右脇に頭蓋骨集中、玄室右側に長管骨偏在、玄室左側に遊離歯が多く散在。墓前域右壁に掘られた小穴に鍛冶滓埋納。遊離歯の存在から、改葬以前の頭位を想定している。性別など不明
86	九州	熊本	つつじヶ丘	C-3	台形状	複数	玄室内で骨化させ、改葬	羨道主軸に直交するように長管骨を配し、その奥寄りに頭蓋骨3体分を並べる。玄室奥部左側では上顎骨・遊離歯が散在。閉塞板石に線刻文の可能性ある傷あり。玄室奥部左側では上顎骨・遊離歯が散在。このことから一次葬の頭位を反映していると記載。性別など不明
87	九州	熊本	つつじヶ丘	C-4	長方形	1か?	改葬	玄室内最終使用面上に改葬骨が乗る。玄門中央付近に頭蓋骨、その他は玄室右側に集中、玄室中央付近には下顎骨。玄室右側側壁上位に地山中に含まれる礫が露出、斜格子状の線刻あり。性別など不明
88	九州	熊本	つつじヶ丘	D-1	凸形	複数(2〜3の想定)	不明	奥・右屍床に骨紛範囲あり。奥屍床は左側に歯が偏在。奥の屍床は貝床か。羨道の土師器高坏に灯火具としての使用痕跡顕著。右屍床耳環の位置から玄門側頭位も想定し、対置埋葬を示唆。性別など不明
89	九州	熊本	つつじヶ丘	D-4	略長方形	不明	不明	玄室右側に小片が偏在。性別など不明
90	九州	熊本	つつじヶ丘	D-5	略柳葉形	不明	改葬	長管骨を意識的に配置。性別など不明
91	九州	熊本	つつじヶ丘	D-6	逆台形	なし	なし	なし
92	九州	熊本	つつじヶ丘	D-7	略長方形	不明	改葬	玄室右側に偏在。一次葬の体位を大きく動く。羨門左側壁で平行線状の線刻文。性別など不明
93	九州	熊本	つつじヶ丘	J-1	略台形	不明	改葬	玄室前壁側左コーナー付近に集積、羨道に四肢骨が配され、羨門側に頭蓋骨あり。性別など不明
94	九州	宮崎	南平	55-1	方形	2	奥壁寄りの右側造り付け枕付近から頭骨・左側造り付け枕付近から骨片	右屍床(装身具の出土状況から +1 名を想定)。性別など不明
95	九州	宮崎	南平	55-2	方形	人骨出土無し	左右屍床奥壁側に2基ずつ造り付け枕あり	
96	九州	宮崎	日守地下式	55-1	左片袖	3	伸展葬(一人は膝立)	頭を右(南東)に向け、手前の1号人骨は膝立て葬、奥の2号人骨は伸展葬、2号人骨の左腹部に小児人骨が埋葬されていた。2号人骨の頭部は施朱。周辺に朱が散乱。熟年男性1、壮年女性1、幼児1
97	九州	宮崎	日守地下式	55-2	左片袖	2	元は伸展葬か	玄室中央に散в気味に遺存。頭位は右壁(南)向き。羨道・羨門・北壁・南壁・奥壁に塗朱がある(彩色線文か)。壮年男性1、熟年女性1
98	九州	宮崎	日守地下式	55-3	左片袖	なし		
99	九州	宮崎	日守地下式	55-4	左片袖	なし		
100	九州	宮崎	上ノ原地下式	1	両袖型長方形状	1	顔面に朱を施す	玄室奥壁寄りに右壁(南東)に頭位を持つ。性別など不明
101	九州	宮崎	上ノ原地下式	2	両袖型長方形状	2	入口寄りの1号人骨は伸展葬、顔面に朱を施す	2体共に右壁(南東)に頭位を持つ。右壁・奥壁中央に施朱。性別など不明
102	九州	宮崎	上ノ原地下式	3	両袖型長方形状	なし		刀子1本が壁に突き刺される
103	九州	宮崎	上ノ原地下式	4	両袖型楕円形	2	不明瞭	右壁(北東)に頭位を持つ。性別など不明
104	九州	宮崎	上ノ原地下式	5	両袖型長方形状	なし		
105	九州	宮崎	上ノ原地下式	6	両袖型長方形状	1	不明瞭	左壁(北東)に頭位を持つ。性別など不明
106	九州	宮崎	上ノ原地下式	7	両袖型長方形状		頭部・上体の一部に施朱 骨は粉末状	右壁(南東)に頭位を持つ。性別など不明
107	九州	宮崎	上ノ原地下式	8	両袖型不整長方形		伸展葬か	右壁(南東)に頭位を持つ。性別など不明
108	九州	宮崎	上ノ原地下式	9	両袖型不整長方形	3	顔面に施朱 仰臥伸展葬か	いずれも右壁(東)に頭位を持つ。2号人骨は顔面全面に施朱。2号人骨は後頭骨がめくれるように破壊、埋葬に際し、前頭部に衝撃が加えられたと想定。竪櫛(埋葬人骨が、神霊の憑依する呪具とされる櫛を着装し、、、)→巫者一族の墓所か。1号人骨は若い女性、2号人骨は年長の男性
109	九州	宮崎	上ノ原地下式	10	両袖型不整長方形	なし		
110	山陰	島根	菅田	1	やや幅広の長方形	なし		埋没土の状況等から3回の埋葬が考えられている。玄室内に土器が多い
111	山陰	島根	菅田	2	やや縦長の長方形	なし		玄室内に土器が多い
112	山陰	島根	菅田	3	正方形	なし		石棺床右下から玉が1点出土。追葬時の置き直しとしている。埋没土の状況等から3回の埋葬が考えられている
113	山陰	島根	菅田	4	撥形(小型)	なし		
114	山陰	島根	菅田	5	正方形	なし		埋没土の状況等から3回の埋葬が考えられている
115	山陰	島根	菅田	6	横長長方形	なし		
116	山陰	島根	菅田	7	長方形状(小型)	なし		
117	山陰	島根	菅田	8	横長長方形	なし		
118	山陰	島根	菅田	9	縦長長方形	なし		天井部に「ヘ」状の掘り込み?→工具痕? 埋没土の状況等から2回の埋葬が考えられている。玄室内に土器が多い
119	山陰	島根	菅田	10	撥形(小型)	なし		玄室内に土器が多い
120	山陰	島根	菅田	11	撥形(小型)	なし		玄室内に土器が多い
121	山陰	島根	菅田	12	長方形状(小型)	なし		玄室 0.96 × 1.26m、玄室中央奥壁寄りに坏身が正位で据え置かれる

No.	地域	所在	名称	号数	玄室平面形態	埋葬人骨数	埋葬の状態	特記事項
122	山陰	島根	菅田	13	横長長方形	なし		
123	山陰	島根	菅田	14	やや横長長方形	なし		埋没土の状況等から2回の埋葬が考えられている。玄室内に土器が多い
124	山陰	島根	菅田	15	正方形	なし		埋没土の状況等から3回の埋葬が考えられている。16号と同時存在とされる。玄室内に土器が多い
125	山陰	島根	菅田	16	横長長方形	なし		埋没土の状況等から3回の埋葬が考えられている。15号と同時存在とされる。墓前域中央付近に意図的に破砕された須恵器大甕あり。玄門閉塞脇墓前域側に土師器甕・高台付埦・蓋がある
126	山陰	島根	菅田	17	方形状（小型）	なし		墓とは考えられないとされる
127	山陰	島根	菅田	18	方形状	なし		埋没土の状況等から3回の埋葬が考えられている。土器類は玄室中央に短頸壺1と右前壁際に集積される。装身具類が奥壁寄り中央から右半にかけて散在
128	山陰	島根	菅田	19	正方形	なし		初葬は20号→22号→19号の順と考えられている。19号は埋没土の状況等から2回の埋葬が考えられている
129	山陰	島根	菅田	20	正方形	4？	不明	左壁際の頭蓋骨は男性、左奥隅の下顎骨は成人、右壁際の頭蓋骨は壮年～熟年、左壁際頭蓋骨の脇からは9～10才の小児（歯）骨、玄室中央付近の下顎骨は壮年。20号は埋没土の状況等から4回の埋葬が考えられている。意字型とされる水没の影響から人骨遺存不良。成人3体、小児1体
130	山陰	島根	菅田	21	横長長方形	1以上	不明	玄室左半中央付近、天井部に「∧」状の掘り込み？→工具痕？ 成人骨（数片のみ）
131	山陰	島根	菅田	22	正方形	1以上	集骨とされる	玄室左側板石奥壁側。22号は埋没土の状況等から3回の埋葬が考えられている。石床は一枚石では長さが足りず、須恵器甕片と礫を足して左壁際を充足させている。成人骨・女性か？
132	山陰	鳥取	北谷ヒナ	1	楕円形	なし		
133	山陰	鳥取	北谷ヒナ	2	隅丸長方形	11	伸展葬？ ※犬の侵入により乱されているか	玄室周辺部に無秩序に散布した状態で検出。玄室中央には骨がない。成人男性2、成人女性8、子供1（12歳前後）
134	山陰	鳥取	北谷ヒナ	3	隅丸長方形	8～9	伸展葬？	玄室の左側に多量の骨の集積。右側も少量の骨の集積あり。成人男性1、成人女性4、子供3～4
135	山陰	鳥取	北谷ヒナ	4	隅丸方形	15	伸展葬？ 一部改葬 ※玄室奥側と入口側に頭を向けて、交互に遺体を安置	玄室の両側に人骨が散布。骨の纏まりの長軸方向は羨道の長軸と一致しているものが多い。原位置を保っている骨はなく、大部分は移動を受けている。No.4-132の頭蓋腔の中から多数の骨片が検出（自然に入ったものではないと判断）。顔面眼部～鼻部にかけて人為的に大損し、そこから骨片を入れた。成人男性3、成人女性6、子供5、新生児1（新生児は壮年女性頭蓋腔内から出土）
136	山陰	鳥取	内ノ倉山	1	不定形な羽子板形	―		第一回埋葬で玄室内に大甕を割って土器床をつくり埋葬。追葬に際し土器床須恵器片や埋土を墓前域に引き出す。
137	山陰	鳥取	内ノ倉山	2	床面は角丸正方形、天井と両壁の断面は三角形	―		
138	山陰	鳥取	内ノ倉山	3	床面はほぼ円形、中央部が低い	―		
139	山陰	鳥取	内ノ倉山	4	長方形、奥壁はほぼ三角形	―		
140	山陰	鳥取	内ノ倉山	5	隅丸長方形	2	伸展葬？	玄室中央と右半に配列乱れて存在。右半→中央への埋葬を想定。小動物の侵入あり。青年～壮年女性2
141	山陰	鳥取	内ノ倉山	6	台形	―		
142	山陰	鳥取	内ノ倉山	7	角丸正方形	―		
143	山陰	鳥取	内ノ倉山	8	角丸方形	―		
144	山陰	鳥取	内ノ倉山	9	隅丸長方形	1	伸展葬？ 玄室奥側に頭位か	玄室奥側に散乱。壮年男性
145	山陰	鳥取	内ノ倉山	10	隅丸長方形状	1		玄室内羨道寄りに下肢骨とその骨片。壮年男性
146	山陰	鳥取	内ノ倉山	11	羽子板状	―		追葬はなかった（報告者）
147	山陰	鳥取	内ノ倉山	12	羽子板状（前壁部あり）	―		
148	山陰	鳥取	内ノ倉山	13	先端弾丸形	―		
149	山陰	鳥取	内ノ倉山	15	羽子板状（前壁部あり）	1	改葬？	玄室内中央奥寄りに集中する
150	山陰	鳥取	内ノ倉山	16	隅丸長方形	5	改葬	玄室全体に骨が散乱している。頭蓋骨は4個体あり、1号頭蓋骨は熟年男性、2号頭蓋骨は壮年女性、3号頭蓋骨は成人男性、4号頭蓋骨は子供で、その他の四肢骨等からは、年齢不詳男性1体も埋葬されていた
151	山陰	鳥取	内ノ倉山	17	不定形な羽子板形	1	伸展葬？	玄室右半に長管骨片が左右に歯がある。壮年～熟年にかけての1体とみられる
152	山陰	鳥取	内ノ倉山	18	隅丸長方形	1	改葬	玄室奥から頭蓋骨と四肢骨が集積状態で検出される。頭蓋骨は熟年男性とみられる
153	山陰	鳥取	内ノ倉山	19	羽子板状	4	改葬	人骨は玄室中央から纏まって出土し、二次的移動を受けた結果とみられる。熟年男性1体、年齢不詳男性と女性がそれぞれ1体、子供1体とみられる
154	山陰	鳥取	福市四ツ塚谷	2	方形	1？	不明瞭	頭蓋骨が奥壁沿い中央にあり、その前面に四肢骨を中心とした骨が並べられる
155	山陰	鳥取	福市四ツ塚谷	5	方形	2以上		玄室奥側左壁寄りに頭蓋骨、中央壁寄りに四肢骨を中心とした骨が出土する。人骨道程の結果からは、熟年男性と成人女性が知られる
156	山陰	島根	松田谷	I群1号	不整な方形	なし		
157	山陰	島根	松田谷	I群2号	不整の正方形	なし		
158	山陰	島根	松田谷	I群3号	不整羽子板形	なし		
159	山陰	島根	松田谷	I群4号	正方形	なし		
160	山陰	島根	松田谷	I群5号	不整形 方形に近い	なし		

付表

No.	地域	所在	名称	号数	玄室平面形態	埋葬人骨数	埋葬の状態	特記事項
161	山陰	島根	松田谷	Ⅱ群1号	梯形	なし		
162	山陰	島根	松田谷	Ⅱ群2号	隅丸方形	なし		
163	山陰	島根	松田谷	Ⅱ群3号	不整形	不明	不明	奥壁に接する位置と玄室中央、玄室左半にやや纏まりを持つ。性別など不明
164	山陰	島根	松田谷	Ⅱ群4号	平面形	なし		
165	山陰	島根	松田谷	Ⅱ群5号	長方形	なし		
166	山陰	島根	松田谷	Ⅱ群6号	不整方形	なし		
167	山陰	島根	松田谷	Ⅱ群7号	不整長方形	なし		
168	山陰	島根	松田谷	Ⅲ群1号	不整形	なし		
169	山陰	島根	松田谷	Ⅲ群2号		なし		
170	山陰	島根	松田谷	Ⅳ群1号	整形	なし		屍床2つ
171	山陰	島根	上塩冶	8-1	隅丸長方形	1	遺棄？	玄門付近。頭蓋骨上から交連状態で下肢骨が出土、やや離れて片腕のみ交連状態で出土。横穴に伴う時期の人骨は無し
172	山陰	島根	上塩冶	8-2	いびつな方形状	不明		攪乱を受けた可能性を記載。歯・骨片のみ
173	山陰	島根	上塩冶	8-3	正方形	不明		
174	山陰	島根	上塩冶	8-4	不明	不明		
175	山陰	島根	上塩冶	8-5	不明	不明		
176	山陰	島根	上塩冶	8-6	不明	不明		
177	山陰	島根	上塩冶	8-7	不明	不明		
178	山陰	島根	岩屋口	1	方形	なし		
179	山陰	島根	岩屋口	2	方形	なし		
180	山陰	島根	岩屋口	3	方形	5	不明	奥壁右隅～前壁左隅にかけて散在。男性1、壮年前半女性1、壮年～熟年女性1、青年
181	山陰	島根	西谷	2支群2	不整な長方形	1	白骨化の後に移動されている	玄室奥側中央に頭蓋骨片など。青年～壮年女性1
182	山陰	島根	西谷	2支群3	縦長方形状	―		
183	山陰	島根	西谷	2支群4	円形状	―		
184	山陰	島根	西谷	2支群5	いびつな方形状、袖部は撫で型状	―		
185	山陰	島根	西谷	2支群6	横長方形状	―		両側に死床
186	山陰	島根	西谷	2支群7	横長方形状	―		
187	山陰	島根	西谷	2支群8	方形状	―		
188	山陰	島根	西谷	2支群9	無袖、縦長隧道状	―		
189	山陰	島根	西谷	2支群10	やや縦長方形状	―		
190	山陰	島根	西谷	2支群1号小穴	隧道状	―		
191	山陰	島根	西谷	SX01	加工段状	―		
192	山陰	島根	西谷	SX02	加工段状	―		
193	山陰	島根	西谷	SX03	加工段状	―		
194	山陰	島根	臼コクリE	N1	正方形	2	不明瞭	※骨少なく(11点)、風化が著しく埋葬肢位など不明瞭。玄室内坏類は奥壁側と前壁側に配される。羨道部の遺物は位置的に集中する。壮年男性1、幼年者(9～11歳)1
195	山陰	島根	臼コクリE	N2	長方形	4	不明瞭	玄室中央～右半にかけて須恵器屍床があり、その上面から主に出土(屍床下面からも一部出土)。女性2、性別等不明2
196	山陰	島根	臼コクリE	S1	正方形	1	不明瞭	※大腿骨1点出土したのみ。成人1
197	山陰	島根	臼コクリE	S2	正方形	5	伸展葬？	石棺外―原位置を保っていない。石棺内―頭蓋骨内棺内両端から検出(互い違いの埋葬か？)。石棺内からはネズミの長管骨が検出される。石棺外―男性2、子供―女性1、石棺内―壮年、成人1
198	山陰	島根	臼コクリE	S4	長方形	3	散乱	散乱状態で人骨出土。ネズミの咬痕あり。墓前域左隅に須恵器甕あり→各地共通儀礼。成人男性2、成人女性1
199	山陰	島根	臼コクリF	1	方形	不明	不明	石棺の内外で、遺存状態の悪い人骨を検出。性別など不明
200	山陰	島根	臼コクリF	2	台形	不明	不明	石棺内の板石に区切られた空間から人骨検出。人骨は取り上げ不能の状態。石棺には灯明台石を敷設。性別など不明
201	山陰	島根	岩屋口北	5	長方形	不明	不明	右壁寄り、奥壁右隅付近、左側壁沿いに散在。二次的に移動された可能性あり。性別など不明
202	山陰	島根	岩屋口北	7	長方形	不明	不明	骨は動かされている。四肢骨中心で複数の遺体があったと想定。追葬の際に砂を玄室床に敷いている。性別など不明
203	山陰	鳥取	大塚山	A2	正方形	7	3号(3号群)・4号(3号群)は砂の付着痕跡から、二次的に移動と推定 ※河原での一次葬	1号人骨群(玄室前壁左隅)。2号人骨群(玄室奥側右壁沿い)。3号人骨群(玄室奥壁寄り)。3号(3号群)は骨髄腔に砂が詰まる。4号(3号群)は上顎洞内に砂の付着、頭蓋骨に赤色顔料(水銀種)の付着。5号(3号群)は頭蓋骨に赤色顔料(水銀朱)の付着。1号(1号群) 壮年後半～熟年男性、2号(2号群) 壮年男性、3号(3号群) 少年期、4号(3号群) 壮年後半男性、5号(3号群) 壮年女性、6号(1号群) 新生児、7号(2号群) 子供
204	山陰	鳥取	大塚山	B1	長方形			
205	山陰	鳥取	大塚山	B2	台形	骨片9点	不明	玄室右半奥壁寄り。成人
206	山陰	鳥取	大塚山	B3	未完成			
207	山陰	鳥取	大塚山	C1	不整五角形	2	玄室中央に集積 ※伸展葬のように見えるが頭蓋骨は女性で体は男性骨	玄室中央通路部分。元々遺体が安置されていたと考えられる場所にはほとんど人骨が存在しない。骨化後の男性と連結靭帯が残っている女性を同時に中央に移動。もともとは、玄室左半に女性、右半に男性と想定。熟年後半の女性、壮年男性
208	山陰	鳥取	大塚山	C2	未完成			
209	山陰	鳥取	大塚山	C3	正方形			
210	山陰	鳥取	大塚山	C4	正方形	歯が1点	不明	玄室中央奥壁寄り付近。若い個体と想定

No.	地域	所在	名称	号数	玄室平面形態	埋葬人骨数	埋葬の状態	特記事項
211	山陰	鳥取	大谷山	C5	不整六角形			
212	山陰	鳥取	大谷山	C6	正方形			
213	山陰	鳥取	大谷山	C7	不整正方形			
214	山陰	鳥取	大谷山	C8	正方形	7(頭蓋骨の数)※規則的な配列は一体もなし	玄室中央部に四肢骨を寄せる	玄室中央付近(玄室左前壁隅〜奥壁右隅にかけて)。朱塗りの人骨。腐乱した不浄なものを水で洗い流し、その後朱などを頭蓋骨に塗る。大甕は横穴墓後背尾根上で壊されて玄室内に持ち込まれた。No.1頭蓋骨は壮年女性、No.2頭蓋骨は壮年男性、No.3頭蓋骨は壮年女性か?、No.4頭蓋骨は壮年女性、No.5頭蓋骨は壮年後半男性、No.6頭蓋骨は青年期後半〜壮年女性、No.7頭蓋骨は7〜9歳の子供
215	山陰	島根	高広	Ⅰ区1	方形	2	不明	玄室右手に頭蓋骨、左手奥に下顎骨、玄室奥と右手前に四肢骨が散乱。閉塞石に須恵器坏蓋を貼り付ける。成人男性と成人女性か
216	山陰	島根	高広	Ⅰ区2	方形	1	火葬骨	玄室内右壁寄りに散在するが、人為的移動を想定。成人骨
217	山陰	島根	高広	Ⅰ区3	不整方形	3	仰臥伸展位で、3体並列	玄室中央〜左側。埋葬順は3号→2号→1号と想定。3体共に前壁側に頭位。1号若年者(10才前後)、2号壮年〜熟年男性、3号壮年女性
218	山陰	島根	高広	Ⅳ区2	方形	不明	不明	黒褐色の人骨片が若干散在。性別など不明
219	山陰	島根	高広	Ⅳ区3	方形	5	不明	玄室内全域に散在。墓前域で8号小横穴墓付設。8号は土器を大量に納める。頭蓋a不明、頭蓋b成人男性、頭蓋c成人女性、頭蓋d不明、頭蓋e・f不明
220	山陰	島根	高広	Ⅳ区4	方形	3	改葬か?	奥壁際左右隅に纏まりを持つ。墓前域で7号小横穴墓付設。左奥は成人女性、右奥は成人男性と若年者
221	山陰	島根	高広	Ⅳ区6	方形	1	不明	前壁左壁際に炭化した人骨2片。成人
222	山陰	島根	高広	Ⅳ区7	撥形	1	不明	玄室中央付近に頭蓋骨片。性別など不明
223	山陰	島根	島田池	1区1	方形	1	不明	玄門付近に散在。石棺外に須恵器屍床。前壁側右隅に土器が集積される。壮年前期男性1
224	山陰	島根	島田池	1区2	方形	3	不明	玄室中央付近に散在。屍床状にはあまりない。壮年女性1、小児(10歳前後)2
225	山陰	島根	島田池	1区3-B	方形	5	改葬か?	玄室奥隅付近と中央部を中心にやや密に存在。壮年男性1、熟年男性1、壮年中期女性1、壮年前期女性1、若年者(10代)1
226	山陰	島根	島田池	1区3-C	方形	2	不明	玄室中央から左側にかけて散在。壮年男性1、若年者(10代)1
227	山陰	島根	島田池	4区5	方形	2	不明	玄室中央から右側にかけて散在。壮年男性1、壮年女性1
228	山陰	島根	島田池	4区6	方形	3	改葬か?	玄室左半中央付近にやや集中。壮年男性1、壮年男性1、成人域1
229	山陰	島根	島田池	4区7	不整な楕円形	2	伸展葬	奥壁沿いに存在。壮年男性1、成人域1
230	山陰	島根	島田池	4区8	方形	2	不明	左壁沿い・右壁沿いに断片的に散在。小皿の出土は珍しい。成人域1、不明1
231	山陰	島根	島田池	4区10	方形	1	不明	玄室右半に散在。壮年中期1
232	山陰	島根	島田池	4区11	長方形	1	伸展葬	左壁沿いに頭位を玄門側に向けて埋葬。壮年1
233	山陰	島根	島田池	4区12	方形	3	伸展葬	玄室左半・玄室右半に頭位を玄門側に向けて埋葬(3体)。壮年中期男性1、壮年中期男性1、壮年中期女性1
234	山陰	島根	島田池	4区14	長方形	1	伸展葬か?	玄門側に頭位か?(坏が枕か?)。熟年?1
235	山陰	島根	島田池	4区15	方形	5	伸展葬→改葬か?	四肢骨が玄室中央奥壁寄りにやや集中。壮年前期?女性3、壮年後期〜熟年女性1、小児(10歳前後)1
236	山陰	島根	島田池	4区17	方形	2	伸展葬か?	玄室中央で玄門側に頭位を向けたと思われる状態で検出される。成人域男性1、成人域女性1
237	山陰	島根	島田池	6区2	方形	1?	不明	玄室奥壁寄り左側から頭蓋骨などが出土
238	山陰	島根	島田池	6区3	方形	3	伸展葬・改葬	奥壁寄り有縁屍床上に須恵器が敷かれ、頭位を互い違いに2体、ほかに左壁沿いに頭蓋骨があり、二次的な移動を受けたものとみられる
239	山陰	島根	島田池	6区7	方形	1?	不明	玄室中央付近に人骨片が散乱して出土
240	山陰	島根	島田池	6区8	長方形	3	改葬か?	玄室左半は坏を並べ置いて棺台としている。人骨は左半と右半の2ヶ所にまとまりがあり、左半は2体が安置されるが複数の骨が動かされた状況、右半は少量が纏め置かれる
241	山陰	島根	島田池	6区9	長方形	3	改葬か?	凝灰岩製の石床が奥壁沿いに設置される。石床上からは人骨のみが出土し、右壁頭位で2体の伸展葬があるが、人骨は乱れている。石床外の左壁際にも人骨が出土している
242	山陰	島根	島田池	6区10	方形	2?	改葬	玄室内の中央と左側に人骨が集中し、特に左側は四肢骨を並列して集積している
243	山陰	島根	神門	10-B1	方形	1以上	改葬	玄室奥壁寄り中央付近に四肢骨を中心とした人骨が集積される。玄門側右壁寄りに少しの人骨がある
244	山陰	島根	神門	10-C4	方形	1以上	不明	玄室右奥を中心に人骨が散乱している
245	関西	京都	大田鼻	2		10以上		成人5、未成人5
246	関西	京都	大田鼻	6	縦長長方形	7以上	片付け	成人6、未成人1。玄室右側半部で主軸平行状態で集中検出。左半部でも若干検出。鉄釘数点が人骨を取り巻くように出土。金環1点が右側人骨の南端で出土。
247	関西	京都	大田鼻	11	不整形	2以上	片付け	成人2。玄室奥壁の中央付近で出土。
248	関西	京都	大田鼻	12	撥型	2以上	片付け	成人1。未成人1。玄室奥壁の中央付近でややまとまって出土。骨片の主軸は奥壁に沿っている。
249	関西	京都	大田鼻	13	撥型			成人1。奥壁左隅付近でまとまって出土。
250	関西	京都	大田鼻	14	撥型	2以上	不明	成人1。未成人1。奥壁寄りの中央付近に成人1体、右側壁寄りに幼児骨1体。人骨周辺で鉄釘数点が出土。
251	関西	京都	大田鼻	15	撥型		片付け	奥壁寄りの中央から右側にまとまって検出。遺物も奥壁寄りで出土。完形の土師器を主体とする土器が人骨群の左端に接した部分と玄室左奥の石材周辺で出土。
252	関西	京都	大田鼻	16	撥型	1以上	片付け	成人1。右奥付近で若干検出。
253	関西	京都	大田鼻	17	撥型	1以上	伸展	成人1。
254	関西	京都	大田鼻	18	撥型	2以上	片付け、追葬あり	成人2。奥壁に沿った部分と玄室中央より右寄りで検出。奥壁に沿った人骨周辺で鉄釘が出土。

付表

No.	地域	所在	名称	号数	玄室平面形態	埋葬人骨数	埋葬の状態	特記事項
255	関西	京都	大田鼻	19	撥型	2以上	片付け	成人1。未成人1。奥壁寄り中央部分の床面直上で検出。ほか床面上の土塊の上面から検出
256	関西	京都	大田鼻	22	撥型	3以上	片付け	成人3。奥壁寄り右側より出土
257	関西	京都	大田鼻	23	撥型（一部不整形）	1以上	片付け	成人女性1。ほか未成人含む3体以上の焼骨検出。左壁沿い奥壁寄りにまとまって出土。ほかにも玄室右側で3ヶ所に骨片が散乱
258	関西	京都	大田鼻	24	撥型	2以上	不明	成人2。奥壁付近で出土
259	関西	京都	大田鼻	26	撥型	2以上	片付け	成人2。奥壁付近で出土
260	関西	京都	大田鼻	29	撥型	3以上	片付け	成人3。奥壁付近で出土
261	関西	京都	大田鼻	30	撥型	2以上	不明	成人2。玄室中央より奥壁寄りで出土
262	関西	大阪	玉手山安福寺南群	4	縦長長方形			玄室右壁沿いに造付石棺　片袖式
263	関西	大阪	玉手山安福寺南群	8	方形（一部不整形）			玄室奥壁沿いに造付石棺
264	関西	大阪	玉手山安福寺南群	16	方形			両袖式
265	関西	大阪	高井田	C	長方形	5？	伸展葬？	四基の造付石棺（凝灰岩層を掘込む）　さらに整地後木棺を安置
266	関西	奈良	龍王山	A-1		1以上		1基の棺　棺内に刀子
267	関西	奈良	龍王山	A-2		1？		1基の棺　棺内に刀子
268	関西	奈良	龍王山	A-3	方形（不定形）		追葬あり	追葬は1回（須恵器の年代より）
269	関西	奈良	龍王山	A-4	長方形（不定形）			極めて小規模
270	関西	奈良	龍王山	A-8	長方形（不定形）			墓前で焚火の後
271	関西	奈良	龍王山	B-1		4以上	追葬あり	男1　女1　小児1　幼児1　が1棺分のスペースに収蔵
272	関西	奈良	龍王山	B-2		3以上		耳環数より推定
273	関西	奈良	龍王山	C-1		1以上		
274	関西	奈良	龍王山	C-2		2以上		人骨と耳環から推定
275	関西	奈良	龍王山	C-4		3	追葬あり	男1　女1　成人1　1棺に2人収蔵
276	関西	奈良	龍王山	C-5		1		男1　1棺1人？
277	関西	奈良	龍王山	C-6		1以上	追葬あり	男1（壮年後半）　1棺2人？
278	関西	奈良	龍王山	D-1		1以上		1棺1人？
279	関西	奈良	龍王山	E-12		1		
280	関西	奈良	龍王山	E-13		1		1棺1人？
281	関西	奈良	龍王山	E-14		1		男1（若くない）
282	関西	奈良	龍王山	E-15	正方形		追葬あり？	美麗に石積
283	関西	奈良	龍王山	E-16				小竪穴式石室
284	関西	奈良	龍王山	E-18	長方形	1		男1（？）
285	関西	奈良	龍王山	E-19	正方形			
286	関西	奈良	龍王山	E-20		1		男1
287	関西	奈良	龍王山	E-21				1棺1人？
288	関西	奈良	龍王山	H-1		2人以上		
289	北陸	石川	ユノ目ゲンヤマ	4	方形（歪）	2	改葬	奥壁中央付近に塊石に混ざり人骨出土。集積改葬とみられる
290	北陸	石川	法皇山	10	隅丸方形	不明	不明	奥壁右隅付近に骨片あり
291	北陸	石川	法皇山	17	長方形	不明	不明	1体分の人骨出土と報告書に記されるのみ
292	北陸	富山	頭川城ヶ平	4	方形	2	伸展葬・改葬	主軸直交で埋葬され、頭蓋骨の位置が並列する二体で対置される
293	北陸	富山	頭川城ヶ平	5	方形	3	伸展葬・改葬	主軸直交で埋葬され、頭蓋骨の位置が並列する二体で対置される奥側の人骨と重複するように、改葬骨が集積される
294	北陸	富山	頭川城ヶ平	15	方形	2	伸展葬	主軸直交で奥壁から順次二体が埋葬される。頭位方向は揃う
295	北陸	富山	頭川城ヶ平	16	方形	3	改葬	奥半を中心に人骨が集積している。頭蓋骨は間隔を置いてみられ、四肢骨等の集積した上に置かれていたことも考えられる
296	北陸	富山	江道	2	方形	13	不明	昭和31年発掘、記述のみ。男性11、女性2
297	北陸	富山	江道	3	長方形	2	不明	昭和31年発掘、記述のみ
298	北陸	富山	江道	15	隅丸方形	12	伸展葬・改葬	前壁に沿う形で左右の下肢骨が生理的位置関係を保っているため伸展位か。人骨は大きく三つに分かれて集積された状態で確認。熟年男性4、壮年男性1、熟年女性1、年齢不詳女性1、年齢不詳男性1、年齢不詳未成年1、小児期1、少年期1、幼年期1
299	北陸	富山	江道	21	逆台形	5	改葬	小さな骨の断片が散るのみ。壮年女性1、青年男性1、幼年期3
300	北陸	富山	江道	22	方形	14	改葬	小さな骨の断片が散るのみ。23号墓の骨化スペースとして想定している。壮年期2、青年期2、年齢不詳1、少年期〜小児期1、少年期4、幼年期4
301	北陸	富山	江道	23	逆台形	15	改葬	5基の木棺に改葬により埋葬されたと想定。22号墓で骨化して、23号墓に改葬と想定。熟年女性1、熟年男性1、壮年男性2、性別不詳青年期1、少年期3、幼年期7
302	北陸	富山	江道	24	不整方形	13	改葬	6基の木棺に改葬により埋葬されたと想定。熟年男性1、壮年男性1、壮年女性2、青年性別不詳2、幼年期7
303	北陸	富山	江道	27	不整方形	7	改葬	頭蓋骨や大腿骨が出土し、集中地点はあるが纏まりはないとされる。熟年1、壮年2、幼年4
304	北陸	富山	江道	29	隅丸方形	8	改葬	3基の木棺に改葬により埋葬されたと想定。壮年期3、青年期2、少年期2、幼年期1
305	北陸	富山	脇方	3	—	1	不明	撹乱土中からの一括出土。青年男性
306	北陸	富山	脇方	4	—	8以上	不明	撹乱土中からの一括出土。老年男性1、熟年女性1、壮年男性1、壮年女性1、青年1、少年1、幼年2

No.	地域	所在	名称	号数	玄室平面形態	埋葬人骨数	埋葬の状態	特記事項
307	北陸	富山	脇方	8	方形	15	改葬	上層から6体、下層から9体。玄室全体に四肢骨、頭蓋骨が散在するが、左半に集積される傾向あり。上層：青年男性、壮年男性、少年、幼児3。下層：老年男性、壮年男性、老年男性、壮年又は青年男性・女性各1、少年1、乳幼児3
308	東海	静岡	宇藤	A1	横長長方形	7	片付け？	石棺の外の左壁際より奥壁左寄りにかけて散乱。成人男性2、成人女性2、小児1、幼児2。馬具副葬
309	東海	静岡	宇藤	A3	方形	12	片付け？	横穴の床面一杯に層をなして散乱、右壁手前から中央寄りに頭蓋5点並列。左壁奥に下顎骨5点纏められている。成人8、未成年4
310	東海	静岡	宇藤	A4	方形	1	不明	熟年ないし壮年
311	東海	静岡	宇藤	A5	横長長方形	3	片付け	女性、幼児、不明各1　鉄器多数、須恵器42点
312	東海	静岡	宇藤	A6	縦長長方形	4	片付け	横穴の奥壁と石棺の間40cm弱の隙間に散乱。
313	東海	静岡	宇藤	A7	方形	9	片付け	横穴の奥壁と左壁側に不規則に集積。成人6、青年1、小児1、幼児1
314	東海	静岡	伊庄谷南谷	24	やや銅張長方形		出土なし	四周に壁溝。礫床。木棺用座石あり。追葬1回以上を想定。
315	東海	静岡	伊庄谷北谷	A-2	長方形		出土なし	2組の棺座用石、追葬1回以上を想定。
316	東海	静岡	伊庄谷北谷	B-2	長方形		出土なし	追葬はなかった（報告者）　大刀の状態から、頭位は入口向き
317	東海	静岡	伊庄谷北谷	B-10	長方形	6	片付け	棺座なし。最大5回追葬の可能性あり。最終被葬者は礫床上に直接置かれた可能性あり
318	東海	静岡	宇洞ヶ谷	14	隅丸長方形			遠江地方最大。棺は造りつけ。天井部はドーム状。側壁1.4m高の50～60cm間隔で穿孔あり、その中には鹿角と思われる骨片が遺存。羨道部入口両側の突出部と奥の彫り込み。閉塞最下段に泥岩板。墓道は2段造り。棺体の入口側右寄りに径15cmの孔。孔の入口には栓が挿入。蓋ははずれている。追葬あり？
319	東海	静岡	城山					
320	東海	静岡	本村A群					追葬あり
321	東海	静岡	本村A群	A1				羨道部の両側に縦位の溝
322	東海	静岡	本村A群	A2				羨道部の両側に縦位の溝
323	東海	静岡	本村A群	A4				宇洞ヶ谷の次に大規模
324	東海	静岡	本村B群					追葬あり
325	東海	静岡	岡津A群					追葬あり
326	東海	静岡	岡津B群					追葬あり
327	東海	静岡	下本所					追葬あり
328	東海	静岡	地蔵ヶ谷					追葬あり
329	東海	静岡	宗光寺	1	縦長長方形？撥形？			凝灰岩の棺　縦置き　山型蓋あり
330	東海	静岡	洞	2	縦長長方形？撥形？			石棺　奥壁沿いに横置き
331	東海	静岡	大師山	8	細長い袋状・不整形			棺2個（玄室左奥に接して縦置き1個、玄室右壁中央部に食い込むように縦置き1個）、追葬の可能性あり
332	東海	三重	金塚	2		3以上	伸展葬	奥壁側に頭を向け、並べて埋葬。右の遺体を取り囲むように木質の付いた鉄釘が認められ、木棺に納められていた。
333	関東	神奈川	愛宕山下	8	―	1	改葬	奥壁寄り中央右付近
334	関東	神奈川	愛宕山下	14				
335	関東	神奈川	愛宕山下	16				
336	関東	神奈川	愛宕山下	17	方形	?	片付け？	奥の壁右コーナー付近　石敷きによる棺座
337	関東	神奈川	北中尾	14	撥形	1？	不明瞭	棺座上
338	関東	神奈川	比奈窪	10	長方形	2？	不明瞭	不明（報告書に記載無し）。「大腿骨は焼骨、踵骨は焼けていない、踵骨は最近のものと思われる。」
339	関東	神奈川	比奈窪	11	長方形	2以上	不明瞭	不明（報告書に記載無し）。「椎骨は最近のものと思われる、頭蓋は長頭の特徴から中世とも考えられる」
340	関東	神奈川	倉上	12	撥形	1？	不明瞭	左側壁寄り
341	関東	神奈川	諏訪脇(東部分)	201	方形	?	不明瞭	周溝を中心に残存？
342	関東	神奈川	諏訪脇(東部分)	901	方形	?	不明瞭	石棺外にもあり
343	関東	神奈川	大日ヶ窪	32	長方形	?	不明瞭	
344	関東	神奈川	岩井戸	旧1	撥形	1？	改葬？	奥壁寄り中央左付近
345	関東	神奈川	岩井戸	28	方形？	1	改葬	奥壁寄り中央右付近。小型横穴
346	関東	神奈川	岩井戸	A2	撥形	6	不明瞭	奥壁寄り中央右付近と左コーナー付近開口部からの流れ込み土層中。須恵器蓋は棺座上から出土
347	関東	神奈川	岩井戸	A4	撥形	4	不明瞭	奥壁寄り左コーナー付近、左壁中央付近奥側の棺座よりは頭蓋が二個左壁方（西）から検出。手前棺座は骨あるが、破片とされ不明
348	関東	神奈川	岩井戸	A5	撥形	3	不明瞭	奥壁左コーナー付近、奥壁寄り中央付近
349	関東	神奈川	鶴巻大椿	H2	撥形	1	改葬	奥壁寄り中央付近。分析したが骨の遺存状況不良で同定なし
350	関東	神奈川	万田八重窪	41	撥形	1？	不明瞭	奥壁寄り中央付近
351	関東	神奈川	万田八重窪	1	撥形	1	改葬	奥壁寄り中央右付近。高棺座
352	関東	神奈川	唐沢	1	撥形	1？	片付け	奥壁寄り中央左付近
353	関東	神奈川	唐沢	2	撥形	1	改葬	奥壁左コーナー付近
354	関東	神奈川	唐沢	5	台形	1	改葬	奥壁左コーナー付近

付表

No.	地域	所在	名称	号数	玄室平面形態	埋葬人骨数	埋葬の状態	特記事項
355	関東	神奈川	唐沢	8	長台形	4以上?	改葬・伸展葬?	改葬＝奥壁左コーナー付近・奥壁寄り中央左。骨化＝玄門付近頭蓋骨2個。初葬は奥壁左コーナー付近・追葬は奥壁寄り中央左付近か?、玄門付近に頭蓋骨2点あり、玄室手前スペースで骨化をしたか?
356	関東	神奈川	三ノ宮・下尾崎	1	撥形?	1?	不明瞭	玄室中央付近。玄室奥壁周辺未調査。すべて小骨片
357	関東	神奈川	三ノ宮・下尾崎	2	撥形	2以上	不明瞭改葬?	手前側右半。手前側左半。玄室奥壁周辺未調査。狸骨あり
358	関東	神奈川	三ノ宮・下尾崎	4	台形	15以上	不明瞭伸展葬?	棺座上：骨粉多く存在。右端に頭蓋骨あり。棺座石敷は左半が比較的細かい礫を使用、棺座右端の頭蓋骨は耳環装着状態で検出
359	関東	神奈川	三ノ宮・下尾崎	5	方形	6以上	改葬?片付け	玄室左半に方形石囲い。中央排水溝を中心に片付。玄室右半石敷。玄室左半に方形石囲い(約1×1m)人頭大礫で囲繞し、小礫が敷かれる
360	関東	神奈川	三ノ宮・下尾崎	6	長方形	3以上?	不明瞭	窯改造時に骨は散乱か? 後世に窯として改造(中世以降)。石敷きは棺座上のものが下段に片付けられたと推察
361	関東	神奈川	三ノ宮・下尾崎	11	撥形	11以上	改葬(集積・疑伸展位)	奥壁寄り左コーナー付近：改葬集積3ヶ所、うち1ヶ所は2体分以上が集積される。奥壁寄りの手前：あたかも伸展のようであるが、体部の骨は集積された印象。改葬(集積)は奥壁寄り左コーナー付近に3ヶ所。その手前に伸展位を模した改葬がされ、頭蓋は改葬(集積)方向で、複数人の歯が混在
362	関東	神奈川	三ノ宮・下尾崎	19	撥形	12以上	不明瞭改葬?伸展葬?	奥壁寄り数ヶ所で改葬(集骨)か? その手前で伸展位か? 骨の遺存不良(糊状)
363	関東	神奈川	三ノ宮・下尾崎	20	撥形	4以上	不明瞭	棺座上に散在。奥壁周辺未調査
364	関東	神奈川	三ノ宮・下尾崎	21	撥形	2以上	不明瞭	玄室左壁寄り。奥壁周辺未調査、玄室左壁寄りに下顎骨
365	関東	神奈川	三ノ宮・下尾崎	23	撥形	6以上	改葬?	手前の棺座に頭蓋集中
366	関東	神奈川	三ノ宮・下尾崎	24	撥形	1以上	改葬	奥壁寄り中央。長頸壺は墓前域羨門入口右手に据え置き
367	関東	神奈川	三ノ宮・下尾崎	26	方形	13以上	改葬	右壁沿いに改葬(集積)骨直列。頭蓋骨は8個、石敷上に6個、石敷手前に2個、石敷上は男性と子供、石敷手前は女性
368	関東	神奈川	上粕屋・川上	—	撥形?	3?	伸展葬?	右壁寄り2体・左壁寄り1体
369	関東	神奈川	東富岡・北三間	3	撥形	7以上	伸展葬片付	伸展2体：奥壁寄り並列、片付け：奥壁左コーナー付近。片付は伸展者の頭上に集積、奥壁左コーナー付近
370	関東	神奈川	三ノ宮・上栗原	4	撥形	2以上	不明瞭	棺座上。棺座上から少量出土
371	関東	神奈川	三ノ宮・上栗原	5	撥形	1以上	不明瞭	不明。骨の出土記述なし
372	関東	神奈川	三ノ宮・上栗原	9	撥形	5以上	改葬	奥壁寄り棺座右半
373	関東	神奈川	三ノ宮・上栗原	11	撥形	2以上	片付け?	奥壁寄り中央付近。中世には開口
374	関東	神奈川	堀ノ内	4	撥形	1?	不明瞭	棺座縁辺
375	関東	神奈川	上今泉	5	撥形	1?	改葬?	奥壁寄り中央付近。小型?(奥壁幅2.15m)。人骨報告記述無しに等しい。人骨は奥壁寄り中央付近に纏められ、片付とは思われない。人骨下には1cm程度の小礫が長楕円形(長方形状)に集中する
376	関東	神奈川	上今泉	6	撥形	1?	片付	奥壁際中央付近。奥壁際中央付近に鉄鏃と並列して片付けられる
377	関東	神奈川	大下	4	撥形	1	改葬	奥壁寄り中央右付近。小型横穴
378	関東	神奈川	下草柳九番耕地	2	撥形?	1?	伸展葬	奥壁寄り
379	関東	神奈川	下草柳九番耕地	4	台形	1	伸展葬	奥壁寄り。小型横穴
380	関東	神奈川	浅間神社西側	1	方形	2	伸展葬	奥壁寄り並列
381	関東	神奈川	浅間神社西側	3	撥形	1	伸展葬	奥壁寄り
382	関東	神奈川	浅間神社西側	4	台形	3以上	改葬・伸展葬	奥壁寄り並列・玄室右コーナー付近改葬か。奥壁伸展並列で骨化、玄門右コーナー付近に改葬か?
383	関東	神奈川	浅間神社西側	5	撥形	2以上	片付	奥壁際・右壁際
384	関東	神奈川	浅間神社西側	6	撥形	2	伸展葬	羨道と玄室境に伸展・奥壁寄りに骨片少量
385	関東	神奈川	浅間神社西側	7	撥形	3以上	改葬・伸展葬	奥壁寄り並列玄室内手前で改葬か(最奥を改葬か?)。奥壁伸展並列で骨化、玄室内手前で改葬か?
386	関東	神奈川	浅間神社西側	8	撥形	3	伸展葬	奥壁寄り並列
387	関東	神奈川	浅間神社西側	9	撥形	3	伸展葬	奥壁寄り並列。高棺座
388	関東	神奈川	南善ヶ谷	1	撥形	2以上	改葬・伸展葬	奥壁寄り並列玄室内手前右寄りで改葬か? 奥壁伸展並列で骨化、玄室内手前で改葬か?
389	関東	神奈川	南善ヶ谷	2	撥形	1	伸展葬	奥壁寄り
390	関東	神奈川	一ノ谷	3	長方形	5以上	不規則	玄室全域
391	関東	神奈川	鎌倉高校校内(室谷)	3	台形?	3以上?	改葬?片付け?	奥壁寄り右コーナー付近。「少なくとも3体分の骨があったと記される」奥壁寄り右コーナー付近に集積
392	関東	神奈川	久木(5丁目)	2	方形	1以上	改葬?	玄室中央。あたかも木棺に収められたように1.7×0.6mの長方形の範囲内で出土。生物学的配置にはならず、1体以上の骨が存在する可能性あり

No.	地域	所在	名称	号数	玄室平面形態	埋葬人骨数	埋葬の状態	特記事項
393	関東	神奈川	久木(5丁目)	3	方形	1	伸展葬?	右壁寄り中央付近。あたかも木棺に収められたように1.6×0.5mの長方形の範囲内で出土。生物学的配置になるかは判然としない。1体以上の骨が存在するかも不明瞭
394	関東	神奈川	久木(5丁目)	9	撥形	3以上	改葬?	左右壁際中央付近。頭蓋は右壁中央付近に存在。報告書のまとめにて「奥壁近くで検出した下半身を中心とした集骨」とあるが、挿図になし
395	関東	神奈川	久木(5丁目)	10	方形	5以上	伸展葬?改葬?	奥側右壁寄りで伸展葬にて骨化か、奥側左壁寄りで改葬(集骨)か。頭蓋の遺存は挿図不明
396	関東	神奈川	久木(5丁目)	11	撥形	7以上	不明瞭	奥側広範に散在
397	関東	神奈川	新宿	19	長方形	4	伸展葬?	玄室中央から左半
398	関東	神奈川	新宿	20	?	1	伸展葬?	玄室左半
399	関東	神奈川	新宿	22	?	3	伸展葬?	玄室全域
400	関東	神奈川	新宿	3	方形	?	不明瞭	玄室全域。未報告? 小縮尺挿図上に人骨配置が見られるが不明瞭
401	関東	神奈川	新宿	6	不定形(小型)	?	伸展葬?	玄室中央付近。未報告? 小縮尺挿図上に人骨配置が見られるが不明瞭、伸展葬のように見うけられるが、頭蓋はずれているか?
402	関東	神奈川	新宿	7	撥形	?	伸展葬?改葬?	奥側右壁寄りに伸展葬か? 奥側右壁寄りに改葬(集骨)か? 未報告? 小縮尺挿図上に人骨配置が見られるが不明瞭
403	関東	神奈川	新宿	8	撥形	?	伸展葬?改葬?	奥側右壁寄りに伸展葬か? 奥側右壁寄りに改葬(集骨)か? 未報告? 小縮尺挿図上に人骨配置が見られるが不明瞭、人骨は大量に出土。伸展葬も配置が不明瞭で片付けの可能性もありか? 改葬(集骨)も纏まるものの広範に展開
404	関東	神奈川	逗子駅裏山	1	?	1	伸展葬	奥壁寄り
405	関東	神奈川	逗子駅裏山	3	?	2	伸展葬	奥壁寄り。初葬埋没後重複
406	関東	神奈川	窪がり	3	長方形?	1?	不明瞭	玄室中央付近。骨片少量。挿図不明瞭
407	関東	神奈川	窪がり	7	長方形?	1?	不明瞭	玄室手前左右。骨片少量。挿図不明瞭
408	関東	神奈川	窪がり	8	方形	2?	不明瞭	玄室右壁寄り。奥壁寄り左半。挿図不明瞭。頭蓋2点
409	関東	神奈川	窪がり	9	台形	1?	不明瞭	奥壁右コーナー付近。骨片少量。頭蓋1点。挿図不明瞭
410	関東	神奈川	窪がり	12	長方形	10	改葬・伸展葬・片付け	奥側左壁寄り(片付け)。奥側中央付近・手前側右壁寄り(改葬)頭蓋10点。玄室左半で骨化、手前で改葬か
411	関東	神奈川	窪がり	14	撥形	3以上	改葬・伸展層	奥側左半(伸展葬)。手前側右半中央付近(改葬)。頭蓋3点。玄室左半で骨化、手前で改葬か?
412	関東	神奈川	窪がり	16	撥形	1?	不明瞭	玄室手前で頭蓋検出とされる。人骨片散乱とされるが不明瞭
413	関東	神奈川	窪がり	17	台形?	1?	不明瞭	奥壁寄り右コーナー付近。左壁中央付近。人骨片散乱とされるが不明瞭
414	関東	神奈川	窪がり	18	方形	1?	不明瞭	奥壁寄り中央付近。手前側右壁寄り
415	関東	神奈川	窪がり	22	隅台形?	1?	不明瞭	手前側右半。横穴報告文字記載無し
416	関東	神奈川	坂の下海岸	5	長方形	1?	不明瞭	右壁中央付近。手前側左壁付近
417	関東	神奈川	坂の下海岸	6	台形	1?	不明瞭	手前側左コーナー付近
418	関東	神奈川	坂の下海岸	8	台形	1?	不明瞭	手前側中央付近。左コーナー付近。未調査との記載
419	関東	神奈川	坂の下海岸	9	長方形	5	改葬・伸展葬	手前側左半(伸展葬)。奥側右半(改葬)。須恵器類は奥壁寄り左コーナー付近に集中(高山横穴墓群に類似)
420	関東	神奈川	鳥ヶ崎	A	長方形	8以上	改葬・伸展葬	玄室中央から左半で骨化・右半で改葬か? 玄室左半で骨化(2〜3体)・右半で改葬か?
421	関東	神奈川	鳥ヶ崎	B	長方形	9以上	改葬・伸展葬	玄室左半で骨化・右半及び奥壁寄り右半で改葬か? 玄室左半で骨化(1体?)・右半及び奥壁寄り右半で改葬か?
422	関東	神奈川	鳥ヶ崎	C	長方形	3以上	改葬	玄室右半及び奥壁寄り右半で改葬か? 玄室左半の骨化スペースに遺体無し
423	関東	神奈川	鳥ヶ崎	D	長方形?	3以上	改葬・伸展葬	玄室左半で骨化・右半及び奥壁寄り右半で改葬か? 玄室左半で骨化(1体?)・右半及び奥壁寄り右半で改葬か?
424	関東	神奈川	鳥ヶ崎	H	長方形?	1以上	改葬・伸展葬	玄室左半で骨化・右半及び奥壁寄り右半で改葬か? 玄室左半で骨化(1体?)・右半及び奥壁寄り右半で改葬か?
425	関東	神奈川	高山	4	方形	1以上	改葬	奥壁寄り左側。骨の纏まりは2ヶ所で、奥壁寄り左側が改葬とみられる
426	関東	神奈川	高山	5	方形?	330点	改葬	奥壁寄り左側が主体。骨は玄室内に広く散在、生物学的配置を留めない、また、明らかな改葬の配置も留めていない
427	関東	神奈川	高山	6	不明	2	不明瞭	玄室奥壁寄り中央部分にやや集中。歯から2体の埋葬と判断。成人と8歳前後
428	関東	神奈川	高山	9	方形	6以上(200点以上)	改葬	奥壁寄り右半と玄室中央左半に集中箇所あり。玄室床直と覆土中の2面に高低差を持って断面の分布あり。奥壁寄り右半では標高差を持つ出土状態で、高位に位置する人骨の纏まりは追葬時の埋葬か。複数の頭蓋は解剖学的配列を保っていない。未成年2体、成人4体の計6体。内訳は幼児5歳前後と10歳前後、壮年後半男性、壮年初期女性、年齢不明男性×2。9号墓のNo.27と23号墓の頭蓋は中世人の特徴も認められる
429	関東	神奈川	高山	10	方形	1以上	不明	人歯1点
430	関東	神奈川	高山	17	台形	2	不明瞭	玄室中央付近に散在。2体分の骨片、歯。壮年初期男性、9歳前後
431	関東	神奈川	高山	18	方形?	3以上(15点)	不明瞭	奥壁寄り右半に散漫ながら集中。最小個体数3体。性別はいずれも不詳。7〜8歳、壮年後半、壮年初期
432	関東	神奈川	高山	20	台形?	3以上(43点)	不明瞭	玄室中央左半にやや集中。最小個体数3体。幼児6歳前後、成人2体男性(壮年初期と熟年)
433	関東	神奈川	高山	23	台形	1以上	不明瞭	挿図標記なし、羨道開口部際の左壁寄り頭蓋骨出土。人骨の特徴からは江戸以降の人骨と同定。壮年半ばの男性
434	関東	神奈川	高山	24	不明	1以上	不明瞭	挿図標記なし、玄室中央より骨片纏まって出土とされる、改葬か? 男性
435	関東	神奈川	佐島	3	長方形	2?	伸展葬	玄室左半
436	関東	神奈川	沼田城山	中	方形	1以上	伸展葬	奥壁寄り。他に玄室左半に伸展位埋葬1体ありか?

263

付表

No.	地域	所在	名称	号数	玄室平面形態	埋葬人骨数	埋葬の状態	特記事項
437	関東	神奈川	馬堀	2	長方形	3以上	伸展葬	玄室全域
438	関東	神奈川	吉井	1	撥形	2以上	改葬	奥壁寄り中央から左半
439	関東	神奈川	夢見ヶ崎	一	円形	2？	改葬	玄室中央付近
440	関東	神奈川	新作	1	撥形	2	伸展葬	棺座・棺座手前スペース。頭方向互い違い
441	関東	神奈川	西田原	1	撥形	1		頭骨朱色顔料付着。追葬痕跡なし・ロームで閉塞
442	関東	神奈川	久地西前田	2次2	台形	10以上	伸展葬片付け改葬	伸展葬：棺座上木棺、玄室内木棺、付け：棺座（北隅）右コーナー付近など、改葬：玄室内石組み施設。石組み方形施設、石組み楕円形施設にて改葬
443	関東	神奈川	久地西前田	2次3	方形	6	伸展葬片付け	側壁沿いに棺座2基、人骨の遺存は不良ながら玄門向きに頭位が見られるとされる。棺座幅はそれぞれ70cm程度。片付けは1ヶ所にされることなく、側壁沿いに寄せ集められる
444	関東	神奈川	久本	3	撥形		伸展葬4体か？・人骨は出土せず	奥壁寄り並列して4振りの大刀が出土、4体分の埋葬を想定
445	関東	神奈川	久本桃之園	5	台形	1以上	改葬	玄室中央右半。小型横穴？、骨集中範囲から離れ、歯・骨片分布箇所が1ヶ所存在
446	関東	神奈川	久末椴谷	一	撥形	2？	不明瞭	棺座上
447	関東	神奈川	諏訪下北	A5	撥形	1以上？	伸展葬	奥壁寄り中央。羨門付近に骨粉分布
448	関東	神奈川	馬場3丁目	1	撥形	5(奥：4・手前：1)	改葬？	棺座（奥）は3個の頭蓋骨が右壁際に直列し、恰も伸展のようであるが、体部の骨は集積の印象、棺座（手前）は頭骨位置が奥と逆位に置かれる。頭方向互い違い。奥：頭骨を右に置き、その他遺骨は中央に寄せられる。手前：頭骨左で、伸展位ではない。玄室全面炭敷・閉塞不明
449	関東	神奈川	馬場3丁目	3	撥形	5？		崩落による飛散？、中央に寄せ集められた印象、閉塞は土積？
450	関東	神奈川	浅間下	6	方形？	1？	片付け？	右壁寄り
451	関東	神奈川	浅間下	8	台形	1？	不明瞭	奥壁寄り中央
452	関東	神奈川	天ヶ谷	1	撥形	2？	伸展葬	奥壁寄り並列改葬の可能性もありか？
453	関東	神奈川	森浅間山	1	撥形（棺室）	3	改葬	棺骨は1.5～0.8m程度。頭骨及び歯が左壁寄りに散乱。小児期における栄養失調経歴あり。歯の状態から、壮年1体、壮年～老年2体（骨からは男性と女性であった可能性あり）
454	関東	神奈川	森浅間山	3	撥形（棺室）	2	不明	頭蓋骨と歯から10代後半1体、10歳未満1体
455	関東	神奈川	中依知中林	3	撥形	3	不明	幼児～小児3体の歯が玄室から出土
456	関東	神奈川	中依知中林	4	撥形	4	改葬	奥壁に並行して南側頭位の3体の並列を確認。人骨の分析からは成年2体、未成年2体。玄門に近い1体は推定身長166cmの男性
457	関東	神奈川	万田八重窪	38	撥形	1？	不明	玄室奥側左半、礫による（3石）の棺台付近から、四肢骨中心に出土
458	関東	神奈川	万田八重窪	48	撥形	1？	伸展葬	玄室奥側左半、礫による（7石）の棺台付近から、歯が出土
459	関東	神奈川	倉上	8	撥形	3以上		奥壁寄りに3～4ヶ所の集積された人骨が並置される。左側集積骨周辺には、棺台とみられる礫が3石ある
460	関東	神奈川	矢倉地	1	撥形（造付石棺）	2	伸展葬	造付石棺内より歯、棺座下から青年期の頭蓋骨出土
461	関東	東京	光明寺	1		1？		半軸直交とみられる（写真のみ）
462	関東	東京	山王1丁目	一	逆台形	1以上？	改葬	玄室奥壁寄り中央付近で散漫に集積
463	関東	東京	新井宿	1※	長台形	4	伸展葬	1・2号人骨は東頭位（右壁側）主軸直交伸展葬。3・4号人骨は片付けによるとされる
464	関東	東京	新井宿	2※	撥形	3以上	不明	調査前の壁崩壊により圧砕飛散
465	関東	東京	鵜の木	1※	方形（棺室）	2	伸展葬	熟年女性1体、幼児1体が検出された
466	関東	東京	岡本戸戸	2	撥形	2以上？	改葬？	人骨は調査前に取り上げられていたが、奥壁寄りに3本の歯と骨粉がみられた。いずれも成人、うち1体は女性
467	関東	東京	岡本町	一	撥形（羨門切石）	1	伸展葬	（発見当初には取り上げられていたため聞き取り）礫床上、頭位を左（北西）に奥壁沿いに主軸直交で2本。男性と女性の伸展葬並列と推察される
468	関東	東京	下野毛岸	2	撥形	2以上？	改葬？	人骨は2体分が奥壁寄り中央や右壁寄りに2体纏めて四肢骨を井桁状に組んで上部に頭蓋骨を載せるように集積される。老年男性と青年女性
469	関東	東京	下野毛岸	3※	複室（疑横穴式石室）	不明		胴張複室構造の横穴式石室を模して、前室には石室のように切石で壁等が構築されている。人骨は玄室より歯と骨片が出土
470	関東	東京	下野毛岸	4	無袖胴張（複室）	1		前室と玄室にそれぞれ人骨があり、伸展葬とみられるが、人体配置は乱れる。熟年男性と少年期の骨がある
471	関東	東京	成城学園	2	撥形？	2以上？		奥壁寄り左側で纏められる。攪乱の影響からか1ヶ所に混沌とした状態
472	関東	東京	成城学園	3	撥形	1		奥壁並行左側頭位の伸展葬
473	関東	東京	西谷戸	1	撥形	2以上？	伸展葬	奥壁並行左壁に歯が集中する伸展葬2体と、右壁並行玄門側頭位1体のほか人骨が散乱。ほかにも堆積土の上に1体あり
474	関東	東京	西谷戸	2	逆台形	1	伸展葬	奥壁並行奥壁寄り左壁側頭位の伸展葬1体
475	関東	東京	西谷戸	3	逆台形	1以上	伸展葬	奥壁並行奥壁寄り左壁側頭位の伸展葬1体
476	関東	東京	中明神	1	撥形	1	伸展葬	奥壁並行右壁側頭位の伸展葬
477	関東	東京	中明神	5	撥形	5		遺存状態の良好な3体は、奥壁並行右壁側頭位の伸展葬で並列される
478	関東	東京	中明神		撥形	3～4		歯の集中は4体が奥壁並行右壁側頭位の伸展葬で並列される。左壁寄り中央付近にも歯の集中がある
479	関東	東京	中明神	7	逆台形	1	改葬？	奥壁寄りにやや纏まって出土。各部位は散乱気味
480	関東	東京	等々力渓谷	1	方形	2	不明	熟年男性と小児の2体
481	関東	東京	等々力渓谷	2	撥形		不明	成人人骨2体、組合石棺あり
482	関東	東京	等々力渓谷	3	撥形	3	改葬？	玄室中央部と入口寄りの一部に集中して細片が出土。成年男性、成年ないし熟年女性、小児の少なくとも3個体。1個体の人骨には、遺体解体の痕跡があると記される

264

No	地域	所在	名称	号数	玄室平面形態	埋葬人骨数	埋葬の状態	特記事項
483	関東	東京	不動橋	3	撥形	3	伸展葬	3体が並列された伸展葬か。成人2体と小形のもの1体、成人のうち1体は女性と推察される
484	関東	東京	赤羽台	1	逆台形	4	改葬	玄室奥側左壁沿いに並列するように頭蓋骨が並ぶが、それぞれの骨は集積される。1号人骨は頭蓋骨のみで壮年～熟年男性、2～4号人骨は頭蓋骨が奥壁側に等間隔に並び、体部は集積される。2号は壮年男性、3号は青年女性、4号は幼児
485	関東	東京	赤羽台	2	方形	2	改葬	玄室内奥壁側に集められている。1号人骨は頭蓋骨と少量の骨片で壮年男性、2号人骨は乳歯数点のみで幼児とみられる。1・2回の開口が想定されている
486	関東	東京	赤羽台	5	長方形	2	改葬	玄室右奥隅に人骨が数か所に纏まって検出された。1号人骨は全身骨格は無いながらも豊富に出土し、成人男性とみられる。骨2本は歯の出土は乳幼児とみられる。いずれも横穴墓の使用終了時に集積改葬されたものとみられる
487	関東	東京	赤羽台	6	長方形	1	改葬	永久歯22本と少量の骨片のみ出土。閉塞石の遺存は良好であった
488	関東	東京	赤羽台	8	撥形（小型）	1	改葬	小型玄室内に集積される。四肢骨は平行配置されるが、頭蓋骨は破片が少ない。開口の痕跡はなく、最終的な改葬の状態を示す
489	関東	東京	赤羽台	9	長方形	1	改葬	玄室左奥隅に人骨が纏まって検出された。全身骨格は無いながらも豊富に出土し、寄せ集められたような状態
490	関東	東京	赤羽台	10	長方形	4	改葬	玄室左奥隅に集積される。1号骨はほぼ全身骨格が遺存する熟年女性、2号もほぼ全身骨格が遺存する壮年男性、3号はごく一部の骨のみの小児、4号はほぼ全身骨格が遺存する幼児で、いずれも横穴墓の使用終了時に集積改葬されたものとみられる
491	関東	東京	赤羽台	11	長方形	2	伸展葬・改葬	玄室奥側左壁沿いにあり、1号人骨はほぼ解剖学的配置の壮年女性、2号は犬歯のみで1号の女性とは別人のもの。1号は横穴墓の使用終了時に集積改葬されたものとみられる
492	関東	東京	赤羽台	12	改編（防空壕）	1	伸展葬？	不完全ながら壮年男性1体分の骨が、防空壕の構築の際に発見されて改葬されたという。本来は横穴墓の使用終了時に集積改葬されたものとみなされ、開口の痕跡はなかったようである
493	関東	東京	赤羽台	13	長方形	3	改葬	玄室奥側に集積される。1号人骨はほぼ全身骨格が遺存する壮年男性、2号は頭蓋骨と下肢骨のみの成人男性、3号は頭蓋骨と上下肢骨の幼児
494	関東	東京	赤羽台	15	長方形	3	伸展葬・改葬？	玄室奥側左壁沿いにあり、1号人骨はほぼ解剖学的配置の壮年男性、2号は大臼歯のみで青年、3号は頭蓋骨と上顎骨と歯のみで幼児
495	関東	東京	赤羽台	16	長方形（胴張状）	1	伸展葬	玄室奥側右壁沿い、ほぼ解剖学的配置の青年。人骨の遺存は不良である。横穴墓の使用終了時に伸展葬されたものとみられる
496	関東	東京	赤羽台	17	長方形	1	改葬？（寄せ集められる）	玄室左奥隅に人骨が纏まって検出された。下顎骨と長管骨片少量と歯が数点出土で青年とみられる。横穴墓は何度かの開閉が想定される
497	関東	東京	赤羽台	18	撥形	9	改葬	玄室奥半のほか2ヶ所に集積があり、埋葬された全ての人の骨が集積されている。1号人骨は熟年男性で、2号はほぼ全身骨格の判明した壮年女性、3号もほぼ全身骨格の判明した成人女性、4号は青年、5・6号は小児、7・8号は小児か幼児、9号は不明である。横穴墓の使用終了時に集積改葬されたものとみられる
498	関東	東京	赤羽台	19	長方形	1	伸展葬	玄室奥側左壁沿いにあり、ほぼ解剖学的配置の壮年女性。人骨の遺存はやや不良である。横穴墓の使用終了時に伸展葬されたものとみられる
499	関東	東京	出山	8	方形（複室）	4	伸展葬	奥壁側主軸並行伸展葬が玄室中央に2体、玄室と前室の境に玄室人骨と一部重複して右壁側頭位の主軸直行伸展葬が2体ある
500	関東	東京	中和田	2	方形	1	改葬？	玄室中央部に骨片2（大腿骨？）
501	関東	東京	中和田	7	方形	2	改葬？	玄室天井崩落後に小型墓を追加築造。人骨2体分が集積
502	関東	東京	中和田	8	方形	2	伸展葬？	玄室敷石上より頭蓋骨を中心とした骨片若干検出
503	関東	東京	中和田	9	方形	2	伸展葬	玄室主軸方向に2体並置
504	関東	東京	中和田	10	逆台形	2	伸展葬	玄室主軸方向に2体並置
505	関東	東京	中和田	11	長方形	2	伸展葬・改葬	東壁に沿って1体が仰臥伸展位、他の1体が北西隅に集積
506	関東	東京	中和田	12	長方形	2	伸展葬？	西壁に沿って2体検出
507	関東	東京	坂西	1	無袖胴張（複室）	1	不明	骨片1
508	関東	東京	坂西	2※	方形	2	改葬？	玄室床面に散乱して骨片と歯が出土。少なくとも成人（男性らしい）1体と幼児1体
509	関東	東京	坂西	3	逆台形	2	改葬	玄室奥壁近く、左右壁にそれぞれ集積される。壮年女性、熟年女性
510	関東	東京	坂西	4	無袖胴張（複室）	1以上	不明	歯のエナメル質破片が数点採取
511	関東	東京	坂西	5	長方形	3	伸展葬	頭を奥壁に接し、足を入口に向けている3体が並列。左壁寄りが壮年男性、中央が成人女性？、右壁寄りが幼児
512	関東	東京	坂西	6	方形	2	伸展葬	奥壁に頭を向け、足を入口方向に向けた2体が仰臥伸展位で、玄室中央部を占める
513	関東	東京	坂西	7	撥形	2	改葬？	奥壁近く、四群に分けて骨片とエナメル質片等が採取される。骨片群中には焼骨の疑いのある細片が数点出土
514	関東	東京	梵天山	1	方形（複室）	3	伸展葬・改葬	玄室右側に奥壁側頭位主軸並行伸展葬がされ、玄室左半には集積されたように人骨がまとまる
515	関東	東京	梵天山	2	無袖胴張（複室）	2	伸展葬？	人骨は粉末に近いが、四肢骨の状態からは伸展葬の可能性あり
516	関東	東京	神明上	1※	方形	1	不明	成人1体とみられる人骨が玄室奥壁付近から出土
517	関東	東京	神明上	2※	無袖胴張（複室）	2以上	不明	人骨は不規則に散乱。少なくとも壮年男性と幼児の各1体
518	関東	東京	神明上	3※	長方形	2	伸展葬	玄室中央に奥側を頭位とした成人の仰臥伸展葬がある
519	関東	東京	谷ノ上	K1※	長方形？	4	伸展葬	主軸直行西方頭位の伸展葬。壮年後半～熟年男性のほか、断片的ながら3体分の人骨もあり
520	関東	東京	谷ノ上	K2※	撥形	6	伸展葬	主軸直行左壁側頭位の伸展葬が奥壁側から3体並列のほか、3体分の人骨も出土

付表

No.	地域	所在	名称	号数	玄室平面形態	埋葬人骨数	埋葬の状態	特記事項
521	関東	東京	谷ノ上	K3 ※	撥形	2	伸展葬	主軸並行奥壁側頭位の伸展葬が奥壁寄り玄室中央にある。壮年男性と女性。互いに異なる塩基配列で母系の血縁関係にはないというミトコンドリアDNA分析結果も出る。夫婦の可能性が高いという
522	関東	東京	谷ノ上	L1 ※	長方形	4	不明	幼児2体、成人2体、遺存不良
523	関東	東京	谷ノ上	L2 ※	撥形？	1	不明	性別と年齢不明、遺存不良
524	関東	東京	谷ノ上	L3 ※	長方形	1	伸展葬	頭部を奥壁に向けた1体、壮年男性
525	関東	東京	谷ノ上	N1 ※	長方形	3	伸展葬	頭部を奥壁に向けたものなど3体、壮年、幼児、不明
526	関東	埼玉	川崎	1	長方形	10	伸展葬・改葬	玄室右半に奥壁側頭位主軸並行伸展葬が並列され、左半には奥に頭蓋骨、その入口側に隣接して四肢骨が集積されている
527	関東	千葉	市宿	1	長方形	5	伸展葬・改葬	玄室中央、主軸に平行するよう細長い範囲で出土。いずれも二次的に動かされ、埋葬順は不明。1号人骨は壮年～熟年男性、2号人骨は熟年～老年男性、3号人骨は壮年女性、4号人骨は幼児、5号人骨は乳児
528	関東	千葉	市宿	2	方形？	22以上	伸展葬・改葬	玄室中央奥側（1号木棺）、北側、南側（2号木棺）の3群で、上層・下層にも分けられる。個体識別できたのは7体のみ。他にも頭蓋骨片が多数出土。北群1号は壮年前半女性、2号は青年前半、いずれも二次的な移動あり。1号木棺は成人女性1体、1号頭蓋骨は熟年後半女性、2号頭蓋骨は熟年後半～老年女性、3号頭蓋骨は壮年女性、4・5号頭蓋骨は幼児で、全ての骨に二次的な移動あり。骨化したものを木棺内に納めたとみられる。2号木棺は1号人骨が壮年男性、2号人骨が成人男性、3号人骨は幼児後半～小児前半、4号人骨は幼児、5号人骨は成人、1号頭蓋骨は壮年女性、2号頭蓋骨は熟年女性、3号頭蓋骨は小児、4号頭蓋骨は壮年後半女性、5号頭蓋骨は壮年後半男性、1～5号人骨はおおむね解剖学的配置、いずれも頭位を入口側に配置の仰臥伸展葬。周辺部は4個の頭蓋骨。1号頭蓋骨は壮年後半～熟年前半女性、2号頭蓋骨は壮年女性、3・4号頭蓋骨は小児で、人為的かは不明ながら二次的な移動がある
529	関東	千葉	市宿	3	方形？	3	不明	他の横穴墓と異なり、奥壁並行で検出された。個体識別できたのは成人男女各1体、幼児1体、胎児～新生児1体
530	関東	千葉	市宿	4	長方形？	3	改葬	人骨は棺座から下の羨道にかけて散乱して出土。3体あり1号は成人女性、2号は成人男性、3号は小児で、人為的移動かは不明ながらいずれも解剖学的配置ではない
531	関東	千葉	市宿	5	長方形	1以上	不明	人骨の指骨2点のみ出土
532	関東	千葉	市宿	6	長方形	3	改葬	玄室前半部から散乱状態で出土。個体識別できたのは3体で、1号は成人男性、2号は乳児、3号は胎児～新生児。1号は玄室内に散乱して出土し、3号は右壁際にまとまっていたが解剖学的配置ではない。ほか、近世人骨も2体あり
533	関東	千葉	市宿	7	長方形？	1以上？	不明	骨片及び歯が数点出土したのみ
534	関東	千葉	市宿	8	方形	26	改葬	人骨は玄室前半部に集中し、北・中央・南群という3群に分けられる。北群で個体識別できたのは1～4号で1号は壮年女性、2号は青年、3号は成人、4号は乳児。中央群は1号が青年女性、2号は成人男性2体、成人女性2体、小児2体、幼児2体、乳児1体、新生児1体が判明。南群では、成人男性2体、成人女性2体、小児2体、幼児2体、乳児1体、新生児2体である。ほとんどの骨は解剖学的配置を留めていない
535	関東	千葉	市宿	9	方形	21	伸展葬・改葬	人骨は3基の木棺から出土。1号木棺で個体識別できたのは8体で、1号は青年女性、2号は熟年男性、3号は小児、4・5号は幼児、6・7号は乳児、8号は新生児。2号木棺は4体の個体識別ができ、1号は熟年男性、2号は青年、3号、4号は幼児で、1・2号人骨は膝関節より下が解剖学的配置を留める。3号木棺は個体識別できたのが4体で、他に5個の頭蓋骨がある。1号人骨は青年後半～壮年女性、2・3号人骨は壮年男性、4号は壮年女性。このうち1・2号人骨は解剖学的配置を留め、4号は二次的に寄せられ、3号は概ね解剖学的配置である。1号頭蓋骨は壮年女性、2号頭蓋骨は壮年男性、3号頭蓋骨は若年、4・5号頭蓋骨は壮年である
536	関東	千葉	市宿	10	方形	32以上	伸展葬・改葬	4基の木棺のほか、右壁際で若干出土。1号木棺で個体識別できたのは6体。1号は壮年前半女性、2号は壮年男性、3号は熟年男性、4号は小児、5・6号は小児。1～4号人骨は頭位を玄門側に向けた仰臥伸展葬。1号は解剖学的配置を留めるが、それ以外は二次的な移動を伴う。2号木棺は個体識別できたのが7体。1・2号は壮年女性、3号は壮年男性、4号は成人、5号は小児、6号は幼児、7号は乳児。このうち1～4・6号は解剖学的配置を留め、頭位を玄門側に向けた仰臥伸展葬。3号木棺は個体識別できたのが12体。1・2号は壮年男性、3号は壮年女性、4号は小児、6号は幼児～小児、7～10号は幼児、11・12号は乳児、4・5・11・12号人骨は二次的に移動されるが、ほかは解剖学的配置を留め、頭位を玄門側に向けた仰臥伸展葬とみられる。羨道の4号木棺では個体識別できたのが6体。1号は壮年男性、2号は青年～壮年女性、3～5号は幼児、6号は胎児、1・3・4号は比較的解剖学的配置を留め、頭位を玄門側に向けた仰臥伸展葬。ほかは二次的移動がされる。棺外で個体識別できたのは熟年～老年男性1体。脊椎骨の一部は解剖学的配置を留めるが、ほかの部位は大きく動いている
537	関東	千葉	市宿	11	長方形	8	改葬	玄室中央から右壁寄りで散乱状態で出土したが、個体識別できたのは8体。1号は小児、2号は10歳代の男性、3号は10歳代の女性、4号は成人男性、5号は12～15歳前後、6号は5～9歳程度、7号は幼児、8号は乳児。いずれも解剖学的配置を留めていない
538	関東	千葉	市宿	13	長方形？	9	伸展葬・改葬	玄室中央から右壁寄りにかけて出土し、個体識別できたのは9体。1号は小児、2号は10～13歳、3号は成人男性、4号は幼児、5～7号は幼児、9号は不明。1・2号人骨は部分的に解剖学的配置を留める。ほか、古代末の火葬骨も部分的に出土

No.	地域	所在	名称	号数	玄室平面形態	埋葬人骨数	埋葬の状態	特記事項
539	関東	千葉	市宿	14	方形	7	伸展葬	玄室右壁側の刳り抜き棺座内と、左壁寄り（木棺と想定）にまとまって出土。木棺内の人骨は、1号が壮年後半～熟年前半男性、2号は熟年男性、3号は壮年女性、4号は熟年女性、5号は熟年男性。一部の解剖学的配置を取る人骨から、頭位を玄門側に向けた仰臥伸展葬とみられる。棺外人骨は小児で解剖学的配置を留める。刳り抜き棺座内の人骨は、小児で遺存する部位は解剖学的配置を留め、頭位を玄門側に向ける
540	関東	千葉	市宿	15	長方形？	1	改葬	概ね2群に分かれて出土し、解剖学的配置を留めないが、骨の出土量はほぼ1体分で壮年男性である
541	関東	千葉	西国吉	1	撥形	2	伸展葬	床面の人骨は主軸並行玄門側頭位、死屍も主軸並行で設置され、その内部の人骨も玄門側頭位の伸展葬とみられる
542	関東	千葉	山崎	1	方形（高壇式）	1	不明	歯が出土したのみ
543	関東	千葉	山崎	3	方形（高壇式）	1	不明	成人男性とみられる
544	関東	千葉	山崎	6	方形（高壇式）	3以上	不明	羨道部より出土。熟年女性、小児、乳幼児
545	関東	千葉	山崎	7	方形（高壇式）	1以上	不明	羨道部より出土。遺存状態の悪い成人男性と共に、火葬骨も出土（火葬骨の時期は不詳）
546	関東	千葉	山崎	12	方形（高壇式）	2	不明	玄室内から骨片2と歯が数点出土。成人と小児あり
547	関東	千葉	山崎	15	方形（高壇式）	1	不明	乳幼児とみられる骨片と歯のみ出土
548	関東	千葉	山崎	17	方形（高壇式）	1	不明	骨片と歯のみ出土
549	関東	千葉	山崎	18	方形（高壇式）	2以上	不明	玄室内全面から散乱した状態で小児と乳幼児の骨が出土
550	関東	千葉	山崎	21	方形（高壇式）	1	不明	乳幼児とみられる骨片、歯が出土
551	関東	千葉	山崎	25	方形（高壇式）	2？	不明	成人の腰椎体ほか骨片出土
552	関東	千葉	山崎	32	方形（高壇式）	2以上	不明	成人及び乳幼児骨片出土
553	関東	千葉	山崎	33	方形（高壇式）	1	不明	成人骨出土
554	関東	千葉	身隠山	13	方形	1以上	不明	玄室中央から入口側に検出。大腿骨など十数点出土
555	関東	千葉	身隠山	20	長方形	1？	不明	玄室右奥隅に人骨片が少量みられる
556	東北	宮城県	矢本	32	方形	5	改葬	玄室底面から四肢骨や頭蓋の骨片多数検出。個体数はMNI（最小個体数）
557	東北	宮城県	矢本	35	方形	1以上	不明	四肢骨片と考えられる骨片が玄室底面から数点確認。歯冠が1のみ
558	東北	宮城県	矢本	38	方形	1以上	不明	わずかな骨片と歯冠が1のみ
559	東北	宮城県	矢本	44	隅丸方形	6	改葬	玄室内全域に各部位が散乱、解剖学的な連携を失った状態で出土。纏まった集積は複数あるが、特定の部位のみ並べた状況ではない。頭蓋と認識できるものは東壁沿いの1点のみ。検出された四肢骨は34点、歯冠52点。壮年？1
560	東北	宮城県	矢本	45	方形	5～7	改葬	玄室内西壁寄りに四肢骨を纏めて配置。東壁寄りにも若干の人骨。四肢骨38点、歯冠40点。壮年、壮年以降
561	東北	宮城県	矢本	46	方形	3～4	改葬	玄室内奥壁寄りに四肢骨主体に各部位が散乱。東壁寄りに頭蓋1あり。四肢骨16点、歯冠37点。熟年女性？
562	東北	宮城県	矢本	47	隅丸方形	7	改葬	玄室東側に人骨は集中、玄門近くに頭蓋1、それ以外は四肢骨を纏めて配した上に頭蓋6が並べられる。頭蓋7、四肢骨40、歯冠25。壮年？、壮年男性、壮年女性、熟年～老年女性、青年～壮年、成人？2
563	東北	宮城県	矢本	48	隅丸方形	1以上	改葬？	奥壁寄りの北東隅に大腿骨を中心とした四肢骨片が数点認められる程度
564	東北	宮城県	矢本	49	隅丸方形	6～7	改葬	玄室奥壁寄り北側に頭蓋や四肢骨が散乱。特定の部位のみを集積した状況ではない。頭蓋6（うち未成年2）、四肢骨67。青年～壮年女性、少年～青年女性？、青年～壮年女性？、少年（6～7歳）、熟年男性？、壮年女性
565	東北	宮城県	矢本	51	方形	1以上	不明	大腿骨と考えられる骨片をわずかに確認、歯冠2
566	東北	宮城県	矢本	53	隅丸方形	4～10	改葬	玄室内北東隅に四肢骨と頭蓋片を纏めて寄せ集める。玄門近くの西側と東側に頭蓋が1つずつ。頭蓋9、四肢骨43、歯冠154。壮年女性、壮年女性、青年～壮年、青年～壮年、青年～熟年女性？、少年（9歳頃）、壮年男性、幼児（5歳頃）、青年女性
567	東北	宮城県	矢本	56	方形	1以上	不明	玄室奥壁寄り北東隅にて大腿骨片1、歯冠1
568	東北	宮城県	矢本	59	隅丸方形	1以上	不明	四肢骨と推測される骨片1のみ
569	東北	宮城県	矢本	64	方形	7～9	改葬	玄室南西部に頭蓋1が置かれる。奥壁寄り北側には四肢骨・体幹骨が複数置かれ、その上に頭蓋3が並べて配置される。いずれの頭蓋も顔面部を玄門へ向けている。頭蓋5、四肢骨54、歯冠69。壮年～熟年男性、壮年男性、壮年男性、壮年男性、青年以降
570	東北	宮城県	矢本	65	台形	5～6	改葬	玄室西側及び東側で東西方向軸で四肢骨を多数配列。頭蓋2、四肢骨29、歯冠66。成人2
571	東北	宮城県	矢本	68	隅丸方形	2	不明	四肢骨片は複数あるが、部位同定困難。歯冠2
572	東北	宮城県	矢本	72	不整方形	1	不明	大腿骨1以外は微細な骨片が存在する程度。歯冠2
573	東北	宮城県	矢本	77	隅丸逆台形	2	改葬	玄室中央の玄門寄りに頭蓋1が置かれ、北側の奥壁に向かって骨格の各部位が散乱、特に奥壁寄りに四肢骨が集中。玄室南西部にも頭蓋1あり。頭蓋2、四肢骨15、歯冠11。熟年男性？、青年～壮年男性？
574	東北	宮城県	矢本	78	不明	2	改葬	奥壁寄りに頭蓋2と四肢骨の集積あり。頭蓋2、四肢骨9、歯冠10。熟年、壮年～熟年女性？

※は第10表の集計に反映していない。

付表

付表2 神奈川における横穴墓の人骨出土状態

	地域	市町村	横穴墓名		埋葬		被葬者		玄室	備考
					方法	主軸	人数	場所	平面	
1			愛宕山下横穴墓群	8号墓	改葬	—	1	奥壁寄り中央右付近	—	
2		大磯		14号墓						
3				16号墓						
4				17号墓	片付け？	—	?	奥壁右コーナー付近	方形	石敷きによる棺座
5			北中尾横穴墓群	14号墓	不明瞭		1?	棺座上	撥形	
6		中井	比奈窪横穴墓群	10号墓	不明瞭		2?	不明(報告書に記載無し)	長方形	「大腿骨は焼骨、踵骨は焼けていない、踵骨は最近のものと思われる。」
7				11号墓	不明瞭		2以上	不明(報告書に記載無し)	長方形	「椎骨は最近のものと思われる、頭蓋は長頭の特徴から中世とも考えられる」
8			倉上横穴墓群	8号墓(※)	改葬	—	3以上	奥壁寄り	撥形	3〜4ヶ所の集積された人骨が並置される。左側集積骨周辺には、棺台とみられる礫が3石ある
9		二宮		12号墓	不明瞭		1?	左側壁寄り		
10			諏訪脇(東部分)横穴墓群	201号墓	不明瞭		?	周溝を中心に残存？	方形	
11				901号墓	不明瞭		?	石室外にもあり	方形	
12			大日ヶ窪横穴墓群	32号墓	不明瞭		?		長方形	
13	A			旧1号墓	改葬	—	1	奥壁寄り中央左付近	撥形	
14				28号墓	改葬	—	1	奥壁寄り中央左付近	方形？	小型横穴
15		秦野	岩井戸横穴墓群	A2号墓	不明瞭	—	6	奥壁寄り中央付近と左コーナー付近開口部からの流れ込み土層中	撥形	須恵器蓋は棺座上から出土
16				A4号墓	不明瞭	—	4	奥壁寄り左コーナー付近、左壁中央付近	撥形	奥側の棺座よりは頭蓋が二個左斜方(西)から検出。手前棺座は骨あるが、破片とされ不明
17				A5号墓	不明瞭	—	3	奥壁左コーナー付近、奥壁寄り中央付近	撥形	
18			鶴巻大椿遺跡	H2号墓	不明瞭	—	1	奥壁寄り中央付近	撥形	分析したが骨の遺存状況不良で同定なし
19				38号墓(※)	不明	—	1?	玄室奥壁左半	撥形	礫による(3石)の棺台付近から、四肢骨中心に出土
20		平塚	万田八重窪横穴墓群	41号墓	不明瞭	—	1?	奥壁寄り中央付近	撥形	
21				48号墓(※)	不明	—	1?	玄室奥壁左半	撥形	礫による(7石)の棺台付近から、歯が出土
22				1号墓	改葬？	—	1	奥壁寄り中央付近	高棺座	
23				1号墓	片付け	—	1	奥壁寄り中央左付近	撥形	
24				2号墓	改葬	—	1	奥壁左コーナー付近	撥形	
25		松田	唐沢横穴墓群	5号墓	改葬	—	1	奥壁左コーナー付近	台形	
26				8号墓	改葬・伸展葬？	並行	4以上	改葬=奥壁左コーナー付近・奥壁寄り中央左。骨化=玄門付近頭骨2個	長台形	初葬は奥壁左コーナー付近・追葬は奥壁寄り中央左付近か？ 玄門付近に頭蓋骨2点あり、玄室手前スペースで骨化をしたか？
27				1号墓	不明瞭	—	1?	玄室中央付近	撥形？	玄室奥壁周辺未調査。すべて小骨片
28				2号墓	不明瞭改葬	—	2以上	手前側右半、手前側左半	撥形	玄室奥壁周辺未調査。狸骨あり
29				4号墓	不明瞭伸展葬？	直交？	15以上	棺座上：骨粉多く存在右端に頭蓋骨あり	台形	棺座石敷は左半が比較的細かい礫を使用、棺座右端の頭蓋骨は耳環装着状態で検出
30				5号墓	改葬？片付け？	—	6以上	玄室左半に方形石囲い。中央排水溝を中心に片付。玄室右半石敷	方形	玄室左半に方形石囲い(約1×1m)人頭大礫で囲繞し、小礫が敷かれる
31				6号墓	不明瞭	—	3以上	窯改造時に骨は散乱か？	長方形	後世に窯として改造(中世以降)。石敷きは棺座上のものが下段に片付けられたと推察
32			三ノ宮・下尾崎遺跡	11号墓	改葬(集積・疑似展位)	直交	11以上	奥壁寄り左コーナー付近：改葬集骨3ヶ所、うち1ヶ所は2体分以上が集積される。奥壁寄りの手前：あたかも伸展のようであるが、体部の骨は集積された印象	撥形	改葬(集積)は奥壁寄り左コーナー付近に3ヶ所その手前に伸展位を模した改葬がされ、頭蓋は改葬(集積)方向で、複数人の歯が混在
33	B	伊勢原		19号墓	不明瞭改葬？伸展葬？	直交	12以上	奥壁寄り数ヶ所で改葬(集骨)か？その手前で伸展位か？	撥形	骨の遺存不良(糊状)
34				20号墓	不明瞭	—	4以上	棺座上に散在	撥形	奥壁周辺未調査
35				21号墓	不明瞭	—	2以上	玄室左壁寄り	撥形？	奥壁周辺未調査、玄室左壁寄りに下顎骨
36				23号墓	改葬？	—	6以上	手前の棺座に頭蓋集中	撥形	
37				24号墓	改葬	—	1以上	奥壁寄り中央	撥形	長頸壺は墓域城門入口右手に据え置き
38				26号墓	改葬	—	13以上	右壁沿いに改葬(集積)骨直列	方形	頭蓋骨は8個・石敷上に6個、石敷手前に2個、石敷上は男性と子供、石敷手前は女性
39			上粕屋・川上横穴墓	—	伸展葬？	並行	3？	右壁寄り2体・左壁寄り1体	撥形？	
40			東富岡・北三間遺跡	3号墓	伸展葬片付	直交	7以上	伸展2体：奥壁並列、片付・奥壁左コーナー付近	撥形	片付は伸展者の頭上に集積、奥壁左コーナー付近
41				4号墓	不明瞭	—	2以上	棺座上	撥形	棺座上から少量出土
42			三ノ宮・上栗原遺跡	5号墓	不明瞭	—	1以上	不明	撥形	骨の出土記述なし
43				9号墓	改葬	—	5以上	奥壁寄り棺座右半	撥形	
44				11号墓	片付け？	—	2以上	奥壁寄り中央付近	撥形？	中世には開口
45		厚木市	中依知遺跡群	3号墓	不明	—	3	玄室内	撥形	幼児〜小児3体の歯が玄室から出土
46			中林横穴墓群(※)	4号墓	伸展葬	直交	4	奥壁に並列して南側頭位の3体の並列を確認	撥形	人骨の分析からは成年2体、未成年2体。玄門に近い1体は推定身長166cmの男性
47	C	綾瀬	堀ノ内横穴墓群	4号墓	不明瞭	—	1?	棺座縁辺	撥形	

	地域	市町村	横穴墓名		埋葬		被葬者		玄室	備考
					方法	主軸	人数	場所	平面	
48		海老名	上今泉横穴墓群	5号墓	改葬?	—	1?	奥壁寄り中央付近	撥形	小型?(奥壁幅2.15m)。人骨報告記述無しに等しい。人骨は奥壁寄り中央付近に纏められ、片付とは思われない。人骨下には1cm程度の小礫が長楕円形状に集中する
49				6号墓	片付	—	1?	奥壁際中央付近	撥形	奥壁際中央付近に鉄鎌と並列して片付けられる
50		座間	大下横穴墓群	4号墓	改葬	—	1	奥壁寄り中央右付近	撥形	小型横穴
51			下草柳九番耕地	2号墓	伸展葬	直交	1?	奥壁寄り	撥形?	
52				4号墓	伸展葬	直交	1	奥壁寄り	台形	小型横穴
53				1号墓	伸展葬	直交	2	奥壁寄り並列	方形	
54				3号墓	伸展葬	直交	1	奥壁寄り	撥形	
55	C	大和	浅間神社西側横穴墓群	4号墓	改葬・伸展葬	直交	3以上	奥壁寄り並列・玄門右コーナー付近改葬か	台形	奥壁伸展並列で骨化、玄門右コーナー付近に改葬か?
56				5号墓	片付	—	2以上	奥壁際・右壁際	撥形	
57				6号墓	伸展葬	直交	2	羨道と玄室境に伸展・奥壁寄りに骨片少量	撥形	
58			浅間神社西側横穴墓群	7号墓	改葬・伸展葬	直交	3以上	奥壁寄り並列・玄室内手前で改葬か(最奥を改葬か?)	撥形	奥壁伸展並列で骨化、玄室内手前で改葬か?
59				8号墓	改葬	直交	3	奥壁寄り並列	撥形	
60				9号墓	改葬	直交	3	奥壁寄り並列	撥形	高棺座
61			南善ヶ谷横穴墓群	1号墓	改葬・伸展葬	直交	2以上	奥壁寄り並列玄室内手前右寄りに改葬か?	撥形	奥壁伸展並列で骨化、玄室内手前で改葬か?
62				2号墓	伸展葬	直交	1	奥壁寄り	撥形	
63			一ノ谷横穴墓群	3号墓	不規則	—	5以上	玄室全域	長方形	
64		鎌倉	鎌倉高校内横穴墓群(室谷横穴群)	3号墓	改葬?片付け?	—	3以上?	奥壁寄り右コーナー付近	台形	「少なくとも3体分の骨があったと記される」奥壁寄り右コーナー付近に集積
65				2号墓	改葬	並行	1?	玄室中央	方形	あたかも木棺に収められたように1.7×0.6mの長方形の範囲内で出土。生物学的配置にはならず、1体以上の骨が存在する可能性あり
66			久木(5丁目)横穴墓群	3号墓	伸展葬?	並行	1	右壁寄り中央付近	方形	あたかも木棺に収められたように1.6×0.5mの長方形の範囲内で出土。生物学的配置になるかは判然としない。1体以上の骨が存在するかも不明瞭
67				9号墓	改葬	—	3以上	左右壁際中央付近	撥形	頭蓋は右壁際中央付近に存在。まとめて「奥壁近くで検出した下半身を中心とした集骨」とあるが、挿図になし
68				10号墓	伸展葬改葬	並行	5以上	奥側右壁寄りで伸展葬にて骨化か、奥側左壁寄りで改葬(集骨)か	方形	頭蓋の遺存は挿図不明
69				11号墓	不明瞭	—	7以上	奥壁広範に散在	撥形	
70			新宿横穴墓群	19号墓	伸展葬	並行	4	玄室中央から左半	長方形	
71		逗子		20号墓	伸展葬	並行	?	玄室左半	?	
72				22号墓	伸展葬	並行	3	玄室全域	?	
73				3号墓	不明瞭	—	?	玄室全域	方形	未報告? 小縮尺挿図上に人骨配置が見られるが不明瞭
74	D			6号墓	伸展葬	斜め	?	玄室中央付近	不定形(小型)	未報告? 小縮尺挿図上に人骨配置が見られるが不明瞭、伸展葬のように見うけられるが、頭蓋ははずれているか?
75			新宿横穴墓群	7号墓	伸展葬?改葬?	並行	?	奥側左壁寄りに伸展葬か?奥側右壁寄りに改葬(集骨)か?	撥形	未報告? 小縮尺挿図上に人骨配置が見られるが不明瞭
76				8号墓	伸展葬?改葬?	並行	?	奥側左壁寄りに伸展葬か?奥側右壁寄りに改葬(集骨)か?	方形	未報告? 小縮尺挿図上に人骨配置が見られるが不明瞭、人骨は大量に出土。伸展葬も配置が不明瞭で片付けの可能性もありか? 改葬(集骨)も纏まるものの広範に展開
77			逗子駅裏山横穴墓群	1号墓	伸展葬	直交	1	奥壁寄り	?	
78				3号墓	伸展葬	直交	2	奥壁寄り	?	初葬埋没後重複
79				3号墓	不明瞭	—	1?	玄室中央付近	長方形	骨片少量。挿図不明瞭
80				7号墓	不明瞭	—	1?	玄室手前左半	長方形	骨片少量。挿図不明瞭
81				8号墓	不明瞭	—	2?	玄室右壁寄り。奥壁寄り左半	方形	挿図不明瞭。頭蓋2点
82				9号墓	不明瞭	—	1?	奥壁右コーナー付近	台形	骨片少量。頭蓋1点。挿図不明瞭
83			窪がり横穴墓群	12号墓	改葬・伸展葬・片付け	並行	10	奥壁左壁寄り(片付け)。奥壁左半(伸展葬)、奥側中央付近・手前側右壁寄り(改葬)	長方形	頭蓋10点。玄室左半で骨化、手前で改葬か?
84		三浦		14号墓	改葬・伸展葬	並行	3以上	奥壁左半(伸展葬)。手前側右半中央付近(改葬)	撥形	頭蓋3点。玄室左半で骨化、手前で改葬か?
85				16号墓	不明瞭	—	1?	玄室中央で頭蓋検出とされる	撥形	人骨片散乱とされるが不明瞭
86				17号墓	不明瞭	—	1?	奥壁寄り右コーナー付近。左壁中央付近	台形	人骨片散乱とされるが不明瞭
87				18号墓	不明瞭	—	1?	奥壁寄り中央付近。手前側右壁寄り	方形?	
88				22号墓	不明瞭	—	1?	手前側右半	長台形	横穴報告文字記載無し
89			坂の下海岸横穴墓群	5号墓	不明瞭	—	1?	右壁中央付近。手前側左壁付近	長方形	
90				6号墓	不明瞭	—	1?	手前側左コーナー付近	台形	
91				8号墓	不明瞭	—	1?	手前側中央付近。左コーナー付近	台形	未調査との記載

付表

	地域	市町村	横穴墓名		埋葬方法	主軸	人数	被葬者 場所	玄室平面	備考
92		三浦	坂の下海岸横穴墓群	9号墓	改葬・伸展葬	並行	5	手前側左半(伸展葬)。奥側右半(改葬)	長方形	須恵器類は奥壁寄り左コーナー付近に集中(高山横穴墓群に類似)
93			鳥ヶ崎横穴墓群	A号墓	改葬・伸展葬	並行	8以上	玄室中央から左半で骨化・右半で改葬か？	長方形	玄室左半で骨化(2～3体)・右半で改葬か？
94				B号墓	改葬・伸展葬	並行	9以上	玄室左半で骨化・右半及び奥壁寄り右半で改葬か？	長方形	玄室左半で骨化(1体？)・右半及び奥壁寄り右半で改葬か？
95				C号墓	改葬	―	3以上	玄室右半及び奥壁寄り右半でか？	長方形	玄室左半の骨化スペースに遺体無し
96				D号墓	改葬・伸展葬	並行	3以上	玄室左半で骨化・右半及び奥壁寄り右半で改葬か？	長方形	玄室左半で骨化(1体？)・右半及び奥壁寄り右半で改葬か？
97				H号墓	改葬・伸展葬？	並行	1以上	玄室左半で骨化・右半及び奥壁寄り右半で改葬か？	長方形	玄室左半で骨化(1体？)・右半及び奥壁寄り右半で改葬か？
98	D	横須賀	高山横穴墓群	4号墓	改葬？		1以上	奥壁寄り左側	方形	骨の纏まりは2ヶ所で、奥壁寄り左側が改葬と見られる(片付けで玄室中央に寄せられることは無いだろう)
99				5号墓			330点	奥壁寄り左側が主体	方形	骨は玄室内に広く散在、生物学的配置を留めない、また、明らかな改葬の配置も留めていない
100				6号墓	不明瞭		1以上	挿図ドット標記のみ、玄室奥壁寄り中央部分にやや集中か	不明	
101				9号墓	改葬		6以上(200点以上)	奥壁寄り右半と玄室中央左半に集中箇所あり・玄室床直及び覆土の2面に高低差を持って断面の分布あり	方形	奥壁寄り右半では標高差を持つ出土状態で、高位に位置する人骨の纏まりは追葬時の埋葬か
102				10号墓	不明		1以上	挿図標記なし	方形	
103				17号墓	不明瞭		2	挿図ドット標記のみ、玄室中央付近に散在	台形	
104				18号墓	不明瞭		3以上(15点)	挿図ドット標記のみ、奥壁寄り右半に散漫ながら集中	方形？	
105				20号墓	不明瞭		3以上(43点)	挿図ドット標記のみ、玄室中央半にやや集中	台形？	
106				23号墓	不明瞭		1以上	挿図標記なし、羨道開口部際の左壁寄り頭蓋骨出土	台形	人骨の特徴からは江戸以降の人骨と同定
107				24号墓	不明瞭		1以上	挿図標記なし、玄室中央より人骨片纏まって出土とされる、改か？	不明	
108			佐島横穴墓群	3号墓	伸展葬	並行	2以上	玄室左半	長方形	
109			沼田城山横穴墓群	中横穴	伸展葬	直交	1以上	奥壁寄り	方形	他に玄室左半に伸展位埋葬1体ありか？
110			馬堀横穴墓群	2号墓	伸展葬	並行	3以上	玄室全域	長方形	
111			吉井横穴墓群	1号墓	改葬	―	2以上	奥壁寄り中央から左半	撥形	
112		幸区	夢見ヶ崎横穴墓		改葬		2？	玄室中央付近	円形	
113			新作横穴墓群	1号墓	伸展葬	直交	2	棺座・棺座手前スペース	撥形	頭方向互い違い
114			西田原横穴墓群	1号墓	伸展葬	直交	1		撥形	頭骨朱色顔料付着。追葬痕跡なし・ロームで閉塞
115	E	川崎 高津区	久地西前田横穴墓群	2次2号墓	伸展葬片付け改葬	直交	10以上	伸展葬:棺座上木棺、玄室内木棺、片付け:棺座(北隅)右コーナー付近など、改葬:玄室内石組み施設	台形	石組み方形施設、石組み楕円形施設にて改葬
116				2次3号墓	伸展葬片付け	並行	6	側壁沿いに棺座2基、人骨の遺存は不良ながら玄門向きに頭位が見られるとされる	方形	棺座幅はそれぞれ70cm程度。片付けは1ヶ所にされることなく、側壁沿いに寄せ集められる
117			久本横穴墓群	3号墓			伸展葬4体か？・人骨は出土せず		撥形	奥壁寄り並列して4振りの大刀が出土、4体分の埋葬を想定
118			久本桃之園横穴墓群	5号墓	改葬？		1以上	玄室中央右半	台形	小型横穴？、骨集中範囲から離れ、歯・骨片分布箇所が1ヶ所存在
119			久末粃谷横穴墓		不明瞭		2？	棺座上	撥形	
120		港北区	諏訪下北横穴墓群	A5号墓	伸展葬	並行	1以上？	奥壁寄り中央	撥形	羨門付近に骨粉分布
121		鶴見区	馬場3丁目横穴墓群	1号墓	改葬？	―	5(奥:4・手前:1)	棺座(奥)は3個の頭蓋骨が右壁際に直列し、恰も伸展のようであるが、体部の骨は集積の印象、棺座(手前)は頭骨位置が奥と逆位に置かれる	撥形	頭方向互い違い。奥:頭骨を右に置き、その他遺骨は中央に寄せられる。手前:頭骨左で、伸展位ではない。玄室全面炭敷・閉塞不明
122	E 横浜			3号墓			5？		撥形	崩落による飛散？、中央に寄せ集められた印象、閉塞は土積
123		西区	浅間下横穴墓群	6号墓	片付け？	―	1？	右壁寄り	方形？	
124				8号墓	不明瞭		1？	奥壁寄り中央	台形	
125		磯子区	森浅間山(※)		改葬		3	棺室内	撥形(棺室)	棺室は1.5～0.8m程度。顎骨及び歯が左壁寄りに散乱。小児期における栄養失調経歴あり。歯の状態から、壮年1体、壮年～老年2体(骨からは男性と女性であった可能性もあり)
126				3号墓	不明		2	棺室内	撥形(棺室)	頭蓋骨と歯から10代後半1体、10歳未満1体
127		栄区	矢倉地(※)	1号墓	不明		2	造付石棺・玄室内	撥形(造付石棺)	造付石棺内より續、棺座下から青年期の頭蓋骨出土
128		緑区	天ヶ谷横穴墓群	1号墓	伸展葬？	直交	2？	奥壁寄り並列	撥形	改葬の可能性もありか？

※は第10表の集計に反映していない。

著者紹介

柏木 善治（かしわぎ　ぜんじ）

1970 年　神奈川県生まれ
1992 年　別府大学文学部史学科（考古学専攻）卒業
1993 年　財団法人静岡県埋蔵文化財調査研究所　技術職員
1994 年から　財団法人かながわ考古学財団　調査研究部（現：企画調整課課長）
　　　　　（2011 年 4 月から公益財団法人に移行）
2013 年　総合研究大学院大学文化科学研究科博士後期課程（日本歴史研究専攻）
　　　　　修了　博士（文学）

主な著書

『前方後円墳の終焉』「神奈川県」　広瀬和雄・太田博之編　雄山閣　2010 年
『掘り進められた神奈川の遺跡』「古墳時代」　財団法人かながわ考古学財団編
　　有隣堂　2010 年
『湘南新道関連遺跡』Ⅲ、Ⅳ分冊　財団法人かながわ考古学財団　2007 年、2009 年
『武蔵と相模の古墳』「加瀬白山古墳」広瀬和雄・池上悟編　雄山閣　2007 年
『長柄・桜山第 1・2 号墳　測量調査・範囲確認調査報告書』神奈川県教育委員会・
　　財団法人かながわ考古学財団　2001 年

2014 年 7 月 25 日　初版発行　　　　　　　　　　　　　　　《検印省略》

埋葬技法からみた古代死生観
―6〜8世紀の相模・南武蔵地域を中心として―

著　者　　柏木善治
発行者　　宮田哲男
発行所　　株式会社 雄山閣
　　　　　〒102-0071　東京都千代田区富士見 2-6-9
　　　　　TEL　03-3262-3231㈹／FAX 03-3262-6938
　　　　　URL　http://www.yuzankaku.co.jp
　　　　　e-mail　info@yuzankaku.co.jp
　　　　　振替：00130-5-1685
印刷・製本　株式会社ティーケー出版印刷

©Zenji Kashiwagi 2014　　　　　　　ISBN978-4-639-02321-0 C3021
Printed in Japan　　　　　　　　　　N.D.C.210　270p　27cm